U0092469

牆縫裡的祕密

韓麗明——著

文革謬事拾遺 上

自序

人生是一齣悲喜劇，但編劇不是自己，導演也不是自己。這齣劇再長，大幕也有落下的一天。許多人在大幕未落時就開始回憶過往的劇情了，一幕一幕地在回憶，哪一幕精彩，哪一幕乏味？

許多人是認命的，否則深山大廟裡每天不會有那麼多虔誠的香客，而且大腹便便的香客裡有一半是我黨的領導幹部。中國的宗教和外國的宗教概念總是有所不同，好像只要多給佛爺行賄，死後一樣能上天堂。

東漢張衡說：人就像天上的雪花，有的人飄在了蘆席上，有的人飄在了糞坑裡。我沒有飄在蘆席上，也沒有飄在糞坑裡，我飄在了路邊的野草叢中。

敬愛的前李總理的愛子愛女李小鵬、李小琳就飄落在了精美的象牙席上，他們都是大型國企的CEO，年薪好幾百萬元，據記者說，尤其李小琳非常聰慧，你說唐詩的上句，她就能答出下句來，其實我也能，只是我離蘆席的距離太遠。

古時有部經典名《左傳》，提出了為人處世的最高標準，即「立德立功立言」，並稱「此之謂不朽」。後來唐代的一位學者對這「三立」作了精僻的闡述：「立德，謂創制垂法，博施濟眾；立功，謂拯厄除難，功濟於時；立言，謂言得其要，理足可傳。」

三者之中，德最難立，功其次，言最易。這就是為什麼許多人什麼都不缺，唯獨缺德的原因。

孔夫子屬於聖人，「千古文人祖，百代帝王師」，但是他好像也和南子有說不清道不明的男女關係。幵官氏是孔子的糟糠之妻。然而，當老婆老了之後，孔子卻把她「甩」了。

曾國藩屬於封建道德的楷模，曾為蔣先生和毛先生崇拜。曾公五十一歲，咸豐帝大喪期間，秘娶小妾，「違制失德」。據說是因為背癢，徹夜難眠，晚上需要有人幫著撓撓。他娘的，如果我是他的後代，就給他買個象牙的老頭樂，不是一樣地解決問題嗎？

宋朝理學（又稱道學）家朱熹，大肆鼓吹「革盡人欲，復盡天理」。宋慶元二年（一一九六），監察御史沈繼祖揭露他言行不一：他曾引誘兩個尼姑作妾，出去做官時都帶著她們；他還讓守寡的大兒媳有了身孕。

後人還發現，朱熹讀過的書中竟然夾著治療梅毒的藥方。

「立功」，是次難，所謂立功，亦即建功立業，成名成家。是男人，都想著要事業有成，來日意氣分發，好有「東臨碣石，以觀滄海」的閒情逸致，也才有可能有坐擁無數美女的暢快。但是欲建功立業，沒有靠山如何而成？你看看當今軍隊裡的將軍那個不是無產階級革命家的後代；再看當今大型國企的老總們，那個不是革命先輩的子孫；你再去任何一個縣裡看看，哪個正在主持工作的公僕，他爹不是前任的公僕？因此，「立功」需要天時地利人和，缺一不可，可見庶民立功之艱難。

既然立德立功都已無望，那麼就「立言」吧。其實「立言」在歷史上才是最具風險的事情，從當年司馬遷因說真話而遭到宮刑，到明清的文字獄使無數小知識分子丟掉頭顱，直至前幾十年文化被「革命」，萬馬齊喑，使人們頓覺立德易立功易而立言最難。即使在進入二十一世紀的當下，立言仍然是一項有風險的事情，因為要回顧歷史、研究現實、預測將來，還要敢於說真話。但歷史是撲朔迷離的，現實是錯綜複雜的，誰能洞若觀火？保證不會惹火燒身？

我在博客裡寫了幾篇挖苦貪官的文章被網管悉數刪除，據博友說，當前最大的任務是維穩，只能引導老百姓熱愛我們的各級官員，不能誘發公民的仇官情緒。

嗚呼，小日本怎麼不用維穩？發生地震與海嘯那麼大的事情，人們仍然井然有序？我百思不得其解！

我沒有「立言」的能力，我只是不由地要回憶過去，並以此來告誡及警醒我的下一代，讓他們知道中國曾經的一幕。知道父輩的哀痛與悲愴的經歷，使他們能夠珍惜今天的生活。

我作為歷史的當事人，將所見所聞的人與事，所感所受的情與理，以回憶錄的方式記錄下來，這也是豐富我們民族記憶的極有意義的事情。每個歷史的經歷者都有為後人存史的道德責任。

在我的激揚的故事裡，它有著別樣的張力與憂傷，既有溫馨又有痛感，雖然我寫的都是親身經歷的凡人瑣事。

我的文章力求平淡無奇，儘量做到娓娓道來。真正有閱讀經歷的人也不難從字裡行間看出我的苦心孤詣。正如季老所說：「自古以來，確有一些文章如行雲流水，彷彿信手拈來，毫無斧鑿痕跡。但那是長期慘澹經營終入化境的結果……」

今天，在我寫著這些文字時，我仍在懷念我的那些青年時的兄弟們：你們曾經的那些理想實現了嗎，你們還在堅守嗎？歲月的磨礪使我們蒼老的同時，也使我們不復有當年的熱血。在所有的物是人非之後，在諸多的可以預計與無法料想的改變都來襲之時，我們的人生被畫出了怎樣的軌跡呢？

在這個世界上，有的人庸常空虛地存在著，有的人充滿理想地生活著，有的人疲於奔命地應付著現實與世俗，有的人特立獨行地實踐著自己對世界的理解……但不論怎樣，那些一路堅持能走下來的激揚的人，毋寧是優秀的。

是為序

韓麗明

二〇一一年六月於呼和浩特

目次

夢境中的故鄉永興

涼城縣歷史悠久，早在六千年前就有人類繁衍生息，曾是北方游牧民族活動的重要地區。涼城縣相傳戰國時屬趙國；秦屬雁門郡；西漢始置縣，名為沃陽，因流經涼城的沃水（今弓壩河）而得名；北魏設涼城郡，轄參合、旋鴻二縣，始有「涼城」之名；遼置天成、宣德二縣；金、元改稱宣寧縣；明廢縣置宣德衛，為大同邊外地；清設寧遠廳，屬朔平府通判管轄；民國元年（一九一一年），設寧遠縣，民國三年（一九一四年），因「寧遠」與別省縣重名，遂沿用北魏舊名，複稱涼城縣，屬察哈爾特別區管轄，一九二九年劃歸綏遠省。一九四八年涼城縣解放後，遷治所於新堂（今岱海鎮），先後屬和林、集寧專員公署、平地泉行政區管轄。一九五八年—二〇〇四年八月屬烏蘭察布盟，二〇〇四年九月至今屬烏蘭察布市。

永興鎮位於涼城縣西南部，東、南、北分別與岱海鎮、六蘇木鎮、蠻漢鎮接壤，西與首府呼和浩特市相毗鄰。境內交通便利，豐准鐵路、興托高速公路、呼陽公路橫貫全鎮，東距縣城二十二公里，西離呼市七十公里，是晉、蒙兩地重要的經濟傳輸紐帶和橋樑。總土地面積三百六十四平方公里，森林覆蓋率達百分之三十五。

永興鎮歷史悠久，文化厚重，是人類文明的發祥地之一。二〇〇一年老虎山古人類遺址被國務院確定為重點文物保護單位，記載著永興六千多年前的歷史。清朝初年「寧朔衛」、雍正年間寧遠廳的治所就設在永興。永興一九一四至一九三七年曾是涼城縣政府所在地，一度成為全縣的政治、經濟、文化中心。

永興鎮原名田家鎮。一九三七年日軍全面侵華，於九月十八日向田家鎮瘋狂進攻，鎮內軍民奮起反抗，激戰一晝夜，消滅日軍一百二十人，我方傷亡五百餘人，被迫撤退。日軍進鎮後，三個小時內就殺害我無辜百姓二百九十九人，上至七十多歲的古稀老人，下至十二歲的少年，血流成河，慘不忍睹。這就是震驚全國的「田家鎮慘案」。

我祖上在永興屬於數一數二的大戶，曾有良田上百傾，房屋數十間。據父親講，曾祖父時，家裡因為信仰天主教，受外國神父的影響，房屋及家具陳設非常西化，不僅有鋼絲床、腳踏風琴、大量的藏書，就連門把手都是歐式的球形把手。

據父親回憶，日寇攻陷永興後，在全城燒殺搶掠，一時火光沖天。我家的數十間房屋被焚毀，剩餘的兩排房後來被涼城縣中學侵佔，家中財物也被日寇劫掠一空，家道從此中落。

故鄉被焚毀後曾幾易其名，後於二〇〇一年八月與三慶鄉、多納蘇鄉合併為永興鎮。

二〇〇〇年五月，「田家鎮慘案」的見證人，年近七旬的武老先生多方籌資十萬元，修建了「田家鎮慘案紀念碑」，並創建了以紅色旅遊為主的永興湖旅遊度假村。

永興湖不僅是重要的愛國主義教育基地，也是一個集高山、湖泊、奇石、森林、草原、農田為一體的旅遊勝地。永興湖的形成，據考證已有五十萬年，是由隕石墜落砸擊成湖的，因此湖周圍奇石密佈：「天下第一神龜」、「寶黛石」、「飛來石」……栩栩如生，令人叫絕。永興湖輻射四面，東有萬年之久的「大廟古遺址」，西有峰高入雲古木參天的牛山，南有古城「殺虎口」，北有狀似峽谷的「哈達山」，更有綠草如茵的濕地草原，為秀麗的湖光山色平添一份曠遠豪放的神韻。

父親生於一九二五年二月，他十三歲時背著行李徒步翻越蠻漢山，來呼市讀中學，直到上世紀七十年代初才和二大爺坐長途車第一次回故鄉；二〇〇五年八十高齡時，陪母親回山西省親，途中路過永興，又進去看過一回，以後就再也沒有回去過，故鄉始終在他的夢懷縈牽之中。

曾祖父韓師慧，畢業於山西紡織學校，年輕時做過教師，勤勞致富後在涼城縣置業，不知何故，他一個漢人，滿文、滿語竟然非常純熟。涼城縣現在仍有滿族聚居的鄉鎮，我的先人係清朝初年設「寧朔衛」時由山西遷來，山西之前的先祖究竟來自何處？因曾祖父、祖父去世過早，其時父親年幼，他也說不清楚。

祖父因有輕微精神疾患，終生未有就業。

父親兄弟三個，他排行老三，弟兄三個都受過高等教育且屬於白領。

慈父韓志學，享年八十二歲，無疾而終。遺憾的是，我作為不孝之子，竟然至今沒有回過故鄉。

城隍廟後街十四號

一九四九年四月二十二日，我出生在內蒙古豐鎮縣豬圈巷子的一個小院內。在我兩三歲時，家裡在曹碾灣路買了一處狹長的院落。買房子是姥姥的主意，因為租房總不是長久的事情，那時父親在呼市工作，節衣縮食寄回家的錢，都被姥姥積攢起，最後用來買了房子。

那時的房子很便宜，因為有文化的房主都知道，共產黨來了就要共產，趁沒有共產之前，要趕緊出手，姥姥是個家庭婦女，哪裡知道社會的走向？花了幾百元現大洋還以為撿了大便宜。

過後，父親責怪過姥姥，這麼大的事情為啥不和他商量？但是生米已成熟飯，說啥都為時已晚。

對於那個狹長的小院，我還有朦朧的記憶，記得父親把我背在背上教我唱歌，歌曲的名字叫《歌唱二郎山》，他唱一句，我學一句，因為幼小，我對歌詞並不理解，只是亂喊一氣。還有一次，父親教我唱《四季歌》，我突然停頓下來，反問父親：爸爸，為什麼和狼還要一條心呢？母親笑出了眼淚。

依稀記得，一次父親坐在炕上用紙分包紅糖，包好一包就順勢放到櫃頂上去，我生性頑劣，喜歡逞能，非要替父親效勞。父親拗不過我，遂把紙包交給了我，我那時最多三歲，提著紙包，沒走兩步，一包糖全都拋灑在了地上，母親對父親嗔怪不已。

曹碾灣路離縣公安局很近，但公安局的警員們都住得很遠，他們住在城隍廟後街十四號，北山下的一個院子裡，上班要走很長一段路，於是他們便萌生了要和我們換房的想法。

城隍廟後街十四號是個非常闊大的四合院，和曹碾灣路狹長的小院來比明顯是不等價的，估計原房主是富豪，共產黨的炮聲臨近時，逃往了臺灣抑或是海外。我們全家為換房一時高興的手舞足蹈，但共產黨的幹部一定心明如鏡，知道不久私人的房產都要歸公，只不過暫時讓你高興幾天罷了。

城隍廟後街十四號都是磚瓦房，僅正房就有七間。正房的最中間是堂屋，堂屋裡有雕刻非常精緻的佛龕，佛龕下面是一溜櫃子。因為姥姥信仰基督，後來父親就把佛爺搬下來放進東面的廂房裡了。我每天在佛龕裡鑽來鑽去。有時玩著玩著就在下面的櫃子裡睡著了。

除了兩間正房外，其餘的房子都被姥姥出租，姥姥從此成了房東，房客都稱呼她為「房東老人兒」。記得東廂房還住著個包頭籍的女人，我讀《看圖識字》時，凡遇到不認識的字，總要去求教她。我們對門的房客姓梁，我參加工作後才知道，她是火電公司土建工地小型機械班梁師傅的親姐姐。那時他的姐姐剛坐月子，孩子很幼小，但哭起來聲音卻很洪亮。

正房的後面有一間茅廁，每天清晨總會有農民進來偷糞，那時沒有化肥，人糞尿是唯一的肥料，天一亮，院門一開，姥姥就守在窗前，只要一看到鬼鬼祟祟背著糞桶進來的人，就大聲地呼喊。因為大糞可以賣錢，再說舅舅們在鄉下種地，也等著用呢。

母親那時在豐鎮衛生院工作，姥姥在家除了做飯外，就是閱讀聖經、做禱告。

依稀記得，姥姥每天坐在炕上手捧一本厚厚的聖經，一絲不苟地用紅筆批點圈劃。聖經能夠閱讀下來的人，不見得能看得懂書報，因為她是全憑上下文連貫才讀出的，有時漢字一挪地方，她老人家就不認得了。

大人永遠是孩子的榜樣。我在院裡沒有玩伴，家中沒有玩具，也沒有別的娛樂方式，姥姥就成了我唯一效仿的對象。姥姥抱一本書看，我也學她的樣子，並排端坐在炕上看《看圖識字》裡的圖畫。每每問及姥姥漢字的讀音，姥姥大多不認識，我只好去院子裡求教其他有文化的人。只要有人告訴，我便死記硬背，銘記心中。有時，在院子找不到老師，我還跑到街上去求教路人，路人大多非常熱心，常常不厭其煩。

由於我的刻苦，及至學齡前，父親買來的所有書籍都背得滾瓜爛熟、朗朗上口。雖然我的學習沒人脅迫、沒人監督、沒人檢查、沒人考核，但在不知不覺中竟然完成了我的早期教育。

基督教的聚會處離我家很近，姥姥每次聚會都要領著我。聚會的場合很莊嚴、肅穆、神聖，牧師在臺上宣講教義，帶領大家唱讚美詩。我還參加過一次星期天彌撒，參與了聖餐儀式。信徒們分食一塊麵餅，分喝一杯葡萄酒。及至長大，才知道麵餅代表基督的肉體，葡萄酒代表基督的血液。教徒吃了麵餅喝了紅酒，就等於和「聖子」耶穌基督融為一體，此即「聖餐」。據說這個儀式源於耶穌基督和其信徒共進「最後的晚餐」。在最後的晚餐上，耶穌基督告訴弟子，麵餅是他的肉體，紅酒是他的血液。

姥姥生於一八八一年，和魯迅先生同庚，她經歷了三個朝代。姥姥不知道什麼是人民政府，說起中央政府來仍稱呼「朝廷」，把公安局叫做「衙門」。

城隍廟後街十四號，闊大、整潔、乾淨。正房前是一塊面積很大的石條砌成的平臺，平臺需要拾級而上，平臺上還有一把籐椅，可以用來曬太陽及小憩。平臺下面是花池，每逢夏季，鮮花盛開，嬌豔無比，常有蜜蜂蝴蝶徜徉其間。

城隍廟後街十四號的院子裡還有一條直通北山的地道，父親曾經下去過，走著走著遇到了一堵牆，父親分析這是當年房主為了躲避戰亂或土匪的襲擾而修建的，也不知道何時、何人給封堵了。也許它平常就是封堵的，遇到緊急時，再臨時刨開，也未可知。

一九五七年，母親調到呼市市立醫院工作，舉家搬遷，此前私人房屋都被沒收歸公，給我家僅留下三間，再後來，因為無人居住，三間變成兩間，一間堂屋一間臥室；再後來堂屋也被別人侵佔，臥室的門也被堵死，就剩孤零零一間房，只有窗戶沒有門，其餘的房子都被豐鎮縣廣播站侵佔。

一九八四年，豐鎮電廠初設審查會議在豐鎮召開，我為了尋根還專門去城隍廟後街十四號查看，那時院落已經面目全非，兒時留下的美好的印象全部灰飛煙滅，多年來時時夢懷縈牽的城隍廟後街十四號竟成了一片頹垣殘牆。我後悔去看，否則在我的夢中仍能重現它的身影，現在就連夢境中也不會再現了。

又有三十年過去了，我想現在那裡一定被高樓大廈所覆蓋，就連可以憑弔的遺址都不復存在了。但是地球上那個座標的點是不會消失的。滄海桑田，夏商的宮殿都會被農田覆蓋，被後人徹底遺忘，庶民的一個民居，只有當事人自己懷念罷了。但那畢竟是我靈魂的家園。祖先不滅的靈魂還在上空遊蕩，只不過他們再也找不到回家的路了。

童年閱讀回憶

《看圖識字》

學齡前，父親給我買過許多《看圖識字》的課本，意在對我進行早期教育，並培養我的閱讀能力。那時，我每天無事可做，總是主動捧讀。記得第一本是關於人物的，前幾頁是國家領導人：中央人民政府主席毛澤東、朱德總司令、劉少奇委員長、周恩來總理。其餘若干冊是按職業、勞作、糧食、水果、蔬菜、動物、器皿、兵器、車輛、節氣分類的，非常詳盡有趣。有些章節，雖時隔六十年，仍能朗朗上口，比如二十四節氣歌。

豐鎮縣是一個小地方，我及至上學也沒見過小轎車，看著《看圖識字》上兩頭尖尖的小轎車，我煞有介事地告訴一些比我大的孩子，這個小轎車是「兩頭平」，前面後面都可以開的，不用調頭，司機直接換個座位就可以反方向開了。火車我也沒有見過，看著圖上火車頭前的枕木，心想，火車在這上面跑那還不咣當咣當地把人顛死了？

有一天，我拿著一本《看圖識字》向鄰院的一個孩子炫耀，他問我畫面上那個背上長著兩個大包的動物是什麼，我當時還沒學到那裡，自己也叫不上名來，遂眨眨眼睛，以一種高傲的口吻說：「這個你都不認識，這叫鼓包馬！」，「鼓包馬！」他附和道。晚上回家，我偷偷問姥姥，「這個鼓包馬到底叫什麼？」因為，我明明看到圖畫下面只有兩個字！姥姥聽了一愣，當看到我手指處的圖畫時，她笑起來，說，這是駱駝呀！母親也過來看，然後她們一起大笑。我羞得滿臉通紅，恨不得找個地縫兒鑽進去！

有一本《看圖識字》上還有「血吸蟲」三個字。我有很長時間對此感到莫名奇妙：怎麼蟲子還懂得學習呀？問姥姥，她也不知道所以然。值得自豪的是，我在一九五五年就知道鳳梨、荔枝、桂圓、枇杷了，真正見到卻是數十年以後的事了。

我那時還看過許多少兒讀物，給我印象最深的是馬雅可夫斯基的《什麼是好，什麼是不好？》了。這是一本兒童詩，開篇的幾句話是：「馬雅可夫斯基，馬雅可夫斯基，走來一個小寶寶，向他爸爸問道：『你說什麼叫做好，什麼叫做不好？』這位爸爸的回答，我讓大家知道。它在書上全記下，孩子，你們聽……」

接下來是正文：「正要出門去，碰到下大雨，這樣不好！」、「自己刷皮靴，自己洗套鞋，這樣很好！」、「左手遞給他東西，他右手就把它弄壞，這樣不好！」……眼下就記得這幾句了，其餘的因為年代久遠統忘卻了。

此外，我還看過安徒生的童話《皇帝的新裝》。我喜歡那兩個騙子的聰明，卻擔心他們的命運，怕皇帝會找到他們害他們，更好奇他們是怎樣裝模作樣織布的。我也很同情那個皇帝，他喜歡衣服有什麼不好，給了騙子那麼多錢，還要被人嘲笑。

《看圖識字》和這些童話都是幼兒讀物，嚴格說起來，它們算不上書。

《小朋友》

《小朋友》週刊，是一份頗有影響力的綜合性兒童期刊。一九二二年由上海中華書局創辦，第一任主編是黎錦暉先生，一九五三年改由少年兒童出版社出版。封面上「小朋友」三個字，是宋慶齡親筆題寫的，如今已用了六十二年，它為《小朋友》增添了永恆的亮點。

《小朋友》在二十世紀五十年代，是創作出版的鼎盛期。它作為一份面向新中國低幼兒童的讀物，在啟迪小讀者的思維，開發、引導孩子們正確判斷事物方面頗有成就。《小朋友》給生活在物質匱乏的，上個世紀五六十年代的孩子們，以豐富的精神食糧，這些已被後人視為彌足珍貴的社會文化財富。

依稀記得，我兒時看到的第一本《小朋友》，封底上是四格漫畫，畫的是刺蝟媽媽教小刺蝟，如何把地上的蘋果帶回家。還記得有一本《小朋友》，封底是六格漫畫，故事梗概是，一個貪得無厭的光頭財主，拿著一塊皮子去找皮匠做帽子，先問皮匠做一頂帽子可以嗎？回答可以。又問做兩頂呢？回答也可以。一直問到做十頂呢？皮匠仍然回答可以。待到幾天後來取貨時，皮匠把那十頂帽子分別給他戴在十個手指上。他欲發作，皮匠卻說，反正就這麼大的一塊皮子，你想做幾頂都行！

《小朋友》裡面還有些什麼內容，都記不起來了，如果再努力地想，上面連載的關於三毛的漫畫還有些印象。苦孩子流浪兒三毛，看到有迫不得已賣兒賣女的人，往孩子頭上插根稻草，於是三毛也往自己頭上插根稻草，想把自己也賣掉。有一天，因為我淘氣，姥姥罵我，我氣不過，跑出去拽下一根笤帚苗，回來威脅她：「你再罵，我就把這個插到頭髮上，到街上去！」

三毛那麼小就自己養活自己，他還去幫人家貼海報，餓極了就吃糨糊桶裡的糨糊。我問姥姥：「糨糊很難吃嗎？」姥姥說不難吃。姥姥說，到秋天漿洗衣裳時，讓我嘗嘗。我就一直記著。那年秋風起時，我終於吃到了糨糊，姥姥給我拌上了糖，真的很好吃。

《少年文藝》

《少年文藝》創刊於一九五三年，由宋慶齡題寫刊名，是新中國成立以來最早的兒童文學刊物。

依稀記得，有一本《少年文藝》的封底是一幅四格漫畫：幾個窮秀才，餓的沒飯吃，突然在地上看到了一文錢，幾個人就搶了起來。由於各不相讓，官司打到縣官那裡，縣官讓他們做詩，看誰能說明自己是最餓的，錢就給誰。秀才們說什麼，記不得了。只記得最後縣官說：還是聽我的吧：「千里來做官，為的是吃穿，要錢不要臉，我要這文錢。」

還有一本《少年文藝》的封底漫畫，是一個大男孩騙一個小男孩燒餅吃的故事：小男孩拿了一個燒餅出來，大男孩說，我用燒餅給你變個戲法好嗎？小男孩同意了。大男孩接過燒餅，先是咬了一大口，燒餅變成一個月牙，小男孩鼓掌叫好；大男孩又把燒餅咬成一個馬兒，小男孩還是拍手叫好；最後，大男孩來了個「馬兒鑽洞洞」，把燒餅一口吞下，小男孩於是號啕大哭。

記得五十年代有一個叫魯速的作家，經常在《少年文藝》上發表文章，我那時以為，這個魯速是魯迅的親弟弟。後來又看到有個叫高爾礎的人也在《少年文藝》上寫文章，始知這人和高爾基無緣。

一九五七年，《少年文藝》也開始大張旗鼓地反右，每期的封底上都有醜化右派的漫畫。羅隆基、章乃器、儲安平這些人，我就是從這裡得知的。還有李伍海翻身忘本回頭的照片，我也在封底上見過。文革期間，《少年文藝》被迫停刊。

《兒童文學》

二十世紀六十年代，漫步在極左思潮鑄就的兒童文學世界裡，悲愴之感浸潤周身，唯一感到欣慰的便是《兒童文學》的誕生，在那樣的時代，它以自己微弱之光照亮了一代人的童年閱讀，儘管這僅僅是歷史的瞬間，對孩子們來說也都是彌足珍貴的。

可惜好景不長，《兒童文學》開辦沒多久，方向就急速左轉了，以階級鬥爭做為辦刊的宗旨，從頭到尾，都是政治說教，使人不忍卒讀。

記得有一篇小說，是內蒙古作家楊嘯寫的，內容是一支少年足球隊的故事：一個曾經的資本家在假惺惺地向孩子們傳授足球技藝時，竟然鼓勵孩子們進行「合理衝撞」，被一位老工人識破了他的「狼子野心」，在大家的斥責下，他灰溜溜地走了。

至文革前夕，《兒童文學》已徹底政治化，即便如此，《兒童文學》的編輯們在文革來臨時仍然遭遇了滅頂之災，《兒童文學》苟延殘喘到一九六六年四月便停刊。

對於讀書人來說，二十世紀五六十年代似乎算不上一個好的年代。那個時候出版的圖書大都紙張粗糙、裝幀簡陋。但是，它畢竟是一個還有書可讀和有時間讀書的時代，因此，在許多人的閱讀記憶中，它也是一個值得留戀的時代。

童年的歌聲

一

三頭黃牛、一呀麼一匹馬，
不由得我這趕車的人兒
笑呀麼笑哈哈！
往年——這個車呀，
咱窮人——哪會有呀？
今年——呀呵嘿？
大軲轆車呀，咕嚕咕嚕轉呀！
大軲轆車呀，咕嚕咕嚕轉呀！
轉呀……轉呀……轉呀……轉呀……
得兒——籲！
轉到了咱的家！
嗨！——轉到了咱的家！

這是我童年記憶中最響亮的歌聲，它來自學校的操場，來自大街小巷的宣傳喇叭，來自家中一臺老舊的「五燈收音機」。它那怪腔怪調而又抑揚頓挫，緩疾有致，直趨奔放的曲調，一遍又一遍地，滿載著歌詞的狂熱欣喜，如水銀瀉地般直搗人的心窩。童年時代的我，並不知道「大軲轆車」的叫法，只聽成「打咕嚕車呀咕嚕咕嚕轉呀」並且轉個不停，一直「轉到了咱的家」就奇怪地停下「不打咕嚕」了，用時下的話來說就叫做——「爽歪歪」（爽得骨酥肉麻躺在地上不能動）了！

據有過農村生活經歷的人講，三頭牛、一匹馬是根本拉不成車的。如果趕車的不是個外行，歌詞作者就一定是個外行！半個世紀後的我終於明白，這支歌源自中華人民共和國的第一場改革——土地改革。在那場改革中有許多地主被虐殺了，歌中的趕車人是貧農，他的大軲轆車是土改的勝利成果。據說還有把地主的小老婆分給窮人的事情，但這首歌中沒提。

我有個親戚是貧農，他原先有二畝地，土改時認為不夠，又分給他二畝地。但是到了入社時，連他原先的二畝地也給收走了。

聽父親說，在舊中國，有的人是因為不肯勞動，吸食鴉片，才導致貧窮的。從貧民到富農再到小地主轉移的過程中，他們必須省吃儉用，事必躬親，小心翼翼地珍惜著那亂世荒年中的一點可憐的幸福。

按說地主的田產分就分唄，大變革時代，個人承擔一定的損失也無話可說。但大家都是國民，總應給條活路，不應拿了別人的東西，還要羞辱並奪人性命。

二

在我記憶中還有一首歌曲非常流行，歌名叫〈全世界人民團結緊〉：

嘿啦啦啦啦嘿啦啦啦啦，
嘿啦啦啦啦嘿啦啦啦啦，
天空出彩霞呀，
地上開紅花呀。
中朝人民力量大，
打敗了美國兵呀。

全世界人民拍手笑，
帝國主義害了怕呀。
嘿啦啦啦嘿啦啦啦，
嘿啦啦啦嘿啦啦啦，
全世界人民團結緊，
把反動勢力連根拔那個連根拔！

我長大以後才知道，參加朝鮮戰爭「聯合國軍」的有美國、英國、加拿大、澳大利亞、紐西蘭、荷蘭、法國、土耳其、泰國、菲律賓、希臘、比利時、哥倫比亞、衣索比亞、南非、盧森堡共十六個國家的軍隊。還有好多國家雖然沒有出兵，但是都給於了道義上的支持。那時，美帝的陣營比我們團結的更緊。老大哥蘇聯反而躲躲閃閃，不敢公開露面。

在五十年代中國每一個城市的街頭，到處都可以聽到「嘿啦啦啦嘿啦啦啦」的歌聲。同時期的「抗美援朝」歌曲還有〈中國人民志願軍戰歌〉：

雄糾糾氣昂昂跨過鴨綠江，
保和平為祖國就是保家鄉，
中國好兒女齊心團結緊，
抗美援朝打敗美帝野心狼！

〈中國人民志願軍戰歌〉是當時的中國人民志願軍炮兵部隊連政治指導員麻扶搖所寫的一首出征詩〈打敗美帝野心狼〉。作曲家周巍峙受到其中的英雄氣概所感染，並迅速根據這首短促、鏗鏘的詩，譜寫下了同樣激昂、豪邁的曲，並最終改名為〈中國人民志願軍戰歌〉。

後來才知道，我們的志願軍對外宣稱是民間自發組織，因此出征前要澈底消除解放軍的痕跡——取下「八一」五星帽徽和「中國人民解放軍」字樣的胸章及裝備上印刷的軍徽，收繳印有解放軍番號的印信等。

摘掉自己心愛的帽徽和胸章，戰士們十分不情願，但又不得不執行命令，心裡很不是滋味。在志願軍渡江的當日，毛澤東又以中央軍委主席的名義向中央各大區發電，特別強調出兵之事「幾個月內，只做不說」。

因此，中國人民志願軍奉命入朝時，既沒有歡送的鑼鼓、激昂的號角，也不像〈中國人民志願軍戰歌〉中所唱的那樣「雄赳赳，氣昂昂，跨過鴨綠江」，而是在夜幕降臨之後悄無聲息地潛入北朝鮮的。

三

一首好歌如同號角，能在一定的時代產生鼓舞人激勵人的巨大作用，〈一定要把勝利的旗幟插到臺灣〉，是一九五四年九月三日在第一次炮擊金門震天動地的戰鬥中誕生的：

為領土完整，
為保衛和平，
北京城發出了莊嚴的號召。
聽全國人民的鋼鐵誓言，
一定要，
一定要解放臺灣。
我們祖國的領土誰也不能侵犯，
我們強大的隊伍誰也不能阻擋，
我們千軍萬馬要跨過海洋，
一定要把勝利的旗幟插到祖國的臺灣……

據這首歌的詞曲作者回憶，在創作的強烈衝動和音樂形象的構思過程中，旋律推動著主題的發展，激昂的音調就像激起的浪潮，一浪高一浪，洶湧澎湃，奔騰向前。最後異峰突起，推向高潮，唱出了這支歌曲的思想主題：一定要把勝利的旗幟插到祖國的臺灣！

不過我常常想，如果那時臺灣也被解放，鎮反、土改、三五反、反右派、大躍進、人民公社、三年自然災害、文化大革命、批林批孔批鄧、改革開放，一個環節也少不了。臺灣人民一定比現在幸福嗎？不好說。

去年秋天，不才攜愚妻造訪臺灣，始知臺灣人民並不在水深火熱之中，那裡竟然是一個講究「溫良恭儉讓」、「忠孝禮儀廉恥」的君子國。我懸著的一顆悲憫的心這才放下了。

四

一九五一年，父親參加中央人民政府醫療隊，進入大興安嶺腹地的鄂倫春自治旗，給那裡的鄂倫春人進行免費醫療。父親多次給我講述，他在鄂倫春自治旗參與撲滅山火的驚心動魄的經歷，以及山民們的原始生活狀態。為了挽救瀕臨滅絕的少數民族，人民政府不惜重金予以救助。

從鄂倫春自治旗回來，父親還帶回來一些鄂倫春獵人用樺樹皮製作的盤碗。事隔五十多載，那些東西早已不知哪裡去了。但對父親一句句教給我的〈高高的興安嶺〉卻銘心刻骨、永志不忘：

高高的興安嶺一片大森林，
森林裡住著勇敢的鄂倫春，
一呀一匹獵馬，一呀一桿槍，
獐麅野鹿漫山遍野打呀打不盡。
……

五

還有一首〈歌唱二小放牛郎〉，印象也很深刻，是我在中山西路小學讀書時，老師教給我的，那時我對王二小崇拜的五體投地，恨不得讓日本人再進來，我也把他們領進八路的伏擊圈：

牛兒還在山坡吃草，
放牛的卻不知哪兒去了，
不是他貪玩耍丟了牛，
那放牛的孩子王二小。
九月十六那天早上，
敵人向一條山溝掃蕩，
山溝裡掩護著後方機關，
掩護著幾千老鄉。
正在那十分危急的時候，
敵人快要走到山口，
昏頭昏腦地迷失了方向，
抓住了二小要他帶路。
二小他順從地走在前面，
把敵人帶進我們的埋伏圈，
四下裡乒乒乓乓響起了槍炮，
敵人才知道受了騙。

敵人把二小挑在槍尖，
摔死在大石頭的上面，
我們那十三歲的王二小，
英勇地犧牲在山間。
幹部和老鄉得到了安全，
他卻睡在冰冷的山間，
他的臉上含著微笑，
他的血染紅藍的天。
秋風告別了這個村莊，
他把這動人的故事傳揚，
每一個村莊都含著眼淚，
歌唱著二小放牛郎，
歌唱著二小放牛郎。

據說這首歌曲是根據抗日戰爭時期太行山根據地，軍民反掃蕩鬥爭中的一個真實故事改編的。

今天我在「凱迪」論壇看到一篇文章，有人對這首歌曲進行深度質疑。文章的大意是：農曆九月十六的早晨，太行山區早已是霜凍季節，遍地衰草上滿是白霜，牛不吃帶有霜凍的草，這是基本的生活常識。那麼王二小為什麼還要違反常識，大清早去放牛呢？答案只有一個，王二小是受到了指派，他執行的是誘敵任務，並把敵人帶進伏擊圈。問題是：能讓一個孩子承擔如此艱巨的任務嗎？共產黨、八路軍的性質是犧牲孩子保護自己？事先考慮過如何讓二小脫身嗎？在這種情況下向鬼子開槍不是明擺著讓敵人殺害二小嗎？既然八路軍已預料到王二小必死無疑，卻又安排孩子去送死，也有些太不人道了。

唉，這年頭網路很亂，說啥的都有，要不申老太太再三要求黨管住網路，不能隨便什麼人都能上，其實也不無道理！

煤油燈

印象中的煤油燈有三種：一種不需要花錢，是最簡單的油燈。找一個墨水瓶，把瓶蓋鑽一個洞，穿根棉線，倒上煤油就可以點燃；第二種是精緻的鐵皮做成的，油從一側帶蓋的小孔注入，燈芯也用上等的棉線做成，這是供銷社裡最常見的一種；第三種我們都叫它罩子燈，有高高的玻璃燈罩，中間部位是鼓鼓的「大肚子」，下面的油壺裡裝滿清清亮亮的煤油。點燃燈芯後，金黃的燈花在玻璃燈罩裡跳舞。燈花如豆，散開的燈光卻能驅盡屋內的黑暗，聚攏一屋的溫暖和溫馨。玻璃燈罩每隔幾天就得用棉布擦拭，拭去燈罩裡烏黑的油煙，它就像新的一樣鋥亮透明。

如今每天穿越繁華的街道，至晚霓虹燈亮起，到處燈紅酒綠。然而，沉浸在這樣光的世界、燈的海洋裡，我卻常常會打開塵封已久的記憶，想起兒時居住過的那間老屋，想起老屋裡的煤油燈。煤油燈雖小，卻伴我度過了整個童年。直到上個世紀的五十年代中期，在我離開家鄉以後，才用上了電燈。

兒時的晚上，一家人圍坐在土炕上，姥姥閱讀聖經，母親做針線，我爬在炕桌上寫作業。那時感覺它真的很亮，能夠看得清母親明亮的眼睛，在那雙眼睛裡，也有盞煤油燈在跳、在閃動。它也常把我的臉照的紅紅的，烤的熱熱的，給人一種興奮，一種喜悅。為了能看得清楚，我在寫作業的時候，常常會在不知不覺中往前湊，當聞到焦糊味時，才知道頭髮讓它燒著了。不僅是頭髮，有很多時候，眉毛也會讓它燒成黃黃的，一根根地捲了起來。隨後是一陣陣笑聲，隨著昏黃的燈光飄出窗外。

不知有多少個夜晚，我一覺醒來，看到母親仍然在煤油燈下給我納鞋底、打補丁。我後來才知道，天下所有的母親都是如此地辛勞。

依稀記得，燈火如豆的夜晚，煤油燈散發出微弱的赭黃色的光亮，我在燈下吃完晚飯——喝了一碗麵糊，依依不捨地放下碗，姥姥把空碗拿過去，整個臉埋進碗裡，手旋轉著碗沿，伸出舌頭舔著碗裡殘留的麵糊……這是留在我人生記憶裡最早的畫面。

即便是冬天，母親也總是起的很早，我在熱炕上被熱醒，先聽見拉風箱的聲音，睜開眼看到煤油燈在閃亮，一定是母親在做飯。一直等到飯做好，我才起來洗漱，吃完飯上學去。現在想來這是多麼溫馨，多麼幸福啊！

煤油燈很小，可以隨便放在很多地方。可以掛在牆上，可以掛在門旁，也可以放在窗臺上。過年煮餃子的時候，透過濃濃的蒸汽，看見掛在牆上的它，發出微弱的光，就會有一種因朦朧而產生的飄飄欲仙的感覺，伴著要吃餃子的情緒，心裡激動而興奮。

關於煤油燈，讓我喜歡的另一個原因是，打煤油時，可以買到甜甜的糖。每次要打煤油的時候，母親就會拿出兩毛錢，一個玻璃瓶說：去，倒一斤煤油，剩下的錢買兩顆糖。這時候，我就會蹦蹦跳跳地提著瓶子跑出去，回來的時候，嘴裡含著的糖甜在了心裡。

一九八四年的夏天，我回雁北舅舅家住了幾天。那時雖然村裡早已通電了，但不少鄉親們仍然還在使用煤油燈。記得在搖曳的燈光下，舅舅用高粱桿編製蓋簾和笤帚——這是家庭日常生活開支的主要來源。我問舅舅為什麼不點電燈？舅舅說：「村幹部的日常吃喝都攤到電費裡了，用不起呀！」

每當我半夜醒來時，總會看見牆壁上舅舅的身影，在昏黃的燈光下不停地變幻，耳邊傳來窸窸窣窣編織聲和輕微的咳嗽聲。清晨醒來，不知什麼時候舅舅已經下地去了，門後放著夜裡編好的一片片蓋簾和一把把笤帚，已用繩索串好，準備背到大同賣了，再換回生活必需品。

我家裡現在仍然珍藏著一盞煤油燈。儘管歷史已經翻過了一頁，但隨著年齡和生活閱歷的增長，我對這盞油燈的情感不但沒有退減，反而對它更加強烈和留戀。多年來我一直珍藏著這盞煤油燈，也曾不止一次地向兒子講起油燈的故事。為此，我還特意到化工商店，花十元錢買了一瓶煤油，有時破天荒地，關閉房間所有的燈光點上煤油燈。雖然油燈的光亮不大卻充滿著溫暖。

重溫煤油燈的歷史，回憶煤油燈下的母愛，它給我帶來往日溫馨的回憶，也照亮了全家充滿幸福的笑臉……

如今五十多年過去了，煤油燈時代已經一去不復返。現在的孩子們，生活在樓上樓下電燈電話、電視電腦的日子裡，根本不知道煤油燈是什麼東西，也沒有見過那小如螢火蟲般的燈光，但煤油燈已永遠地珍藏在我的心中。讓我們都珍惜這明亮的一切吧，讓它成為我們心靈中永恆的記憶。我很想用詩句來感歎，但是怎麼也詞不達意：

漠北吹來的朔風，
撫摩著我佈滿滄桑的臉。
思念故鄉是——種痛，
在那閃爍星辰的夜，
煤油燈如豆的橘紅色的光，
搖晃在我的淚眼迷離的悲傷裡。
……

姥姥的搥板石

清楚地記得，豐鎮縣城隍廟後街十四號院，正房前的臺階上，擺放著一塊六十公分見方，厚約三寸的搥板石。那塊搥板是大理石的，表面光滑溫潤，有底爪，四邊雕刻著雲紋。搥板石的旁邊還立著兩根桃木錘棒，那搥棒是鏇匠鏇出來的，有五十公分長，七八公分粗，後面有一個手柄，形似箭柄，便於把握。

那塊搥板石姥姥說傳了七八代了，少說也有二百年。一九五七年，我們舉家喬遷呼和浩特時，無法攜帶，再說後來人們已經沒有漿洗衣服的習慣，要它何用？

依稀記得，每年春節前，姥姥都要漿洗被褥衣物，每次搥衣，姥姥都把搥板石擺在堂屋中間，盤腿坐在地上進行搥打。姥姥上下揮舞手臂，用搥棒擊打出來的「樂曲」，此時還在耳邊縈繞：「嘭、嘭、嘭、嘭、嘭……」

搥衣又稱為「擣衣」，由來已久。在古典詩詞中，淒冷的砧杵聲又稱為「寒砧」，往往表現征人離婦，遠別故鄉的惆悵情緒，詞牌中有〈搗練子〉等闋，即其本意。唐・李白〈擣衣篇〉：「曉吹篔管隨落花，夜搗戎衣向明月。」又〈子夜吳歌〉之三：「長安一片月，萬戶擣衣聲。」宋・李煜〈搗練子令〉詞：「又是重陽近也，幾處處砧杵聲催。」宋・賀鑄〈搗練子〉詞：「砧面瑩，杵聲齊，搗就征衣淚墨題。」此處的擣衣主要指婦女把織好的僵硬的麻布帛，鋪在平滑的砧板上，用木棒敲平，以求柔軟熨貼，好裁製衣服。雖然用的也是搥板石，卻與漿洗無關。當然也不排除，將洗過頭次的髒衣放在石板上搥擊，去渾水，再清洗。

自從有了機織的細布，搥板石成了專司「漿洗」的工具，因為漿洗也離不開搥打。《西遊記》第二十六回，有這麼一句話：「你卻要好生服侍我師傅……衣裳禳了，與他漿洗漿洗。」《西遊記》第七十一回也有：「娘娘見了，含忖道：大王，想是襯衣禯了，久不曾漿洗，故生此物耳」。京劇《沙家浜》中，指導員郭建光說沙奶奶時也有這樣一段唱詞：「縫補漿洗不停手，一日三餐有魚蝦……」可見，漿洗方法已年深日久。

漿洗過程很簡單：一、把要漿的布，先洗乾淨，然後晾乾；二、將澱粉用滾開水稀釋，待稍涼後將需要漿洗的衣物放入其中浸泡約二至三分鐘；三、待衣物完全浸透，揉洗均勻後，再晾到半乾，就可以捶打了。

布在漿的時候，漿子的濃度不同，出來的效果也不一樣：漿子稠，布就非常硬，要想回軟，就要費一點時間和力氣了；漿子稀，布就沒有那麼硬了，漿子越稀，布越軟，回軟的速度也非常快；但「抗造」能力就相差很多了。

捶布時，要把漿好的布，疊成比捶板石稍小一些的正方形，或者是長方形；然後，把布放在捶板石中間，雙手各持捶棒，左右交替，上下揮動手臂，來擊打捶板石上面的布。將布的一面擊打到一定程度後，翻轉後再均勻擊打；然後，把布裡外更換一下，再進行擊打；直到把布擊打到自己想要的軟度就可以了。捶板石上放布的厚度要適中：太厚了，擊打的時候費力氣不說，布還往上反彈；太薄了，容易把布邊搗壞了；所以，要在實際操作的時候，進行適當調整。

漿洗、捶打過的衣物就像用過「定型膠」一樣，疊成啥樣就是啥型，平平展展。穿在身上整潔莊重，富貴體面，散發著暖烘烘的香味，令人感到舒服。漿洗過的衣物，最大的好處就是一冬過後再拆洗的時候，很輕鬆地就可以洗乾淨。

那時候的漿子好像比現在煉乳和藕粉都好喝。稠稠的，黏黏的，熱氣騰騰的，裡面裹著小小的氣泡兒。聞著那個香呀，舀上那麼一碗，放點白砂糖，攪呀攪，攪出一圈圈的漩渦兒，用小勺兒一撩，能拉開絲兒，往嘴裡一放，那味道那感覺……真是那個美呀。漿子在我嘴上也糊的到處都是，剛吃完，又會腆著臉向姥姥要，於是一小碗接著一小碗地喝……

我喝好了通常會坐在家門口的小板凳上曬陽陽，聞著那漿子香，仰著臉兒看姥姥和鄰家大媽漿衣服，她們的一舉一動都吸引著我的小眼珠子。

那時，小件、不漿的衣物一般不用捶，而是採用熨燙的辦法。姥姥用的那個熨斗的外形真的如同「斗」，又像一隻沒有腳的平底鍋。熨衣前，把燒紅的炭放在熨斗裡，待底部熱得燙手了再使用，所以又叫「火斗」。現在的年輕人真是難以想見了。

那時也沒有洗衣粉，姥姥洗衣服主要用天然鹼。天然鹼俗稱堿土，鹼地經風化脫水，地表即有白粉狀天然鹼長出，掃去一層，隔幾日又復出一層，春秋乾燥為掃土堿的好季節。堿土可食用，亦可做為洗滌劑去污。

有時候，姥姥還自己做「豬胰子」（豬胰與鹹麵砸和而成）。「豬胰子」主要用來洗臉，洗衣服時捨不得用。

聽姥姥講，她做閨女時，大同的街上就有漿洗房了，有錢的人家人口眾多，衣服被褥洗滌人手不夠時，往往把衣服送到漿洗房洗。聽說，在奧運時，奧運場館中的各國國旗就是京工紅旗廠用人工漿洗的方法洗滌、熨燙、包裝再送往各會場的。中國的傳統技藝真是博大精深。

漿洗是很古老的法子，現在再也沒有人會用了，姥姥也早已不在了，我再也吃不到那麼幸福、美好、快樂的漿子了，冬天的鋪蓋也不再會有暖暖烘烘的漿子味了。

我想念姥姥，想念漿子！

搌布

兒時，姥姥天天搌布不離手。早上起來，姥姥就開始抿抹了，抿了鍋蓋、鍋臺、案板、麵甕，擺了搌布，再抿家具。

家裡的八仙桌和太師椅是硬木上了大漆的，棗紅色的漆皮光亮如鏡，每天用搌布抿桌椅是姥姥的例行工作。八仙桌上的銅茶盤裡有一套茶壺茶碗，也要天天抿抹；背後的牆上有一幅玻璃中堂，因為高，那是只有過年時才抿抹的。

抿完桌椅抿大櫃，大櫃上的鎖具是黃銅的，鑰匙孔周圍是一個微鼓的黃銅大圓盤，姥姥叫它「飾件」。銅「飾件」要用搌布蘸著爐灰麵兒來抿，這樣才能抿得鋥明瓦亮，照見人影兒。

那個大櫃的鎖具非常精緻，插進鑰匙扭動時，會發出「嚐啷」一聲的震顫聲，上房開櫃，東西廂房都能聽見。據說，這種機構是為了防止孫媳輩偷拿東西。

煤油燈的玻璃罩子也需要用搌布來抿。記得姥姥先要衝著燈罩哈一陣子氣，再把那塊搌布從一頭塞進去，轉著圈兒抿拭一陣，然後再從另一頭拽出搌布，燈罩就非常明亮了。

生活中處處離不開搌布，但乾淨人家的搌布根據用途的不同，分的很清。蒸包子做餡時，白菜剁碎了，要用搌布包住，使勁擰，才能把水分擠出來。燉魚時，刮鱗、開膛、去髒、掛糊，最後要墊著搌布捏住魚頭，將魚身放入急火油鍋。

山西人愛吃手擀麵，手擀麵很見功夫，姥姥和麵時能做到手光、盆光、麵光。和好的麵總要用一塊濕搌布苫好餳上一會兒，才可以擀。

我兒時喜歡吃乾烙兒，那是一種燒餅，五分錢一個，特香，特懷念；還喜歡吃紅薯，有時，晚上姥姥用搌布包一個乾烙兒或兩塊紅薯放到炕頭上，等我醒來時吃。

搌布還有許多用場。那時，舅舅家過年蒸點餑餑，要放在籃子裡，吊在房樑上。吊的時候，還要呵斥著把幾個半大小子攆出去，怕他們趁機搶奪。為了遮擋塵土，在籃子的上面總要苫一塊搌布。

在舅舅家，妗妗給下地的人送吃喝時，也離不開搌布。搌布兜住飯盆，上端繫好用手拎著。生怕涼了，總是走的急急匆匆。

舅舅的對門院，有個小妹妹名字叫「搌布圪瘩瘩」。常常能聽到她媽站在大門口喊她回家吃飯：「搌布圪瘩瘩，歡歡兒回家吃飯呀！」搌布疙瘩瘩只要聽到媽媽的呼喚，總是像燕子一樣向家裡飛去。

兒時，妗妗總是笑話我穿衣不儉在，說我把衣服弄得皺皺巴巴跟搌布似的。你想一個七八九厭死狗的孩子，一天爬高上低的，衣服能展豁得了嗎？

搌布雖小，卻無處不在。依稀記得，五十年代呼市的飯館，顧客只要一落座，服務員就拿著菜單搌布過來了，你一邊點菜，她一邊搌桌子。尤其回民飯館的服務員，頭上戴頂穆斯林小白帽兒，肩上總搭著搌布準備隨時搌拭桌案，人家的生意看著就很乾淨。

及至我十六歲參加工作，十七歲趕上了文化大革命，被打成牛鬼蛇神。從那時起，我的心就如同一塊兒被人揉搓的搌布，一會兒濕了，一會兒擰乾了，一會兒又被扔進鍋裡去煎煮……

一九七五年，我去武川下鄉搞社教，那裡的老鄉，全家就一塊搌布，無法分工。搌鍋臺、搌炕沿、搌櫃頂，完了還要搌飯碗。吃派飯時，我一進門就把碗用清水涮了放在鍋臺上，叮囑主婦不要再搌了，然而常常無效。本來已經很潔淨的碗，她冷不丁用搌布一搌，裡面頓時雲霧繚繞，成了一幅大寫意的山水畫，常常使我哭笑不得。

父親從事公共衛生工作，對搌布深惡痛絕。他說，搌布是細菌最集中的地方，不信，可以帶我們去顯微鏡下觀看。妹妹小的時候，父親天天叮囑姥姥，奶瓶和奶嘴要用開水燙，不要用搌布搌，但姥姥認為，不乾不淨吃了沒病。她一生養育了十個孩子，都活的好好兒的。

只要父親不在眼前，妹妹的奶嘴，姥姥照搌不誤。有時，母親已經用開水燙過了，遞到姥姥手中，姥姥還要下意識地用搌布搌一下。

據說不潔能提高人的免疫功能。市醫院有些大夫有潔癖，夏天吃西瓜時，菜刀和西瓜皮都要用酒精棉球搌一遍。但是，只要一次不搌，必然上吐下瀉。

姥姥山西陽高人，一口雁北口音，我常常能想起她那親切的鄉音。不知何故，在我的記憶中，那些話都與搌布有關：「桌子上淋勒的都是水，歡歡兒地拿圪瘩搌布搌一搌哇，不搌都流得炕上去啦，說話中間，流勒在席子上去啦，再不搌，管握連炕板子也得蒙塌。」、「這些些碗盞們都蕩撲得灰溜不騰的，不洗涮也得尋圪瘩搌布抹擦抹擦，放在桌子也是個好看的，端起吃飯，也是個擱淨的。」

搌布用綿線布製成，略近於抹布。主要用於洗鍋、涮碗、擦桌子、抹鍋臺等，也用於擦手，故亦稱搌手。後來才知道，搌布係古漢語，《金瓶梅》、《紅樓夢》及元朝的雜劇裡都有搌布的說法。看這些書，如同進入時光隧道，那叫一個親切。

正如把香菜稱之為芫荽；垃圾稱之為惡色，搌布一詞至今仍在晉北及內蒙古西部流行。搌布一詞莊重、典雅、富有歷史的滄桑感。我鄙夷抹布一詞，讓抹布見鬼去吧！

現在，我只要看見搌布，眼前就會即刻浮現出早年的生活場景，心中就像打翻了五味瓶，酸甜苦辣鹹頓時湧上心頭，幸福與哀痛糾結得我說不出話來。

抓藥

兒時，家裡流動人口多，除了姥姥長住，我還有五個舅舅，十幾位表哥表姐輪流來叨擾。人多，得病的「機會」也多，我這個男孩子就不時地有機會被派去抓藥。

記得五十年代中期，三舅的大女兒潤蓮得了肺癆，從鄉下來豐鎮看病，有多半年時間住在我們家裡。那時，豐鎮沒有綜合性的大醫院，只有一個規模很小的衛生院。即便有大醫院，西藥費一般人也花不起。雖然那時治療肺病已經有進口的鏈黴素和雷米封了，但是很貴，一支針劑就要幾塊現大洋，舅舅是農民，根本用不起。因此潤蓮姐看病，就在個體小診所找中醫看。老中醫生開了方子，就輪到我去藥鋪抓藥了，因此，抓藥留下的記憶直到現在還挺清晰。

我記憶裡的中藥鋪，迎面是高高的一溜兒櫃檯，櫃檯上面有幾個鋥光瓦亮黃銅鑄就的藥搗子。櫃檯兩邊靠牆擺放著太師椅和茶几，櫃檯和家具都是一色的紅木打造，非常考究。

客人一進門，就有夥計客氣地打招呼，接方子抓藥。我愛看他們抓藥：接了方子的夥計，手拿一遝半尺見方的白紙，一張張平鋪在櫃檯上面，接著拿起一個小戥子，看一眼藥方，扭身到他後邊的藥櫃前抓藥。藥櫃子由許多小抽屜組成，拉開每一個小抽屜，裡邊都有三個格子，格子裡邊分別放置三味中草藥，抽屜前面有白油漆寫就的三味藥的名字。夥計輕輕地抓出所需的藥，扭身把藥輕輕地倒在剛剛鋪好的白方紙裡。如果抓三付，他就一次稱好，在三塊白方紙上各倒上三分之一。

藥抓完了。還要由另一位夥計把抓好的藥，逐項同藥方核對一遍，這才把藥包起來。看他們包藥也挺有趣的，每一味藥，包起一個平平扁扁的長方包，再在檯面上鋪上兩張大一些的紙，靠裡的一張是黃色的，比較粗糙，靠外的一張是白色的，上面印著這家藥鋪的名號。夥計把小包疊壘起來碼好，再用大紙一包，這時候的藥包已經變成為一座好看的金字塔形了。在用紙繩捆紮藥包的時候，夥計還要把一個過濾藥渣的小篦子同藥包綁在一起。

中藥一般都不能直接食用，但有兩味，在熬藥時，我經常偷偷地抓來吃：一是枸杞，二是紅棗。通常入藥的枸杞和紅棗成色都不是很好，口感不行。另外還有一味甘草，也可以嚼著吃，味道甘甜，現在的各類藥茶裡，也常見甘草的影子。

拆開任何一包中藥，細細碎碎的許多藥草，集體緘默，攜著我們此生猜不透的謎。機緣巧合，融入一罐，經過水與火的煎熬，傾出來的是褐色液汁，或濃稠或清淡，基本上都巨苦無比。我小時候喝藥得先準備好糖，然後端起藥碗，眼睛閉上，排除雜念，掩鼻屏氣，一飲而盡，完畢趕緊把糖塞進嘴裡，腦袋裡想的是最好臨時把舌頭的功能給屏蔽了，更恨不得能直接倒進胃裡。

喝中藥對於全人類來說都是痛苦的。一服中藥必定是生命中的一掬苦澀。小時候，誰家熬藥，濃郁的藥味，就會隨風散入家家戶戶，好比一人生病，全院吃藥。那裡邊真是百味俱陳，有說不出的感覺。捏著鼻子跑過，而後在上風頭望著那人皺起眉頭哭喪著臉往下灌，整整一海碗，覺得人生不勝其苦。

我兒時生過一次紅疹，每天背都很癢。怎麼都看不好，沒辦法開始喝中藥，喝了一個月的中藥還是沒有好轉。後來姥姥不知道哪裡弄來的偏方，抓活的蝌蚪要我喝下去，我真的好害怕，最後還是被大人強灌了下去，不知道是真的管用還是怎麼的，紅疹竟然漸漸消退了。

兒時的我是多麼地膽小，多麼地柔弱。姥姥讓我喝中藥，小小的我死活不喝。姥姥說：喝一口給你一毛錢！但我得到的錢，等病好了，大人又收回去了。

中藥講究配伍，一副中藥基本上按照君、臣、佐、使來配製，有時會加一些令人神祕的「藥引子」。據說「藥引子」能像「導彈」一樣帶領諸藥直達病所，這些中藥在中醫學裡稱為叫「使藥」、「引經藥」，民間俗稱「藥引子」。在處方遣藥中，引經藥其藥味雖少，用量亦輕，但卻對提高治療功效意義重大，頗具畫龍點睛之功。

我曾經聽一位老中醫說到一位縣長之死，聲聲悲歎：「可惜矣，使錯了藥引子！」原來那位縣長在床上喘息時，救急的藥早備好了，可是藥引子必須是最新鮮的童溲。那是一個早晨，薄霧初起，秘書給送來了藥引子，老中醫急急調藥給病人餵下，誰知縣長剛嚥下大半缽湯藥臉色即壞了，一層黏汗從額上滲出。老中醫大慌，取了一匙缽中的藥一嚐，立刻被一股膻騷氣嗆住，手中的缽子落地跌碎了。他心裡明白：剛剛喝下的不是童溲。

不論多少稀奇古怪的病種，中藥皆可用陰陽、正邪一些簡單的字眼來圈定。這種概念性又強化了模糊性，使未來存在多種可能，包括人們的期望。一直以來，許多病人在各地輾轉一圈後，又選擇了守在家裡喝中藥，做足守望生命的功夫，並有幸在它們的扶持下度過一段困厄。同樣，有許多病人的最後時光在中藥世界裡浮沉，遍嚐古方、秘方、偏方，又回歸到神農嚐百草的原始狀態。

一掬中藥的深淺，到現在我們也不能完全看清。這便是中藥，從屬於古老的東方，天生苦澀的基調裡混合了神祕、希望和奇蹟。

最近中藥價格又漲了好多，一副中藥居然要好幾百元，幾種中草藥，再加上龜甲，蠍子之類，竟然成了天價，讓普通百姓望而怯步。我對中藥天然排斥，至今已有三十多年沒喝中藥了，下一次啥時喝，我也渾然不知。

喬老師

一九五六年，我在豐鎮縣順城街小學讀過半年書。因為父親在呼和浩特內蒙古衛生防疫站上班，母親在豐鎮縣衛生院當護士，父母長久兩地分居。後來，母親調到呼和浩特市立醫院來，我也就離開了那所小學。

喬老師是我的第一任班主任，又是我的語文老師，因此記憶非常深刻：喬老師有四十多歲，齊耳短髮，總穿一件灰布褂子，神情嚴肅。

記得我第一天上課，突然感到一陣便意，於是起身就往廁所跑。尿完回來時，喬老師對說：「孩子，今後如果上課期間想上廁所，一定要舉手報告老師，老師同意了，你才能去呀！記住了嗎？」

「記住了！」我連連點頭。

我五歲啟蒙，至七歲念書時，基本上常用漢字都熟識了。因此上課時常常向窗外張望，手裡玩東西、甚至揪女同學的小辮。每當此時，喬老師總要叫起我來提問生字，課文上的字我早已爛熟於心，喬老師也沒有辦法，她只好安撫我說：「孩子，你如果會了，可以靜靜地玩，但不要影響其他同學好嗎？」我點頭稱是。

一九五七年我隨母來到呼和浩特，進入中山西路小學讀書。期間又轉學一次，再後來進入呼和浩特第五中學，及至參加工作，再帶薪讀大學都按下不提。時間到了一九八六年，我已在內蒙古電管局基建處工作，已是三十七歲的白領，純熟幹練的電力工程師了。

按規劃，我局要在豐鎮縣建設一座大型的火力發電廠。我親赴豐鎮參加該工程的初步設計審查會議。會議開的熱烈而隆重，十人發言、一百人領紀念品、二百人吃飯、三百人合影、五百人看電影。

散會後，我決心去看看喬老師。畢竟二十九年沒有見面了，不知道她是否健在，是個什麼生活狀況，心中十分惦念。

數十年來，我顛沛流離、艱辛備至。尤其文革蒙難，受盡屈辱，飽嚐冷遇與不平，更加珍視親情、愛情與友情。對人世間及生命的脆弱與無常感悟頗深。

那天下午，我匆匆趕到順城街小學。學校已經放暑假了，問及看門人，始知喬老師退休已有二十年，現居郊區自己蓋的平房院落內。我問清了具體位址，又急如星火地趕往。通過輾轉打聽，終於找到了喬老師家。

那是一個夯土牆圍成的院落，屋舍灰牆紅瓦，院子裡種滿蔬菜，空氣清新、安然靜謐。一進屋，只見喬老師端坐在炕上。她年逾八旬，頭髮花白，仔細端詳，依稀還有當年的影子。她自然無法記得起我，試想：即便記憶力再好，誰能記得起一個二十九年前的兒童呢？

經過自我介紹，喬老師萬分高興。她雖然桃李滿天下，仍為有我這樣的學生感到欣慰：在一個偏僻的小城要新建一座大的火力發電廠，主管單位裡竟然有她的學生，如何不令她興奮與欣慰呢？說起數十年前的往事，她喜形於色，甚至流下感歎的熱淚。

坐了大約有一個時辰，我起身告辭。臨走時喬老師面有難色地拉住我的手對我說，她有一個兒子在集寧工作，她年事已高，無人關照，希望能夠把他調到豐鎮電廠來。請我看在師生的份上給予幫忙。我說，只要有一分的能力，我定會使十分的力量，請老師儘管放心。

後來，我為此事找過若干領導，人家都以種種理由婉言謝絕。韓某不才，未混得一官半職，人微言輕，自顧尚且無暇，哪裡還有這種能力呢？

現在回想，喬老師當時就說過，如果打通關節需要錢，她已備好，讓我儘管去拿。我因此非常懊悔：當初如果由我直接引薦，讓他的兒子去送錢，也許事情早已辦成。但不才自視清高，不願意為五斗米折腰。面子害死人呀！

後來豐鎮電廠包括多經公司達到了好幾千人，據說僅電管局某處處長一人就安排了夠一個連的親屬。我卻無顏去見我的老師，也無顏去向她解釋。此事至今又過去二十四年了，一想起來，心底仍然常常感到酸楚與隱痛。

喬老師，學生無能，實在對不住你呀！！

石板和石筆

現在的孩子們已經不知道石板和石筆為何物了，六十年代以後出生的人基本上都沒見過這種古老的東西。對於今天使用電腦的學生來說，石板和石筆就像一個古老的傳說。

當年使用的石板長二十釐米，寬十二釐米左右，厚度在零點五釐米到零點八釐米之間，有的還用木框框住，防止邊角摔壞和磨損。石筆則長短不一，粗細和筷子相似，好石筆寫出來的字跟粉筆差不多。

上世紀五十年代，小學生上學時基本上都是背著書包，提著小石板的。小石板一般不敢放在書包裡，因為經不起摔打及擠壓。記得我買來小石板後，父親在小石板的木框上錐了兩個眼，再用麻繩栓牢，便於我提在手裡上學。

那時，由於貧困，一般孩子，除了學校統一發放的作業本外，多餘的本子很少，石板是最好的學習用具了。課堂練習，全靠石筆和石板，幾毛錢一塊的石板可以一直用到小學畢業。

那時，老師講課是用粉筆在黑板上寫字，我們用石筆在石板上寫字。老師念幾個生字或一段課文，我們在石板上默寫。有時老師在黑板上出一道造句或數學題，我們在石板上作完後，摞在老師的講臺上，老師批改後打上分數，再把一塊塊石板分發給我們。

在石板上寫字，通常不用粉筆，粉筆太貴，我們們用不起，而且寫完用布一擦，粉末太多。石筆是天然石料，是一種比篆刻用的石料還要軟得多的白色滑石，用它在石板上寫出的字很小很清晰，在只有十六開大小的石板上能寫不少字。

我特別喜歡的是另一種石筆，小朋友們稱之為「滑石猴」。它原本也是一塊手章大小的長方塊石筆，但石匠對它做了一點小小的雕琢，把小方塊的石筆雕琢成一隻雙臂盤於胸前雙腿蜷縮著的小猴兒。「滑石猴」又能寫字又能把玩，掉在地上摔不碎，平時就裝在衣服口袋裡。

石板上面寫滿字後，隨時可以擦掉，可以用紙擦，也可以用布擦，最好的方法是用濕布擦，既乾淨又省力。大部分的孩子直接用手擦，也有一些孩子用袖口擦，時間一長，袖口結板，裎亮烏黑，手也是「黑炭錘」。

我也曾經用袖子擦石板，時間一長，袖子都磨爛了。母親看見後，便從舊羊毛氈上給我鉸下來一塊當板擦用，只要輕輕一擦，石板便乾淨了。

那時，家庭條件好的，都花錢來買石筆，但大部分孩子是自己做石筆。做石筆需要技巧，也需要耐心，原料是破損不能用了的石板，工具是廢舊的鋸條。先在廢石板上刻了線，然後用鋸條沿線鋸下來，再經過打磨，就成了石筆。

記得那時也有同學用磚頭、土塊、泥巴充當石筆，反正能畫出道道就行。有一個同學，找了一塊膠泥，回家用手搓成粉筆大小，在屋裡晾乾後，放到灶火中去燒，泥棍就變成磚棍了，寫出的字還是紅色的呢。

還記得，一些同學一寫不出字來，就拿石筆輕輕地敲起了石板，嗒、嗒、嗒、嗒嗒嗒、嗒嗒嗒……。老師拿教鞭猛地敲了一下桌子：「別敲啦，跟誰學的臭毛病，要飯的才敲碗呢！

石板還有一個用處，那就是可以當乒乓球拍來使用。五十年代的學校，乒乓球臺大多是水泥做的，中間擺一溜磚頭代替球網。一下課，我們就跑出來搶球臺。那時候，有一個木板球拍是很奢侈的事情，更不要說貼膠皮的拍子了，於是石板就成了最好的代用品。

遺憾的是，因為打球過程中的爭搶與碰撞，石板很容易斷裂。斷裂與破損，回家就無法交代，因為許多家庭就連三四毛錢的石板錢也是拿不出來的，等來的是家長的責罵或毆打。

即便小心翼翼，時間一長，石板周邊的木框也容易脫落。石板是易碎品，木框脫落了就更不容易保護。於是用納鞋底用的椎子在四角木框上打了眼，再用細鐵絲綴結實，這樣，石板即便是摔裂了，有木框在周邊束著，也能湊合著用。

一九五七年，郎神廟的北面建起了呼市展覽館，裡經常面舉辦各種展覽。在展覽館的後院，天天都有美工人員傾倒出來的垃圾，垃圾堆裡有尚未用盡的廣告色、筆頭磨損的畫筆、三合板鋸成的美術字、半截的中華鉛筆、砂紙、鋼鋸條，我每天下學從那裡經過時，總要興奮地在裡面拾翻。我翻撿出來的「寶物」，都用來和同學們換了石筆，他們高興，我也高興。換來的石筆，我一直用到小學畢業。現在看來，我是否很有市場經濟頭腦呢？

我和石板、石筆已經闊別五十多年了，今生再也無緣與它相伴了，那是我們低碳生活的見證。近來才知道，生產石板的石山都是沉積岩，遠古時都在海底。滄海桑田，在宇宙的時空裡，一億年也是彈指一揮間，人生猶如夢境一般。我今天坐在電腦前打稿子，不由地想起了兒時用過的石板、石筆，感到既溫馨又悵惘，天地玄黃，人生有少多事稍縱即逝，值得我們回味與歎息呀！

歸化城東郎神廟

呼和浩特是歷史上有名的召城。最近看過一篇文章，記述這裡舊時的召廟曾有八十多座，但裡面竟然沒有郎神廟，想來是因為它的規模太小了吧，就像孫悟空打不過二郎神後變化成的那座小廟一般。

郎神廟始建於清朝嘉慶年間，坐落在歸化城東的亂葬崗子上，所謂崗子，其實就是一片高地，正南即是歸化城的東茶坊，具體位置就在現在公園東路最南端的路當中。

小廟坐北朝南，青磚灰瓦飛簷，有兩層樓高，寬有七八米，淨深四五米。裡面的高臺上坐落著三尊佛像，當中的一尊有兩米高，兩邊的稍矮些。三尊坐像前面的地下，有一個小佛龕，裡面是一尊關公騎馬持刀的造像。廟內陰暗濕冷，兩邊的牆上有壁畫，都是戲文中的內容。

廟內放置了很多空棺，那些棺材都是一些出了名的角兒，在生前為自己置辦下的。因為戲曲行當有自己的行規，凡是當了戲子的人都要出家拜祖師爺，死後不能葬入自己家族的墳中，所以有些戲子就將提前準備好的棺木寄放在這裡，等待自己百年以後好有個安身之所，偶或也有剛剛過世需要超度亡魂的棺槨停在廟中。

廟外的斷垣殘壁上長滿了青苔。廟四周棺篋堆壘，枯草搖曳，加上烏鴉聒噪，野狗穿梭，累累白骨隱露其間，更增添了無限荒涼和恐怖。

據史料記載，這一帶原是伶人葬身的義地：「期間尤以晉劇、二人臺演員的白骨為多，也有不少暴屍於外，野狗叼食。後來由戲班集資，購買俗稱『狗碰頭』的薄棺篋，收屍裝殮，堆壘幾層，然後挖壕用土淺埋。」

有博友質疑說：「解放前，二人臺是鄉間農閒時節，民間自發組團，打玩意兒，挖莜麵的，不比晉劇、京劇、秦腔，有班子，有傳承，唱腔成本大套的，角色生旦淨末丑。唱二人臺的連個戲子的名分也沒有，充其量是不本分的農民，死了還埋在自家墳地，不會進郎神廟的。」此話也不無道理。

昔日，這裡有一個看廟的人，住在郎神廟東側的兩間大小的平房中，人們都叫他「三和尚」。這裡比亂葬崗子稍微強一點兒的，就是因為還有專人看護和打理。

兒時，我每天上學都要穿越戲子墳，能看見塌陷的墓坑裡的森森白骨和枯黃的頭髮。春秋霧起時，走的戰戰兢兢。

那時，我還經常聽老人們講有關郎神廟的鬼怪故事。他們都說這裡常常鬧鬼！因此，我每回從廟前經過，心裡總有一種恐懼的感覺。裡面陰森森的，涼氣會從腳下而生，彷彿會懾人魂魄。

我和交通學校的幾個大些的孩子進過幾次郎神廟，主要目的是在廟裡的牆根下挖蛐蜒，用來套雀。記得那個院子裡很亂，院中央有幾棵大榆樹，濃蔭密佈。廢棄的破廟裡傳出微弱的燭光，藉著微弱的燭光向裡面看去，地面滿是塵埃，四處佈滿了蛛網，佛像也被蒙上了厚厚的灰塵，已經看不出是彩塑了。

那幾個大孩子淘氣的出奇，他們聽說佛爺的腹中藏有金銀，竟然把最高的那尊佛像的腦袋扳下，用鐵鉤在裡面探尋，結果只鉤到一些柴草。還有一次，我們幾個把佛龕裡的關公造像抬了出來，在院子裡戲耍，突然聽到三和尚在家門口吼喊，我們扔下造像，落荒而逃。

郎神廟是為戲子墳而修建的，在五十年代修築公園東路時，即被拆除。上世紀七十年代初，在戲子墳的遺址上開工建設呼和浩特齒輪廠，當工人們在此處挖掘地基時，才驚奇地發現，地上看似一座墳墓，其實地下不知堆壘了有幾層。看到這樣的場景，不免讓人感到悲慟：這小小的郎神廟、戲子墳，不知承載著舊時多少伶人的辛酸血淚。

自從修通了公園東路，路的標高降低，戲子墳就只剩下了三和尚的幾間住房，被擱置在了高臺上，孤零零地矗立在公園東路的東南角。直到一九七三年，「三和尚」還在那裡居住，那時他的住房已經遙遙欲墜，三面用木椽支撐著，頑強地抵禦著拆遷。「三和尚」算是呼市最早的釘子戶了吧！

進入九十年代，齒輪廠再次搬遷，這裡建成了高檔公寓「都市華庭」。戲子墳徹底地消失了，「三和尚」不知所蹤。

戲劇行業歷來被稱為梨園行，作為一種特殊行業，有著自己的祖師崇拜。但這個梨園祖師到底是指哪個？歷史上卻有不同的說法。有的說是唐玄宗；有的說是楚莊王；有的說是唐朝一位愛看戲的太子；有的說是拴馬的樁子；有的說是戲班臺柱的意思，被作為神來敬了；還有的人乾脆說敬奉的就是一隻狼。

在此以前，我一直把郎神廟誤認為是「狼神廟」。因為過去的晉劇演員根本不會科學發聲，吼起來跟秦腔裡的「黑煞」相似，哪裡是唱，簡直是用嘶啞的嗓子在喊戲，在嚎戲。聲嘶力竭，聽起來令人撕心裂肺，如狼之悲鳴。

明代戲劇家湯顯祖認為，梨園行的祖師是二郎神，又稱清源祖師。和他持同一意見的是清代戲劇家李漁：「二郎神是做戲的祖宗，就像儒家的孔夫子，釋家的如來佛，道家的李耳。」

最近應縣發現清雍正年間唐莊宗碑雕，可能對此是一個顛覆。原來「郎神」據傳出生於應縣，南征北戰二十載，當了不到四年皇帝就因迷戀戲劇而身死國滅的後唐莊宗李存勖。史載，他以丑角的身分粉墨登場，還取了藝名「李天下」。聽人說，舊社會的戲班裡，丑角地位最高，可以坐「大衣箱」，旦角就不允許。這個傳統可能就是由他留下來的。他在宮中養的伶官和伶人竟達千人，朝中大事還常同伶官商量，有的伶人竟做到封疆大吏。最後，他死於伶官之手。

我常常想，如果郎神廟不拆，戲子墳保留，其實也挺好的，可以作為歷史的遺跡或城市中的一景。紐約城中就有不少墓地，正是這星星點點的遺跡才構成了現在的紐約。墳地、廟宇也是文化，一個城市割斷了文化的繫帶，沒有了文化的底蘊，變成了千篇一律的水泥森林，還叫什麼城市呢？

轉眼幾十年過去了。今天，我漫步在寬闊的柏油路上，想去尋找歷史的遺跡，但看到的只是公園南路密密匝匝、枝繁葉茂的行道樹，喧鬧沸騰的車流人流，鱗次櫛比的高樓大廈，一切都恍若夢境之中。

出租馬車

公共汽車起源於十八世紀英國的公共馬車，計程車也源於十八世紀英國的出租馬車，聽說，青島剛解放時還曾有公共馬車和出租馬車留存。

呼和浩特沒有過公共馬車，但曾經有過一輛出租馬車，直到上世紀六十年代初，還每天停在新華大街老市立醫院的大門口，接送病人或產婦。呼市市立醫院舊稱「歸綏公教醫院」，是由比利時神父於一九二三年創建的。出租馬車也是當年由傳教士從比利時飄洋過海弄過來的，樣式就像那種老式汽車：前面是兩個小車輪，後面是兩個大車輪。廂體上有漂亮的玻璃門窗，車前左右兩側各有一盞歐式玻璃燈，裡面也是沙發軟座，與小轎車無異。拉車的馬是一匹棕紅色高頭大馬，披紅掛綠，打扮得非常漂亮，馬脖子上掛著一圈黃銅鈴鐺，頭的兩側戴著兩片護眼。車行進在馬路上，洋馬踏著有節奏的彈跳步，顯得十分高貴。

趕車的人身著西服，頭戴禮帽，端坐在車外面的高座上，顯得神采飛揚。那是個幽默的老頭兒，他有時一面趕車一面唱戲，常常逗得街上行人哈哈大笑。

據博友回憶，趕車人叫陳大力，北京人。五短身材，蓄長鬍鬚。家住在舊城聚隆昌街，會些武術。也有人說，那個車夫還在原中山西路鐵路售票處旁邊的院子裡住過，不知道他們說的是否是同一個人。

那輛馬車除了在市里醫院門口候客，有時還在九龍灣巷口逗留。除了接送產婦，還有許多新郎雇用這輛馬車把新娘子娶回家。

那時，我母親在市立醫院工作，我常常有幸圍觀、欣賞這輛馬車。有一次，我甚至還偷偷地爬了上去試了一試，感覺非常舒服與愜意。

當年，我們這些孩子最喜歡模仿馬跑起來的聲音：T哩卡拉，T哩卡拉……那節奏真是好聽。馬的脖子上繫著銅製的鈴鐺，十幾個串起來，跑起來叮叮噹噹地響，這聲音與馬的鐵掌在水泥路上發出的聲音交織在一起更加美妙；再加上馬車夫的吆喝聲，甩鞭子的聲音，簡直就是一首馬路交響曲。

使我們最感到神奇的是馬車夫手中的鞭子，甩起來可真夠響的。記得有一次，幾個大孩子拿過來試了試，怎麼也甩不響，好心的馬車夫教了半天，才剛剛甩出一點聲音。他告訴我們光是甩響還不夠，還要甩得準確，要響在馬耳朵附近，這樣才有威力，馬才能聽話。車夫的話讓我從小明白了一個道理，每一個行當的技術，都需要下功夫練的。

起初那輛馬車沒有糞袋子，馬一邊跑，一邊把馬糞蛋子拋灑在馬路上，一九五八年大躍進來了，開展愛國衛生運動，馬車夫在馬屁股後掛了一個帆布袋子，馬糞可以直接掉進去，這下可就乾淨省事多了。

那時，市立醫院附近還有釘馬掌的，每次走到那裡我都喜歡停下來看一會兒。我總覺得釘馬掌時馬一定會很疼，一定不老實，可看到的並非如此，馬很通人性，釘馬掌時一般都很聽話。

還記得有個小姑娘常常圍著坐馬車的病人乞討，有一次，一個公務員模樣的病人出院，剛上馬車，她就把手伸了過來：「願上帝保佑您，您一定會當廳長的。」於是那位面皮白淨的男人給了她一毛錢，小姑娘千恩萬謝，我現在還能記得她的樣子。

文革開始，市立醫院就搬到中山路民族商場的對面去了，精美的老市立醫院被拆毀，內蒙古測繪局在那裡建起了粗俗的火柴盒式的大樓，我兒時的夢境終於消失了，出租馬車也從此不見了。

二〇〇七年我去美國考察，在費城也見到過一輛精美絕倫的出租馬車，顏色是潔白的，一對新婚夫妻乘坐著去教堂舉行婚禮，我愈發睹物思情，想起兒時呼市的那輛馬車。那輛馬車後來哪裡去了？我很是懷念。有人說，「文革」初起時，那輛馬車就被「破四舊」的紅衛兵砸爛在車主人的院中，幾個車輪被拋在牆邊。那個車夫一定早已作古了，因為又五十年過去了，如今想起這一切猶如夢幻一般。

呼和浩特濕地

呼和浩特是個盆地。大青山下來的水全部積存在這個盆地裡，浸潤著這片土地，這片土地猶如海綿一樣飽飽地吸滿了水。四百年前三娘子選擇在這裡建城，就是看中了這裡的風水。古人不會打井，他們逐水草而居，呼和浩特是最好的選擇。我聽在呼和浩特舊城生活了八十多年的老人說，在他們年輕的時候，牛橋下的河水清澈見底。每到黃昏，女人們就會來到橋下洗衣服，頑皮的孩子們在河裡嬉水、打鬧，男人們則站在橋頭談天說地。

上世紀五十年代時，玉泉井和海窟有深層地下水湧出，紥達蓋河、營房道河和新城護城河涓涓溪水常年流淌，這些水源的周圍是生有大片芒葦和馬蓮的濕地。有名的馬蓮灘、苟家灘和孤魂灘都是新城的濕地。舊城通往新城的中山路就是在濕地中穿過。這些濕地春天翻漿，附近房舍因為地基疲軟而造成牆倒屋塌，是當時人們為之煩惱的事情。

那時，呼和浩特挖坑就見水，插根枝條就會長成樹木。人們想挖個菜窖都很難，沒挖半米就見水了。

直至上世紀七十年代，呼和浩特的地表水和地下水還十分豐富，新舊兩城居民都靠壓水井取水吃，那時隨便找個地方，把鋼管插進去，就能汲出水來。呼市郊區的自流井更是日夜噴湧不停。

現代生態環境學家把大片的森林比作大地的肺腑，把成片的濕地比作地球的腎臟。不到半個世紀裡，我親眼看到了呼市腑臟的衰竭過程。

我小的時候，家住在錫林南路內蒙古防疫站的院內。院子的南邊，是內蒙古送變電公司的宿舍，送變電宿舍再往南就是一個大水塘。這個大水塘旱天不枯，雨天不溢，坑中生長著高低不齊的蘆葦、菖萍和三棱草，蝌蚪成群。

及至上學，我在舊城的中山西路小學讀書。每天要穿過四無遮攔的人民公園。那時人民公園叫臥龍崗，那裡有一泓泉水常年不涸，清澈見底的泉水中，飄蕩著碧綠的水草，泉水靜靜地流向遠處的一個水潭，而後流向白蓮灘，澆灌著附近的菜園。公園南邊是一片墳地，墳地搬遷後與北邊的大坑相連挖成公園的西湖；公園東北原有一座磚瓦窯，磚瓦窯的南面是取土的大坑，在這裡挖成東湖。東西湖之間的長堤原是城區的土圍牆，中間修成一座三孔玉帶橋。烈士塔所在處，原來是個稀泥塘，後來填入大量爐灰，並打入三根木樁才使烈士塔巍然挺立。

那時，我家臨近東瓦窯、城灘、盆窯、石羊橋等處，這些村周圍也有大片的濕地。盆窯南有一片草灘，深綠色的小草密密麻麻地擠在一起，中間點綴著黃色的小花，真像柔軟舒適的天然地毯，人走上去，綿軟軟悄無聲息，那種感覺十分美妙。後來在這片土地上建起了林業幹校（後來成了林業設計院及家屬區），二十世紀八十年代初盆窯村整體搬遷，村址周圍成為電業大院。城灘東、雙樹村北在二十世紀五十年代成為毛紡大院。

記得民族商場（過去的聯營商店）對面，在五十年代也是一片濕地；內蒙古體委的辦公大樓所在地，過去叫大缽坑，也是一片葦塘。

最令人難忘的是西菜園鄉境內的蘆葦塘。從南茶坊出來到小黑河邊，辛辛板村周邊都是濕地，濕地內遍佈蘆葦，一片濃綠，去往昭君墓的大路穿過這片濕地。這裡，春天綠蔭匝地，秋天蘆花飄蕩。西菜園鄉各自然村分散在這片濕地中。每年雨季，舊城的雨水都彙集在這裡，使青翠的蘆葦生長的更加高大茂盛。有翠鳥在蘆葦蕩中生息，發出美妙的叫聲，十分動聽。

每到秋天，這片一眼望不到邊的蘆葦，就長出白茫茫的蘆花，在秋風中翻滾蕩漾，以它奇特的風貌，裝點著金色的秋天。吸引更多遊人前來遊玩。冬季來臨，葦塘結冰，農民把蘆葦割倒，婦女們用靈巧的雙手編織蘆席。

濕地不僅為農民帶來種種好處，也直接影響了呼市地區的小氣候。濕地就像一張巨大的濾網，吸納城市有害的廢氣和污水，增加空氣的清新程度，是天然的淨化池和氧吧。

上世紀八十年代後，為了興建高樓大廈，施工單位日夜不停地降水，僅僅一個都市華庭社區，三根臉盆粗的管道就不停地抽了三年，由於過度開採地下水，使城市地下水位急驟下降，曾經遍佈城周的濕地悄然消失，大片的蘆葦塘蕩然無存，只留下一片濕地標本——南郊濕地公園了。

濕地的喪失，使青城面臨種種困擾，空氣、水源污染嚴重，供水緊張，排水不暢，夏季炎熱乾旱，自然災害頻繁，這是人類無情地摧殘賴以生存的生態環境的惡果。

礦泉水般的呼市地下水終於枯竭了，現在呼市居民的飲用水摻有一半黃河水，苦澀難嚥，美麗的青城被鋼筋混凝土森林覆蓋，大自然的田園風光只能在夢境中顯現了。

錫林南路的變遷

我的人生之初就是在呼和浩特錫林南路度過的。那時的錫林南路還屬城郊，沒有這麼多房，沒有這麼多車，更沒有這麼多人，終日安然靜謐。一眼望去，農舍片片、炊煙嫋嫋，地成壟、田成畦，一片田園風光。

夏日的夜晚，開窗而臥，能聽到水邊的蛙鳴、地邊蟋蟀的歡唱。至夜深，還能清晰地聽到火車的鳴笛，感覺到空間是十分的遼遠與深邃。

現在的內蒙古電力集團公司大樓的北端，那時是一片很大的水塘，塘裡長滿了蘆葦，終日有鴨子在水上嬉戲。夏日我與小夥伴們常常在此捉魚蟲、逮蜻蜓、撈小魚兒，往往弄得滿身泥水。冬季冰封了，我們又在上面用自製的冰車滑冰、抽陀螺玩兒，手指凍得像紅蘿蔔似的仍然快樂不已。

現在的內蒙古送變電公司東院宿舍，那時是一片農田，一位姓劉的河北人在此種菜，地的北邊是他的兩間土房。房子是土牆、土地、土炕、土桌、土凳，一扇爛木板釘的破門，一塊玻璃鑲在土牆的方洞中權作窗戶。

夏天，他家地裡的番茄長的十分繁盛。他每天一早摘了，用架子車推到街裡去賣，記得一斤只賣一二分錢。他有一個和我年齡相仿的男娃，黑臉、黑手，沒褲子穿。我常去他家玩，去他家不用脫鞋就可以上炕，蹦啊、跳啊，有時高興的能從炕上滾到地下。渴了就到門背後的水缸裡舀水喝，咕咚咕咚地十分暢快，他爹他娘從未流露出不悅的神情。不像去我們院裡的站長家，那個穿布拉吉的漂亮女人總是蹙眉疾首地盯著我們這群衣著不整的土孩子，但她又得罪不起她那寶貝兒子，不得不讓我們去參觀她家眾多的玩具。

女主人有潔癖，雪白的床單外人不能挨也不能坐，倘若有人誤坐，她會立即從床上揪下來塞入水盆中。就連吃西瓜，她也要用酒精棉球先把外皮擦個不停。

那時的錫林南路竟無一所小學。乃至我要上學了，還得跑到舊城去。上學的路真遠，需要穿過郎神廟、戲子墳（現在的「都市華庭」位置），穿過四無遮攔的人民公園，沿著公園的湖邊一路小跑，跑過虎館和狼舍總不忘摸摸在外面放風的虎狼的幼仔。

春秋霧起時，上學路過墳崗十分害怕。清晨，孤寂無人，我戰戰兢兢，絕不敢看塌陷的墓坑裡的屍骨。那時的孩子真不金貴，不知道父親為什麼不用自行車去送我上學？

現在的錫林南路高樓林立，車水馬龍，充滿現代都市的喧囂，現代化的氣息愈來愈濃。白天人頭攢動、摩肩擦踵，至夜燈火輝煌，茶樓酒肆霓虹閃爍，卡拉OK之聲徹夜不絕，湧動的商品大潮，充溢整個街區。海亮廣場、香格里拉酒店、電力大廈、設計大廈、電科院大廈、送變電大廈，婷婷玉立，爭芳鬥豔，真使人恍若有隔世之感。

撫今追昔，怎能不令人感歎呢！

歸綏史海鉤沉

一

據史料記載：呼和浩特市立醫院的前身是一所天主教會醫院，由天主教「聖母聖心會」於一九二三年所創辦，原名公醫院，一九三七年改名為歸綏公教醫院。該院在解放前，曾經是長城外規模較大、設備齊全、醫療技術先進的一所醫院。

在那個一百四十畝大的方形大院的正中，是整個醫院病房和各科室的位置。總的造型，好像一個羅馬II字。房舍分為南北兩排，中間有兩條走廊，東走廊以東為女病室；西走廊以西為男病室。前排是一、二等病房，後排是三等病房。病房前面是花園樹林，病房後邊是菜地。

歸綏公教醫院是個教會醫院，所以在女病室東邊，修建了一座南北方向的「聖堂」。又在男女病室前邊兩端，分別豎立了「耶穌聖心」和聖女「小德肋撒」塑像各一座，突出了宗教色彩。醫院大門設在南牆正中，入院往東為免費門診室和化驗室。

在一百年前，歸綏公教醫院就設有X光機、紅內光燈、電流機、通電按摩機、射熱器、電光照浴器、眼底診察儀、水晶體診察儀、視力範圍診察器等貴重儀器。至於消毒、診療、化驗、接生、隔離、門診、藥房等應有盡有。此外，還有鍋爐、暖氣、蒸氣鍋等設備。

我在網上看到過歸綏公教醫院剛成立時院長和護理人員的照片，十五六個青春靚麗的女孩簇擁在院長的周圍，個個豔麗如花，可以想見當年入選的嚴格。如今，她們早已作古了，也不知沉寂在哪裡，我為生命的脆弱和短暫而哀歎。

我的母親上世紀五十年代就在這裡工作，那時歸綏公教醫院已更名為呼和浩特市立醫院。醫院的院子裡都是高大的鑽天楊，每天臨近黃昏，烏鴉會遮天蔽日地降落，並「呱呱」地鳴叫不停，進入醫院你會有身臨域外的感覺。

二

巴彥塔拉飯店後面原先是個城中村，名字叫姑子板。上世紀五六十年代，我去醫院找母親，總是爬坡上樑，深一腳淺一腳地穿越姑子板。那時，我還見過姑子廟裡的姑子們，光頭、戴佛珠、穿淺灰布的衣服。

姑子板的大多數人家都以種地為生。姑子板的周邊都是莊稼地，東邊及西北角（即現在的巴彥塔拉飯店）是菜地，這片菜地和村子西坡之間隔著大坑，常年積水，那裡也有泉眼滲出，水多時，水便由村西口的涵洞向西流去，最後匯入紮達蓋河。這片菜地靠東一點兒有一大片院落，是公教醫院天主教徒住宿的地方。該村的西口是一戶梁姓人家的院落，院落北邊是「三清觀」道家的院落。

姑子板地勢高低不平，住戶人家都把房子蓋在村北面的坡上和東南坡上。幾戶大戶人家院落比鄰，寬敞豁亮。該村的東南有姑子廟。姑子廟院子稍大，姑子廟內很清靜，院北的一排房是禪房，姑子板得名估計與此廟有關。姑子板因為距離新舊城比較遠，村內店鋪比較齊全，除雜貨鋪外，村裡還有油坊、面坊、豆腐坊、醋醬作坊、紙坊等。

六十年代初，我在呼和浩特第五中學讀書，因為母親要上夜校，下午下學我用自行車去醫院的托兒所接兩個妹妹回家，小妹妹坐在前面的大樑上，大妹妹坐在後衣架上，她倆一路上吱吱呀呀地唱個不停。如今，她們都是五十多歲的人了，孩子也都上了大學。每逢想起這段歷史，我心中總有異樣的感覺，雖然那時的生活艱難困頓，但也充滿了溫馨。

三

據史料記載：一九二一年，京綏鐵路全線竣工，在梁家沙梁村建起了火車站。一九二二年，從北京來的黃包車在火車站停候，往新城舊城拉運客人。幾年後，原在張家口營運的三輪車，因該城市坡度大無法暢行，也紛紛落戶歸綏火車站。

又據史料記載：民國二十五年，呼市僅有一輛出租小汽車，每小時收費二元。

民國三十五年，市內有四輛公共汽車，其中福特車二輛、同和一輛、雪佛蘭伊一輛。這四輛舊汽車是省公路管理局交給市里的，其中三輛在新舊城之間往返運行，另一輛在新舊城到火車站間往返運行。執行時間為每日早晨六點三十分到晚上十時結束，乘客需要提前買票，下車時由售票員收票，對於無票乘客會加倍罰款。民國三十七年七月，市內公共汽車由於汽油缺乏和輪胎破舊等原因而停業。

據父親回憶，民國三十五年，他坐過一次蹭車。那時，有一輛燒煤氣的公車，車尾有一處空缺正好能坐一人。父親從舊城一直坐到新城，到下車時被司機發現，讓他跟回舊城總站聽候處置。父親面無懼色，興沖沖地跟他來到舊城，總站負責人卻說：「沒事了，你走吧，下次別往那兒坐了。」父親這才懊悔起來，因為再回新城還有五華里的路程。

上個世紀五十年代，全呼市的公共汽車只有三路：新城—舊城、新城—火車站、舊城—火車站，每路兩輛，相對開行。呼和浩特的公共汽車都是前蘇聯進口的大鼻子公車，這種車，車內狹小，窗戶也小，車頭突出。那時的公共汽車尾後都帶一煤氣包，直到上個世紀六十年代後，才換成燒油的新型公共汽車。

公共汽車上都有售票員，專門負責售票工作，乘客上車後根據自己所到達車站的遠近購票。售票員通常左手拿著一個夾著不同面額車票的寫字板大小的票夾子，脖子上掛著或肩上挎著一個吊在前胸，可以方便按合的裝錢的翻毛小皮包，賣票時一邊收錢找零，一邊撕票。有的公共汽車上，售票員在緊挨車門的地方還有一個很高的專門座位。

呼和浩特的自行車最早由舊城天主教堂外國神父引進，此後自行車成為呼市時髦的交通工具，許多官宦少爺和商家闊少紛紛購買自行車。當年自行車全是外國製造，僧帽、三槍和老人頭牌最為著名。

一九六九年底，呼市第二運輸公司（駝運社）試製出第一臺十二馬力三輪柴油機動車。

記得第一臺十二馬力三輪柴油機動車試製成功時，轟動了整個呼和浩特。這輛車披紅掛綠，「突突突突突」地冒著黑煙，繞行了中山路、通道街、新華大街。全市人民敲鑼打鼓地上街慶祝，在組織者的引導下亢奮地呼喊口號。街上到處貼滿了花花綠綠的標語：「這是毛澤東思想的又一偉大勝利！」、「這是無產階級文化大革命的又一曲響徹雲天的凱歌！」、「這是粉碎了劉少奇洋奴哲學、爬行主義後的又一個豐碩成果！」……

可惜，這輛車時走時停，一停下，工人師傅們就簇擁上去修理，後來沒開到家就徹底癱瘓了，最後靠人們連拉帶拽地才弄了回去。事後，有好事者做詩形容這次試車：

一去二三里，
停車四五回。
修理六七次，
八九十人推。

我所目睹的反右派

記得在一部蘇聯小說中，批鬥會被含蓄地稱之為「往中間站」。凡是被某種權威認定犯有罪過的人，就讓他站到一夥人的中間去，接受批評、審問、辱罵，卻沒有辯護的權利。

一九五七年我經歷的第一幕反右派就是如此。一九五七年的夏天，在內蒙古衛生防疫站的辦公大樓裡，我看到一個男人汗如雨下地站在一個凳子上，周圍一圈數十人在高聲地責罵他，大家都揮動拳頭，聲嘶力竭地叫喊，看來這一手就是向蘇聯老大哥學來的。

後來我才知道這位叔叔叫許華樓，此後不久他就病倒了，數日起不了床，好幾天躺在宿舍裡，水米不進。但是沒有人理睬他，反而用大字報糊滿了他的門窗。還在他的門外高呼打倒他的口號。

據說事情的經過是這樣的，黨要開門整風，組織上鼓勵大家給黨提意見，大家都不肯提，但書記非要逼著大家提，並再三表態，絕不抓辮子、打棍子。於是許叔叔只好勉強提了一條：「書記老說他是大老粗，以大老粗自居，但大老粗也應該好好學知識、學文化，儘快跟得上時代的步伐！」僅此一句，他就被打成右派分子，罪名是「對共產黨充滿刻骨的仇恨，反對外行領導內行。」許叔叔百口莫辯。

後來許叔叔被開除了公職，每天蓬頭垢面，拉著排子車拾荒及給人拉貨，過著盲流一般的生活。

防疫站還有一個叫張德義的大夫，也被打成右派，他的罪名是「反對中醫」、「污蔑國粹」。事情起源是這樣的，站長想吃胎盤，用來補腎。幾個年輕大夫從醫院裡搞來胎盤，用爐火焙乾，研磨成粉，供領導食用。他認為中醫是偽科學，吃胎盤補腎是胡鬧，極力阻止，因而被打成了右派。

還有一位剛從醫科大學畢業的醫師，有一天也被批鬥，因為有人揭發：他說過，主席沒腿！在組織批判他時，他死活也不承認，他辯解說：「其實事情經過是這樣的，衛生廳的工會主席，一天外出，他的老婆非要搭他的順車去醫院，他罵老婆說：你又不是沒腿！」於是此事才不了了之。

據說，當時抓右派是有指標的，衛生廳給防疫站規定了三名右派的指標，而且必須完成任務。但防疫站是一個只有八十餘名職工的單位，為了這已抓出的二名右派，站領導已是竭盡所能了，但上級的任務又一定要完成。所以，站裡不得不舉行會議，命令全站職工檢舉揭發，必須要在本次會議中再抓出一名右派，否則會議不能結束，職工不能離開會場，包括上廁所也不許可。就這樣，這次會議從早上八點開到下午五點多。與會職工個個又累又餓，關鍵的是人有三急，終於，有一人憋不住了，跑去上廁所。不幸的是，他撒尿回來後，就成了右派。這名職工為自己辯解時，黨委書記義正詞嚴地說：「你的意志力軟弱，政治立場不堅定，連一泡尿都憋不住，如何抵禦敵人的糖衣炮彈，你不是右派，誰是右派？」

中山西路小學，有一位教圖畫的男老師，姓劉，不過二十三四歲，也被劃成了右派。劉老師的家在一座大城市，分配到塞外工作大概令他很不高興，平時就懶懶散散的，不修邊幅。但他上課還是蠻受歡迎，最讓學生服氣的，是他會用粉筆三兩下就將任何一位同學畫在黑板上，惟妙惟肖又略帶誇張，常常引得滿堂大笑。那天，學校開大會批判劉老師，先是老師們一個個上臺去揭發他的「反動言論」和「資產階級思想」，後來班主任楊老師又讓我們班上的學生上去發言，秩序就亂了，開始是十幾個學生圍著劉老師亂嚷。班主任老師對幾個班委說：「他不是在課堂上說你們的紅領巾是黑的嗎？你們上去揭發呀！」一個班委愣了愣，遲遲疑疑地說：「他不是這樣說的，他說不守紀律的學生是給紅領巾抹黑。」楊老師立刻就拉下了臉，他們有些害怕，就推推搡搡地上臺去了。

那年，我的大爺也被打成了右派。大爺是山西大學政法系的高材生，是學法律的，民國時就有律師執業資格，解放後自然無人敢用他。後來費盡周折，終於在三輪車社當上了一名會計。反右派開始後，社裡的一名老紅軍，因為給黨提意見被批判，大爺對他非常同情，幫他解釋，給他說好話。結果到後來，人家沒事了，卻把他打成了右派。那位老幹部遺憾地對大爺說：「老韓呀，我的事用你管嗎？你真是的！我走長征過草地，幾輩子都是貧下中農，誰能把我咋地呀？」

我在電建公司時，土建工地小型機械班就有兩名相處較好的右派同事，他們都是名牌大學的高材生，在校期間被打成右派，畢業後發配至內蒙古監督勞動改造，每天在工地做著骯髒、疲累的苦工。他們聰慧過人，卻謹言慎行，見人唯唯諾諾，一頂「右派」帽子嚇破了他們的膽子，壓彎了他們的脊樑。

其中一個右派的妻子在呼市電廠工作，一次，他從包頭回呼探親，到家已是深夜，開門發現妻子和車間的支部書記睡在一起，他怒不可遏，但是妻子卻上去抱住他，給那個書記解圍：「你快跑，別怕，他是個右派分子！」我想，當時這位哥們聽到妻子的這句話一定會五內俱焚，撕肝裂膽。

反右那年，我才八歲。面對那樣一場聲勢浩大、影響甚巨的政治鬥爭，實在不可能瞭解什麼。但那場鬥爭，也確實讓我第一次真切地感受到了社會的險惡、沉重與不公，並深刻地留在了一個兒童的記憶裡。

大煉鋼鐵的記憶

據說，一件事越轟轟烈烈，對你的刺激也就越大，你也就記得越牢，此話不假。一九五八年全民大煉鋼鐵的場景，至今在我的腦海裡仍不時地浮現出來，儘管那年我才九歲。那時是夏天，記得人們還穿著單衣，呼和浩特家家點火，戶戶冒煙，全城都瀰漫著硫磺味道的煙氣。

那年，呼和浩特遍地都是小高爐，十分壯觀，每隔幾十米就有一座煉鐵爐冒著熊熊的火焰。所謂煉鐵爐，就是一個高大約三、四米的黃泥爐，上面有一截大約一米高的、用屋頂瓦拼成的煙囱，爐內用普通粘土磚砌成爐膛，爐的下部用一個圓筒形風箱以人工鼓風。箱筒用木條釘成，長約兩米，直徑約八十公分，中間的活塞也是木製的，周邊用雞毛或者鴨毛作為密封。風箱的把手很長，可以兩個人同時推拉。

在我居住的內蒙古衛生防疫站的院子裡，也建起了兩座兩米多高的小高爐，煉鐵的原料主要是廢鐵，也有少量的礦石。燃料是木炭和破舊的桌椅板凳。人們把爐子下部裝上木材和木炭，把廢鐵和礦石堆到爐子的上部，點燃木材，用風箱向爐子內鼓風，溫度上去後廢鐵融化成鐵水流到地面上開好的槽子裡。槽子裡的鐵水很快就會冷卻成鐵塊。夜晚，當紅彤彤的鐵水流出來時，把院子照得通亮。我們小孩子最喜歡看鐵水流出來的情景，在兩丈多遠的地方看著、跳著、歡叫著，高興的猶如過年。

機關幹部們夜以繼日地守候著小高爐，人們只有熬到半夜實在不行了才輪流回去丟個盹。身體躺在床上，魂靈還在圍著高爐轉悠，聽到「出鐵了！」的歡呼聲，人們又趕忙穿好衣服跑出去看。剛流出的鐵水確實非常漂亮，紅彤彤，光燦燦，熱力四射。第二天天亮再去看，已變成了些冷冰冰黑乎乎的醜八怪了。挑上一塊模樣稍微像樣點的用紅布托住，機關幹部們就興高采烈，敲鑼打鼓地報喜去了。

記得有一天晚上，又一爐鐵水煉好了。鐵水開始往外流，忽然其中一個人腳下一滑，坐到了鐵水上，只見他的屁股下一團青煙冒起，同時聽到一聲慘叫，瞬間那人的兩條腿成了兩根黑棍子。那人當即被送到了醫院，我嚇得趕緊捂上眼睛，轉過身跑回家去了，後來的情況我就不知道了。

聽說內蒙古中蒙醫院的大夫們還大膽發明了中藥煉鋼，在小土爐內，加入中藥槐角、雞胃和龜甲等，這些中藥可以起到去氧脫硫、調解炭素的作用。治療痔瘡的槐角和治療消化不良的雞胃，竟然有煉鋼功能，應該獲得諾貝爾獎金。

許多單位鐵礦石跟不上，就動員大家捐獻家裡的鐵器甚至砸碎自己多餘的鐵鍋，放到爐子裡面去煉。爐子溫度上不去，就有人從家裡拿來被子裹在爐子上保溫。家裡能用的鐵器都被貢獻出去了，水缸也都砸碎了做了耐火土，為了製作風箱的活塞，當時婦女們大多剪了短髮，把頭髮拿去代替雞鴨的毛。反正，只要能從爐子裡流出一些鐵水，就算成功了，就可以向上級報喜了。

直至十一月下旬，天氣已很冷了，許多同志的衣服已破爛的不能禦寒，鞋也露出了腳趾。人人都被煙燻火燎的像叫花子一樣，許多人仍在爐前疲憊地做著徒勞無功的工作。

其實能煉出鐵來的單位不多，大多數單位到了一九五九年初左右，還是沒有煉出鐵來。大煉鋼鐵實在撐不下去了：燃料沒有了，煉鐵爐一個接一個地都燒壞了，風箱也用壞了。以往煉鋼現場風風火火的熱鬧氣氛沒有了，人們都在垂頭喪氣，三三倆倆地蹲在牆根閒聊。

一場轟轟烈烈的全民大煉鋼鐵運動終於結束了。花這麼大的代價，煉出的鐵不像鐵，石頭不像石頭。一部分運往呼鋼回了爐，一部分遺棄在原地，無人問津，成了絆腳石，或被埋入地下。困倦、疲憊、飢餓、荒誕，也永遠地留在了我這個兒童的記憶中。

我後來想：為了實現偉大領袖提出的「超英趕美」的宏偉目標，全民開展轟轟烈烈的大煉鋼鐵運動。當國人砸爛鐵鍋投入土法煉鋼爐的時候，大洋彼岸被「趕超」的英美們，會不會在偷笑呢？

全民圍剿麻雀的運動

一九五八年是一個熱火朝天而又一片混亂的年份。那個時候到處鑼鼓喧天、紅旗招展，每天都有人在街頭巷尾扯開圈子搞宣傳。人們的口號不止是「超英趕美，一天等於二十年！」還振臂吶喊：「全民運動除四害，鼠、雀、蚊、蠅消滅完！」

據說毛澤東討厭麻雀是因為麻雀和知識分子一樣有許多缺點，比如它們自高自大和自以為是，又常常「文人相輕」，隨便發表不同意見，真是「麻雀吵架，唧唧喳喳」。它從來也不問政治，更缺少遠大理想，就連我們的古人也留下了「燕雀安知鴻鵠之志？」的至理名言，可見這小麻雀根本是沒有什麼遠大的抱負。於是，中國「痛剿麻雀」的曠古奇觀也就自然發生了。

一九五八年，在呼和浩特，市政府動員百分之八十的人力，企圖全殲麻雀。夜間、屋簷下，小瓦片之間，有一些麻雀過夜，用手電筒照明，周圍漆黑，麻雀被俘。白天，更是大張旗鼓，不分男女老少，不分職位高低，約定的時間到了，人們開始敲鑼打鼓，鍋碗瓢盆土簸箕，能出聲兒的齊上陣。有張網的，有放鞭炮的，高音喇叭調到最高分貝整天放，手中什麼都沒有的那就趕來趕去追麻雀，高聲吼叫嚇麻雀，直把麻雀鬥得沒有地方可以落腳休息和吃東西。

一些人還手舉竹竿爬上屋頂，竿尖上捆紮一塊破布，迎風搖動。利用人海戰術，在大面積範圍內，同時來驅趕麻雀。經過幾十個回合的較量，一些麻雀已經精疲力竭，只剩下一口氣，在驚恐之中沒有落腳之地，再也飛不動，紛紛掉落於房上地下，摔得粉身碎骨，臨死時連哀鳴的力氣都沒有了。

據表哥說，大同市也動員了幾十萬人，主要力量是市民和中小學生。工具更多，笤帚、木棍、竹竿、墩布、樹枝、鞭炮、鑼鼓、彈弓、石塊、小銅號、小型土製火槍，全都用上。從城區到郊區，麻雀被淹沒在人民戰爭的汪洋大海之中。

喜鵲、鴿子、烏鴉是人們不願意消滅的鳥類。但是，在一九五八年，它們也在驚慌之中，部分地成為麻雀的陪葬品。

據各地不完全統計，一九五八年全國共捕殺麻雀二點一億餘隻。經過全民大滅雀，可憐的麻雀已是所剩無幾了。幾個星期下來，像呼和浩特這樣城市的天空上再也沒有麻雀飛過了。

小小麻雀作為「四害」之一，被列為要澈底消滅的對象。儘管從事件一開始就有科學家頂住巨大壓力，坦陳麻雀不是害鳥，不應消滅，但他們的呼聲並沒有能夠阻止一場針對麻雀的「人民戰爭」。

這是中國歷史上乃至世界歷史上，麻雀遭遇的最嚴重的一次人為浩劫。在這場被學者稱作「人民戰爭」的滅雀運動中，不乏令人不忍卒讀的「曠世奇觀」。

隨著小麻雀漸漸遠離人們的視線，大多數人沒有料到的惡果出現了：一九五九年春，呼和浩特的樹木發生了嚴重的蟲災，有些地方人行道兩側的樹葉幾乎全部被害蟲吃光，郊區的農作物也因大面積蟲害而絕收。

後來，科學家們解剖了麻雀的胃，發現裡面百分之七十五是害蟲，只有四分之一是糧食，可見它基本上還是益鳥，它對人類還是貢獻的多，索取的少。麻雀能盡忠職守，不辭勞苦地捕捉害蟲，其功勞和過失之比是七十五比二十五等於三，比毛澤東給他自己的評價三、七開還要略高一點。

麻雀冤案持續近五年，在一批不顧個人安危的正直的科學家力挺下，經毛澤東親自批准，麻雀終於從「四害」名單中消除，一場堪稱奇觀的全民「剿雀大戰」才告終結。

一個小學生眼裡的大躍進歲月

我開始接觸「共產主義」一詞，大概是在一九五七年讀小學二年級的時候。一天，學校組織我們去聽一位剛從蘇聯訪問回來的勞動模範作報告，這位女工講到蘇聯時很興奮，我至今還留有印象的是她說的大意：「蘇聯已快進入共產主義了」。蘇聯汽車多、高樓大廈多、有電話的家庭多、穿毛料服裝的多、穿皮鞋的多、戴手錶的多。「蘇聯小學生都戴手錶」，這一點倒是令同學們羨慕和議論了好長時間。記得那次報告最後收尾的總結是說：「蘇聯的今天，就是我們的明天」，我和很多人一樣，幾十年來都牢記於心，一個勁兒地巴望著「我們的明天」。

沒想到只過了一年，我們盼望已久的共產主義竟然說來就來了。一開始說「十年超英，十五年趕美」，後來毛主席他老人家又說：「我看再有三兩年差不多了」。「樓上樓下，電燈電話」的生活馬上就要實現了，全中國人民如何能不熱血沸騰呢？

一九五八年，呼市街道兩旁的牆壁上，紅綠標語隨處可見：「總路線萬歲！」、「大躍進萬歲！」、「人民公社萬歲！」、「多快好省地建設社會主義！」、「人有多大膽，地有多大產！」……

電線桿上的喇叭裡播放著嘹亮的歌聲：「社會主義好，社會主義好，社會主義國家人民地位高……」

牆上面到處都是誇張的壁畫：小孩騎在麥穗上；豬養的比大象都大；一輛汽車拉一顆南瓜；摘棉花要登梯子；一列火車拉一個玉米……

那是個瘋狂的年代，雖然那時我才九歲，但許多事情都已歷歷在目了：

一、那年放暑假的時候，不知為什麼突然街上敲鑼打鼓，我馬上跑到街上去看個究竟，只見人們排著大隊，手中舉著各種彩旗，鑼鼓喧天熱鬧非凡；還有耍獅子和耍龍的，大家載歌載舞地高喊革命口號。但那時我不解其意，後來才從老師那裡才得知要超英趕美，老師教導我們說：美國、英國、日本就是最大的魔鬼，蘇聯是我們的老大哥。至於我們為什麼要學那些惡魔，還要超趕他們，我就更不理解了。

二、不久，我們學校也開始大煉鋼鐵了。學校操場上，豎起了好幾個用紅磚砌成的小高爐！並且搬來了風箱，運來了煤和木柴，用風箱鼓風煉鋼。班上年紀大一些，個頭高一些的同學被挑了出來，不去上課去拉風箱，我們班就抽了五六個。其餘年齡小的全部去揀廢鐵，交學校化鐵水，每人定了幾斤的任務。那時也沒地方去撿廢鐵，同學們只好把家裡的鐵器，如鍋鏟、斧頭之類的拿來交差。煉了一段時間，搞出了一些爐渣一樣的廢物，紅色喜報貼滿校園，再後來就無聲無息，同學們又都回教室上課去了。

三、捉麻雀是市里的統一行動。白天，家家戶戶點燃鞭炮，敲響鑼鼓、鍋蓋、臉盆等一切能發響聲的東西，巨大嘈雜的響聲把麻雀驚得亂飛亂撞，有的竟然掉下來被人們抓住。到了晚上，人們搬梯子捅麻雀窩，掏麻雀蛋。天亮了人們就把捉到的麻雀用繩子串起來，拿著死麻雀到市里去「報喜」。

那時抓老鼠也是硬任務，連我們小學生也要交老鼠尾巴抵數。我家裡就用木板做了一個抓老鼠的工具，一開始還逮住過幾個老鼠，後來不靈了，因為老鼠非常聰明，無論再放什麼好吃的誘餌，都不肯上當了。害的我完不成交老鼠尾巴任務，受到老師批評。我那時心想，要是能養幾隻老鼠，或者有貓的本領那該多好！

四、一九五八年，「反右派」、「反右傾」運動還沒有結束。許多舊社會過來的知識分子政治上遭遇不幸。在我們這個班上，父親或母親當時被打成右派、定為反革命的同學不下十位。這些同學受到父母親的連累，心情都很低落，沉默寡言。但班主任老師對這些孩子一直都是一視同仁，個個關愛，體現了孔子「有教無類」的教育思想，使我對她難以忘懷。

五、我是位酷愛讀書的孩子，在二年級下學期就讀完了《紅旗飄飄》、《卓婭和舒拉的故事》、《紅旗譜》、《敵後武工隊》、《青春之歌》等長篇小說，三年級我又讀完《水滸傳》、《西遊記》等文學名著。在全校記敘文競賽中我寫了一篇二千字的記敘文，是當時全校各班同學中寫得最長的一個，獲得第一名。語文老師叮囑我「千萬不要驕傲」。

六、一九五八年是個豐收年，那時全國的糧食富裕的不行，據說每畝地能打十幾萬斤糧食，為此偉大領袖非常發愁：

這麼多的糧食吃不了怎麼辦呀？後來他老人家還專門召開會議研究過這個問題，最後的結論是：造酒、餵豬！如果仍然用不了的話，就一天吃五頓飯。

七、據說舊城的街道食堂有一個居民，因吃了太多的大米飯撐死了，我沒親眼看到。但防疫站的食堂，嚴重浪費卻是親眼所見，已是下午兩點鐘，還有幾個幹部在食堂亂哄哄地等飯吃。廚師淌著黃豆大汗珠，正在從大鍋裡把米飯扒拉到一隻木桶裡去，頭上的汗珠雨點似的滴進了飯桶，他抱怨說：「這些人真不識相，今天吃大米飯，第一批人吃飽了，後來的人還未飽，再煮；等後來的人吃飽了，先吃的人又喊餓了，於是又煮，一直煮到現在。」

八、那時我很瘦弱，飯量也很小。可是街道食堂給的飯量很大，我根本就吃不了。記得第一天去食堂時，我吃了一點就飽了，看見剩下的飯和菜還很多，心裡發愁，又不敢走。於是吃幾口歇一歇，不知用了多長時間才吃了進去，把個肚子撐得溜圓，氣都喘不上來。

不理解食堂為什麼要給那麼多的飯菜，估計他們也是心繫國家，考慮到糧食太多了，不這樣無法消化吧。

九、一九五八年的夏天，我被班裡插了白旗①，因為學校佈置的任務我一項也沒完成：

每人五根老鼠尾巴我沒有完成；

每人二百個死蒼蠅我也沒有完成；

每人一塊耐火磚，我也沒有完成。

我所居住的內蒙古衛生防疫站宿舍比較乾淨，這些東西很少。同學們大多生活在舊城，那裡的老鼠非常多，公共廁所裡的死蒼蠅也非常多。至於耐火磚同學們都用破水缸片來頂替，搗碎作為砌築小高爐的耐火土，我家沒有水缸，即便有，母親也不會讓我打碎的。

仔細分析，此事也和我的淘氣有關，一天上課時，我把前排兩個女同學的小辮子拴在了一起，一個站起來回答問題時，連那個也拽了起來，老師非常生氣。

我所在的學校是回族小學，漢族孩子在那裡很受氣，因為你是異族。我被插了白旗後，站在講臺上受到了老師及全班同學的責難與羞辱，留在一個九歲孩子心中的陰影至今仍揮之不去。

注：①「白」這個詞，不僅是雪白、純潔、明亮的意思，它還有另一種解釋，即象徵著反動，如白區，白軍，白色恐怖等，與「紅」相對。一九五八年的大躍進中的所謂「插紅旗」，「拔白旗」，即所謂落後、保守的人，完不成吹噓任務的人，要給他們插白旗，改正了再「拔白旗」，組織上認為好的即給他們「插紅旗」，以示表彰。

「大躍進」傳奇

「大躍進」運動的一九五八年，我九歲。年齡雖小，但也可以說是「大躍進」運動的親歷者。回想起來，尤如昨天。

記憶裡，我住的家屬大院裡的牆上貼著兩幅畫：一個大南瓜，一個人坐在南瓜上看書，下書：大南瓜上學文化；另一幅是一人手握鐵鍬，鐵鍬上是座小山，下書：喝令三山五嶽開道，我來了！旁邊還有兩幅標語：「一天等於二十年」、「人民公社萬歲」。

一九五八年，我在學校聽過一場報告，校長在傳達中央首長的指示時說：「現在糧食多的吃不完，全國的倉庫都滿了，裝不下，很麻煩，全國人民必須加緊吃。」他很嚴肅地告訴我們：「其他不敢講，我親眼所見的事，稻子上可以走人，一碗芝麻灑下去，一顆都不會漏在田裡。」

接著他又暢想了共產主義的偉大理想：「首先，有好的食物，不僅僅是填飽肚子。每頓有肉、雞、魚、蛋，還有更精美的食物如猴頭、燕窩、海味等，都是按需供給。第二，穿著方面，一切要求都可滿足。有各種花色和品種的服裝，而不是清一色的黑色和藍色。將來，普通服裝僅作為工作服使用，下班後，人們就換上皮服、呢絨和羊毛制服。當人民公社都養了狐狸，那時外套就都是狐皮的了。第三，住房都是樓上樓下、電燈電話。在屋子的北廂有供暖設備。不用說，裡面還有無線電和電視機。第四，每個地方都有飛機場，每個省都有飛機製造廠的日子也不遠了。」他描繪的這幅共產主義美景，曾讓我們樂得合不上嘴。只是誰也沒去想一想，那稀有珍貴的猴頭菇從哪裡獲得？價格昂貴的燕窩從哪裡進口？得養多少億隻狐狸才能讓全國人民都穿上狐皮大衣？

大煉鋼鐵時，由於鐵礦石不夠，就挨家逐戶地搜鐵器，因為家家戶戶都集中在食堂吃飯，不允許各家有鍋碗瓢盆。凡鐵鍋、鐵盆、鐵鏟、斧頭甚至門上的扣吊都要交給單位去煉鐵。我家有只銅盆，十分光亮，據說是祖傳的，小時候我常把它當鑼敲，聲音圓潤而悠長，沒事就想敲幾下。就是這只我十分心愛的銅盆，也難逃厄運，連同鐵鍋一起被砸爛送去煉鐵了。後來聽說，那時有的電廠把用外匯買的無縫鋼管也都鋸斷用來煉鋼了。

記得那時有項科技發明叫超聲波：用一根鐵管砸出個扁口來，再在扁口的尖上裝上刀片，通電後放在水盆裡，水很快就開了。據說這種水非常有營養，能產生多種維生素，還可以止餓。

一天，父親在家試驗超聲波燒水，因為家裡牆上沒有插孔，父親試圖把電線和燈口連接，一不小心，父親的手觸電了，「啪」地一聲，從桌子上摔了下來，腿疼的好幾天不能走路。

為了向蘇聯老大哥學習，那時候黨組織要求婦女們都穿「布拉吉」，「布拉吉」就是連衣裙，上級要求每戶人家至少有一個人穿「布拉吉」，有的人家就一個老太太，也要求穿，不穿不行。記得防疫站動物室有個餵動物的老太太，一會兒上房晾乾菜，一會兒下窖取蘿蔔，穿上布拉吉非常不方便。

許多女人做「布拉吉」布票不夠，就廣開思路，有的用籠布做，有的用豆包布做，做好後再用顏料一染。遠遠地好看，走近了不成樣子。尤其品質不好的籠布，夏天把女人們的身體描的真真的。

那時候家家戶戶吃饅頭，組織上又叫家家把蒸饅頭改成烤麵包，說共產主義都吃麵包，吃饅頭是社會主義，落後。我們不知道怎麼烤麵包，只好先蒸一籠饅頭，再把饅頭放在鍋臺上烤焦，體驗一下共產主義。如果不烤焦就吃，被領導發現，可就了不得啦！到了一九五九年下半年，不但沒有饅頭，窩頭也不多了，組織上才不管了。

一九六〇年，大饑荒不期而至，人們餓的前胸貼後胸，科學家又發明了一種人造肉。人造肉，就是用胡蘿蔔熬成的湯，用盆裝著，把菌種接種在湯中，室溫控制在二十攝氏度以上，這種狀態維持四至五天，湯表面上就會生出一層菌膜，便大功告成。據說人造肉的維生素含量高，是營養極品，能增強人的免疫力，延年益壽。剛生產的時候，規模不大，產量不多，只有父母官們才有資格享受。媒體宣傳，喜報張帖，敲鑼打鼓地好熱鬧。後來為了擴大生產，又用水泥砌成大池，把大鍋熬的胡蘿蔔湯倒入池中，再將菌種接種進去，大家興高采烈地想像著延年益壽，長命百歲。

但是，這種人造肉並不管事，浮腫病人越來越多，醫院裡多的放不下。父親也得了浮腫症。開始是腳腫，慢慢就全身浮腫，也走後門住進了醫院。住院病人每天除二兩糧食以外，還有一小紙袋「康復粉」，大夫說，吃了「康復粉」就會消腫。「康復粉」其實就是在麥麩裡摻了點白糖。就是這種「康復粉」也要住院才能享受到。

我經常去看父親，醫院裡滿是浮腫病人，每天都在死人。我看見有些病人用刀子刮牛骨頭。父親告訴我說，這些牛骨頭不知有多少人刮過了。頭一天刮的人扔了，第二天又有人撿回來繼續刮。

那時，我吃了穀糠粥解不出大便，母親就用竹筷從我肛門裡往外掏。她一邊掏，一邊罵：大躍進整死人啦，大躍進餓死人啦！

那些年，母親所在的市醫院供應室，離病人食堂很近，食堂扔出的菜葉子，都被母親撿回家來醃在缸裡了。到冬天，野菜也採不到時候，晚飯就熬一鍋湯，裡面撒點玉米麵，也能頂擋一陣子。

一九六二年姥姥還沒餓死，一天她對我說：「麗明，姥姥想吃個窩頭！」我說：「姥姥，你等著，我去食堂給你要去！」說完，徑直朝防疫站的動物室奔去。那裡每天都給小白鼠蒸窩頭，蒸好後，窩頭都在案板上晾著，飼養員鎖門離去。我身量小，恰巧能從一扇沒有玻璃的窗戶裡鑽進去。我把窩頭偷回家中，姥姥竟然沒顧上問我這是哪裡來的窩頭，慌亂地吃了下去。

共產主義本來說馬上就要到了，誰知道越來越遠。前年在黨校聽課，一個老師說，我們現在還屬於共產主義的初級階段。據他說，初級階段需要一千年，中級階段需要一千年，到高級階段還需要一千年，看來共產主義任重道遠，我們一時半會兒是等不到的。

我吃過紫河車

你猜，紫河車是輛什麼車？

哈哈，你說對了，紫河車就是人體胎盤。

胎盤非草非木，又非金石，世上也沒有紫河，為何叫紫河車呢？原來，這名字有濃厚的神話色彩。據《本草綱目》說，「天地之先，陰陽之祖，乾坤之始，胚胎將兆，九九數足，胎兒則乘而載之。」其遨遊於西天佛國，南海仙山，飄蕩於蓬萊仙境，萬里天河，故稱之為河車。母體娩出時為紅色，稍放置即轉紫色，因此，中醫入藥時稱其為紫河車。

我小時候就吃過這種紫河車——嬰兒胎盤，直到現在想起來還很不舒服。

一九五八年大躍進，全中國一片超英趕美的熱潮。除了大煉鋼鐵、除四害，各行各業都在比學趕幫，技術革新，創造發明。那時，我家住在內蒙古衛生防疫站的家屬大院裡，一天，看到一些人在鍋爐房旁邊的一間小屋裡搭建灶臺，灶臺搭好的第二天，不知他們從哪裡弄來一些顏色像豬肝，卻比豬肝軟的東西，然後用雪白的搪瓷盆接水來清洗。

對一個孩子來說，洗的過程特別恐怖，那上面遍佈著血管，那些人先用剪子把一根根血管剪斷，把血擠出來。翻過來則是一塊塊海綿樣的組織，浸透了血，一遍遍洗，水還是紅的。據大人們講，胎盤與胎盤各不相同，就像人的相貌，有醜有俊。俊的周周正正，似一片荷葉，臍帶在中間，像是荷葉中間的梗，血管分佈勻稱，主流支流清晰均勻；醜的似歪瓜劣棗，表面凹凸不平，臍帶不居中，血管亂七八糟地沒有條理。俊秀的胎盤主人肯定清麗可人，那個裡出外拐的或許來自一個醜女。

只見他們用水反覆漂洗，血水換了不知有多少盆，洗完隨手倒在院子裡。洗好後的胎盤放在一個很大的搪瓷桶裡開始煮，桶裡的水一會兒就沸騰了，水蒸氣散發出難聞的味道。

肉團煮熟後，他們又把胎盤鋪在灶臺上面的石板上進行烘烤，烤乾以後用藥碾子碾成粉末，然後用設備把粉末壓製成片狀，再在上面滾上一層糖衣，再把藥片裝進藥瓶裡，在藥瓶子的外面貼上標籤「醫用胎盤糖衣片」。

記得胎盤糖衣片試製成功的第二天，防疫站就組織人，敲鑼打鼓地去內蒙古衛生廳報捷。人們高呼口號：「慶祝毛澤東思想的偉大勝利！」、「總路線萬歲！」、「大躍進萬歲！」胎盤糖衣片作為重大科技成果，曾在內蒙古衛生系統轟動一時。

我吃胎盤時，並不知道自己吃的是胎盤，記得一位叔叔用小勺挖了一勺粉末餵給了我，哄我說是肉鬆。粉末狀的胎盤看上去像肉鬆，卻沒有一點肉鬆的味道，苦苦的、鹹鹹的，還有一點血腥味。後來我才知道，自己吃的居然是胎盤粉。從此我一想起來就感到心裡很不舒服，再不願憶起這段經歷。

知情人從此拿我取笑，說我曾經吃過人肉。我拼命辯解，但是又無法證明胎盤不屬於人肉。直到數年前一次閒談中，我對表哥說，我不喜歡吃狗肉，表哥還是不小心說漏了嘴：「你連『人肉』都吃過，還有啥不敢吃？」真讓人生氣！

及至成年，我才知道，胎盤是胎兒和母體進行物質交換的重要器官。也就是說，寶寶在媽媽子宮裡成長發育十個月中所需的吃、喝、拉、撒都是通過胎盤來傳進傳出的。我們知道，一個人的生長發育所需的基本物質是蛋白質、脂肪、氨基酸、水、礦物質等等。這些物質以很小的形式存儲在媽媽的血液中。當媽媽的血液流經胎盤時，這些物質就通過胎盤供給胎兒了。而寶寶在得到這些物質時也將自己產生的代謝廢物通過胎盤傳遞給媽媽，再由媽媽通過自己的呼吸，泌尿系統將廢物排出體外。

因此，胎兒發育必須要有一個既不讓媽媽血液和寶寶的血液相通，又要讓營養物質和代謝物質自由進行交換的「中轉物」，胎盤就是這個發揮特殊作用的器官。

據《本草綱目》講，紫河車性味甘、鹹、溫，入肺、心、腎經，有補腎益精，益氣養血之功。許多人認為它是高級滋補品，有著奇特的功能，能治百病。一些迷信的人還認為，胎盤是男人的根，當男孩出世後要把胎盤埋在自家的院子裡，這樣，這個孩子就永遠不會離開這個家了。聽母親說，我的胎盤就被埋在豐鎮豬圈巷子的院中央。

有些人受古人影響，認為「身體髮膚，授之父母，不敢毀傷，孝之始也。」既然胎盤是自己身上掉下來的東西，就一定要拿走。一些產婦家屬在產婦出院時，也堅持要把胎盤帶走，甚至和醫務人員發生爭執，搞得很不愉快。目前多數胎盤被產婦帶走，有些吃了，還有些人帶回家後卻不知道怎麼處理。

聽說，為了補充營養，在動物界，母親會在產子後吃掉胎盤來幫助產後恢復，動物沒有辦法來補充產後的營養流失，大多只能靠自己。另一種說法是，在野外，生產時的血和胎盤很容易引來肉食動物，這對剛經歷分娩的母獸和剛出生的幼仔很可能是滅頂之災，所以消除痕跡與氣味也是一個原因。

據報載：西安個別醫院偷賣胎盤，一些人為了進補，想方設法買來胎盤食用；又據報載，哈爾濱市一家飯店將過去民間傳說具有神奇大補功效的胎盤引上餐桌，市民眾說紛紜。此事經哈爾濱一家報紙報導，用了「驚現」的標題，一時網評如潮，輿論譁然。很多讀者給報社打來熱線電話坦承自己吃過胎盤，對胎盤上餐桌一事發表看法，我因此才對自己吃過胎盤一事有所釋懷。但讀早報看到南方人把胎盤用來包餃子，我一大早吃的麵條差點全盤吐出。驚異地說不出話來。

童年記憶

一九五九年，我在呼市中山西路小學讀書，那時，下午就一節課，每天早早就放學了。回家的路上正好路過中山西路的新華書店，記得書店正門的兩側各有一條語錄，都是俄國作家高爾基的話：「我撲在書籍上，像飢餓的人撲在麵包上一樣。」、「愛書吧，它是知識的源泉。」

那時，書店裡顧客很少，經常空空蕩蕩。夏天，裡面非常涼爽，是個避暑的好去處。我每天下學路過時，總要進去看書，書店是開架售書，我進去後直接繞進櫃檯裡面，找到喜歡的書後就靠在書架旁靜靜地閱讀。看到入迷時，竟然忘了回家。一次，外面天已放黑我都不知道，直到母親找來，我還沉浸在故事中。

記得在那裡我還見過一本磚頭一樣的厚書，叫做《金賽性學報告》，我怎麼也看不懂，我拿起來翻閱時，售貨員姐姐們都捂住嘴偷笑。

後來，新華書店的女店員們都對我非常熟悉了，有時去了還給我倒水喝。看到我特別入迷的書，甚至讓我拿回家讀，不過那些姐姐們總要再三叮囑：「拿回去看吧，千萬不要鬧髒，看時先洗洗手，注意不要把書角折了，要不就不好賣了。」

那時，如果遇到工人文化宮上演新電影，我也會去看，兒童票才五分錢。我買好票後，跑步入場，然後徑直奔上二樓，在二樓第一排中間的位置坐下，因為那裡視線最好，沒有任何遮擋。《紅孩子》、《雞毛信》、《柳堡的故事》、《山間鈴響馬幫來》、《國慶十點鐘》、《女籃五號》、《護士日記》都是那時看的，記得還看過幾部外國影片：《流浪者》、《偷自行車的人》、《運動場上的奇遇》。

一天，班主任老師在開班會時說，打算在班裡搞個「圖書角」，要求同學們捐獻書籍，每人最少兩本，多者不限。同學們都很熱情，這個兩本、那個三本地把家裡的書拿來，我也把父親給我買的三本新書都捐出去了，受到老師的表揚。那幾年，由於家遠，我中午回不去，每天從家裡帶飯，飯後無事可做，唯一的興趣就是讀書。記得在「圖書角」讀過的書有《魯濱孫漂流記》、《地心遊記》、《八十天環繞地球》、《卓婭和舒拉的故事》、《鋼鐵是怎樣煉成的》、《敵後武工隊》、《醒世恒言》、《初刻拍案驚奇》等等。《初刻拍案驚奇》第一卷中的《轉運漢巧遇洞庭紅》的故事情節至今仍銘記心中。

偶爾週末學校有活動，放學晚，我回家穿越人民公園，總能聽到露天舞場傳來的輕盈飄逸的舞曲，男人女人們都在裡面「蹦擦擦」。

那時的舞曲非常輕柔妙曼：「米到到發米來，來到西到來到到，到米來發，米來到西到到到……」、「騷到到稀拉騷，騷來來米來到，騷到到稀拉騷，到騷拉稀到，騷騷騷騷拉騷發，發騷拉拉騷發騷……」據說「慢四步如抒情的流水，快三步如燃燒的火」。

有人曾說，舞蹈就像愛情，只要臣服於音樂與心靈，它就會讓生命粗糙的邊緣變得平滑。所以，就像每個年代的人們都渴望愛情一樣，舞場也被每個年代的人們同樣熱切地渴望著。因為無論在任何時間，舞場裡迸發的激情總讓人感覺就像觸摸到了跳躍的青春脈搏，還有那刻印著生命的旋律。但那時因為我的年齡小，竟然對此渾然不覺。

直到成年，我才知道了那些舞曲的名字：《快樂舞》、《逍遙舞》、《步步高》、《彩雲追月》、《青年圓舞曲》。一九六〇年，三年災荒來了，人們吃都吃不飽，哪還有心思跳舞？公園的露天舞會從此歇業。

露天舞場就在公園西門裡的牆根下，直到上世紀末還存在，進入新世紀後被拆除了。

那時，因為好奇，我經常和幾個小夥伴混進去看大人們跳舞。記得場地是一個直徑一百多米的大圓圈，還有不太高的圍牆。男青年穿著流行的花襯衫，尖尖的皮鞋擦得鋥亮，頭髮都用火剪拉過，上面打著髮蠟，很吸引人的眼球。女青年大多穿「布拉吉」。所謂「布拉吉」，說白了就是連衣裙，短袖有點「泡」，褶裙也有點「泡」，小圓領，腰上還有根帶子。不少女青年還把髮辮在兩側挽個圈兒，用手絹繫起來，優雅極了。不知是請哪裡的文工團樂隊前來伴奏助興，他們運來的幾架演出用的聚光燈支在舞池四周，燈光閃耀，色彩迷幻，好不氣派。

依稀記得，男人請女舞伴都非常有禮貌：深深地鞠躬，右手做出瀟灑的邀請姿勢，一曲跳完後男對女要說聲謝謝，個個都是那樣彬彬有禮。我還看到一個高個子的漂亮女人旋轉的飛快，我那時小，不知道她跳的是維也納華爾滋，只是感覺特別好看。我喜歡看她跳，她一身打扮如同驕傲的公主，特別引人注意，請她跳的男人恨不得要排隊了。

由於我們幾個孩子在舞場裡亂跑，還不時用手指捅一些肥女的屁股，沒一會兒就被管理人員驅逐出來了。

我學跳舞很晚，因為據母親說，跳舞這個事情不好，五十年代因為跳舞，家庭解體的很多。我的堂姐麗安，就因為跳舞認識了我的列車員姐夫，她那時正在讀初中，因為戀愛再也無心讀書，伯母為此氣的死去活來。麗安其實是伯母的養女，她跟隨舊城天主堂的修女波姑姑到四歲，那時她滿口英語，一句漢話也不會。歸綏解放後，我黨要獨立自主辦教會，波姑姑只好回國，中央政府不容許外國人收養中國兒童，不得已把她留給了我的伯母。伯父伯母都是高級知識分子，望女成鳳心切，一心想讓她先念清華北大，然後再出國留洋，誰曾想她連讀高中都無望。

唉，如果不是公園的露天舞場，麗安姐不會直到退休仍在醫院當護士，「兒大不由爺，女大不由娘」呀。

那年夏天的雨水很多。一天下午下學，天色尚早，因為彤雲密佈，四圍黑壓壓的。我剛從舊城走到「市毛」，天上就電閃雷鳴，炸雷彷彿在頭頂滾動，隨之大雨就像瓢潑一樣從天而降，疑似銀河漏底。中山西路平地起水，頓時成了河流。我站在「市毛」通往火車站馬路中央的大榆樹下，渾身被澆的猶如落湯雞。突然見一個騎車的叔叔也衝過來避雨，他因為有雨披，上身還好，但皮鞋和褲子都已濕透了。我因為冷，渾身瑟瑟發抖；又因天色黑暗，心中有些恐懼。大約過了半個鐘頭，雨才小了下來，那位叔叔騎車要走，問我要去哪裡？我說想去市立醫院找媽媽。他立即把我抱在自行車的大樑上，騎車一直把我送到市立醫院門口，然後揮揮手就冒雨走了。我找到母親，說明情況，母親想感謝人家，但是這位叔叔連名字也沒留下，終成缺憾。這是我一生中遇到的第一位雷鋒。不知道送我的過程，他在當天的日記中寫了沒有。

洗澡

上世紀五六十年代，呼和浩特好像僅有三家公共浴池。一處在新城將軍衙署附近，一處在市毛對面，還有一處好像在舊城的北門附近，現在叫做浴芳池。

兒時，去浴池洗澡是一件很奢侈的事情，好像只有過年的時候，父親才會帶我去洗澡。那時洗澡好像也就兩三毛錢，不管歲數大小，澡堂裡的夥計都會向你滿面春風地微笑，十分殷勤地對你奉迎。

我的破舊的小褂子一脫，夥計便會用長長的竹竿挑起，高高地懸掛在任何人也手不能及的地方。每當我的褂子在空中高高揚起，我的心中總是十分得意，彷彿我也是一位大人了。儘管我的衣兜裡一文不名，縱然塞在何處也不會有人拾去。及至脫光衣服，腰間圍上一塊浴巾，拖著不合腳的「趿拉板」，踢哩踏啦響聲連天地向著瀰漫著氣霧的浴室跑去，興奮之情達到了頂點。

池子大得很，共分成三格：一個極熱，冒著絲絲縷縷的熱氣，池水貌似平靜而泛出綠色的光澤，一個稍熱，一個則溫和的多。我總是在溫水池裡面撲騰。極熱的池子裡很少有人能夠下去，偶有瘦骨嶙峋的老頭方敢涉足，這時旁人都會行注目禮，表現出十分的驚訝與讚歎。

及至年齡稍長，我偶或也敢去稍熱一些的池子裡一試身手，但那也需要有極大的勇氣，須先將腳慢慢地伸進水裡，然後咬牙憋氣，一分分、一寸寸地緩慢進入水中。這時，神情莊嚴肅穆，一動也不敢動，身體稍一抖動，濺起的水花會刺得皮膚生疼。堅持不了幾分鐘，我就會趕緊逃出來，皮膚被熱水燙的通紅，毛孔大開。這時坐在池邊用毛巾在身上慢慢地推、輕輕地擦，然後再跳進溫水池裡，才會感到無限的舒服與暢美。

洗浴過後是疲憊至極的，一動也不想動，見不得絲毫的雜亂，真希望整個世界頃刻都寧靜下來。

澡堂的地是膩滑的，許多牆皮斑駁，泛著黑綠色的光芒，空氣中總是瀰漫著一股黴氣。

澡堂裡的人是平等的。據說，真理就是赤裸裸的，絲毫不加掩飾，你怎能分出哪個是蹬三輪的，哪個是市長？只能分出青春與衰老。有人愛在澡堂裡大聲地歌唱，聲音要比在外面好一萬倍。我敢說，我在澡堂裡的歌唱若能灌成唱片，銷路也一定會很好。

兒時，我最不喜歡的事情就是搓澡，但只要和父親一起去洗，他就一定要給我搓。他找一個沒人的空地兒，讓我趴在池沿上，熱騰騰的身子往那白瓷磚上一趴，肚皮會感到冰涼。

父親很笨，他給我搓澡是對我的一種摧殘。他總是喜歡按住一個地方反覆不停地搓，一邊搓還一邊不停地數落我：「看你髒的就像泥猴，從你身上搓下來的泥捲有洋火棍兒粗，足有二兩！」我越怕疼，他就越使勁，直到我疼的實在忍不住了，開始喊叫，他才會換個地方搓。

被父親反覆搓過的地方「火辣辣」地疼，沒有被搓到的地方卻很癢。而父親總是遲遲搓不到我那發癢的地方，這時候，我就會想起的鄉下的舅舅，用一根筷子插上一個乾粑了的玉米棒子，從後脖頸子伸進去「唝哧唝哧」地拉著；更羨慕舅舅院子裡的小黑豬，梗著脖子在拴它的那根木頭柱子上蹭癢癢的情景。

每次搓完澡，在淋浴下面沖乾淨，我穿著木頭「趿拉板」，呱嗒呱嗒地回到那張窄床上，拿一條毛巾被圍在腰上的時候，這一次被父親上刑一樣的洗澡才算結束了。

聽舅舅講故事說：曾有個得勝堡的人下大同洗澡，進去一看，裡面的人全都光著腚，立刻就跑出去了。帶他來的親戚問怎麼回事，這老兄紅著臉說，咋都是紅麻不溜子，就像屠宰場似的？那親屬撲哧一笑說，洗澡都是這樣的，穿上衣裳咋洗？那老兄扭扭捏捏，好不容易脫掉衣服進到裡面，又被嚇得往外跑。親戚問他又咋了？他瞪著眼睛吃驚地說，裡面蒸著仨，煮著倆，還有一個在剝皮呢，哈哈！

八十年代初，我就在內蒙古電管局工作了，那時經常去北京出差，辦完事後常去逛街，及至午時來不及返回華北電管局西長營招待所，便去王府井北面的清華池洗澡。洗完澡泡上一壺茶，吃上幾塊點心，可以安心地睡上一個午覺，整個費用下來也就幾毛錢。這個訣竅我沿用了好幾年，一直秘不示人。沒成想，沒幾年功夫就不行了，剛剛洗完，還沒等你身上的汗落了，澡堂裡的夥計就急如星火地攆你走，說是外面排隊等候的人太多了。不知是北京的人口增多了，還是別人也都發現了我的這個訣竅？

如今，各大城市高檔浴場林立，豪華至極。桑拿按摩名目繁多，各取所需。有些地方的桑拿及按摩竟成了性服務的代名詞，有時你說去桑拿，竟有人會側目而視，因為革命領導幹部鄧貴大同志就犧牲在浴場女服務生的刀下。

但是，我還是覺得，在家裡的衛生間裡洗澡沒有大浴場那種氛圍，那種大汗淋漓後的暢美，那種幾欲虛脫後重返塵世的身輕體快，真彷彿靈魂再造一般。

剃頭

兒時經常能見到走村穿巷的剃頭師傅。標準的剃頭挑子是用扁擔挑著，一頭是紅漆長方凳，凳腿間夾置三個抽屜，上面一個是放錢的，下面兩個抽屜分別放置圍布、刀、剪之類的工具；挑子的另一頭是個長圓籠，裡面放置小煤爐，上面放一個大沿兒的黃銅盆，這樣可保持水的熱度，「剃頭挑子一頭熱」即以此得名。

剃頭師傅最典型的特徵是，手持形似大鑷子的鐵製「鉦子」（屬古軍樂器），用小棍自下向上一撥，便發出「日嗯——日嗯——」宏亮悅耳的響聲，老遠，聽聲音就知道是他們來了。

那時，街頭也有剃頭鋪，剃頭鋪的陳設也很簡單。洗臉的毛巾是千人共用的，還有臉盆、臉盆架、蕩刀布、剃刀、推子。用剃頭鋪的毛巾擦臉，有一股難聞的氣味，就像家裡陳年搌布的味道。

那時，為了省錢，男孩子多的人家大多買推子自己剃頭。鄰居王叔叔手藝不錯，一到休息日，他就搬個凳子放在院子裡，拿王嬸兒做飯的圍裙給兒子圍上理髮。王叔叔的「剃頭攤」一擺，鄰居家的大媽們就會大著嗓門叫自己孩子過來，讓王叔叔捎帶給剃剃頭。王叔叔按住腦袋三下五除二，幾分鐘就解決問題。趕上推子不快，夾頭髮的事兒時有發生。讓男孩兒剃頭與吃藥一樣，必須連威脅帶利誘。

那時的髮型以鍋蓋頭為主，就是邊上剃了，頭頂上留一層那種。我至今保留著兒時的照片，頭型都是鍋蓋頭，一直羞於示人。自從見了北朝鮮金三兒的髮型，心中才有所釋然。

依稀記得，在得勝堡，大人、小孩剃頭都不花錢，在自己家裡就地解決，一律都是光頭。一次，舅舅給我剃頭，拿件破衣服在脖子上一圍，弄點溫水用堿面洗了頭，就用剃刀在頭上刮，剃刀老舊，又不鋒利，刮的時候像拔一樣，痛得我嗷嗷直叫。我那時就怕剃頭，聽到剃頭就往屋外跑，被捉回來強迫剃，嚎叫的聲音像殺豬一樣，剃到完，哭到完。

在農村，新生兒都要剃滿月頭，可謂人生之第一剃；一個人離開這個世界，也要剃頭，可算是人生的最後一剃。剃滿月頭時，要把剃頭匠請到家裡來，待若上賓。所請之人，必定是技術上乘、德藝俱佳者。剃頭匠請到家裡後，除燒水沏茶、上煙之外，午間還要弄點菜，喝口燒酒。人生的最後一剃，一般是不講價的，剃頭匠說多少，就是多少，比平日要貴得多。

聽舅舅說，得勝堡有家人，窮的買不起剃刀，就用鐮刀給孩子們剃頭，情急生智，竟然練就了一手絕活。

呼市從五十年代起，理髮店基本上都是國營的了，有多少家沒有統計，我記得大概有以下幾家：大北街有一家，中山西路人民電影院旁邊有一家，新城將軍衙署西頭有一家，火車站南馬路的照相館旁邊有一家。但是規模最大，最乾淨的還要數市毛路東二食堂樓上的理髮店了，那裡的理髮師有六七個，每天生意很忙，尤其過年的時候，要排很長時間的隊。去國營理髮店剃頭，算是相當奢侈了，父親有一次去那裡開洋葷花了五角多，回來叫母親數落了半天。二食堂樓上理髮店的玻璃門是半透明的，裡面很寬敞，排著一溜磨盤椅，磨盤椅還可以放倒，為了方便給客人刮鬍子。椅子正對面的牆上是長方形的大鏡子，鏡子下面是又窄又長的桌面，放著推子、剃刀等理髮工具。剃頭的師傅是幾位大嫂，還有幾個姐姐，她們都穿著白大褂，擦頭髮的毛巾和披布也是白色的。

至今仍然能想起在那裡剃頭時的情景：輪到我時，師傅立即取下搭在肩膀上的毛巾，利索地拍打椅子上殘存的發屑，招呼我坐下。坐定，她習慣性地甩動披布，清脆的抖布聲，是開工的序曲。然後不緊不慢地給我圍上披布，拿出推子點幾滴潤滑油，在耳邊試聽一下，隨之節奏明快的推剪聲便在耳邊響起。頭髮被攔腰截斷，飄飄灑灑地落地。圍頭推剪一圈兒，剃頭就算完工。

那時可沒有什麼髮型，把頭髮剪短，剪齊就行了，男孩子後腦勺上的頭髮基本上都快推到頭頂了，是典型的鍋蓋頭。也有愛美的小夥子，要剃分頭，三七分的，將兩邊的頭髮都往後面斜斜地飛翹著。至於六七十歲的老年人，十有八九剃光頭，無掛無礙，非常方便。

我長著兩個招風耳，不適合理鍋蓋頭，下面的頭髮剪短後，兩隻耳朵就顯得很大，我坐在教室的第一排，課桌前正好是講臺，到了下午的時候，太陽從西邊照到我頭上，頭的影子正好映在講臺牆上，中間一個大頭，旁邊兩隻耳朵，就好像動畫裡的人物一樣，後面的女生就老笑我，不過，我倒是挺喜歡她的。

在我的記憶裡，印象最深的剃頭行頭，要數剃刀和蕩刀布了。那種造型別致、寒光懾人的剃刀，我家也有一把，但大人是不讓玩的，就是摸摸也不行，那理由不必言說；蕩刀布，因剃頭師傅長年累月地蕩磨剃刀，油膩發亮，而成了齷齪孩子衣服的代名詞。

及至成年，我也開始刮臉。刮臉前，師傅將毛巾用熱水浸透，熱氣騰騰地敷在我的臉上。須臾揭開毛巾，再用蘸了肥皂沫的胡刷，在臉上除眼睛、鼻子和嘴唇的部位細細地塗抹一遍。然後從上衣口袋取出牛角柄的剃刀，老道地在那條油光的蕩刀布上，唰唰地打磨。待剃刀鋒刃可鑒時才停手。我半躺在折疊椅上，微閉雙目，鋒利的刀刃在我的面部緩緩地運行——利而不灼、行而不滯。最後，師傅遞給我一面小圓鏡子，讓我看看是否滿意，我只有連連道謝。

曾經聽過一則有關剃頭的笑話，令人捧腹，至今記憶猶新。大意是這樣的：有一個徒弟學剃頭，師傅教他先用剃刀在冬瓜上刮，練習浮勁。師娘叫他去幹活，他「哦」的應了一聲，將剃刀插在冬瓜上，轉身去幹活了，久而久之，養成了習慣。學習期滿，徒弟正式給人剃頭。這時，師娘又叫他幹活了，他又「哦」的一聲，將剃刀插在人的頭上，轉身去幹活了，來剃頭的人鮮血直流。這當然只是笑話，雖然剃刀劃破皮膚的事情屢見不鮮，再蹩腳的剃頭匠也不會把人的頭顱剖開的。

時代變了，現在的理髮店和過去的不可同日而語，雖然門口還是標誌性的三色旋轉燈，但內容不同了。不用排隊，走到門口就有熱情的小姑娘開門招呼。挑著黃髮的小師傅很少穿工作服，而偏愛黑毛衣、牛仔褲，不知道頭髮渣子掉到上面怎麼洗。推子早淘汰了，洗髮都是小姑娘，店名改成了「美髮中心」、「造型機構」、「染燙中心」。前幾年人人開公司，有個老太太把自己的剃頭鋪改名為「環球開發公司」，笑倒一片人。

眼下，人們審美觀念發生了巨大的變化：年輕人喜歡把頭髮染成黃色、紅色、綠色，還用髮膠讓它立起來，像隻錦雞。完全像西方六十年代的嬉皮士，令人慘不忍睹。

現在的美髮廳，早已沒了國營理髮店的那份祥和、安靜，老式的理髮椅子旁邊沒有蕩刀布了。美容美髮店裡再也見不到滿臉白色泡沫的刮鬍子老人了。

不知何故，我卻經常隱隱地懷念那些剃頭匠們，他們曾經是我們生活的一部分。想起他們來就有一種溫暖的感覺。

耍水

耍水就是現在說的游泳。也許你會說，游泳就游泳唄，耍什麼水？怪彆扭的！由於我們小時候在水裡不單單是游，更多的是玩耍，所以還是稱耍水比游泳更準確，再者我們小時候一直這麼叫著來的。

幾乎每個人都有過因擅自去耍水而被家長暴打的經歷。我原先以為，這是北方人的做法，後來才知道，在南方，家長對孩子耍水的管束也是如此。

聽父親說，他小時候，中午也常常跑到離家不遠的永興湖去耍水，每次幾乎都是用腳尖踮著回到家的，因為耳朵的使用權在我祖父的手裡。到家後，不用任何人吩咐，他就乖乖地跪了下去，然後準備接受祖父憤怒的懲罰……

我小時候玩伴很少，夏天在姥姥家的時候，偶爾會和表哥們偷偷跑到村外的御河裡去耍水，然後曬得黑黑地回來。開始時，我不敢下水，只是坐在河邊看，因為大人不查問沒事，一查問，用手一抓，皮膚上有一道白痕，想騙都騙不過了……

有時，我剛下水，母親就到了河邊，也不知道她是怎麼知道的；父親對我管束的更嚴格，別說耍水了，我就是在河邊站一站，回家也會受到嚴厲的懲罰。由於有姥姥的干預，我不知道少受了多少家庭暴力。

很懷念童年時代的那個夏天，得勝堡的太陽就像在頭上冒火，一絲風也沒有，樹葉都耷拉著沒有一點精神。一群孩子在御河裡嬉戲喧鬧著，整個悶熱的夏日寂靜就被孩子的吵嚷聲攪碎了，散落在水面上一波一波的。那時，孩子們玩得最多就是狗刨。也有會仰泳的，只是姿勢不夠正規。像現在的蛙泳、自由泳、蝶泳，我們連聽都沒聽說過，更不用說會了。

我就在那群孩子中間，由於生性膽怯，只能在靠近岸邊的淺水裡瞎撲騰，雖然如此，心卻仍然像孩子們激起來的水一樣一浪一浪地湧動著，那股激動的情緒難以言表。畢竟是生命中第一次與寬闊的河水親密接觸，而且那河水之於我是充滿了誘惑與危險的，一邊盡情地嬉戲著，一邊擔心著別被淹死了。

我們玩的煞是熱鬧。南岸一群婦女蹲在水邊，有說有笑地洗著衣服。棒槌有節奏地捶在衣服上，發出咚咚咚的響聲，久久地在河邊迴盪。遠處的水面上幾隻鴨子在自由自在地游來游去，後面拖著一串串漣漪。

一天，我正在和一個同伴互相往對方身上潑水，一抬頭，便看見了舅舅已經怒氣衝衝地站在了岸邊。他滿頭大汗，與其說是熱的，我更願意相信是急的氣的，看看舅舅那雙往外噴火的眼睛就知道了。在舅舅「滾上來」的怒喝聲中，表哥腦袋翁翁，兩腳打滑地爬了上來，然後被舅舅揪住耳朵，在屁股上劈劈啪啪地打著。然後是表哥的痛哭。

兒童對水的好奇是天然的本能。那時，老師說人類是從海洋中進化而來的，我特別相信，不過至今不知道是如何進化的。如果不願意進化，是不是就一直可以在水裡待下去？

終於有一天，幾個不知深淺的傢伙，大概是在水塘裡玩兒膩了，竟然在星期天，偷偷摸摸地到村東頭的大水塘裡去耍水。去了幾次，有兩個竟被水溺了，一個是周鐵鍋家的三小子，另一個是孫破罐家的老生子。周鐵鍋家的三小子活了，而孫破罐家的老生子再也沒有緩過來。

那時人們還不知道做人工呼吸，只是將被水淹的孩子橫趴在牛背上，頭和腳都朝下耷拉下去，然後趕著牛在村裡轉悠。牛慢慢地走，牛背輕輕地揉著肚子，嗆進去的水便從孩子的口和鼻子裡流了出來。

俗話說，水火無情。這裡把水放在火的前面絕不是隨意的，因為死於水的人遠遠多於火的人，沒有一條河裡沒淹死過人，沒有一個湖裡沒淹死過人。

我常常想，我們生活的這個國家，似乎不是一個支持耍水的國度，如果客觀地回想一下我們幼年時候受到的告誡，就會發現，沒有家長會支持孩子去耍水。還有，在每個人一生中都要經歷的，就是常常聽到有人被淹死，然後，大家都發出惋惜的聲音。

教育的方式是代代相傳的，我的兒子韓龍，也是直到去年才學會耍水，而且是在非常正規的游泳館裡。現在的健身運動方式太多了，為了保全生命，耍水不學也罷。

快樂的膠泥

我的舅舅家在雁北得勝堡，堡外有條御河。御河一年四季流水潺潺，女人們在河邊洗衣，男人們在河邊飲馬，孩子們在河裡耍水。兒時的記憶總是那麼親切、迷人。

兒時，我和表弟表妹們經常去河邊掏膠泥捏耍貨兒。我最喜歡用膠泥來捏汽車、輪船、飛機、大炮；表妹們則捏爐竈、鍋碗、瓢盤、小雞、小鴨、小兔。表姐捏的最好的是小茶壺，肚子鼓鼓的，中間是空的，上邊還有蓋子。儘管我們捏的粗糙拙劣，但都把它們視為至寶，放在陰涼地晾乾後，拿出來和小夥伴們玩起過家家來，充滿了趣味。

膠泥是一種厚重、細膩又有韌性的泥土。褐黃的顏色，如同古銅，發出金屬的光澤。對於大人，它是最好的建築材料；對於小孩子，它就是我們童年的歡樂。

我們常常把膠泥在光滑的石板上使勁地摔，因為膠泥有一個特性，就是越摔越軟，越摔越柔韌，就可以用它來玩各種遊戲……

記得當時最愛玩的遊戲是，每人拿一大塊摔軟了的膠泥，在光滑的石板上捏成碗狀，盡量把底子弄得很薄，然後用足力氣往石板上扣。只聽「啪」的一聲，小碗底上破了一個大窟窿，讓對方出泥給補上，然後再讓對方摔。如此往復，往往玩得如癡如醉，直到家中飯熟，大人們為呼喚吃飯喊破嗓子時，才戀戀不舍地回家。

我最歡用膠泥脫泥人。模子是陶土燒成的，有孫悟空、豬八戒、哪吒、托塔天王……。脫泥人需要把膠泥按滿整個模，然後再慢慢地把印好的泥模輕輕地從模子內倒出來，此時，一個栩栩如生的人物造型就做好了。如果等乾透了，再用水彩畫顏料塗上顏色，那就更精美絕倫了。

兒時的得勝堡，經常有走村串戶的貨郎推著獨輪車來賣泥模，姈姈一般用家裡的破爛或者雞蛋來換。許多小夥伴都有泥模，我們常常交換著玩，有時脫一個下午，人人馬馬擺滿了窗臺也不覺得累。

表哥二鎖手很巧，他會用膠泥捏「泥咕咕」，並且吹得悅耳動聽。我們常拿了膠泥去請他捏，他很喜歡我們這些小孩子，總是很認真地捏。先捏出大大的肚子，細細的扁嘴，然後找根細柴火棍捅出幾個眼來，拿在嘴上一吹，就能吹出好聽的曲子來。

時光荏苒，玩膠泥的歲月早已遠逝，現在的孩子已不知道膠泥是何物。今天想起與膠泥交織在一起的童年，快樂、甜蜜，回味無窮。

成人後，我看過魯迅先生的一篇回憶性散文〈風箏〉。文章以風箏為引線，對他年輕時粗暴對待小弟的言行作了深刻的反思。當弟弟私自做風箏的祕密被他發現後，他大聲地責罵弟弟，弟弟則驚恐萬狀：「他向著大方凳，坐在小凳子上；便很驚惶地站了起來，失了色瑟縮著。」當他徹底毀壞了弟弟即將完工的風箏，傲然走出時，弟弟「絕望地站在小屋裡」。後來魯迅還寫到：「我不幸偶而看到了一本外國的講論兒童的書，才知道遊戲是兒童最正當的行為，玩具是兒童的天使。」對自己當初的行為懊悔萬分。

如此說來，我脫泥人是最正當的行為了，而我自己做出來的泥人就是我的天使，有天使陪伴的孩子才是幸福的孩子。很難想像，如果今天城裡的孩子也像我小時候那樣瘋玩，滾蘸一身泥土回來，家長會暴怒成什麼樣子。就是真的做成了泥人，恐怕也會被大人摔得粉身碎骨了。現在城裡的孩子真是活得可憐，哪裡有時間像我們小時候那樣狂野。他們放學回家首先要完成老師留下的作業，有時要一直做到深夜。家庭就是他們的第二學校，周日或假期還要去上各種各樣的輔導班，永遠也做不完的作業耗費了孩子們寶貴的童年。他們的童年裡除了作業就是分數和名次，我們童年時期的遊戲與他們無緣。

魯迅認為最正當的行為現在的家長們鄙夷不屑，那些天使也遠離了城裡的孩子。周末我出去遛彎兒，看到一個個孩子被家長帶著去上輔導班的時候，總想起我在他們這麼大時候正端著簸箕挖膠泥，在捶板石上脫泥人呢。

就玩耍來說，我的童年是幸福的，不知道現在的孩子們到了我這樣的年紀還有沒有我這樣的感覺和回憶。

清真東寺的茅廁

呼和浩特清真東寺，坐落在呼和浩特市舊城新民街的東側。該寺前身為一清真小學堂，俗稱東學，隸屬清真大寺管轄。清同治年間由西北逃亡而來的回民在城東北蘇勒圖村建寺，光緒年間東學與蘇村寺合併建現寺，與清真大寺分坊。全寺占地面積約十餘畝，有禮拜大殿十五間；南北講堂六間；沐浴室十間。沐浴室「文革」中被拆除，現已重建男女浴室共十六間，增建講堂、教長室等十間，教室七間。

一九五八年，我小學二年級時，曾經在這裡讀過一年書，那時，這裡是中山西路回族小學的分校，一九五九年我們就回到馬路北面的總校上課了。中山西路小學又叫回民二完小，一九五九年夏天，呼市發大水被夷為平地，後來移址在營坊道重建（現在的溫州步行街），改名叫新建回族二小。

東寺的面積不大，但也有一座漂亮的望月樓，一到回族封齋的季節，總有人按時在樓上敲梆子，高喊：「到了時候兒了！」

我那時才九歲，還不知道什麼是民族，一天一個同學問我是啥族？我也說不上來，回家問母親後才告訴了他。因為全校就我一個漢族孩子，因此很受氣，學習用具不時被搶走。

學校舉行活動，回族孩子都要帶穆斯林的小帽，我也不能免俗，我因此當了好幾年假回民。

因為年幼，許多事情都記不得了，只記得那個學校的廁所很特別。廁所在二樓，但糞坑在一樓，低頭從蹲坑的長方形孔向下望很恐怖，屎尿需要好幾秒才能落地。因為高，好像沒什麼異味。

二〇〇三年夏天，我去西藏旅遊，有幸目睹了布達拉宮的廁所。布宮的廁所和東寺的有異曲同工之妙，但比東寺更加壯觀。

布達拉宮的廁所在白宮的德陽廈北邊，建在山洞頂端，直通山腳，有世界最深茅廁、世界最高茅廁、「世界落差最大的茅廁」之美譽。很多人嫌布達拉宮的茅廁不雅觀，認為沒有管道，靠的是自然墜落，踏上踏板，萬丈深淵，屎都拉不出來。卻不想這是多麼的美妙啊？多麼神聖的落糞！布達拉宮的這些藏式旱廁落差大約有五、六十米，相當於一幢二十層的高樓。這裡如廁彷彿是練「空投」，有恐高症的人到了這裡臉都要變色。

聽說那裡的淘糞工可以撿到無數相機和手機，誰叫它如此特殊呢？建議有機會去那裡遊玩的人一定不要放棄拉泡屎的機會，不然就沒有機會留念了。據說有關部門已經決定，那個茅廁將永久保留原來的風貌，作為參觀景點，它畢竟是世界上最高的廁所了。

據史料記載，再往上推一兩千年，那時的「茅廁」稱之為「溷」，《左傳》、漢劉熙《釋名》裡都有這個字，均指廁所。不過，當時的「溷」極為簡陋，稍不留神弄一身污穢不說，鬧不好還能出人命。

西元前五八一年六月六日中午，中國歷史上發生了一件大事，皇帝晉景公死了。說來這位晉景公也夠「做勢」的，吃飯前先把一個學周易算卦的人拉出去斬了，然後準備品嚐新麥。哪知，「將食，漲，如廁，陷而卒。」因為肚內憋漲，跑去上廁所，竟掉進廁坑一命嗚呼「壯烈」了，這可是皇上呀。

好像那時皇家的廁所為了避臭，踏板與糞坑的距離也非常高。

又過了兩千年，富貴人家的廁所大為改進，甚至很奢侈了。明代顧元慶《雲林遺事》記載，有錢人家的「溷廁，以高樓為之，下設木格，中實鵝毛。凡便下，則鵝毛起覆之，童子俟其旁，輒易去，不聞有穢氣也」。

有個叫理查・扎克斯的美國人，他在《西方文明的另類歷史》中有一句名言：「歷史有時候是臭氣薰天的。」斯言意義深焉，在此我就不加探究了。

中山西路小學門口的小吃

我小的時候在呼市中山西路小學讀書，那時好像專供兒童的食物也不多，不但沒有肯德基、沒有麥當勞、沒有漢堡，就連水果也很少。五歲那年我吃過一回香蕉，那根香蕉讓我激動了好多年，我第一次吃桔子甚至連皮都吃掉。更不用說鳳梨、芒果、榴槤、蓮霧了，更是聞所未聞。

那時，學校門口倒是有不少賣小吃的，都是回族的小商販，頭戴一頂穆斯林小帽，手拎一個竹籃，蹲在校門口。好像只有賣稀果子羹才有一輛小車。食物單調乏味，完全上不了檔次，就這些上不了檔次的東西，現在想起來仍讓我激動不已，因為兒時的記憶才是最珍貴的：

酸毛杏

大青山的早春，許多果樹還沒有蘇醒，唯獨杏樹捷足先登，綻紅吐翠，率先迎接春天的到來。六月份，當杏長到指甲蓋那麼大的時候，人們就從樹上把它摘下來，或自食或拿到市場上出售。這種半生半熟，極酸的山杏，呼市人稱為酸毛杏。酸毛杏很酸，幾乎沒什麼甜味，外面有一層絨毛，吃時先要用手指把表皮的絨毛仔細地搓去，然後慢慢地用牙齒來啃掉外面的青皮，直到啃得只剩一個白色的杏核。剛成型的酸毛杏，杏核很嫩，我們便將杏仁放在耳朵眼裡「孵小雞」，雖然每次都沒有孵出小雞，但我們還是樂此不疲。

酸毛杏很便宜，一分錢能買一把，我的手小，一把也就十幾個吧。我吃的很珍惜，十幾個酸毛杏可以吃一上午。

其實，酸毛杏並不是杏的一個品種，是顏色青綠、味道酸澀、還未成熟的幼杏。那時，因為缺少水果，拇指大的青杏，才成了我們的最愛，現在誰還會吃它呢！

面果果

「面果果，面果果，一分一火車；火車跑得快，給你一麻袋；麻袋裝不下，給你一把把。」這是一種叫賣的吆喝，那時校門口的小販，天天扯開嗓子這樣喊，意思是此物便宜、不值錢。一分錢，就給一大把，夠一小茶碗。面果果屬於野果，面面的，不是很甜，但孩子們都愛吃。

面果果顏色血紅，比櫻桃略小。櫻桃是林黛玉，面果果是史湘雲；櫻桃是密斯安娜，面果果是二閨女。灰楚楚的窮山中，能珍藏那麼一點豔麗，那就是面果果。面果果樹是大青山裡難得的一種好東西，山裡人叫它白楂子樹，它有點像樺樹，但很矮，比成年人略高，上面還有一寸多高的硬刺，面果果就結在白楂子樹帶硬刺的枝條上。

去年春天單位組織我們去小井溝旅遊，我專門上山尋找面果果，竟然不見蹤影。去年秋天，單位又組織我們去正藍旗的上都電廠考察，那天，在郊外的一個山澗裡，我終於見到了久違的面果果。我欣喜異常，摘了不少也吃了不少，年輕的同事竭力阻攔，說怕我中毒。我說：「我兒時就是吃這個東西長大的，我對它太熟悉了，你們儘管放心好了。」

稀果子羹

呼和浩特有一種獨特的風味小吃——稀果子羹（羹，呼市人發音「幹」）。夏天賣「稀果子羹」的回民老頭，蹲在學校門口的陰涼處。手裡拿著兩個小銅碗一碰一碰地發出響聲，口中喊道：稀果子羹！

稀果子羹放在一個花瓷盆裡，上面蓋塊玻璃，誰來買就給盛一碗，那時好像一碗才賣二分錢。有人曾告訴我稀果子羹的做法：秋天的時候，把山西的檳果、黑棗、杏、柿餅子等，切成片曬乾，到第二年夏天，把果乾拿出來，洗淨用清水泡軟，慢火熬煮，放入冰糖，然後再用冰鎮。那時沒有冰櫃，冰都是冬季從公園的湖裡採下來，藏在地下很深的冰窖裡，供夏天做冷飲用。

酷熱的夏天喝上一杯稀果子羹，清涼甘甜，非常爽口，尤其各種果子混合的香味，現在想起來都使人口生津液。

酸棗麵

我常常想起小時候在學校門口吃過的酸棗麵，那是我們的最愛。酸棗麵就是把酸棗曬乾去核，磨成麵，酸棗麵粉裡透黃，受潮後會結成很硬的塊，狀如「燒土」。酸棗麵吃的時候容易掉渣，需捧在手裡。酸棗麵的味道很特別，既酸又甜，濃烈的酸甜滋味，常讓你的臉上寫滿了幸福。也許酸棗麵是民間小吃，登不得大雅之堂，商店裡從沒有見到過它，它只出現在學校門口的小攤上，專門為孩子們服務。上學下學，賣酸棗麵的攤位前總是擠滿了孩子，花一分錢、兩分錢，老闆會很熟練地給你抓一些，如果你花五分錢，那就用稱來給你稱了。我常常只買一分錢的山楂麵，而且只要塊狀的，攥在手心裡慢慢地舔舐，可以舔很長時間。

剛識酸棗麵的時候，以為能填飽肚子，誰知吃了兩口，從牙縫到腸胃，酸水直泛，不一會兒，肚子便「咕咕」地叫起來，攪得心裡慌慌的。幼小的心裡才知道這東西不止餓，而是消食化積的，不過，那年月也少有積食的事。

酸溜溜

酸溜溜，學名叫沙棘。這種深秋才能成熟的小果實，總是一簇一簇地長在沙棘樹的枝幹上。酸溜溜有的綠豆那麼大，有的黃豆那麼大。非常難摘。尤其是一碰皮就破了，汁水全流到手上，黃黃的一片。

酸溜溜的味道很好形容，就一個字：酸。你喝過醋吧，比醋還酸。耐力不強的人，吃一口就會皺著眉頭跳起來。耐力強的人，連著吃上幾小枝，舌頭也會被扎破。

酸溜溜好像只在入冬時才有賣的。買酸溜溜的時候，攤販一般是用小剪子，給你剪下一小簇來。吃的時候因為酸，孩子們的表情都是非常的複雜，似哭非哭，似笑非笑。反正不好形容。

只有有錢人一次才會買很多，拿回家放在盆裡漂洗乾淨，然後裝進罐頭瓶，加上多多的白糖攪拌，放在外面的窗臺上冷凍起來，吃時先化凍，然後用勺子挖著吃。那種濃酸濃甜，那種冰涼的刺激，會凝結在心裡，很久才能化開。

直到二〇〇三年冬季，我去錫盟出差，驅車途經荒野，才第一次看見了最真實的酸溜溜樹。那是一種灌木，是一種生命力極其頑強的植物。它不在乎土地多麼乾旱貧瘠，也不在乎風沙多麼惡劣，總是從容地不動聲色地生長著。似乎越是風沙大而且荒涼的地方，越能看到酸溜溜樹在開花結果，黃色的酸溜溜於是就成了荒野裡活潑的點綴。

那天，我們用剪刀剪了許多酸溜溜，然後按東家的建議，抱到附近水庫的冰面上，使勁地摔打，已經上凍的酸溜溜全部被摔了下來，鋪滿了冰面，我們小心翼翼地用掃帚掃在一起，裝滿書包凱旋而歸。回到呼市後，清洗乾淨，擱冰糖在鍋裡熬，味道不可言傳。

大力丸

大力丸是一種中成藥，它的主要成份是：人參、枸杞、五味子、鎖陽、熟地、黃柏、當歸、茯苓、澤瀉、杜仲、肉桂、附子、棗皮、天然蜂蜜等。據說有補腎填精、固本培元、養益氣血的功能。

我這裡說的大力丸可不是藥，而是煮熟的五香蠶豆，入口香香的、綿綿的，回味無窮，吃五香蠶豆是一種享受。不知道為啥呼市的回族小販管五香蠶豆叫「大力丸」？不過，蠶豆富含蛋白質、維生素，如果因飢餓得病，估計五香蠶豆是最好的解藥了。

五香蠶豆二分錢就能買一大把。那時母親每天給我的零花錢不超過五分，即便五分錢也是令人愉快的，在一毛錢就能解決一天的蔬菜時，你不認為五分錢也能體現偉大的母愛嗎？

中國少年先鋒隊隊歌

在中國少年先鋒隊的歷史上曾有過兩首隊歌。

一九四九年十月十三日，中國少年先鋒隊的前身「中國少年兒童隊」誕生。一九五〇年四月，由郭沫若作詞，馬思聰作曲的《中國少年兒童隊隊歌》被定為少兒隊隊歌。一九五三年六月二十七日，中國少年兒童隊改名為「中國少年先鋒隊」。

〈中國少年先鋒隊隊歌〉歌詞

我們新中國的兒童，
我們新少年的先鋒，
團結起來繼承著我們的父兄，
不怕艱難不怕擔子重，
為了新中國的建設而奮鬥，
學習偉大的領袖毛澤東。
毛澤東新中國的太陽，
開闢了新中國的方向，
黑暗勢力已從全中國掃蕩，
紅旗招展前途無限量，

為了新中國的建設而奮鬥，
勇敢前進前進跟著共產黨。
（第三段略）

一九五八年，我在呼和浩特中山西路小學讀書。那時的家長和親友們，在我們學齡前就教育我們要做個好孩子。上學後，他們更是囑咐我們要聽老師的話，好好學習，努力爭取第一批參加中國少年先鋒隊。因此，加入中國少年先鋒隊，就成了我們小小年紀的第一個努力實現的「政治目標」，而入隊又表示你是一個在德、智、體方面都優秀的好學生、好孩子。所以，那時我們這些天真活潑的孩子們都非常勤奮地學習，積極參加學校組織的各種活動，力爭早日加入少先隊。

一九五八年，我已是二年級學生。在第二學期開始不久，學校的少先隊輔導員和六年級的少先隊大哥哥大姐姐們，開始給我們講述中國少年先鋒隊的有關章程、紅領巾的含義、隊旗的意義、少先隊員佩戴的符號標準等，並教我們學唱〈中國少年先鋒隊隊歌〉——「我們新中國的兒童，我們新少年的先鋒，團結起來繼承著我們的父兄，不怕艱難不怕擔子重，為了新中國的建設而奮鬥……」這優美豪邁的旋律、目標明確的歌詞，使我們幼小的心靈中萌生了責任感和奮鬥目標。從此，儘管我還沒加入中國少年先鋒隊，但這首隊歌已銘記在我的心中。

但連續兩批過去了，我和班裡好幾位同學還沒有加入少先隊，我們天天在祈盼著能被組織接納。望眼欲穿，又過了整整一年，記得又秋涼了，一天放學前，班主任老師宣佈我們幾個同學放學後留下有事，隨後宣讀了我們班最後幾個入隊學生的名字。當老師還未開口講話時，我們這些被「留下」的學生的臉上便綻放出幸福的笑容。當老師說到：「你們可能都猜到了吧！由於你們的刻苦與努力，雖然你們的家庭出身不好，但是黨並不歧視你們，你們也終於成為了中國少年先鋒隊的隊員」時，大家都歡快地鼓起掌來，並流下了感動的熱淚。

說實在的，那時不管是我們這些學生還是家長，對參加少先隊問題非常重視，特別是能夠第一批參加，那更是值得炫耀的事情。我們班有一個女同學因為爸爸是右派，所以在最後一批的入隊名單中仍沒有她，當她得知後便放聲大哭，我至今仍記得她那近乎於絕望的神情。

「紅領巾是紅旗的一角，是用革命先烈的鮮血染成……」加入少先隊後，老師不斷地這樣教導我們。

我那會兒就是不明白那麼多紅領巾要多少血才夠染啊！非常好奇。我還聞過舔過，確定上面沒有血味兒。我因此天真地問老師，為什麼紅領巾上面有股顏料味？然後光榮地在教室外被罰站了一節課！

不過老師後來還是告訴我說，紅旗帶著烈士的鮮血，之前的都是血染的，後來改用染料染了。但是，我對紅領巾是國旗的一角始終沒有理解，我一直以為每年有新的小朋友入學的時候，老師就從國旗上面撕下新的紅領巾下來給小朋友，哈哈！

我現在回憶，至少我有一個同學是知道事情的真相的。因為他的母親就是紡織廠的，我們的紅領巾其實就是他母親的廠裡生產的，但是，他沒有說，他不願意說，他也不敢說，誰都不願意用「紅領巾其實就是一大群平凡的勞動婦女在一個亂糟糟的車間裡，生產出來的」這樣的一個事實真相來煞風景。

那時，我們把全校性的少先隊活動看做神聖的儀式，特別是每年六一兒童節時的慶祝活動。每到這時，全校的少先隊員按中隊組成方陣，方陣中央是一塊正方形的空地，左、中、右三面由各中隊的隊伍組成，每個中隊隊前有一位高舉隊旗的旗手和兩名護旗隊員，正中是主席臺，由校領導、少先隊輔導員站在那裡。活動開始時，學校少先隊的大隊主席出列，站在主席臺中央、大隊輔導員之前，因為第一項議程是各中隊主席報告本中隊隊員出席人數。大隊主席在聽完各中隊報告再向輔導員報告全體出席人數後，下一項議程是「出旗」。此時，莊嚴的場面出現了：各中隊的旗手都將隊旗向前傾斜一定角度後舉定，全體隊員高高地舉手行隊禮，一位大隊旗手在兩位護旗手的陪同下，沿順時針方向繞全場一周，那激動人心的莊嚴肅穆場面，至今想起來讓人心潮澎湃。議程的高潮是「宣誓」，在少先隊輔導員的帶領下我們舉起右手，當輔導員莊嚴地宣讀：「準備著，為實現共產主義理想而奮鬥！」時，我們全體隊員振臂高呼：「時刻準備著！」這莊嚴的誓言至今想起來都讓人振奮！

少先隊的鼓號隊也非常惹眼，他們統一的服裝，那時候覺得特別漂亮：白白的手套，筆直的褲線，妥帖的上衣，隨風的帽穗，整齊的聲音，像一群驕傲的公雞。男生戴白色海軍帽，女生穿白色的類似於軍裝的裙子，上面還有金色和紅色的絲絨線。小號，大鼓，小鼓，鑔……

鼓號隊步伐整齊，我很羨慕指揮的漂亮手勢和揮舞指揮棒的力量。我那時候特崇拜他們……小鼓和大鑔我都打過。我一直想打大鼓，可那時我太瘦小。

當然，每次活動的議程中，高唱隊歌是少不了的。當嘹亮的隊歌響起時，我們真正感到了作為一名少先隊員肩上的重任和我們的奮鬥目標。

我對少先隊的老隊歌充滿感情，至今其歌詞一字不忘。但這首隊歌也是隨著社會形勢的變化和歷史進程而發生變化的。記得我們在二年級初學這首隊歌時，歌中最後一句的唱詞是「戰鬥在民主陣營最前線」，而後來則改為「戰鬥在社會主義陣營最前線」。

郭老為少先隊隊歌創作的歌詞，是他新中國成立後最好作品之一！他後來的作品每況愈下，不忍卒讀。

一九六六年爆發了文化大革命，郭老的兩個兒子被整死了，不久又聽說少先隊隊歌的曲作者馬思聰叛國投敵跑到美國去了。怎麼會出現這個樣子的事呢？那時想不明白。越是不明白的事，我越是想弄明白，所以至今難忘。

馬思聰是「前中央音樂學院院長」、「我國傑出的音樂家、音樂教育家」、「傑出的作曲家和小提琴演奏家」，代表作是〈思鄉曲〉。他為什麼要叛國？因為畏罪。什麼罪？莫須有。

五十年代至八十年代的三十多年中，國人有句口頭禪：世界上還有三分之二的人民生活在水深火熱之中。他就跳進了「水深火熱」之中。心中一曲〈思鄉曲〉，手裡一把小提琴，在美國辦演奏會混窮。

一九八七年五月二十日凌晨，馬思聰因心臟病手術失敗，病逝於美國費城賓州醫學院附屬醫院，享年七十五歲。一代音樂大師與世長辭，他至死沒能實現回到祖國的宿願，這是他一生中最大的遺憾。」

一九七八年十月二十七日，由周鬱輝作詞，寄明作曲，故事片《英雄小八路》主題歌——〈我們是共產主義事業接班人〉被定為中國少年先鋒隊隊歌：

我們是共產主義接班人，
沿著革命先輩的光榮路程，
愛國家，愛人民，

少先隊員是我們驕傲的名稱。
時刻準備，建立功勳，
要把敵人，消滅乾淨，
為著理想勇敢前進，
為著理想勇敢前進，前進！
為著理想勇敢前進，
我們是共產主義接班人。

我不喜歡這首新隊歌。因為共產主義的理想越來越渺茫。改革開放的實踐已經顛覆了無產階級的革命理論，共產黨都不可能再去共產了，高官的妻女們因為怕被共產都移居美國了，你讓孩子們去把誰消滅乾淨呢？

這可能就是今天學校的老師，不敢向孩子們解釋這首隊歌歌詞含義的原因。

後記：

一九五八年，我還看過長春電影製片廠攝製的《紅孩子》。這部電影的主題歌〈共產兒童團歌〉是根據蘇聯少先隊歌曲〈在篝火旁〉的部分曲調重新填詞而成，這首歌和〈我們是共產主義事業接班人〉有異曲同工之妙：

準備好了麼，時刻準備著，我們都是共產兒童團。將來的主人，必定是我們，帝帝大帝大，帝帝大帝大。／小兄弟們呀，小姐妹們呀，我們的將來是無窮的呀。牽著手前進，時刻準備著，帝帝大帝大，帝帝大帝大。／帝國主義者，地主和軍閥，我們的精神使他們害怕。快團結起來，時刻準備著，帝帝大帝大，帝帝大帝大。／紅色的少年，時刻準備著，拿起刀槍參加紅軍。打倒軍閥、地主，保衛蘇維埃，帝帝大帝大，帝帝大帝大。

這首歌當時我們小學生人人都會唱，尤其是聽高年級的少先隊員們昂首挺胸地唱，顯得更加神氣。「帝帝大帝大」五個字，我銘刻在心，至今難以忘懷。

一九五九年呼和浩特的大水

一九五九年，我在呼和浩特中山西路小學讀書。當年七月下旬放了暑假，在家中休息。那時，我家住在錫林南路內蒙古衛生防疫站的宿舍，那個夏天雨水非常大，晚上往往被霹靂震醒，只見電閃雷鳴，暴雨傾盆。

為了抗洪護站，父親單位組織職工在站區裡築壘防洪壩，防止洪水繼續上漲漫進站區。又考慮到職工的安全，站裡把所有的職工及家屬都集中在了北面的二層辦公樓內（當時是錫林南路最高的建築物），大家都席地而臥，亂哄哄的，只有我們小孩子滿樓道亂跑。熱鬧非凡。

洪水終於噴湧而至，錫林路猶如一條奔騰的江河，洪流裹挾著枝葉繁茂的大樹、收割成捆的莊稼、家具、家畜，偶爾還有人，在浪峰間忽隱忽現。

我們站在防疫站的二層樓上，打開窗戶觀看這驚心動魄的一幕。

聽說舊城大多數土房子被洪水夷為平地，令人震驚不已。

很快又傳來而牛橋被沖毀的消息。牛橋建於清朝康熙三十五年，當時橋的兩岸是歸化城最為繁華的牛市，由此得名為牛橋，市民和商人通過此橋進行兩岸通商和貿易往來。牛橋位於呼和浩特市一中上游約五百米外，那是一座非常堅固的石橋，居然也毀於一旦，可見「洪水猛獸」之說絕非妄言。

有智者說，呼和浩特一九五九年的洪水，禍根全在於一九五八年大煉鋼鐵時對大青山上樹木的砍伐。焚燒的木材換來的僅是無數毫無用途的鐵疙瘩。

大自然的懲罰終於不期而至。由於沒有足夠的森林存蓄，阻擋雨水，山洪一瀉千里，半個呼和浩特變成了水鄉澤國。房屋倒塌，人畜傷亡，貌似天災，實為人禍。

洪水終於過去了。因為錫林南路的交校路口是個窪地，水還很深，並不能澈底退去，但風平浪靜。我和幾個小夥伴出去玩耍，站在馬路的中央，水僅僅齊腰深，我們在水中嬉戲著撈取飄在水上的瓜果。一不小心，我一腳踩空，掉進了馬路邊的排水溝中，一下陷入了滅頂之災，那種感覺彷彿有一隻手向下拉著我，然後將我拽入水中。四周是黑藍的，彷彿一堵堵黑色的牆，我被壓得透不過氣來，我嗆了好幾口水，在水中無謂地掙扎。那一刻我想我就要死了，其實那個時候我還不知道死亡是什麼。

後來是一位好心的叔叔救了我，把我送回家中，當時爸爸正在上班，他回家給我換了衣服，鋪好被褥，讓我靜靜地躺下休息，我被剛才的一幕嚇壞了神經，好幾天也沒有緩過勁兒來。

後來我才知道舊城西順城街兩側的土房幾乎全部倒塌，面目全非；呼和浩特七中也被夷為平地；中山西路小學被洪水淹沒，校舍全部倒塌，校院變成一片廢墟。

開學後，我們目睹了學校的悲慘景象。學校組織我們刨挖倒塌的校舍及附近的民房，不時有財物被挖出，我們上交有關部門保存，以便認領。

我們沒有地方讀書了，曾經借用恒昌店小學的教室，利用人家午休的時間來上課。我們還曾在人民公園的樹蔭下上過課，黑板掛在樹上。

直至入冬，中山西路小學異地重建成功，新校址在營房道，校名叫呼和浩特回民區新建二小。

記得回民區有一位警察叔叔在抗洪救災中犧牲，我們舉行了紀念活動，詩人和作曲家還編製了頌揚的歌曲供我們歌唱。

就在此後不久，我加入了中國少年先鋒隊。

我與《魯賓遜漂流記》

我看過的第一本長篇小說，是英國作家丹尼爾・笛福兒寫的《魯賓遜漂流記》。小說反映一個英國水手遇船難漂流到一個無人的荒島上，在這種極度與世隔絕，又需要與大自然搏鬥的情況下，他必須盡力讓自己保持理智。他在島上將一個當地土著由食人族手中救出，而當他在面對一個與自己不同種族、宗教與文化的人時，第一個反應是要取得優勢地位。因此他將土著取名為星期五，而且叫他稱呼自己為「主人」。隨著這段朝夕相處的日子，魯賓遜因這個土著而改變了自己，也由於他們之間的友誼才得以存活下去，不幸的是星期五最後被奴隸販子射殺，魯賓遜在兩年的流浪生涯之後帶著這段銘心刻骨的懷念及一個全新的自己回到了家鄉。

據說，這是一部家喻戶曉的現實主義回憶錄式的冒險小說。這部小說一問世就風靡英國，因情節真實具體、親切自然，讓人不忍釋卷。小說從出版至今，已有幾百個版本，幾乎譯成了世界上所有的文字。除了《聖經》、《毛澤東選集》之外，《魯濱遜漂流記》是印數最多的一本書。

我看這本書的時候是在一九六〇年的夏天，那時我在呼和浩特回民區新建二小讀小學三年級，因為家離得太遠，中午無法回去，只能從家帶點乾糧。那時，最好的乾糧就是窩窩頭了，父母親在家裡煮糖菜渣子吃。因為缺乏營養，我終日饑腸轆轆，帶的窩窩頭從早晨開始就慢慢地無比珍惜地啃，及至午前已經所剩無幾，窩窩頭的碎渣掉在課桌上，我都會舔的乾乾淨淨。

窩窩頭很珍貴，父母親捨不得吃，都給我留著，因為我是他們的希望。那年夏天很熱，晚上蒸好的窩窩頭，第二天上面就長毛了，吃之前要去廁所用水龍頭沖一下。

教室裡有個圖書角，擺放著同學們捐獻的圖書，午間休息時我無事可做，可以慢慢地閱讀，其中我最喜歡的書就是《魯賓遜漂流記》。讀書可以抑制飢餓，讀至引人入勝處，飢餓感全無。

我非常羨慕魯賓遜，他在一個荒蕪人煙的孤島上竟然能找到那麼多可吃的東西，包括小鳥、野果、草根、蛆蟲。我飢餓時在學校裡什麼都找不到，課桌不能吃，紙張不能吃，墨水不能喝。我曾經幻想過：如果紙張用糧食做，墨水用蜜汁做就好了。

邊看書、邊啃窩頭的感覺真好。書讀的累了，我有時也會調劑一下自己，比如用紙折疊一個極小的小船，然後捉一個不會叮人的蜜蜂，在蜜蜂的的腰間插一根大頭針，再用細線和小船聯繫起來，讓蜜蜂拖動著小船在窗臺上行走。我的目光呆呆地注視著蜜蜂和小船，彷彿進入了童話王國，竟然一時忘卻了飢餓。

為什麼讀過的許多書都忘記了，唯獨這本書能記憶的這樣深刻？一來是書的內容引人入勝，故事情節奇妙，二來是讀書過程伴隨著飢餓，據科學家說，身體的記憶最為長久。

三鹿奶粉不好嗎？我想，那時即便有五鹿奶粉我也敢喝，他媽的，現在的人也太金貴了！

我從小就不是一個好孩子！

一

我從小就不是一個安分守己的孩子。俗話說「七八九，厭似狗」，我五六歲就淘氣的出奇，令大人們厭惡的不行。我的母親是我姥姥最小的女兒，我又是姥姥最小的外孫，那時，父親在歸化城上班，母親在豐鎮衛生院當護士，他們都顧不上管我，每天全憑姥姥照料我。姥姥年近七十才得到我這個外孫，如獲至寶，嬌慣的不得了，捧在手裡怕摔了，含在嘴裡怕化了，要星星不敢摘月亮，因此養成了我任性的性格，這種任性的性格坑害了我一輩子。

記得我五歲時，一天，大門外有一個老太太兩手端著半個西瓜顫巍巍地往前走，我悄悄地從後面走近她，然後用一隻手從西瓜的底部向上猛擊，這只西瓜突然飛了出去，摔在地上碎成幾瓣。老太太先是一驚，然後就破口大罵：「這是哪家的孩子呀，有人養沒人管！」

我逃進院子裡，老太太追了進來，後來，姥姥給人家賠西瓜，洗耳恭聽地接受人家的訓斥。記得那時母親經常責怪姥姥：「這孩子算毀在你的手裡了，將來長大非讓政府槍崩不可！」

一九五七年，我隨母工作調動來到呼和浩特，那時院子裡有個司機因老婆病故續弦，那個司機有個男孩和我同歲，每天遭繼母的打罵，只要那位司機叔叔一出車，繼母就把他關在汽車庫裡狠狠地修理，繼母不在他的臉上下手，只用爐鉤子、火鏟子在身上打，或者用手在身上亂擰。那個孩子身上的傷痕從來沒有斷過，他也不敢告訴父親，怕招致更兇惡的報復。後媽的心似蛇蠍，我永遠也忘不了那位兇殘的女人。

那時，母親常常打發我給妹妹倒屎倒尿。這個女人的炭倉子和我們家的炭倉子緊挨著，一次，我趁人不注意，把一便盆的屎尿從她家炭倉的小口揚了進去。那天，那個女人做飯時，端簸箕撮炭，手伸進去抓了一把屎，氣急敗壞地大罵，人們都掩嘴而笑，樂不可支。

後來，母親知道了此事是我幹的，於是和姥姥設計打我，那時，母親肚裡正懷著小妹妹麗珍，怕我掙扎時傷著肚裡的孩子，於是讓姥姥抱住我，由她來打我。那時，我已經十一歲了，她倆也沒有多大的力氣，所以沒起多大的作用，母親罵我說，你這麼灰，長大一定是個危害社會的主兒！

我在電建公司土建工地木工班的時候，有個呼和浩特大學畢業的周麻子。呼和浩特大學是大躍進的產物，一九五八年開辦，一九六〇年就關門了。這個周麻子是文革的積極分子，仗著自己出身好，多少有點文化，趾高氣揚。寫大字報、參加批鬥、搜集人的資料、構陷人的罪狀，各種壞事都拉不下他，師傅們對他很討厭，然而又拿他沒辦法。

那時，木工每人每天有一毛二的工具費，用來買鋼銼、買油石。周麻子每次剛銼完鋸齒，我只要發現他不在，拿起鋸來就在鋼筋上亂鋸一通；他剛磨好刨刃，我也拿起他的鉋子在水泥地上亂推。等他用時，鋸齒凸的鋸不成，刨刃笨的刨不成，他累的汗潑流水，也搞不清原因，只是嘴裡不乾不淨地在罵。

後來，我雖然上了大學，但依舊頑劣成性。那年，我在電管局工作，從電建二公司調來了一個助工叫劉建民。一天，處長把一個女職員叫進辦公室談話，好半天沒出來，劉建民突然想起來有個發文要找處長簽字，問我處長在不在，我說我也不知道。他去推了推處長的門推不開，門從裡面插得很緊。我對劉建民說：「處長辦公室門頭上有扇玻璃，你要不蹬個凳子站上去看看他在不！」劉建民聽從我的建議，照此辦理。他踩上凳子，探頭朝裡面一望，嚇得魂飛魄散，臉色羞紅地跳下地來，直罵我害他。我說：「你看見啥了？」他避而不答，只說：「要不你也上去看看！」我反問：「處長發現你了嗎？」他說：「沒有！」從此，劉建民對我耿耿於懷，前幾天，他遇見我，又提到了此事，我掩口而笑。

一九八六年，烏拉山電廠在建，我和電管局的幾位同事前往檢查工作。那時鐵總尚未發跡（鐵木爾和李鵬的愛子是華北電力大學的同班同學，後升任北方公司副總經理），一天晚上，我們去電廠洗澡，那時，電廠的澡堂地面非常濕滑，走路必須扶牆，否則就會摔個馬趴。鐵總把身上淋濕後，開始打肥皂。我乘其不備，慌忙用力士香皂在他身後的地面上磨擦。誰料想，鐵總突然轉過身來，發現我的舉動，大罵：老韓，你真是個圪泡！是不是爺今天不摔一跤，你不歇心？其他幾位同事見狀都笑的前仰後合，都說，也只有老韓才能想得出這種損招！直到去年見面，鐵總仍然不忘此事，大罵我曾經企圖謀害革命領導幹部。

二

今天，我在博客中把我小學的操行評語晾給大家看，讓大家知道，我生性頑劣是與生俱來的，因此，及至成年也沒少給領導添堵，讓組織上為我費心。

我兒時的缺點，比如「驕傲自滿情緒」，直到如今也沒有改掉，可見，「三歲看大、七歲至老」不是一句空話。

小學一年級時，老師給我的操行評語是：「該生聰明，學習中能按時完成作業，但不夠整潔，一般能遵守學生守則，守時間，今後能把課堂上愛玩東西和小聲說話，有時不專心聽講的缺點改了，加強朗讀能力和複述能力，寫字整潔，才是個好學生。」

小學二年級時，老師給我的操行評語是：「該生雖很聰明，接受能力強，但不肯用到學習上，故產生了小驕傲，所以學習成績不太好。能按時完成作業，但不夠整潔、細心。不遵守學生守則，表現在課堂上不專心聽講，愛接老師的話，還影響別人。不團結同學，還經常和同學打架，今後，加強改正以上缺點，並把不誠實的缺點改了，才是一個好學生。」

這裡的「不誠實」，指的是，一九五八年消滅四害時，學校讓每個同學交五根老鼠尾巴，我湊不夠，後來發現家裡的胡蘿蔔乾朽了，根鬚很長，很像老鼠尾巴，我就混到裡面交給班長了。老師發現後，曾經追問我，我吞吞吐吐，不肯認錯，惹得老師很生氣，認為我今生不會成器。

我在呼和浩特六聯小學時的操行評語是：

（一九六一年二月至一九六一年七月）

優點：學習成績良好，能整齊地完成作業，天真，活潑。

缺點：勞動不夠主動、積極，遵守紀律差，愛吵嘴、愛打架。

（一九六一年九月—一九六二年一月）

優點：勞動積極，能按時完成作業，成績較優，寫作能力較強，作業較工整，發言踴躍。

缺點：課堂紀律差，不遵守學校制度，不尊重老師。不能虛心地接受意見，有驕傲自滿情緒。

我有些疑惑的是，小學四年級上半學期，「勞動不夠主動、積極」；怎麼下半學期就「勞動積極」了？我這樣想，又應了老師的那句話「不能虛心地接受意見，有驕傲自滿情緒」。

驕傲自滿情緒我一直有，而且至今尚未克服。記得在十年前，有一同事對另一同事說：「老韓其實是個好人，就是不會來事！」那個同事說：「老韓要是再會來事，那還了得？」

三

直到退休，我仍然不是個省油的燈盞。前年，集團公司老幹部處組織離退休老幹部唱紅歌，老幹部處處長來電話通知我，我告訴他，我很想去，但是，在去的同時，貴處必須奉送本人如下物品：

一、仕奇西裝一套；

二、耐克鞋一雙；

三、皮爾卡丹男包一個；

四、勞力士手錶一塊。

還有，必須用寶馬或賓士來接我；唱完在新城賓館吃宵夜，晚上讓電力文工團的當紅歌星來陪我睡覺。滿足了以上條件，我一定去！

後來那位處長訕訕回答：他娘的，我就知道你肯定不願意去的，因為你從來不要求進步！

有次，還有個哥們和我開玩笑：這輩子，你與黨組織無緣了，其實你各方面表現挺不錯的，假如將來「掛」了，我黨可以追認你。我咬牙切齒地說：「誰敢追認爺為黨員，爺做鬼都不饒恕他，讓他天天晚上做噩夢！」

少年犯王成果

一九六〇年，我家在內蒙古衛生防疫站的家屬大院裡居住，藥品檢驗所的宿舍和我們比鄰。那年夏天，隔壁院從四川搬來了一家人，男孩的名字叫王成果。王成果十二歲，個頭不高、臉色黝黑，性格機智靈動，又有些狡黠，尤其那雙眼睛，總是閃爍著異彩。沒有多久，我們就成了玩伴，天天形影不離。王成果的爸爸是一位轉業軍人，家裡的牆上掛有他穿著戎裝的照片，非常英武。他的媽媽是位農婦，從四川搬來時，家裡什麼都沒有，床上只有涼席，看不見被子，好像也沒有棉衣，不知道他們的冬季將如何度過。我第一次去他家時，看見他的媽媽用洗臉盆和麵，在辦公桌上擀麵條，他媽媽手很黑，頭髮散亂，臉上也似乎不太乾淨。

王成果非常喜歡手槍，他常常和我說起他的爸爸曾有一支五四式手槍，那時他經常玩，後來退伍時上交了。他有幾枚彈殼，也經常拿出來讓我看，有一次，他還給我看過一枚真的手槍子彈，我想摸摸都不讓，他說，那是他從兵營裡偷來的，他的爸爸至今也不知道。他還說，他曾經在他爸爸的指導下，對著一堵厚厚的土牆，放過一次槍，槍聲震耳欲聾，他和我說起此事時神采飛揚，非常滿足和神往。

那時，王成果不止一次地向我透露，他要自己動手做一支火槍，樣式就像衝鋒槍，他和我說後不久，就開始動手了。他用整塊木板鋸出槍身的形狀，然後用玻璃刮削、用砂紙打磨，在槍身的上端刻出半尺長的弧型槽，將一根兩尺長的自來水管的一端搗死，並在末端一寸左右的位置鑽了一個小孔，這個小孔是用來引出導火線的。槍身，槍管齊備後，將槍管壓在弧形槽裡，然後用漆包線緊緊地和槍聲纏在一起，與槍身成為一體。從下料，到製作，大約用了十天的時間，工程結束後，還用清漆刷了一遍。

槍做好後，他好不高興，端著槍在院裡走來走去地炫耀，當然，這一切都是背著他的父母和院裡的大人們的。再下來，他想試試槍能否打響，於是約我和他上街去買炮。我們一共花了一角錢，買了兩個二提腳，兩個麻雷子。買回炮來，將炮紙撕開，把火藥倒入槍管之中，又往槍管裡倒了幾顆鐵砂，把拆下來的炮撚，從槍管後面的小孔裡塞入，然後把二提腳的炮紙撕碎，一點點兒塞進槍管裡，用木棍捅瓷實。裝藥工作就算完成。

去哪兒放槍呢？我們拿不定主意，王成果抱著槍，我和兩個小夥伴緊隨其後，在院子裡到處尋找放槍的目標，當我們走到動物室後院時，發現這裡是個安靜的所在。王成果提議，由他來持槍，我來點撚，另一個孩子在周圍放哨。我突然有點害怕，說，第一次試槍，可不能端著放，萬一走火，會傷人的。經過討論，我們把這支「衝鋒槍」架在動物室院裡的一盤碾子上，用石塊和磚頭把槍支住壓好，槍口對準動物室緊鎖的庫房大門。經查周圍沒人，他們倆躲在樹後，我劃著了火柴，點燃了炮撚。還沒等我扭開身，只聽「砰」地一聲巨響。一團濃煙沖向庫房大門，槍騰空飛起摔到了兩米之外。「出啥事了？」動物室裡的高大爺被槍聲驚出了房門，我們三個慌忙撿起槍，一溜煙地倉皇逃竄。

真是萬辛呀！如果是王成果持槍，我來點火，槍反彈過來會直接對著我的臉面和腦門，我根本沒有躲閃的時間。因為，炮撚留的太短了，槍響後受害的至少倆人。槍響時如果槍管再有擺動，鐵砂打向哪裡就更說不清了。我們三個人面面相覷，誰也不說話，臉上都流著汗，他倆指著我的臉說：你咋臉上全是黑的？我用袖口擦了一把臉，這才發現，因為炮撚孔過大，噴出來的火藥把我的臉和手都熏黑了，不過到沒有一點傷。

我們半天才回過神來。看看手裡的槍，已經報廢，槍管槍身雖還沒徹底分開，但也斷了。於是把槍塞進了機關大食堂菜窖的通風口裡，又在水管上洗了手和臉，才轉回來爬在動物室外面的土牆上，查看槍擊的效果，庫房那扇木門竟然被轟出了拳頭大的一個窟窿。槍的威力總算領教了，但費時十天造出的槍，就這樣灰飛煙滅了。

王成果嗜槍如命，他並不死心。此後，他曾好幾次對我說：我還要做槍！一天，王成果潛入醫療器械廠的倉庫，從裡面找到了一根厚壁細鋼管，他頓時全身熱血沸騰，因為他敏銳地覺得，它的內徑接近七點六二，於是他把鋼管塞進衣服裡迅速離開。他一回家，就試著把家裡那枚真實的AK-47子彈的彈頭塞進鋼管，雖然沒有膛線，居然嚴絲合縫。這根鋼管讓他茶不思、飯不想，整整亢奮了一周後，他決定造一桿真正的槍。

造槍就得先造子彈。彈殼的底部有一個黃銅底火帽，放在碳爐燒紅後輕敲彈殼，底火帽竟然很輕易地掉了出來。彈殼膨脹，底火帽就能掉出來得到驗證，整個工程難度最大的事，被他給解決了。

後來，他用細鋼棒敲平底火帽的撞針凹痕，從「貨郎擔」那裡買來了發令槍的火藥紙，給底火帽裝上火藥後，小心地重新塞回彈殼底部。再給彈殼填入火藥裝上彈頭，一發子彈就算完成。他竟然懂得彈殼內只能填一半的火藥。因為他曾經拆過父親一發「五・四」式手槍的子彈，知道要為初爆留出空間。

他一共做了四發子彈，那天，拿出一發來進行試驗。他用鐵絲固定子彈，彈頭前不到一米處置一熱水瓶膽，用火燒子彈。響了，瓶膽碎了，槍聲很標準，成功！

他緊接著開始造槍。AK-47的彈殼略呈錐形，他找來一塊錐形鐵，把那根攪得他不得安寧的鋼管一頭燒紅，砸出一個小喇叭口，使其剛好塞進子彈。他又不知從哪裡找來一桿拼刺刀訓練用的木槍，鋸去前半截，扣出一條凹槽安上槍管，用鐵皮包裹固定。槍管後面的木質挖出個空間，用自行車鏈條組合出個滑道，再用一根足夠硬的鋼針做為撞針，用牛皮筋牽引，一個擊發裝置圓滿完成。雖然裝彈時要先取下擊發裝置，有點麻煩，但這絕對是一桿真正的步槍。

那天，扣動扳機，槍響了。王成果眼前一黑，兩耳「嗡嗡」響，感覺面頰有熱呼呼的液體在狂瀉而下，他中槍了。

後來聽小夥伴們說，想必是木槍強度不夠，木槍破了。木槍被炸破後，彈殼反沖，擊中了他的頭部。幸好彈著點在髮際以上，順著顱骨的斜面擦過，否則他就一命嗚呼了。

很快，王成果被公安局帶走了，因為製作槍支被作為少年犯而勞動教養，那年他才十三歲。從此，我再也沒有見過他。

昔日的大召與蓧麵餄餎

大召，數百年來，一直是內蒙古地區藏傳佛教的活動中心和中國北方最有名氣的佛剎之一，是呼和浩特建造的第一座喇嘛教召廟，位於呼和浩特市玉泉區的大召前街。大召蒙古俗語為「伊克昭」，意為「大廟」，漢名原為「弘慈寺」，後改為「無量寺」，始建於明朝萬曆七年，已有四百餘年歷史，是呼和浩特最早興建的寺院。

數百年來，大召名聲顯赫，給其周圍帶來了異常的繁榮，為歸化城的一處勝景。歷史上的大召門前沒有今天這樣開闊的廣場，前後都是林立的民宅和縱橫交錯的胡同，所以就有了大召東夾道和西夾道等等這些老呼市們最熟悉的胡同名稱。

大召東夾道是條頗為迷人的巷子。在這條巷子的兩側，各色小店一溜兒排開。一年四季，晨昏之間，窄窄的街面上人流不斷，市聲嘈雜。巷中那兩處近乎直角的拐彎兒，使這條小巷子顯得曲折幽深。

大召西夾道有和平電影院，往南財神廟巷有民眾劇場，多半是演二人臺的，那時呼市的二人臺，曾到北京和各地演出，被各地的二人臺劇團尊為「老團」。東北二人轉的玩扇子，其實是從二人臺學來的。由於晉陝方言的隔膜，二人臺行之不遠，二人轉卻大紅大紫，這是預料不到的。

玉泉井就在民眾劇場後面，這口井與清泉街的海窟井一樣，流淌著大青山斷裂帶最優質的礦泉水，井水甘洌，泡茶香醇。一九六六年前後乾涸，成為傳說絕唱。

西夾道西拐路南，有王一帖膏藥鋪，展有老虎、人熊的標本，還有一隻黑羽黃喙的八哥，會說：「王一貼，好膏藥！」

大召前街和大召東夾道，是一處小市場和民間遊樂場，人氣很旺，每天吸引了不少的老百姓聚在這裡。正像清代詩人王循在其〈歸化城〉一詩中描寫的那樣，「小部梨園同上國，千家鬧市入豐年」。

五六十年代，我的舅舅們每次從山西來，必去大召前閒逛。那時，大召前的商品經濟大多還維持在「走西口」時的水準，籠籮社、紙紮坊、染坊、鐵匠鋪、木匠鋪、估衣鋪、膏藥鋪應有盡有；鞋匠、皮毛匠、旋匠、白鐵匠各司其職。

大召東倉是呼和浩特歷史上最繁華也是最聚人氣的地方。東倉位於大召寺整體的東隅，又名菩薩廟，與之相對應的還有西倉，名為乃春廟。

當年大召東倉是一片開闊地，在這兒說書、拉洋片、變戲法、卜卦算命、捏麵人、吹糖人、賣大力丸的應有盡有，每天熙來攘往，摩肩擦踵，遊人如織。其熱鬧程度和北京的天橋可有一比，所以大召東倉也被美其名曰為「塞外天橋」。

大召東倉南口的西邊，曾經有過一家莜麵館，專賣莜麵餄餎。一九五八年，我在中山西路小學讀書，夏天的中午，我和同學結伴而行來大召東倉的莜麵館裡吃莜麵餄餎，好像那時的莜麵餄餎非常好吃，我們吃起來如風捲殘雲，不像現在的剝皮莜麵，沒有了濃烈的燕麥味道。

那時的莜麵餄餎一毛四一斤，湯是涼湯，好像鹽湯裡主要是些黃瓜水蘿蔔絲絲，又熗了點蔥花。碗用的是很粗的笨碗，條案和凳子也很原始，就像電影《水滸傳》裡梁山好漢聚餐時使用的那種，斑駁陸離，沒有油漆。很大的條岸上放著一大壺醋，和一碗油炸辣椒，供食客自己取用。長凳上坐不了許多人，大多數人都站著吃，還有的人蹲在外面的房檐下吃。來這裡吃莜麵餄餎的人絡繹不絕，食客大多是窮人及走卒販夫之類。

廚房在裡面的套間，蒸莜麵的鍋是七勺鍋。七勺鍋有多大？冬天農村裡殺豬褪毛時用的就是七燒鍋，因此籠屜直徑也有一米多。有專職壓莜麵餄餎的人，他們坐在木頭餄餎床子的臂杆上，餄餎床子吱吱扭扭地響著，看上去很是吃力。伙房裡熱氣騰騰，籠屜摞的很高，蒸熟的從上面取下來，生的不時從下面續進去。生意十分紅火。

夏天，莜麵館的灶火設在門外臨街處，拉風箱的是一個殘疾人，髖骨之下猶如禿樁，市井人稱「禿板凳」，他的風箱拉得有板有眼，就像快板書的過門節奏，成為莜麵館的招牌和廣告，吸引著往來的人們駐足觀看，並拍手稱道。

現在大召附近所謂的古建都是近年來復建的，原先的古建早已拆毀，正應了林徽因的一句話，林徽因當年曾對北京市的領導人說：「你們把真古董拆了，將來要懊悔的，即使把它恢復起來，充其量也只是假古董。」想起建國以來打著「破四舊」的旗號，而毀滅的文化遺產，許多人心裡都會感到隱痛，那些美好的景物，今人只能在夢境中再現了。

歸化城的燒賣

燒賣在中國土生土長，歷史相當悠久。最早的史料記載，元代高麗（今朝鮮）出版的漢語教科書《樸事通》上，就有元大都（今北京）出售「素酸餡稍麥」的記載，該書關於「稍麥」的注說是：「以麥麵做成薄片包肉蒸熟，與湯食之，方言謂之稍麥，麥亦做賣。」又云：「皮薄肉實切碎肉，當頂撮細似線梢繫，故曰稍麥。」、「以麵作皮，以肉為餡當頂做花蕊，方言謂之燒賣。」如果把這裡「稍麥」的製法和今天的燒賣作一番比較，可知兩者是同一樣東西。

到了明清時代，「稍麥」一詞雖仍沿用，但「燒賣」、「燒麥」的名稱也出現了，並且以「燒賣」出現得更為頻繁些。如《儒林外史》第十回：「席上上了兩盤點心，一盤豬肉心的燒賣，一盤鵝油白糖蒸的餃兒」；《金瓶梅詞話》中也有「桃花燒賣」的記述；清朝乾隆年間的竹枝詞有「燒麥餛飩列滿盤」的說法；李斗《揚州畫舫錄》、顧祿《桐橋倚棹錄》等書中均有「燒賣」一詞的出現；《清平山堂話本・快嘴李翠蓮記》：「燒賣、匾食有何難，三湯兩割我也會」；傅崇矩《成都通覽・成都之食品類及菜譜》中開列了「各樣燒麥，大肉燒賣、地菜燒賣、凍菜燒賣、羊肉燒賣、雞皮燒賣、野雞燒賣、金鉤燒賣、素芡燒麥、芝麻燒麥、梅花燒麥、蓮蓬燒麥……」；清代無名氏編撰的菜譜《調鼎集》裡便收集有「葷餡燒賣」、「豆沙燒賣」、「油糖燒賣」等。

「歸化城燒賣」始於元代，明代稱「紗帽」，清朝稱為「鬼蓬頭」，其風味與製法南北各異，如廣東的「乾蒸燒賣」，江蘇的「蟹黃燒賣」、「翡翠燒賣」，風味各不相同。但在歷史上，呼和浩特稱為「歸化城」時，這裡的燒賣就已經名播京師了。那時北京前門一帶，燒賣館門前懸掛的招牌上，往往標有「歸化城燒賣」字樣。

「歸化城燒賣」是用特製的擀麵錘（燒賣錘）把和好、揉透的麵，墊上土豆粉擀成薄的荷葉皮，然後用新鮮羊肉切粒配蔥薑等作料拌成餡，再勾以熟澱粉，成為乾濕適度，紅、白、綠相間，香味撲鼻的燒賣餡，把餡放在燒賣皮裡輕輕捏成石榴狀，上籠蒸七至十分鐘即熟。燒賣出籠，頓時鮮香四溢，觀其形，晶瑩透明；食其味，清香爽口，味濃不膩。皮薄如蟬翼，柔韌而不破，用筷子夾起來，垂垂如細囊，置於盤中團團如小餅。

據《綏遠通志稿》載：「惟市內所售捎賣一種，則為食品中之特色，因茶肆附帶賣之。俗語謂『附帶』為捎，故稱捎賣。且歸化捎賣，自昔馳名遠近。外縣或外埠亦有仿製以為業者。而風味稍遜矣。」可見早年歸化城的燒賣，都是在茶館裡出售，食客一邊喝著濃濃的磚茶或各種小葉茶，一邊就著熱騰騰的燒賣，天南地北地聊著舊事與新聞，那濃郁的香氣久久飄蕩在茶肆之間。

《資治通鑑》卷二百一十六唐紀三十三中，記載唐明皇李隆基寵愛「胡兒」安祿山的情景時寫到，「上（指李隆基）每食一物稍美，或後苑鉸獵獲鮮禽，輒遣中史走馬賜之（送給安祿山）……」這裡的「稍美」當然不是燒賣，有與其他食物比較而言更好更美味的意思。因此，我想如今內蒙有的地方將燒賣稱為稍美，是否也有這樣的含意？

位於北京前門大街路東三十六號，都一處燒麥館，開業於一七三八年（清乾隆三年），始主就是歸綏人，迄今已有二百四十多年的歷史。據傳說，乾隆皇帝有一次到通州私訪歸來，正值舊曆除夕的晚上，只有這家燒麥館燈火通明，尚在營業。乾隆皇帝走進去叫了一份燒麥吃。美味的燒麥使他大為驚異：小小的飯館竟然做出了這樣的美味！於是興致大發，親筆為之書寫了「都一處」牌匾。御筆一題，身價十倍，都一處從此譽滿京華，顧客盈門。

又據民間傳說，燒賣真正的起源就在清朝的歸化城，也就是現在內蒙古的首府——呼和浩特。明末清初時，在呼和浩特舊城大召，有哥倆兒以賣包子為生，後來哥哥娶了媳婦，嫂嫂要求分家，包子店歸哥嫂，弟弟在店裡打工包包子、賣包子，善良的弟弟除了吃飽以外，再無分文，為增加收入今後娶媳婦，弟弟在包子上爐蒸時，就做了些薄皮開口的「包子」，區分開賣，賣包子的錢給哥哥，捎賣的錢積攢起來，很多人喜歡這個不像包子的包子，取名捎賣，後來名稱演變，向南傳播就改叫燒賣了。

歸化城的燒賣首推麥香村，麥香村的燒賣遠近聞名，麥香村的燒賣二字至今還寫作「稍美」，是沿用明代的寫法，明代史料記載：「北方麥子在四五月間，麥稍有一層白霜」而稍麥在製作收口處，也有好似白霜的麵粉。在乾隆年間，有位叫楊米仁的詩人在《都門竹枝詞》中就有：「稍麥餛飩列滿盤，新添掛粉好湯圓」的詩句。

由於呼和浩特的羊肉又肥又嫩還沒有異味，做出來的燒賣無以倫比，於是羊肉大蔥餡燒賣成為燒賣的一統天下，而且具有極強的排他性。呼市燒賣最為有名，而且猶以清真館子為正宗，經數代人的潛心鑽研，呼和浩特製作燒賣的匠人已練就高超技藝。因皮薄如紙，呼市的燒賣一兩麵可以做出八個，但到了包頭，一兩就只有六個——皮厚了！

呼包近在咫尺，燒賣都有很大的變化，外地的燒賣更是令人無法恭維了：皮厚如城牆，肉乾如廢蛋，凡是吃過呼和浩特燒賣的人，別處的燒賣無法下口。因此，你不承認傳統的力量是不行的。

近年來，老綏遠燒賣的招牌在呼和浩特很是招搖，前不久，被工商強行干涉後更名。據說是因為蒙古族代表在人大開會時提出異議，認為綏遠一詞有民族歧視的含義。現在老綏遠燒賣已一律改為老綏元燒賣了，有點不倫不類。不過眼神不好的人還是難以發現。

燒賣因為拌餡時摻入澱粉，吃多了不易消化，因此一般人早餐時有一兩足夠。超過二兩，午飯就吃不進去了。說來慚愧，一九八四年，我曾經一頓吃過四兩燒賣，可見那時肚裡仍然沒有油水，大家不要見笑呀。

如今燒賣館遍及呼和浩特，早晨，看著老大爺、老大娘們一壺磚茶、一兩燒賣，點上一根煙談古論今，有說不出的輕鬆和愜意。誰說塞外沒有博大精深的地域文化呢？

餄餎麵古今談

兒時家裡最好的吃食就數餄餎麵了，吃餄餎麵的日子就是我們的重大節日。早晨，母親就把麵和好了，放在炕頭餳著，餄餎麵的軟硬很有說道，一定要揉到餳好，硬了壓不動，軟了撈起來都是圪節節，沒法吃。

吃餄餎麵要有好的澆頭，羊肉臊子為最好，豬肉小煎肉也行，如果打鹵，再擱點蘑菇、木耳、黃花那就更好啦，我還喜歡用炸醬拌起來吃，味道也不錯。下崗職工，吃低保的人家，澆上酸菜豆腐鹵子，配上小泡菜，也很順口。

壓餄餎的工具，稱為餄餎床，小的不到二尺長，大的可橫跨最大的鐵鍋。床身用粗壯而彎曲的木料製成，前後雙腿，中間挖一個圓洞，下面鑲上一塊佈滿小孔的鐵皮。與床身平行有一臂幹，臂幹上帶一個木芯，使之可以像活塞似地上下運動。將餄餎床置鍋上，待水燒沸時，將餳好的麵團填滿圓洞，木芯置於洞口，再將臂幹用力壓下，麵條便從小孔落入鍋中，待麵條煮熟後撈入碗中，澆上各種鹵汁，即可食用。

餄餎床必須用硬雜木製作，尤其那帶孔裝麵團的床身，是床子的主體。再就是那個壓麵條的臂幹也必須是優質的硬雜木，強度及柔韌性極強且不裂、不朽。

我在老家見過木匠製作餄餎床子，餄餎床的骨架一般木匠都能做，關鍵是那個圓孔和那個木芯（或曰「杵棒」），過去，只能用手工加工，用鑿子和木銼，細心地鑿，精心地銼，還要用砂紙一遍遍地打磨。有的餄餎床特別講究，可算得上一件傳家寶了。

我家的那個餄餎床子估計有一百多年的歷史了，底子是銅的。依稀記得，每次吃完餄餎面的下午，姥姥戴著花鏡，迎著陽光，用大針細心地清理餄餎床的銅底子，便於下次使用。

自從農村合作化，得勝堡的餄餎床子成了公共財產，大約十幾戶合用一臺。誰家用時要從上家搬，光使不送，就這樣循回往復。但有一規矩，誰家用完後，一定要清洗乾淨，以免剩麵乾在裡面，下家不好用，如果誰家不自覺，第二天下地時，就要受到「譴責」。再有各家用完後不能鎖在屋裡，通常放在屋外的窗臺上，以免下家用時拿不到。經過長時間的磨合，慢慢成為一種很自然、和諧、約定俗成的規矩了。

在晉北，餄餎用料首推蕎麵，蕎麵餄餎是典型的北方麵食。

蕎麵餄餎這種美味食品，有著悠久的歷史，早在一千五百多年前就是北方的一種大眾化食品。元代詩人許有壬對此就有過記載：「坡遠花全白，霜輕實更黃。杵頭麩退墨，皚齒雪流香。玉葉翻盤薄，銀絲出漏長。元宵貯膏火，燕墨笑南鄉。」詩中前面幾句是寫蕎麥的生長、加工過程，「玉葉翻盤薄」似乎是形容煎餅的形態，「銀絲出漏長」，說的才是餄餎麵被擠壓進鍋時的狀態。「元宵貯膏火，燕墨笑南鄉」說的是「南鄉蕎麵黑甚，熟則堅實若瓦石，可代陶盞貯膏火」。

出身民間的明朝醫學家李時珍在他的《本草綱目》中寫道：「蕎麥南北皆有，立秋前後下種，八九月收割，……磨而為麵，作煎餅，配蒜食，或作湯餅，謂之河漏，以供常食，滑細如粉。」所謂「湯餅」，就是如今的麵條，可見，李時珍是熟知蕎麵河漏這種麵食的。《水滸傳》中也寫到了蕎麵河漏：「他家賣拖蒸河漏子，熱湯溫和大辣酥。」這樣的描寫真是活色生香，讓人真想盡情地吃上一大碗。

元代農學家王禎在《農書—蕎麥》中也有記載：「北方山後，諸郡多種，治去皮殼，磨而為麵……或作湯餅，謂之河漏。」

「大辣酥」據內蒙古鄉土作家陳弘志考證是蒙語，指酒；「河漏子」則是餄餎的古名。

「拖蒸河漏子」、「熱燙溫和大辣酥」，錢鐘書認為是玩笑之談。他以為：既然河漏為何還要拖蒸？大辣酥既然熱燙為何還溫和？不才近日始知，陝西銅川北關的餄餎，做法上卻有一些不同：有專門做餄餎的人，事先壓好蒸熟了，賣給攤主，而且有麥麵和蕎麥麵兩種供選擇。攤主開張時，等到食客往餄餎攤上一坐，點出要蕎麵或者麥麵的，要不要放辣子，就會很麻利地抓起一把餄餎放在碗裡，用勺子把熱麵湯舀進去，再扣了碗篳出去，如此反覆地回上三五次，等餄餎完全熱透了，才將事先熬製好的料湯澆進去，放上韭菜和辣椒，熱騰騰地給食客端了過來。可見這種「河漏」和湖北的熱乾麵一樣，也是可以「拖蒸」的。「熱燙溫和大辣酥」也屬常規，因為只有「熱燙」才能使酒「溫和」呀。

到了清代，有關餄餎的記載就更多了。如清代文獻《黑龍江外記》、《爾雅穀名考》等，對「河漏」都作了較為詳細的敘述。就連清代乾隆皇帝每次去圍場狩獵，途經一百家子時，都要吃這裡的白、蕎麵餄餎，而且還特地傳旨，調承德一百家子的廚師進宮，專到御膳房為皇帝和後宮皇妃們做餄餎吃。

不過，用來做蕎麵餄餎的蕎麥一向名列五穀之外，屬於雜糧，因此，許多顯貴看不上蕎麥，甚至對蕎麥存有偏見。元朝的忽思慧在他的《飲膳正要》中是這樣寫蕎麥的：「味甘，平、寒，無毒。實腸胃，益氣力。久食動風氣，令人頭眩。和豬肉食之，患熱風，脫人鬚眉。」又說，蕎麥不可與野雞同食，否則就會肚內生蟲，也不可與黃魚同食。忽思慧是元朝宮廷中主管飲膳的太醫，他的《飲膳正要》中列舉了上百種菜點羹湯的製作方法及所用材料，連狼肉、驢皮都入選了，卻沒有將蕎麥列入可以食用的食物中，這未免有點委屈了蕎麥。

但民間喜食餄餎，尤以蕎麵餄餎，在內蒙古西部的城鄉非常普及，從古到今常年都有小販製售。在民間，幾乎為家家戶戶一年四季必食之品。在農村辦紅白喜事，老人壽誕或小孩滿月，節日待客，特別是村裡趕交流、唱大戲都要吃餄餎。

昔日飯館裡的蕎麵餄餎，蕎麵要用淋過石灰的水來和，為的是筋道。家庭吃蕎麵餄餎則要摻榆皮麵，否則蕎麵無法成形。我在姥姥家，曾經和舅舅們去剝過榆皮。剝榆皮首先要將外表那層老樹皮用鐮刀或刮刀除去，上好的榆皮出在壯年榆樹，樹過老或過小，榆皮的品質和黏度都不夠。剝下來的榆皮要切碎晾乾，乾後用碾子碾成榆皮麵，有了榆皮麵，玉米麵也能壓餄餎了。聽舅舅說，用榆樹根磨出來的榆皮麵又白、又粘，壓出來的餄餎成色也要好得多。不過和麵時一定要注意榆皮麵的比例，榆皮麵多了條子滑而無味、不易消化；榆皮麵少了吃起來糟了吧唧，一拌就都成了圪節節，失去了吃「餄餎」的感覺。

餄餎適應性強，人多人少都能應酬。人少甭說，多到百八十人也行。聽姥姥說，抗戰時期，國軍南軍駐守得勝堡村，不打仗的時候，他們常壓餄餎來改善伙食，一連人不到一小時就能開完飯。除了軍人吃飯快的原因，還是因為他們有辦法，柴火灶上的大燒鍋一次能煮十斤麵的餄餎。沸騰的大燒鍋上放上一塊木板，兩個餄餎床同時壓，邊壓、邊煮、邊撈、邊吃，一鍋就能供一個班用。戰士們吃飯不排場，不磨蹭，站著就吃完了。

我已經很久不在家裡吃餄餎了。因為街上的餄餎館到處都是，蕎麵餄餎做的最好的還是庫倫蕎麵館，庫倫蕎麵館就數新城鼓樓立交橋下的最好，因為顧客太多，最近不但漲價了，而且臊子的品質也有所下降。唉，中國人做啥也沒長性，不能善始善終。

蕎麵拿糕

蕎麥富含營養，一般生長在比較寒冷的地區，我姥姥家的「雁北蕎麥」有多年的種植歷史，一到秋天，高原的丘陵上一壟壟的蕎麥遍開白花，非常好看。白花下吊著一串串三棱形的顆粒，風吹來，瑟瑟抖動，那就是蕎麥粒，這樣的形狀很特殊。晉西北民歌就有「三十三顆蕎麥九十九道棱，妹妹是哥哥心上的人」的唱詞。

我喜食蕎麵，和蕎麵有不解之緣，記得從小母親就經常給我攪蕎麵拿糕吃。涼湯滋潤，碗端在手上，拿糕吃在嘴裡，爽在心頭，甜在心坎。那時的美味，那時的情景，那時的心境，用多少語言也難以描述。

在內蒙古西部或晉北，鮮有沒吃過拿糕的人。做拿糕的過程叫打拿糕，「打」是動詞，在西部方言裡有「圪攪」的意思。打拿糕有「三加水，一澆油」的說法，所以說做好這道吃食是不容易的。

打拿糕首先要把水燒開，然後一隻手攥一把蕎麵薄薄地撒，另一隻手緊握四根筷子順時針或逆時針不停地攪，直到把撒進鍋裡的蕎麵攪成固體為止。攪成固體以後，用鐵匙把拿糕劃成數塊，倒入適量的水繼續攪。此次攪完後要蓋上鍋蓋用開水燜上一陣，待鍋內的水蒸發乾淨，拿糕塊裡的麵徹底熟透，然後揭鍋再使勁攪上一氣。為了防止糊鍋，最後用鐵匙鏟幾下鍋底，往鍋底澆一股胡麻油，拿糕就算大功告成。這時候拿糕的香味已經飄滿了整個房間，把受苦人的食欲誘發的淋漓盡致。胡麻油當然也可以不倒，但還是倒些好，因為這樣拿糕就不粘鍋了。

坐在鄉間的熱炕頭上，主人給你盛上半碗鹽湯，鏟上半鐵匙拿糕，放入涼菜湯裡，「吱」的一聲，有點鐵板牛柳的意思。剛出鍋的拿糕，溫度是非常高的，可不能著急地嚥下去，因為雖然一蘸鹽湯，表面涼了，拿糕的裡面還是滾燙，這時嚥下去會把嗓子燙壞的。因此拿糕要慢慢地去吃，綿軟、筋道的拿糕，能讓人終生難忘。

記得在那個年代，國家供應城市居民的糧食定量是每月二十七斤，百分之七、八十是粗糧，主要是玉米麵，其次是小米和蕎麵，白麵極少。那時，大多數人家，天天都吃玉米麵窩窩頭，吃得很膩歪。當時又沒什麼好菜，土豆白菜大燴菜，油水極少，吃的胃裡直湧酸水，母親偶爾給我們攪一頓拿糕，在那時也算一種享受。

拿糕說到底還是蕎麵的好吃。上世紀七十年代，蕎麵都出口日本了。人們無奈，只好用玉米麵來代替。玉米麵沒有黏性，攪拿糕時必須要加蒿籽，不加蒿籽的拿糕發酥，沒法吃。

其實用玉米麵攪拿糕是日哄肚皮的一種辦法。記得那時有一種說法，形容我們豐富多彩的生活：「一三五窩窩頭，二四六鋼絲麵，星期天改善生活打拿糕。」

吃拿糕是很有講究的，首先鹽湯要好。夏天，將黃瓜、水蘿蔔切成細絲，蒜切末，香菜切段。把切好的食材放盆裡，蒜末放黃瓜上面。熱鍋倒入適量的胡麻油，油熱，放幾粒花椒，紮蒙花、蔥花少許，待花椒微黑的時候關火倒入盆裡的蒜末上熗出香味。然後再加陳醋、食鹽、涼開水拌勻，就是一道香味撲鼻的鹽湯了。如果喜歡吃辣的，再用油熗點乾辣椒，由個人取用。

冬季沒有時令新鮮菜蔬，一般就用爛醃菜湯湯來配製。用胡麻油熗點紮蒙或者是蔥花，然後放些香菜，即可用拿糕來蘸著吃了。

拿糕還有另一種吃法，那就是做碗坨。碗坨一般只在夏天尤其是伏天食用。做碗坨的拿糕製作時稍微精細一些，拿糕攪到不再加麵之後，要稍微勾兌一些粉麵水，以此增強一下拿糕的粘結度。拿糕攪熟後，盛到大碗裡，等到澈底涼透後，切成條條，拌了油鹽醬醋，如同涼粉一般好吃。

陝西的小吃裡就有攪團。有人叫「老攪」，做法和我們的拿糕差不離。陝西的攪團又叫水圍城。據他們說這道飯食是諸葛亮發明的，但不得祥考。

九十年代末我在咸陽學習時，吃過一回當地主婦做的攪團。攪團的基本方法和我們攪拿糕一樣，攪一陣小歇時，舀一勺向空中一提，欻地，在氣霧中就會看到一條溜滑溜滑的蛇線穿霧直下。在旁觀者的感覺中，那「蛇線」好似一種勞動成果的展示，而實際上呢，那只是婦人在試看攪團的軟硬。只要軟硬稀稠合適，這攪團才越攪越光，越攪越筋道。

聽當地人說，他們那裡看誰家娶的媳婦兒賢不賢慧，主要看她打的攪團光不光或筋道不筋道。陝西的攪團以玉米麵攪團最為常見，兼有蕎麥麵攪團、雜麵攪團等多種形式。

拿糕是生活貧困時的家常飯，現在除非懷舊，一般人家都不會再吃了。近日，筆者吃啥也不香，妻子說我有點像懷孕的大嫂。前天我突發奇想，想重溫一下蕎麵拿糕的味道。於是從塔東菜市場買了一斤爛醃菜、二斤蕎麵，又買了一小包紮蒙花，興沖沖地回家攪拿糕吃。幸得妻子的老家在土右旗沙爾沁，從小對拿糕司空見慣，做起來得心應手。那頓拿糕吃得我大汗淋漓，真是一個痛快。

關鍵那天熗的是托縣辣椒。油乎乎，紅嗆嗆，加上爛醃菜剛發出來的酸味，讓我食慾大增。我這個人生活要求很低，胃口一開，就寵辱皆忘。什麼自由民主，去他媽的吧，我只要有蕎麵拿糕就心滿意足。跟上美國人吃漢堡有啥好的？

現在我不由地想喊：蕎麵拿糕萬歲！

蕎麵圪團兒與山藥片片

一

蕎麵還有一種吃法，就是推圪團兒。蕎麵條條吃膩了，想改換一下胃口，推圪團兒也就成了首選。在家鄉還流傳著有關圪團兒的優美故事。故事說：宋仁宗在位時，整日價山珍海味吃膩了，總嫌飯菜不香。一天，廚師用雞肉蘑菇作湯，把蕎麵做成圪團兒，成一道酥而不散，肥而不膩的葷飯。仁宗吃罷讚不絕口，命廚師每日做一頓。至今，家鄉民謠還有：「蕎麵圪團兒蘑菇湯，三天不吃想得慌」的說法。

圪團兒的名字來歷不詳，很可能是因為它中間有個窩窩，形象很像抱團兒吧。和好的蕎麵稍微餳一下，先把麵搓成指頭粗細的條條，再用拇指和食指在條上揪下一點麵，用右手的大拇指肚兒在左手的掌心裡一推，就成就了一個指甲蓋大小的捲狀物。巧媳婦們推出來的圪團兒個小，均勻，形美，很受人們的讚譽。現在，市場上也有機器擠出來的圪團兒，白麵蕎麵的都有，死硬僵倔，遠不如手工推出來的好吃。

圪團兒好吃，還要看臊子。蕎麵喜油，人們常說的油蕎麵、素豆麵就是這個道理。最好吃的還是羊肉臊子，羊肉鑽入或滲入圪團兒，一咬滿嘴肉香，沁人心脾。因此信天遊裡說：「蕎麵圪團兒羊腥湯，死死活活相跟上。」

羊肉臊子蕎麵圪團兒，算是日常家居的上等好茶飯了，即便待客也算有檔次的。如果臊子裡再加點蘑菇、金針、豆腐、山藥丁之類，那就是頂級的口味了。吃蕎麵圪團兒，有一味調料萬不可缺，就是油炸辣椒，辣椒首推托縣辣椒，入口時，依個人口味，適量添加，當然也少不了陳醋，如果再有幾瓣臘八蒜，那你就猶如活神仙了。

我還會唱一首關於蕎麵的爬山調，你聽聽美不美：

蕎麥開花呀白瓣瓣，
做上一頓蕎麵給哥哥解個饞。
碎圪蛋蛋的圪團兒雞肉湯，
哥哥你吃上一碗實難忘。
滿坡坡蕎麥花兒白朵朵，
你一想起蕎麵就想起妹妹我。

二

還有一道家常美食，估計許多人沒吃過，那就是山藥片片。山藥片片的做法是：

一、將燜熟的山藥剝去皮，放在鍋裡擦碎。也有用餄餎床子壓碎的，更省力一些；

二、摻適量蓧麵或白麵揉成麵團，用臂力反覆揉，一直揉到感覺非常「筋道」為止；

三、取麵團一小塊捏成片片，整齊擺放在籠裡；

四、上籠蒸十五分鐘即熟。

五、此物用蘑菇羊肉丁湯或蘑菇豆腐湯蘸食最佳。也可按各人的口味不同和季節不同來添加佐料。夏天有人家以鹽湯，時令蔬菜，再加一些辣椒、蒜蓉調拌，也很可口。

山藥片片分熟山藥片片和生山藥片片兩種，以上說的是熟山藥片片。生山藥片片的做法，這裡就不說了，說多了你也記不住。總的來說，山藥片片好吃難做，尤其擦山藥時需要全身運動。現在人們的生活水準提高了，大鍋換成小鍋了，黑鍋變成白鍋了，胳膊越來越細了。會做這種高級的飯人是越來越少了！能在電視上看看視屏，飽飽眼福就不錯了。

有人問我：「老韓，讓你去美國定居你去嗎？」我斬釘截鐵地回答：「不去！」他說：「為啥？」我又說：「吃飯就是個大問題。美國沒有蓧麵、蕎麵、山藥片片。我也知道美國空氣好，住的也寬敞，但是吃的就像餵豬，住在那兒有啥意思呢？」

粉條

在改革開放以前，內蒙古西部區的百姓，每年春節前必須幹的幾件事情是：蒸糕、壓粉、生豆芽。那時市場經濟不發達，只好「自己動手，豐衣足食」。其實即便現在，在西部區的鄉下，這三件事情仍然是家家戶戶要事必躬親的。

城裡人現在越來越懶了，過年的糕、粉條、豆芽都要去集市上買。但集市上的食品太讓人揪心了：炸糕的油無疑是地溝油，豆芽是毒豆芽，粉條雖然摻了工業用膠，但由於水分過大，煮熟後仍然很黏。人家都是生意人，都在追求利益的最大化，誰還在乎你的口感呢？

我吃慣了母親壓的粉條，吃慣了母親生的豆芽，每到過年，縱然山珍海味，沒有母親用粉條豆芽拌的涼菜，總感到缺了些什麼。

唉，自從母親過世，我再也沒吃過那麼筋道的粉條，那麼短粗、胖乎乎的豆芽了。建華西街粉條、豆芽堆積成山，但是不好吃，進嘴咀嚼，總感到有股異味。

父母親躺在大青山下的基督徒墓地裡已經好幾個年頭了。又一年要過去了，我們活著，他們卻已經成了古人。每逢過年，我總會想起父母親在灶前壓粉條的情景。

每當要壓粉的日子，父親早早起來用鐵缽子搗白礬，為了避免驚擾鄰居，父親總要在床上鋪塊厚毛巾，一隻手扶住鐵缽子，一隻手輕重有度，節奏齊整地上下錘擊缽子裡的白礬。搗得差不多了，倒在籮子裡，下面鋪塊報紙，輕輕地籮。經過三番五覆，白礬終於搗好，爸爸直起腰，長出一口氣，點一顆煙，靠在沙發上歇息。

此時，母親已經把抽風灶點著，把鍋坐在灶上，添水準備打欠。沒有高超技術的女人，不敢直接用開水和麵，必須要打欠。打欠就是把粉麵倒進開水鍋裡，攪成糊狀，然後再倒進已經挖好粉麵、擱好白礬的瓷盆裡。和麵的速度要快，必須要趁熱把粉面和起。只見母親的手在涼水盆裡蘸一下，然後便在面盆裡上下翻飛，雙手被燙的通紅，我現在想：母親那時手一定很疼。

家裡的餄餎床子是用木頭做的，估計已經有一百年的歷史。一九七二年的前後，支架及臂桿就不行了，那時我在呼市西郊電廠的擴建工地上受苦，利用工作之餘找了幾根硬雜木給整修一新，直到現在我才想起：我真笨！為什麼臂桿非要做的和床身一般長？不再做的長些？其實槓桿的原理我在初中上物理課時就學過。

記得壓粉時，父親很費力，灶臺高，灶臺的面積又小，餄餎床子架在上面搖搖欲墜。父親踩一個骨牌凳子，當手臂感到吃力時，他就把肚皮貼在臂桿上使勁往下壓，餄餎床子的活塞吱扭扭地就是不肯往下走，父親往往臉紅脖子粗地喘著粗氣。有時乾脆坐在餄餎床子的臂桿上，靠體重來使臂桿下沉。

壓粉很費水，煮出粉來必須要用涼水浸泡，否則就粘成一團了。泡粉的水必須要涼，稍一溫乎就必須換水，母親過慣了低碳生活，她壓粉時總是說：「費水費的，真可惜呀！」

壓一次粉，先後總要用半天時間。壓完粉，大家都精疲力竭，無力再做午飯，於是就將粉條用醋醬油、蔥花拌起，在火上烤幾個饅頭，就算一頓飯了。

午間歇息起來，母親還要坐在小板凳上慢慢地清理餄餎床子，她戴著老花鏡，用一根大針，細心地捅紮餄餎床銅底子上的小孔，便於下次使用。

從童年到少年，從少年到青年，從青年到中年，從中年到老年，數十年一貫制，過年的每頓飯都離不開豆芽拌粉條，已經成為我家的規律及定則，即便如今仍然如此。只是買來的粉條和豆芽總不是味道，年年吃、年年被我抱怨。

前幾天，我突發奇想：今年春節要高品質地過，自己壓粉吃。妻子曾經和母親學過壓粉，依稀還記得程序，今天午間，我們說幹就幹，打欠、和麵、壓粉，一道道程序井然有序。經涼水罩過的粉，竟然非常光滑筋道。我一時高興的手舞足蹈。

時代在進步，我壓粉的工藝流程今非昔比。首先白礬的粉碎我就用的是攪拌機，幾十克白礬顆粒僅用了幾秒就被粉碎。因為和麵燙手，我專程去萬民藥店買了幾副一次性醫用手套。壓餄餎用的是鏈條齒輪式的半機械化餄餎機，就是街上餄餎館專用的那種機械。為了便於隨時換水，冷卻粉條是在洗菜池裡，預先清洗、消毒。

唉，做兒子的總要比做老公的懵懂。世人要是把愛妻子的一半用來愛父母就足夠了。

人在世上的生活習慣是無法改變的，就拿我愛吃粉條來說，就很難更移。烏蘭夫晚年居京，據說專門有土旗的農婦給他搓蓧麵吃。我有時天真地想：我要是當了聯合國的秘書長，也要從武川聘一個農婦去紐約，天天給我壓粉條吃。

許多人說，粉條吃多了會老年性癡呆，我不信這一套，因為母親在八十四歲高齡時仍然耳聰目明，她老人家可是吃了一輩子的粉條。記得在她去世前的兩個月，還向我詢問關於納米的技術。

我也吃了一輩子的粉條，但至今仍然思維敏捷，耳聰目明。我常常想，一個生物，進化了幾十萬年，為啥能延綿不絕？因為攝入的多餘物質很快就會被排出，被平衡。科學家只知其一不知其二，若聽信他們的胡言，那就啥也吃不成了。中國每年有三百萬噸地溝油都被我們消化了，但國人的壽命還在節節提高，就是這個道理。

母親，你在那個世界好嗎？請多多保重呀！其實，豈止是粉條，睹物思人，兒子時時都在把你們懷念！我現在也已進入晚年，一回想起和你們度過的那些悲慘的歲月，含辛茹苦的日子，便會淚如雨下！唉，我如何忘卻那夢魘一般的年代呢？

珠兒粉與打仰塵

一

內蒙古西部的漢人，祖籍大多在山西，生活習俗無一不與山西同。過去，綏遠人過年從臘八後就開始張羅年事了，通常要延續到二月二才算結束。臘月二十三小年前後，勤快的綏遠人除了要刷家、打仰塵、刷鍋臺、油炕沿、畫牆圍，還要貼年畫、剪窗花、寫春聯。另外還要準備吃喝，按綏遠人的老傳統要壓粉、蒸糕、炸丸子、燒肉、做凍豆腐等。這些都準備好了，剩下的就是扯布做新衣，男孩子還要縫一件主腰子。

刷家要用白土子，白土子其實就是熟石灰粉。記得上世紀五六十年代，每年春節前，父親總要去舊城買白土子，母親每每吩咐他再買點珠兒粉。珠兒粉是球狀的，大的有網球大小，小的也有乒乓球大小。僅用白土子是不行的，刷出來的牆不夠白，都用珠兒粉雖然好，但成本似乎又太高。再說，珠兒粉的粘結力也不夠，即便有大白，仍然要熬些糨糊摻進去才會牢靠。

珠兒粉是什麼？我一直知其然不知其所以然，近來拜讀山西張高兄的散文，始恍然大悟，原來我們稱呼了幾代的珠兒粉和白堊土竟然是一回事。

在遠古的海面上，漂浮著許多極小的動物和植物。其中有一種稱為多胚孔的單細胞生物。這些生物的外殼是由石灰組成的。當這些生物體死掉以後，它們極其微小的身軀沉到海底。長此以往，就積聚成了厚厚的一層貝殼。當然，這過程得花上幾百萬年才能完成。後來，這層東西逐漸粘結在一起並且壓縮成一種鬆軟的石灰岩，現在的人稱它為白堊土。

眾所周知，由於地殼的變動，往往使得那些本來在水下的土地慢慢隆起。原來在海底的白堊土層便被抬移了上來。繼而，那些鬆軟的部分被水沖走，留下的便是一層層厚厚的白堊土。它揭示大同在遠古曾經是浩瀚的海洋。

張高說：「那些年，每到夏末農閒時，人們便挑著擔子，握把小鍬，下河溝崖挖白土，那白土在河溝裡並不白，泛著幽幽的藍色，到晾乾後才白的晃眼。人們把白土一塊塊挖出來，趁濕趁軟時摶成圓球，乾了就像一團團雪球，攢多了就裝上車拉進城裡去賣。」

圓圓的雪球就像珠兒，珠兒粉是否因此得名不得而知。

五六十年代，天然的東西居多，記得刷家用的刷子也是用一種叫芒草的東西綁紮的，很鬆軟吸水，剛買回來的刷子不好用，需要用水浸泡，經過幾次使用才漸漸得心應手。據說，會刷家的人，即便穿一身黑色的新衣服，刷完家，身上依然整潔如新。如果遇上新手，不用一會兒，人就成了斑點狗了。

那時刷家都是從上往下立刷，功夫深的人，刷完後，牆上的刷痕筆直、齊整，沒功夫的人，猶如筆走龍蛇，波浪起伏，成為鄰居們哂笑的對象。父親很笨，他每次刷完家，脖子裡都是白泥。

二

糊頂棚在內蒙古西部稱為打仰塵，是裱糊匠的重要技能之一。仰塵是古漢語，屬於語言的化石。此詞我在《紅樓夢》、《金瓶梅》、《西廂記》及元朝的雜劇裡多次見過。

五六十年代的呼和浩特，用報紙或麻紙打仰塵幾乎家家可見。仰塵多數是用木條、高粱桿、麻桿或者是葵花桿做架子，也有先在牆上釘釘子，釘好釘子後，再用麻繩或鐵絲在釘子之間連起來，形成網狀。最好用麻繩，因為麻繩的彈性較好，同時麻繩更容易和糨糊粘在一起。然後，再用麻紙裱糊粉刷一新。

舊時的呼和浩特，房屋多為土木結構，天長日久煙燻火燎，屋頂積滿污垢，既不美觀也不衛生，打仰塵的行業就逐漸興起了。老呼市的裱糊匠手藝高超的，多以給官宦人家裝裱字畫為生。裱糊技藝不佳者才在生意不景氣時，招攬些糊頂棚和製作燈籠、風箏、紙製喪葬祭祀品等零活，補貼家用。

仰塵不需要年年打。因漏雨而仰塵損壞，或年代久遠，白土刷的過厚，仰塵不堪重負而自行撕裂，家中只好花錢雇人重新來打。由於打仰塵要用糨糊，糨糊又是用白麵打的，這就給老鼠準備了美餐。每當夜深人靜，老鼠就會出來，在頂棚上噗噗楞楞地亂跑，還會嘶啦嘶啦地撕下頂棚上的紙，連糨糊帶紙一起吃。所以，仰塵被老鼠撕成東一條子西一道子，也是仰塵不得不打的原因。有經驗的匠人此時還要在糨糊裡加點六六粉，作為對老鼠的懲戒。

打仰塵的時間大多在臘月，那時，呼市多數人家都有掃塵的習俗，破舊的頂棚需要揭下重裱，這也是裱糊匠們最忙碌的時候。

笤帚是打仰塵的重要工具，笤帚是用質地較軟的穀子的秸稈紮成的，這種笤帚軟硬適中，不容易劃破頂棚紙。除此之外，匠人所用的工具還有糨排、裁刀等。

打仰塵最關鍵的就是把紙糊在預想的位置，這需要相當的工夫才行。紙上刷的糨子多了乾後頂子易開裂，少了又粘不住。刷過糨子的紙非常軟，往上遞送時要非常小心。下邊的人要用一種T形小桿遞上去，梯子上負責裱糊的師傅接過紙，用鬃刷或小笤帚先定住紙的中間，然後往四面一刷，把一張紙平整地貼在骨架上。貼時，紙的角度很重要，一旦貼斜了，下面貼的紙會越來越斜，搞不好就得撕掉重幹。當時，匠人若不能把紙糊得橫豎筆直，嚴絲合縫，雇主是不給工錢的。

對於舊時的呼市人來說，打仰塵是一件很莊重的事情。進入臘月，打仰塵的人家先要去請裱糊匠，確定匠人到來的時間後，家裡人一大早就提前忙碌起來，抬桌子，抬凳子，搬家具，主要是把阻礙打仰塵的物件收拾開來。挪不動東西，主婦為了防止裱糊匠踩壞，還會在上面遮蓋上東西。

記得一九六二年春節前，我家打過一回仰塵。那時姥姥已經病重了，紛亂之中，她無處可去。幸虧家裡有張小飯桌，二尺見方，擺在地上，姥姥就蜷縮在上面，苦苦地等待打仰塵的結束。

那時的日子可真苦，姥姥雖然在低聲地呻吟，我因為小，卻高興地炕上地下亂蹦一氣。現在想起來值得痛心的是，姥姥雖然重病，竟然沒住過一天醫院，病危回山西老家時，臨上車前母親給她推了點葡萄糖，一個月沒吃飯的姥姥竟然在舅舅的攙扶下，走上了火車。八個小時的硬座，不知道她老人家是如何堅持的。

唉！想起來我便淚如雨下。

盤尼西林

父親生前常常和我說起盤尼西林的故事，盤尼西林就是青黴素。

因為青黴素最早來源於國外，其拉丁藥名為penicilinum，在處方中寫作penicilini，直譯成中文就是：盤尼西林。解放前一直使用這個名字，而目前臨床上已不再使用盤尼西林這樣的稱呼了，中文名字就是青黴素。

我出生時正趕上國共交惡，母親懷我時沒吃沒喝，生下我以後也沒有奶水，我身體孱弱多病，遇有風寒就感冒發燒，一九五一年的那次尤為兇險。那次我住進了呼市市立醫院，醫生用盡了一切可行的辦法，不但高燒不退，還轉成了肺炎。母親追著醫生央求，醫生說看來只能用盤尼西林了。可當時正值抗美援朝戰爭期間，美國對中國封鎖、禁運。即使國家通過各種管道進來一些稀缺藥品，也大多調往朝鮮前線，在醫院和市面上根本沒有盤尼西林。

幸虧那時父親在內蒙古衛生防疫站工作，他通過廳長特批才為我搞到一瓶盤尼西林，父親坐視大夫給我把液體推進臀部，須臾，我便喘息甫定，臉色紅潤起來。

記得兒時我最怕打針，不和護士配合，反抗的很厲害，常常引起護士的驚叫與大聲呵斥。然後是幾隻大人的手死死地按住我，我放聲大哭，同時拼命掙扎，有時哭得聲嘶力竭，針頭幾乎在裡面斷掉。父親常常一隻手按住我的背，一隻手高高地揚起來：「你再不聽話，看我打你！」我委屈極了，還在使勁地掙扎，他的巴掌「啪」地一聲很響亮地落在我的屁股上。我嚇呆了，怔怔地再哭不出來，半天眼淚才止不住地掉下來。

那時的盤尼西林不是粉劑，而是油質的，俗稱油西林。在解放前後的動盪時期，油西林是非常精貴的東西，可以作為硬通貨流通，還可以和黃金一樣保值。油西林在上世紀四十年代十分昂貴，一根金條一瓶。許多富豪顯貴家裡都存有油西林。走私、倒賣油西林的行當也就應運而生了。

聽父親說，抗戰勝利後，美國的盤尼西林進入中國，當時有些人把這種藥視為靈丹，可治百病，更有甚者說是「無病可以防病！」新中國成立後，美國對華封鎖，少量走私進來的美國盤尼西林，只有少數高幹才能使用。

那時，內蒙古衛生廳有位朱廳長，是個老紅軍。他本來沒病，聽了無病可以防病的宣傳，開了兩瓶盤尼西林，非要醫生給他注射。

由於藥品緊張，朱廳長沒有搞到油質的盤尼西林，而粉狀的盤尼西林只能用蒸餾水稀釋，肌肉注射。那時還不知道可以與其他藥水混合注射，因此注射時很疼，每注射一次，都要疼出一身汗。尤其按說明，一瓶藥，要分四次打，每隔三小時要注射一次。據說此藥在體內只能停留三小時，就排出體外。這真是拿錢買罪受！按規定兩瓶藥要注射八次，只打了兩次，朱廳長疼得受不住，只好向醫生求饒，醫生無法只好加大劑量，分為五次給他打完了全部藥水，提前完成了注射任務。

父親生前對我多次講起，一九五二年他參加中央人民政府醫療隊，赴大興安嶺鄂倫春自治旗進行巡迴醫療的故事。每說到此，他總要提到盤尼西林的奇效。因為那時國內不能生產盤尼西林，一瓶走私進口的美國盤尼西林要十塊現大洋，如果不是免費，一般人根本消費不起。

在大興安嶺期間，常常遇到高燒不退的病人，此時只要一針盤尼西林打進去，須臾病人就會清醒，甚至坐起來。病人的家屬驚呼：真是神醫呀！

父親還多次講到，他們在大興安嶺用德國六〇六治療梅毒的奇效。不過他又說，德國六〇六需要血管注射，如果技術不好，直接紮不到血管中，液體流落到血管外，就需要截肢，聽的我心驚肉跳。

父親說，第二次世界大戰期間，歐洲戰場上無數傷患因傷口感染化膿而死亡。當時的抗菌良藥磺胺對高燒的傷患已無濟於事。面對絕望的傷患，護士只能拿來紙和筆，讓他們留下遺囑。

父親還說，一九一七年綏遠一帶發生鼠疫，蔓延晉冀兩省，致使三萬餘人死亡。如果那時有盤尼西林的話，這些人就都能救活。

我曾經問父親：「白求恩一九三九年因敗血症而犧牲，那時為什麼不給他用盤尼西林？」父親說：「那時盤尼西林還沒有問世呢！」對此，我印象非常深刻。

後來我在書上還看到過有關盤尼西林的愛情故事，為此驚詫萬分：上世紀四十年代，著名詩人蔣光慈攜妻去廬山旅遊。因雨，其妻感冒合併肺炎，當時他們住在九江，找到一位德國醫生，德國醫生要求注射盤尼西林，但他跑遍九江竟然找不到一瓶盤尼西林。愛妻因此病故，詩人痛不欲生，後將愛妻安葬在廬山。

詩人悼念逝於廬山、葬於廬山的妻子的那八十行〈牯嶺遺恨〉，淒婉的讓人落淚。

自一九二八年，英國細菌學家弗萊明發明盤尼西林，一九四〇年用於臨床，到一九四三年時，全世界一共只生產了十三千克的盤尼西林，弗萊明本人也因發現了盤尼西林和其他兩位合作者一道於一九四五年獲得諾貝爾醫學獎。幾十年來，盤尼西林挽救了數以千百萬計的生命。

眼下，中國的華藥集團，抗生素的年產量達到近萬噸，成為目前我國最大的抗生素生產基地，其中青黴素產量居世界前列。曾經，盤尼西林用金條換，現在，一支青黴素幾毛錢，還不如一瓶礦泉水、一根冰糕貴，撫今追昔，如何不讓我們感歎！

盤尼西林，我夢懷縈牽的盤尼西林，我一想起父親就想起了你。

自行車的故事

據父親回憶，在上世紀四十年代，整個歸綏也沒有幾輛自行車。綏遠省建設廳廳長有一輛英國產的「鳳頭」車子，也捨不得天天騎。那時，全歸綏連個修車、補胎的地方也沒有，一次，廳長騎車去歸化城，因為內胎被紮破，只好一路推了回來。

上世紀五十年代初，大姨的大閨女出嫁，結婚照是在大同城裡最大的一家照相館裡照的，表姐和表姐夫都站立著，中間是一輛自行車。我搞不清，自行車是照相館裡的道具呢？還是表姐她們推去的？這張照片至今還保存在母親家的影集裡。

在五六十年代的中國，一輛自行車在人們心目中的價值，和現在的賓士、寶馬相似，「騎著飛鴿、戴著英格、摟著親鴿」，是每個男性的夢想。

五十年代，父親有一輛德國鑽石自行車，母親有一輛波蘭羚羊女式自行車。我是否可以說，那時，我家就有一輛賓士，一輛寶馬了？

五十年代，內蒙古衛生防疫站有個鍋爐房，燒鍋爐的師傅叫康玉飛。康叔叔是土右旗人，他的工作不僅是燒鍋爐，還兼電工、設備維修等多種工作。那些年，康嬸年年坐月子，不住氣養下七八個，康叔眼紅別人的自行車，但又無力購買，後來利用別人廢棄的自行車零件，愣是自己拼湊起來一輛。試車那天，轟動了整個防疫站，大夫們都停業觀看。康叔在機關大院裡騎行一圈，因內胎過於陳舊而爆胎，即便如此，人們仍然紛紛喝彩。

我九歲時，就天天盼著父親早點下班回家，我為什麼要盼他早點回家？那是因為，很想騎他的自行車。我那時還沒有一輛二十八寸的自行車高，所以每次只能讓父親幫我控制住自行車的後座，我把一隻腳伸進大樑下那個三角空檔裡踩著踏板，扶著龍頭往前騎。對當時的小不點的我來說，那輛自行車簡直是巨無霸，又高大、又笨重，難以駕馭。

學騎自行車，是一個循序漸進的過程。先要能穩穩地推著走，然後就是一隻腳蹬在左腳踏板上，一隻腳蹬著地往前「遛」。蹬一下走幾步，一下一下地蹬下來，漸漸地掌握好了平衡，就可以小心地把右腳從車大樑下掏過去，蹬在右腳踏板上。我開始並不敢一圈一圈地蹬，而是將兩個腳踏板保持到平衡的位置，左腳一蹬，右腳一鬆；右腳一蹬，左腳一鬆地往前走，因此還不能叫騎自行車，只能叫「蹬自行車」。只有蹬穩當了，才敢不時地矮下身掏著腿蹬一圈。後來膽子越來越大，就漸漸地一圈一圈地蹬起來。

依稀記得，我第一次一個人坐在車座上騎車時的情景，有些驚恐卻又無比激動。我只覺得車頭好重，前輪太滑，根本抓不住它，一不小心就會倒下來。所以只好騎得很快。就感覺自己好像長了翅膀，那是我第一次體會到了什麼叫做自由。

下雨的時候，父親會去學校接我，我坐在自行車的大樑上，躲在他那不怎麼透氣的雨披裡，那股膠皮混合了雨水跟汗水的味道真是好極了，視野有限，我只能看到腳踏的那部分地面。有時候我也穿個雨披坐在後面，非常驚訝於車輪後的水是呈拋物狀向後擴散的，掀起的泥巴卻在快馬加鞭地追著我們。

有一次下雨，父親又去接我，我依然坐在橫樑上。突然遇到一個水坑，父親以為沒多深，一加速，結果直接翻車，倆人全掉進水坑裡了，父親載著濕淋淋的我，急忙趕回了家中。

看一個人的騎車水準如何，不是看他騎得有多快，而是比誰騎得慢，誰能以最慢的速度在自行車上維持的時間最長而不掉下來，誰就是真功夫。記得我在呼市五中念書時，校運會上就有這樣的個人比賽。讀初二時，我就掌握了雙手撒把的技術，那時，呼和浩特的馬路上人很少，要是擱在現在就非常恐怖了。

毛時代，自行車是中國人的主要代步工具，一直憑票購買，供不應求，不知多少人為它魂牽夢縈。我家至今仍保留好幾個自行車的行車執照，如果讓八零、九零後們看到，一定會笑掉大牙。那些年，買好自行車後，辦理執照、打鋼印、年檢、繳稅。一個環節也不能少。直到英明領袖華主席上臺，才免除了自行車稅，一時國人感動的熱淚盈眶。

我有個師兄視車如寶，自定有「三不騎」，即太陽大不騎，下雨天不騎，上坡時不騎。記得他春節回老家探親時，先把床上鋪蓋捲好，再把加重飛鴿車放置在床板上，還要用床單苫住，說是怕灰塵落到車上。有師弟嘲笑他說：「是怕寶貝車子被蚊子叮了吧！」眾人哄堂大笑。有一次，師弟上街，開口向他借自行車，結果他掏出五分錢，送給師弟坐公車。

那時，人們買到自行車後，先要進行裝飾。買些彩色塑膠帶纏裹車架是首要的任務。有的人還要在輻條上卡上彩色塑膠片，以便轉動起來色彩紛呈，這種事情，我也幹過，然而，塑膠帶一旦去除，油漆一見風就很快氧化了，空留遺憾。

現在的男生一定沒有過，讓女朋友坐在自行車的大樑上，帶她去郊外遊玩的經歷，我就曾經有過。女孩子們都喜歡坐在前面，因為這樣會有被保護的感覺。低頭騎行時，能嗅到女孩子秀髮的味道，還能親吻到她迷人的粉頸。那時能在鳳凰自行車後座上被蕩來蕩去，絲毫不亞於現在在寶馬車裡哭泣。

你還記得第一次坐在男生自行車的後座，或者你第一次騎車帶一個女生的場景嗎？其實，生活的快樂與否，滿足與否，真的和開寶馬還是騎鐵馬沒有關係。如果你真的熱愛生活，就會感到人生中確實存在著許多值得你留戀的東西。

鋼筆的記憶

兒時，我非常羨慕有一支好鋼筆插在中山裝口袋裡的人，那是知識分子或幹部才能有的行頭。如果看到有人的鋼筆上刻著運動會獲獎或參軍留念等字樣，更是兩眼放光，現在這些都已成為故事了。那時，還有這樣的說法：「一支鋼筆小學生，兩支鋼筆中學生，三支鋼筆大學生。」這可能是一種戲說而已，但中山裝的左上口袋真的留有插鋼筆的口子，至少可以插兩隻鋼筆。

聽父親講，解放前的鋼筆大多為舶來品，且以派克金筆為多，在政府衙門做公事的人都以擁有一支派克筆為榮。那個年代的派克筆，手感極有分量，筆尖鑲有微量黃金，書寫起來圓潤舒暢。

聽母親講，在解放初期，鋼筆在得勝堡可是個稀罕物，一個村一百來戶人家找不出一支鋼筆。只有吃公家飯，身穿制服的下鄉幹部胸前的口袋，才能別一支鋼筆。那是有文化的象徵，身分的象徵，代表著時髦。

我剛念書的時候用鉛筆，寫錯了字就用橡皮擦掉，一次，我用父親的圓珠筆寫作業，第二天被老師狠狠地批評了一頓，老師不讓用圓珠筆，說寫出來的字沒有字體，像蚯蚓一樣爬來爬去。五十年代，圓珠筆不叫圓珠筆，叫原子筆，美國在日本扔了兩顆原子彈，聲威遠播，美國商人立即借此大作廣告，聲稱原子筆的原料和原子彈是一回事，裡面的油用之不竭，其實根本就不是那回事。

直到三年級，我才終於可以拋棄鉛筆了，鋼筆成了寶貝，握在手裡擺弄來擺弄去，打開文具盒拿出來又放進去，先不說字寫出來的效果，就是寫起字來的感覺都不一樣了。剛開始用的是塑膠外殼的鋼筆，好像是幾毛錢一支的吧，寫字時稍微用力，就把筆尖頂進鋼筆裡頭了，還得用手或者鉗子拔出來，相信和我一樣大的孩子都有拔筆尖拔到一手鋼筆水的經歷。記得那時我常和同學進行吸鋼筆水的比賽，皮膽外面有個金屬套，捏一下可以把鋼筆水抽上來，看誰能抽的又滿又快。當然也不會忘記，鋼筆突然沒水了，同桌筆對筆，擠出那麼一滴來相互解圍。

那時，家窮買不起墨水，墨水是那種用二分錢一片的墨水精自己兌的，墨水精是安乃近那樣大小的藍色片劑，一片可以兌一瓶墨水，是天空一般的純藍色。一次課間時，我對一個同學說墨水不夠了，那個淘氣的同學拿過去面對牆往裡給尿了一股，我氣不過，告了老師，老師把他好生責罵。

我非常喜歡老師用的紅墨水，覺得鮮豔的紅色尤其漂亮，特別是打上九十多分，當然最好是一百分的時候，看著滿篇的紅勾，心裡愜意極了。

印象中的鋼筆尖兒特別愛壞，有時弄不好使了點勁、掉到地上、戳到桌子上，尖就劈了。弄壞了鋼筆，還得找地方修理，車站南馬路有個修鋼筆的櫃檯，是一個小玻璃櫃，櫃內擺放著筆尖、筆桿、掛鉤等零部件。修筆的工具通常有小鉗子、小榔頭和油石等。修鋼筆大都立等可取，維修中以換筆尖、筆桿和皮膽等最為常見，一般收費不高，幾分錢、幾分鐘工夫，一支損壞的鋼筆就獲得「新生」了。修完後，修筆師傅會拿出一張紙，讓顧客試試手感，以作驗收。

那個師傅有個絕活，就是在鋼筆身上刻字，當初刻的最多的是「毛主席萬歲」。記得他開玩笑說，他的字雖然寫得不好，但刻的字甚至比自己的名字寫得都好看。

有時候，鋼筆即使壞了，也沒錢修理。有一次，文具盒被打架的同學打落在地，鋼筆被踩上一腳，黑色的筆管裂了縫。當時大家都很窮，我不好意思索賠，只好用膠布將筆桿纏起來，湊乎的用。只是筆頭也鬆動了，皮膽處也擰不緊了，中指和食指處經常沾染很多墨水，下課後就得找地方洗手。

鋼筆水使我知道了液體的熱脹冷縮原理。夏天，當要寫字時拔開鋼筆帽，發現已經流出很多鋼筆水了，不但很難收拾，還要忍受老師的白眼。當你手忙腳亂換筆或者收拾停當後，同學們早就比你多做很多練習了，於是更加著急、冒汗，邊追趕進度邊用手擦汗，結果是一臉藍色的鋼筆水。除了因為天熱而漏水，男孩子小時候都喜歡蹦蹦跳跳的，回家時一路上互相打鬧，到家了文具盒裡一片狼藉。但鋼筆的這種劣勢卻使得它成了一件武器，怎麼使用？就是在打架時拔開筆帽，用力甩，鋼筆水會成為暗器飛向對方，不過這種行徑有些卑劣，一般不用，會被人恥笑。

五十年代的呼市，冬天很冷，從家走到學校要一個小時。走到學校，皮膽裡的鋼筆水都凍上了。到了學校，我做的第一件事，就是擰開鋼筆管，用手的溫度把皮膽裡凍了的鋼筆水焐化，才能不耽誤寫字。後來有了經驗，常常在出家門時，把鋼筆從鉛筆盒裡拿出來，塞進自己的棉手套裡。有了手的溫度，即使外面再冷，鋼筆裡的墨水也不會凍了。

那時，我還經常丟鋼筆，每次丟失，都會招來母親的責罵。母親常常說：腦袋要不是長在脖頸上，也早就丟了。我的第一支鋼筆，沒有用它寫過一回作業，只是在幾個同伴眼前炫耀了一下，在上衣口袋裡別了一天，就不見了。還有一次，人民公園門前圍著一堆人，我擠了進去，只見是一個賣狗皮膏藥的人，在拍著胸部沙啞著嗓子耍小把戲。可是當我感到尿急要擠出人圈時，突然發現別在胸前的鋼筆不見了。看了看地面，沒有；把衣服口袋摸了一遍，也不見。我一下子急哭了。好心的人知道我是丟了鋼筆後安慰我說：娃娃，別哭了，哭也沒有用，哭不回來，偷你鋼筆的人大概早就走了。

那次，我丟失了鋼筆，不敢和大人說，午飯時，淚珠撲簌撲簌地往下掉，母親追問，我只好如實相告。我說出來後，父母竟然都沒有罵我，父親立即放下碗筷，用自行車帶著我去聯營商店買筆。那支筆叫關勒銘，花了兩塊多錢。

陪我時間最長的是父親送我的一支又大又粗的「大金星」鋼筆，筆頭是五成赤金，寫字時非常圓潤、流利，那支筆父親用了二十年，七十年代，他還請修理匠在筆頭上再次點過一次金。父親過世已經六年了，我只要拿起那支金筆就會想起父親。因為那是最珍貴的紀念。

在鍵盤已成為主流的今天，已經很少有人再用鋼筆了，即便是在校的學生，基本上都是用的中性筆。鋼筆，已經慢慢地消失在我們的生活中。但是對於我，一支小小的鋼筆，擁有了太多的記憶，我一生都不會放棄它。

上周我出去買墨水，有人聽說我要去買墨水，竟然吃驚地張口結舌：「你，你怎麼還用鋼筆呀？太老土了吧？」我說：「咋啦！為什麼不呢？」

請大家也不要哂笑我，懷舊，是每個老年人的正常心態！許多看似卑微的物件，它承載著歷史，也承載著我們的情感，因為它曾伴隨著我們的生命一路走來，構成了我們個人履歷中的紀念碑，使我們確定無疑地賴此建立起人性的檔案。

睹物思人，我們常常會發出深深的歎息，眼睛裡會湧動出莫名的熱淚，因為它引發了我們太多的幽思，撞擊到了我們心靈深處最柔軟的地方！

手錶的記憶

作為記錄時間的工具，手錶自誕生之日起便為世人所著迷。每一款手錶都住著一個靈魂，無論是簡樸凝重，還是高貴奢華，它們都以獨特的方式演繹著自己的人生，詮釋著你和光陰的故事。

上世紀五六十年代，手錶屬於奢侈品，誰家如果能有一塊國產的機械錶，幾乎就和今天「德國製造」的徠卡相機鏡頭一樣牛逼。如果是進口錶，就像今天的德系汽車，在和別人介紹時更會著重地強調一下產地，特別有面子。

那個年代，男人娶親時將手錶、自行車作為首選的聘禮。如果家境好的還要再加上一臺縫紉機，那就非常風光了。現在看來，手錶的價錢是毛毛雨了，但在那時卻是天文數字，要辛辛苦苦積攢許多年。

五十年代，父親就節衣縮食買了一塊瑞士錶，對於那塊進口的名錶，我一直非常崇拜，總是喜歡把它從父親的手上取下來把玩，擰一擰發條，或者盯著轉動的秒針發呆，儘管我都不知道那是幾點幾分，因為那會兒我還沒上小學。

小學升初中考試時，父親曾借給我戴過一天，現在想想父親膽子也挺大啊，居然給小學生的我戴錶，也不怕弄丟。

從我兒時起，國家就在幾十年如一日地艱苦奮鬥著，穿白網鞋小皮鞋的小女生都會被同學說成是資產階級，就不用說戴進口手錶了。我的表姐夫，剛入伍不久就買了一塊國產錶，曾多次受到連長的批評，說他有嚴重的資產階級享樂主義。嚇得他後來再也不敢再戴了。

兒時，在看到的小人書、聽到的故事中，手錶還成了識別特務的標記。梅花錶是在少先隊時期知道的第一個也是唯一的洋錶，因為大叛徒大特務都是戴梅花錶的。

那時最好的遊戲就是在手腕上畫錶，記得我還專門用圓珠筆畫上去，這樣不容易洗掉，「戴」的時間可以久一點。有時為了把手錶畫的圓，就用墨水瓶蓋蓋個印啊，現在想想真的挺有趣！

記得在讀初中時，一天早上，我的班主任張老師在上操時舉起雙手向同學們呼喊：同學們注意了！只見他的手腕上有一隻明晃晃的手錶。同學們都在驚喜地相互轉告：快看，張老師買錶了！不言而喻，張老師揮動著雙手充滿了喜悅與自信，他的目的巧妙地達到了。

我剛參加工作的時候，母親就吩咐我，花錢要仔細，節約下錢買上一隻好錶，從此我把母親的話銘記在心，數年如一日地節衣縮食，為擁有一隻手錶而艱苦奮鬥著。

一九六九年，內蒙古衛生防疫站的楊大夫來家閒坐，他說，好像首都機場有買歐米茄錶，價錢才三百六十元。母親立即動了念頭，在他再一次去北京出差時，給他帶上了錢。在那時，三百六十元屬於一筆鉅款了，母親千叮嚀萬囑咐，怕他在路上失竊。他說，我知道的，這可是牙齒縫裡擠出的錢呀。可是天不遂人願，那隻歐米茄錶沒有買到，它只在我的夢境中出現過。

我的第一隻錶是一九七〇年母親給買的，上海牌全鋼男式手錶，一百二十元。那時的手錶都是憑票供應的，不知道母親是從哪裡為她的愛子搞到這張票的，反正我手腕上第一次戴錶的日子是我人生中的重大節日。我的欣喜之情難以言表，也招來許多同事的豔羨。那時，我只要沒事時，就會把手錶置於耳邊，聆聽那「嚓嚓嚓嚓」的歡快節奏，還有全鋼的那種輕微而清晰的金屬回音，那真是一種無比美好的享受。

我十分愛惜那塊錶，幹活時用手帕墊在腕上，防震防水。只要錶蒙子有一點污漬或傷痕，就用手絹蘸著牙膏慢慢地拋光，否則就會心神不寧。

那隻上海錶，無法以貨幣價值來衡量，雖然花費了數月工資的母親沒有絲毫感情投資的理念，但它在我心中的價值無與倫比。那是我人生中的一個的亮點，凝聚著真愛，永遠閃爍。

如今很多人都不願戴手錶了，要戴就戴名牌手錶，手錶成了身分的標誌。名牌手錶好幾萬元一隻。戴手錶成了成功男人的象徵。

由於我性格不願隨大流，自從流行石英錶後，手腕上就再也沒有戴過錶了，有了手機之後更覺得戴手錶沒有必要。雖然後來，我也漸漸地意識到男人還是應該有一塊好錶的，因為這不只是看時間的工具，更能體現佩戴者的品位。但是，因為囊中羞澀，始終未有如願。

前不久煤老闆張總從美國回來。我們幾個朋友聚在一起為他接風。他打開了一瓶路易十三請大家品嚐。舉手投足間有樣東西甚是晃眼。見此，他將腕錶摘了下來放在酒桌上，讓大家輪流觀賞他的勞力士金錶。輪到我時，用手掂了掂感覺有半斤重。

「在拉斯維加斯賭輸了錢，一氣之下去買了這塊錶。」張總還告訴我們，「前面連號的那隻讓國內一位著名的影星給買走了。」

這位仁兄事業發達但平時總愛生氣。他衝冠一怒買下價值八萬美元的這隻手錶只是為了出出晦氣。

「老韓啊，到了這把年紀也該戴一塊體面一點的手錶了。」他一邊對我勸說，一邊把純金勞力士戴回自己腕上。

我暗自尋思他那塊錶戴在我手上會如何：一來別人會懷疑其真假，二來人身安全沒有保障。於是我笑著對張總說，「等我把房子賣了再說吧。」，「哪裡哪裡，喝酒喝酒！」他連忙打住了這個話題，脖子一仰又喝了一杯路易十三。

父親的鑽石自行車

父親曾經有一輛德國鑽石牌自行車，是在一九五二年和我的二大爺同時買的。鑽石自行車當時是世界名牌自行車，自行車的設計簡樸大方，車架憨實沉穩，車的顏色通體烏黑，平地剎車輕便自如，陡坡剎車靈快敏捷，還可以載重，在當時相當於現代的賓士轎車了。

鑽石自行車，五十年代初從東德進口到中國，到現在已有六十年的歷史了，直到如今這種自行車仍被視作寶貝，很受追捧，人們以能收藏一輛這樣的自行車為莫大的榮耀。

鑽石自行車隨車帶的打氣筒、修車工具、鑽石摩電滾子、前大燈、兩隻後尾燈、鑽石鎖一應俱全，記得父親閒暇時常常靜靜地欣賞，並施以金雞鞋油，越擦越亮。

二大爺那時在內蒙古水利廳當工程師，每年有多半年在水庫工地，他不在家時，自行車怕孩子們玩耍，被高高地懸掛在牆上，靜靜地等候主人的歸來。

父親的多半生也全靠這輛車子活著，那時，他經常向人炫耀他的鑽石自行車，他說：「我在年輕時候就特別喜歡自行車。為了買這輛自行車，不知吃了多少苦，差不多有一年沒有吃過肉，那時候窮，買個車子就當個寶貝似的！恨不得晚上睡覺都摟著它。」

父親還說，由於採用軍工材料製成，所以這輛自行車的骨架特別結實，噴塗和上漆工藝很講究，用了二十多年，車子上的漆面還是老樣子，用帶油的棉紗一擦還反著亮光呢。

他說：「你再看看這鋼製的輻條，摸起來很軟，但卻結實得很，現在的市面上就是打著燈籠也難找了！」

記得有一年父親去山東出差，回來後感慨地說，最喜歡鑽石車的就數山東人了，尤其在青島，馬路都是很大的上下坡，用閘皮的車子，幾天功夫閘皮就被磨光了。鑽石車因為是倒蹬閘，剎車靈，剎車迅速，這個老古董車子曾在魯西北大地出盡了風頭。

為了迎合膠東的地貌，上世紀六十年代，青島引進了德國技術，從「大國防」到「大金鹿」、「小金鹿」，在全國各地叫得很響。但其品質和鑽石車子比起來還是不能同日而語。

前幾年我去山東的廠家考察，還結識一個專門靠鼓搗鑽石車為生的師傅。他買回舊車，打磨、翻新，有時還乾脆買回配件，一個車把，一個前輪，而或一副擋泥板，然後組裝，就能賣個好價錢。他還專門買了車床，買了專業機械，專心加工鑽石車子零件，著實掙了一筆。後來不久，聽說這個師傅患癌症死去了，我為之十分歎息：中國又少了一位鑽石自行車專家。

一九七五年，有幾個山東人來呼市走街穿巷地尋找鑽石自行車，他們看到父親的「鑽石」自行車，一直攆到家裡來，出錢要買，父親不賣。不知最後出於何種原因，也許是一念之差吧，父親的車子被他們用一輛嶄新的永久自行車給換走了，父親為此懊悔了好長時間。

至今仍有鑽石自行車被人收藏，網上現在老舊鑽石車能賣到好幾千元。有一個鄰居，在上世紀七十年代花二百元才買到一輛八成新的鑽石車子，但沒過多久又賣了，據說九十年代就值五千多了。聽說還有的人收藏鑽石車子捨不得騎，只是掛在牆上欣賞，有的人拿輛桑塔納都捨不得換，可見對於鑽石車癡迷者不在少數。

父親的「鑽石」車，是絕對不讓我單獨騎的，他高興時可以手扶後衣架，讓我掏著騎一騎。只有在父親出差時，乘母親不注意，才能悄悄地推走他的車子，偷偷地騎一會兒。不知有多少回，連人帶車摔在馬路上。腿磕破了，胳膊摔腫了，而那輛自行車卻一直絲毫無損，甚至連刮碰的痕跡都沒有，我的車技就是靠父親的自行車練出來的。

尤其難忘的是，我還很冒失地撞過一位同學的姐姐，她那時在二毛工作。就是這個很好的女孩子，沒想到數年後在文化大革命中，為了家庭歷史問題被逼無路可走，帶著肚子裡的孩子跳了井，年僅二十二歲。現在想起來真是可惜。

上世紀八十年代初，我從包頭二機廠買了一輛羚羊牌自行車，剛騎一年，車圈就已鏽跡斑斑，車架子上的漆皮也脫落了。更可氣的是，一次騎到半路上，腳蹬腿齊根從中軸處折斷掉了下來，另一次是鏈條斷裂，害得我上班遲到了兩次。由此，我才理解了名牌產品的含義。

父親的自行車雖然經歷了反右、大躍進、文革，直至被那幾個山東人強行換走，它為父親「服役」了近三十年仍完好無損，而我的雜牌自行車只騎了一兩年就報銷了，自行車的品質真是天壤之別啊！

我因此常常想：對於人來講，擁有什麼都是暫時的，天地玄黃，不管是肉的還是鐵的，都不能長久！

父親的西銀筒子

聽父親說，解放前的綏遠非常寒冷。一到三九隆冬，更是地凍天寒，滴水成冰，人們缺衣少食，腹中空空也是導致寒冷的原因。天冷，這禦寒便是大事，民國初年的綏遠，還沒有鐵路，山阻南北，地隔東西，物資流通不暢，棉花、布匹價格昂貴，又不經穿，一般人穿不起棉衣，於是就地取材，用羊皮做襖、做褲，省錢自不必說，又耐穿，而且其密實的皮毛，禦寒效果自非棉衣可比。

皮襖皮褲那時是綏遠窮人的主要穿戴，它的功用，不僅是在冬天禦寒，甚至在酷暑時還要擔負起遮羞的重任。日偽時期，是綏遠人最困苦難熬的時期，好多窮人在盛夏酷暑竟無單衣可換，上身可將就，不關寸縷，可這下身則必須遮掩，萬般無奈，只好把山羊皮褲毛朝外翻過來穿。五黃六月，赤裸著上身，擺動著兩條羊毛飄拂的雙腿，徜徉於村衢地頭，其狀其情，實在令今人匪夷所思。

做就一件皮襖皮褲，縫新補舊，穿個十幾二十年絕不成問題。而且窮得沒被子的人，晚上睡覺這皮襖還可當被子蓋。正是這羊皮襖，讓窮苦人在艱難困苦中度過了一個又一個嚴冬，也讓他們在酷暑中保住了做人最起碼的尊嚴。

那時的有錢人冬天穿啥？父親說，綏遠一帶有錢人穿狐皮大氅。狐皮大氅都要吊洋市布面子，綢緞裡子，像現在這樣毛朝外的裘皮大衣鮮見。現在這樣毛朝外的裘皮大衣，那時只有在天津、上海猶太人開的皮草店裡才能看到。

我的大爺大娘都有狐皮大氅；我的大姨父也有狐皮大氅。父親每逢說起，臉上總要浮現出一種羨慕的神色。父親說：狐狸皮下巴底下至脖頸部分，稱為狐嗉皮，採用純狐嗉皮做的裘筒價值最高。大爺的那件狐皮大氅就是用純狐嗉皮做成的，非常名貴，看上去酷似金浪翻滾。大爺大娘都是國民黨員，文革中害怕抄家，那兩件狐皮大氅曾在我家寄存，因此我印象很深。

父親是孤兒，從小很可憐，無人疼、無人愛。大爺繼承了祖父的遺產，據說那些年準備跑反時，為了便於攜帶，大爺把現洋都換成了法幣，僅法幣就裝滿了很大的樟木箱子；大姨父在山西大同開藥店，前店後廠，說起來也是有錢人。

人們都渴望美好的生活，人人都有發財致富的心理。父親的生活非常節儉，但他一九五二年就買了德國鑽石自行車，沒出幾年又買了瑞士手錶。一九六三年國家剛剛走出三年困境，父親想做一件皮大氅，為這件皮大氅他和母親醞釀了很長時間，狐皮大氅對他來說猶如天方夜譚，他整不起。一次公出，父親從寧夏買回來灘羊皮，在那個瓜菜代的年月，灘羊皮對於一般人家來說也屬奢侈品，可望而不可及。

父親不說灘羊皮，總說西銀筒子。因為我那時很幼小，甚至不知道西銀筒子是哪四個字。只記得有一天，父親從銀川出差回來，帶回來一卷灘羊皮，晶瑩潔白、光鮮玲瓏。

為何西銀筒子人們稱之為筒子？是因為其款式只有身兒，沒有胳膊，形如「筒子」。西銀當言其產地在西部銀川一帶，也有毛色雪白的意思。銀川一帶出產灘羊，「西銀筒子」毛比本地羊毛長得多，約有三四寸，纖細柔軟，摸上去十分滑爽，而且一綹一綹的，還有波浪似的蜷曲。這樣貴重的皮毛，自然要罩面子，加麻絨袖子，狐皮領子。西銀筒子皮，在內蒙古西部，不要說舊社會，就是解放後直至七十年代末，都很貴重。城裡的「公僕」們閨女出嫁，這一領西銀筒子皮襖，也是娘家必備的陪嫁。

後來才知道，寧夏灘羊皮在世界裘皮中獨樹一幟，有二毛、沙毛之分，毛色有純白、純黑、淺褐、雜色幾種，多為純白色。黑色皮又叫紫羔皮，因其少而貴。白色皮張毛色潔白，光澤如玉，毛穗呈現出特有的波浪彎，好像一湖漣漪、柔軟豐勻。皮板薄如厚紙，但質地卻輕盈堅韌，保溫性極佳，實為各類裘皮中之佼佼者。

做西銀筒子的羊羔必須要在出生四十五天後取皮。不能殺取，要用繩子勒死。懸空一勒，羊羔於垂死之際，掙扎顫抖不已，那毛自然就抖散開來，毛綹就顯得伶爽，同時，也免得羊血塗污了皮毛。

父親買回西銀筒子的第二年，罩面的洋市布就扯好了，裡子是他出差去杭州時，買回的上等絲綢，用來做領子的狐皮是錫盟防疫站的一個好朋友，專門給他去草原上獵殺後找人鞣製的。

父親說，做一件西銀筒子大氅，往往需要好幾十張皮子，使之毛色一致，薄厚搭配，對毛嚴謹，大小適宜，縫合嚴密，這樣縫製後才能看起來渾然一體。為此，文革前夕，父親在呼市找了一個最好的毛毛匠，夜以繼日地用了半個月的時間才做好這件大氅。中間父親去試了好幾回衣，僅手工費就花了好幾十元。做好後，父親趁著月色拿回了家，在家裡試穿。大氅過膝，父親穿起來有點國民黨廳長的派頭，母親和妹妹們都讚不絕口，父親的喜悅之情也難以言表。後來，父親讓母親擱了衛生球細心包裹好，妥放在皮箱中。他說：「現在穿出去不適宜，本來咱們就出身不好，穿出去會讓人說的，等將來退休了再穿吧。」

那個皮箱在臥室的一個角落裡擺著，裡面那件貴重的物品：父親的西銀筒子，我們全家人都銘記在心。後來，文革如火如荼，今天批這個，後天鬥那個；今天這個跳樓，明天那個投河，大字報貼滿了父親機關的樓道，宣傳車的大喇叭，整天在街上鳴響不絕，父親把他的西銀筒子早就忘在腦後。及至父親退休，每天買菜、買糧、劈柴、打炭、生火、做飯。更沒有機會穿他的西銀筒子了。

父親在他去世的前一年，再次提起了他的西銀筒子，他說：「看來我是沒機會穿了，麗明，你將來老了穿吧。」父親雖然生於舊社會，但是營養狀況比我好，我一出生就趕上國共交惡，母親沒有奶水，是餓大的，正在長身體的時候又趕上「三年自然災害」，個子一直沒有長起來。父親高我半頭，他的西銀筒子我撐不起來。其實，即便能撐起來，我穿上那個大氅像啥？樣式、領子、面料完全過時，如果重拍電影《潛伏》，倒可以作為道具。我已有好幾件羽絨衣，今年又買了一件新款的，輕盈保暖，父親的西銀筒子看來永無用武之地了。

父親過世後，妹妹也很少回那間房睡覺，那件西銀筒子仍然靜靜地躺在那個皮箱裡，不知道是否應該再打開晾晾，或者再在皮箱裡面添加點衛生球？這件傳家寶將來的命運如何，我也不知道，好像與我無關，唉，由它去吧！

父親的睡袋

父親有一件美國大兵的鴨絨睡袋，他非常愛護與珍惜，雖然父親早已作古，但它至今仍靜靜地躺在家裡的衣箱中，在等候它的主人歸來。那件睡袋是上世紀五十年代初，父親參加中央人民政府醫療隊進入大興安嶺前，從瀋陽的戰利品庫裡領取的。父親說，那裡的睡袋上大多都有血跡，那件是他精心挑選的。睹物思人，我充滿了對父親的懷念。

那件黃綠色的美軍士兵睡袋是很精緻的，展開體積很大，但卷起來體積很小。睡袋的豎向拉鍊很長，人進入睡袋後，從裡面就能拉上拉鍊，這樣人睡在裡面，睡袋就像一個野外荒郊的小土包，不易被人發現。睡袋的保溫性能非常好，裡面的填充物是鴨絨，人睡在裡面，就是冰天雪地也不會感到寒冷。因此睡袋是美國大兵必備的優良裝備之一。

那件睡袋偶有鴨絨鑽出，都是均勻細緻的羽絨，就像上等黃山毛峰的茶尖。不像我們市面上賣的羽絨服，奸商們往往把雞毛粉碎了來填充。聽父親講，因為鴨子要下水，冷天才有一層細密的絨毛來保護身體，不被水浸著皮膚。鴨絨又細又軟又保溫，雞就不一樣了，不下水，沒有細絨，它的毛相對來說大而硬，保溫性就差多了。與羽毛不同的是，羽絨是三維結構，柔軟蓬鬆，我們知道，人睡眠時保暖靠的是被子裡的空氣，而鴨絨能留住更多的空氣，所以就會保暖。世界上目前最貴的羽絨是冰島雁鴨絨，每公斤二萬多人民幣。我想，如果美國大兵使用中國人生產的睡袋，非得有一半人凍死不可。

睡袋的使用方法是：把拉鍊拉到底，腿部先伸入，躺好後，先把帽子拉在頭頂上，遮蓋住眉宇，只露出眼睛，然後從裡面的底部，慢慢地把拉鍊拉上來，直到手腳都藏在睡袋裡，露在外面的只剩下了五官。這時你就會明白為什麼志願軍沖上來的時候，很多美國大兵會死在睡袋裡了，這姿勢，人一時半會兒根本鑽不出來。

據我軍戰史記載，每天喝熱咖啡，吃香腸、麵包、罐頭，晚上睡在鴨絨睡袋裡的美國大兵，常常搞不清志願軍戰士是從什麼地方冒出來的，有時連睡袋還沒有爬出來，就做了俘虜。在激戰時，寒風中會有許多白花花的羽毛從敵軍的掩體內飄出，遠看真像放飛的小白鴿，走近一看，好多美軍的鴨絨睡袋被打破了，鴨絨散落出來，像雪花一樣被風吹向空中。戰爭打得慘烈時，志願軍戰士的刺刀直接就捅到鴨絨睡袋裡頭了，然後鴨絨亂飛，鮮血浸透布料。

一九五〇年十一月長津水庫之戰，原第三野戰軍宋時倫第九兵團十二個師十五萬人馬，企圖圍殲美國海軍陸戰隊第一師二萬二千人，結果是美國陸戰一師殺出重圍從海上安全撤離。不僅沒丟棄重裝備，而且帶走了所有傷兵、陣亡將士屍體，以及九萬平民。

據網上披露：「潰逃的美軍已經進入了志願軍的伏擊圈，可是志願軍卻一個也站不起來，整連的志願軍全部凍死在零下四十多度的陣地上。每個士兵凍死時仍然保持著戰鬥的姿態。」

「從一九五〇年十一月二十七到十二月五日，僅僅八天，宋時輪第九兵團的四個軍十五萬人傷亡了九萬五千，活活凍死的有四萬多，凍傷幾萬人，第九兵團活下來的人也都凍壞了手和腳，基本上等於全軍覆滅。」

《遠東朝鮮戰爭》的作者王樹增曾在文中感歎：「整整五十年過去了，誰還記得遺體留在寒冷雪原上的中國士兵們？」

父親的睡袋，我在一九七〇年代下鄉時曾經使用過，那是去武川的一個公社搞社教。到了後山，我們幾個實習生住在生產大隊附近的一個老鄉家裡。那間房是他們用來存放雜物、臨時給我們騰出來的，常年沒人住，又髒又冷。頭一天晚上女主人給燒了炕，熱得我們像貼餅子一樣，翻來覆去地睡不著覺。我睡在後炕，基本上都是躺在席子上，肚子上蓋個睡袋的角就行了。後來有幾天女主人走媽家去了，我們幾個男孩子懶得燒炕，十月底的天氣睡在冰涼的大炕上，寒氣襲人。我以為這下我的睡袋該派上用場了，但是發現效果非常不好，把雙向拉鍊一直拉開到離腳一尺左右，還感覺熱，如果把腳伸出去，沒有兩分鐘就又凍回來了。聽父親講，他有一年冬天去阿爾山出差，在零下二十五度的室內試過，感覺很舒適，但不知道在室外，如果溫度再低些，感覺會如何？我當然也無從設想。

如今這件外面印有「ＵＳＡ」字樣的睡袋，已成為永恆的紀念。

父親與醫學昆蟲

從上世紀五六十年代起，父親就從事醫學昆蟲研究。記得文革前，內蒙古就開始開展醫學昆蟲普查了，地點主要在農村、牧區。普查工作非常辛苦，大多數時間都在野外，風吹、日曬、雨淋。父親他們用各種辦法來捕捉昆蟲，記得最常用的辦法是用昆蟲網和昆蟲燈來誘捕，捕獲後的昆蟲，放在廣口瓶內，帶回站內，進行解剖、製作標本。整體的標本要經過軟化、整形後用專用的昆蟲針固定在標本盒內，栩栩如生。昆蟲解剖後的器官標本則用兩片玻璃夾住，按類別插在標本盒的插口內。標本盒內放乾燥劑及防腐劑，以便永久保存。每件標本下麵都有標籤，標明名稱及採集地點。

內蒙古衛生防疫站的醫學昆蟲標本庫很大，就像圖書館一樣。昆蟲按綱、目、科、屬、種來分類保存，便於查看。記得父親和我說，昆蟲資料也屬於情報，日本人侵華期間就把中國的昆蟲資料摸得一清二楚了。現在日本東京的帝國大學就有詳盡的內蒙古的昆蟲標本及資料，而我們內蒙古直到文革前都沒有自己的醫學昆蟲檔案。

那時，父親常常給我灌輸「自然疫源地學說」，講的是人類往往還沒摸清荒無人煙地區的昆蟲生態情況，就盲目進入與開發，造成疫病在人群間大流行。反思今日的愛滋病、禽流感，都印證了父親的預示。

一九六九年夏天，西蘇旗賽罕塔拉火車站的月臺上，突然遍佈一種黑色的甲蟲，鋪天蓋地，大約有五釐米厚。西蘇旗立即向內蒙古軍區專題彙報，懷疑是蘇修社會帝國主義在搞鬼。時任內蒙古軍區政委的吳濤把有關人員緊急召去開會，其中就有家父。隨之，內蒙古軍區向國防科委緊急彙報，國防科委責成中國軍事醫學科學院牽頭進行調研，中科院昆蟲研究所、內蒙古衛生防疫站及內蒙古醫學院昆蟲教研組的教授們也同赴賽罕塔克拉進行考察，後來經過詳細考證，始知這種昆蟲是我們本土的，因為乾旱而瘋狂繁殖，與蘇修無關。

隨之，為了戰備，內蒙古加快了醫學昆蟲的普查，並成立「內蒙古戰備昆蟲普查領導小組」，吳濤任組長。一九七〇年舊曆年初，中央召集內蒙古的幹部赴唐山學習，意在清理階級隊伍，父親的行李都捆好了，臨行前，突然接到上級通知，因故取消行程。

那些年，父親經常乘坐內蒙古軍區的專機，為了昆蟲普查的事情在呼和浩特與北京之間飛來飛去。在野外進行考察，非常辛苦，常常在草原上一爬就是一天，用高倍望遠鏡觀察昆蟲的交配及生活習性，有時還需要攝影。草原上蚊子很多也很兇猛，儘管身著專用的防護服，叮咬也不能倖免。

父親最為精通的是蠅類，他曾在中國科學院的《昆蟲學報》上發表過多篇關於內蒙古蠅類學的論文，《昆蟲學報》是對外交流的雜誌，代表中國昆蟲學的最高水準。中國的蠅類學家范滋德教授是父親的好友。范教授在上海的昆蟲研究所供職，父親凡是搞不懂的地方，常常專程赴上海向他討教。

中科院動物研究所的張教授是一位留美的昆蟲學家，一九七〇年，他來過我家，那是一位身體羸弱的老人，當時已經有七十多歲了。那天來家，父親把他攙扶到炕上，他依牆而坐。母親在灶前給他燉羊肉吃。記得那天同來的還有他的愛妻，一位四十歲左右的漂亮女人。

那天，我稱呼張教授時，父親對我白眼說：「你怎麼能稱呼張教授呢？你應該叫張伯伯！」張教授說：「沒關係，沒關係，叫什麼都行。」

父親說，張教授的家他去過，很闊大，一家就佔據了半座樓，樓上樓下有許多房間。張教授後來死於皮膚癌，他因為染髮多年，染髮劑致使頭皮的基因突變而生成癌。我現在一染髮就會想到張教授，一想到張教授就對染髮心存恐懼。

一九七四年，父親的論文《呼和浩特蠅類研究》引起了美國一位學者的關注，他在一篇文獻上看到父親論文的摘要。因為他們那裡唯獨缺少內蒙古的蠅類資料，他來信向父親索取這篇論文，父親不敢做主，請示防疫站的領導，防疫站的領導也不敢做主，上報衛生廳，衛生廳的答覆是：不予理睬！

翌年，那位專家不死心，又邀請父親赴美參加學術會議，衛生廳仍然嚴詞拒絕。

父親對蚊子的研究也下足了功夫，他在用昆蟲針解剖蚊子時，全神貫注，猶如微雕。蚊子雖然很小，但是呼吸、消化、生殖系統非常完善，如果把每個系統都單獨分割下來，製作成標本，非常繁瑣和費工。蚊子的種類繁多，父親說，有時，蚊子的腿上就差幾根毛，名稱就完全變了。

每年世界各地的昆蟲學家們，總能發現蚊子的新種，新種的冠名，要在冠名時後綴發現者的姓氏。記得父親也發現過一個新種，那個蚊子的名字後面加上了韓字的英文字頭——H。

父親仙逝好幾年了，但是他的名字將因那種蚊子而流傳，生生不息。

昆蟲學者韓志學，是我的慈父，我永遠懷念他。

父親的學歷

父親和二大爺早年曾在蒙疆交通學院讀書。據父親回憶，那年，報考蒙疆交通學院的學生有一千八百多人，僅錄取數十人，二大爺高中榜首，父親也赫然在列。為什麼父親與二大爺要報考這所學校？主要原因是，這是一所純官費學校，不但不收學雜費，就連吃、住也全部不用花錢。

大爺非常有錢，他曾經是國民政府專員，蒙疆政府期間靠當律師為生；大娘教書，薪水也很高。據父親說，大爺從涼城出逃時，僅現洋就帶出好幾箱子；後來為了「跑反」方便，現洋都換成了紙幣，僅紙幣就有滿滿一樟木箱子。其時，父親和二大爺沒有出路，在家閒坐。一天，二大爺發現了木箱中的錢，震怒萬分，向大爺咆哮不已，嫌大爺不出資供他們念書。奈何大爺生性怯懦，非常懼內，後來，父親和二大爺不得已才報考了這所官費學校。

據父親回憶，臨走的那天，大爺正要下地給兩個兄弟取錢，恰逢大娘進門，大爺立即又縮回了炕上。幸虧那天一上火車，學校就給每個人發了兩個焙子，否則他倆就要餓一路。

張家口分為上堡和下堡，張家口大境門片區稱為上堡，出了這個神祕城市的大境門，往南約五里的位置，有一古城堡，稱為下堡。兩堡共同構成張家口堡。

下堡始建於明宣德四年，即西元一四二九年，距今已近六百年歷史。下堡初建時為單純屯兵之用，是明代長城戍邊要衝宣府防禦外侵的重要軍堡，堡區佈局以文昌閣為中心，街道四正平直，至清末時形成十街十巷格局至今。

父親他們上課的地方在上堡，住宿的地方在下堡。上堡離下堡很遠，每天要跑四趟。尤其冬季苦不堪言。

據父親回憶，他們入學初始，先補習日文，因為教師全部是日本人，所有課程都用日語講授，有幾個教師畢業於東京帝國大學。

那時，蒙疆政府要求，高等學校學生的日語水準必須達到二級，否則不予畢業。父親天性聰慧，日文學的非常扎實，及至六十年後，他仍能熟讀日文著作。這對他後來從事醫學昆蟲研究不無益處，因為他能看懂國際交流的日文醫學雜誌，進而掌握最新的科研動態。

據父親回憶，他們當時為了熟記日文單詞，常常用日語編出順口溜，比如：「八格牙路（日語『混蛋』發音）奇庫肖（日語『畜生』發音），你的什麼我知道。」

日本人開辦的學校，管理十分嚴酷，早晨出操，凡最後一個跑出樓門的，都要被教官毆打；為了避免挨打，早操時，學生們總是從宿舍樓奪門而出。

早操列隊訓練時，「立正」的口令一下，學生必須像木偶一樣地筆直站立，雙腿必須綳緊，一站就是幾十分鐘。誰如果雙腿打彎，教官就會用腳猛踹膝關節的後部，並用拳頭擊打該生的腦袋。有些學生被踢倒，如若不立即站起來，高喊「哈伊」，還要再次被打被踢。

學校規定不許使用漢語喊口令，連朝會及日常集體行動的整隊甚至軍事教練，所有口令都必須使用日語。一切場合對一切人員點名，都必須用日語「哈伊」應答，猶如漢語「到」的意思。凡發現同學之間不講日本話的，也都要受到責罰。

學生穿著規定的制服。在學校，低年級要服從高年級學生，如果是早晨上課時相遇，敬禮的同時還要高喊「歐要斯」（日語早安）。那怕你是從後邊超越前去，也要同樣做，不然要挨耳光的。

在街上，低年級學生見到高年級學生也必須敬禮，不敬禮挨打活該，這種法西斯教育還美其名叫「階級服從」。提倡絕對服從是奴化教育的重要手段，一級壓一級，一級服從一級，下級服從上級，最後全民服從偽皇帝。

那時人們的思想都麻木了，挨打是家常便飯，誰也不笑話誰，但他們並未泯滅反抗報復的心理，所以給老師起外號是十分普遍的現象，也算是一種精神慰籍。

那時，軍事訓練受到特別重視，每週四節課，配備三名教官，訓練嚴格、艱苦。從單兵教練開始，隊列立正稍息；技戰術有射擊、投彈、刺殺、劈刺等等，直到戰術班、排的攻防。夏天毒辣辣的太陽曬得人冒油，冬天下大雪全身一片白，常常有人在佇列中暈倒。

朝會，星期一和雨天在大禮堂，其餘時間在大操場。星期一比較隆重，全校師生員工全體參加，禮堂正面是日蒙兩國國旗，先唱日本國歌，後唱蒙疆國歌，由校長用日語宣讀「回鑾訓民詔書」，再由教導主任用「蒙語」宣讀：「朕自登基以來，極思恭訪日本皇室，修睦聯歡，以伸積慕，今次東渡，宿願克遂，朕與日本天皇親如兄弟……」最後校長訓話，無外乎為大東亞聖戰讀書，報效皇室，報效國家之類的套話。

學校實行「勤勞奉仕」制度，經常強迫學生參加義務勞動：去農場林場從事勞動，修築道路，打軍草，占去不少教學課時。平時校園內部的平整操場，植樹種花，打掃衛生等零星勞動也都由學生自己動手，有時還要去校外參加忠靈塔的清掃及修建日本神社。

學校的伙食很不好，經常吃不飽。窮學生拿饅頭向有錢的學生換窩頭，一個饅頭可以換兩個窩頭。

張家口盛產蓧麵，廚師是個北京老頭，不會做蓧麵，他把蓧麵都用來蒸了窩頭。蓧麵窩頭難以下嚥，父親和二大爺想出了絕招，用小刀把蓧麵窩頭切成薄片，然後蘸鹽湯吃。同學們紛紛效法。

年輕人頭髮長得很快，去外面理髮又很貴，父親和二大爺合夥買了一把推子，頭髮長時，在宿舍裡兩人相互推剪。我兒時一直由父親給我理髮，父親理髮的技藝很高，他的手藝就是那時練就的。

父親一畢業，就參與了「平張」公路的勘測設計，白天外出勘測，晚上在宿舍裡繪圖。他們和那些日籍的工程技術人員相處的很好，有時也採取惡作劇來捉弄那些人。父親直至晚年仍能回憶起一個他們稱之為「蹬三輪的」日本人，那個人奔跑形態很像蹬三輪的車夫。

父親畢業後一直顛沛流離，抗戰勝利後曾在綏遠省建設廳工作，任技佐。辦公地址就在新城的「將軍衙署」裡，每月三十幾塊現大洋。

父親那時尚未成家，每月的薪水都交給大娘保存。及至要成家時，大娘吩咐大爺去寄賣店買了兩隻陳舊的外面蒙皮的木箱；做了兩床行李，裡外薄的猶如紗布，不到一年就稀爛了。二大爺常常罵大娘「為富不仁」，並對大爺的怯懦憤恨不已。

二大爺曾經是歸綏「奮鬥中學」的校董，並由此結識了「奮鬥中學」的董事長傅作義，傅作義任新中國水利部長時，二大爺曾在他的麾下工作至一九五八年。

父親一九五二年重新就業於內蒙古衛生防疫站，其時，他的同學大多在內蒙古水利廳工作。一九五四年上級要求技術人員歸隊時，父親鑒於已適應衛生系統工作，沒有回應，孰優孰劣很難判斷。

如今父親和二大爺都已作古，每每想起他們，我心中充滿了惆悵。

後記：

一九三九年，在日本侵略者的操縱策動下，內蒙古西部又成立了一個傀儡政權，別稱「蒙疆聯合自治政府」。此政權的首腦是德王，首都在張家口，使用成吉思汗紀年。

蒙疆政權時期是內蒙古西部地區教育發展史上的一個重要時期。這一時期，內蒙古西部地區的教育事業在學校的數量、種類以及在校學生人數等方面，相對於軍閥統治時代均有相當程度的發展。究其原因，係日本殖民者為了能夠強化其在內蒙古西部地區的統治，需要培養一批知識分子以供其驅使，因而在文化教育方面進行了極大的投入。

日本佔領時期，日本通過蒙疆政權，在當時的內蒙古西部地區建立了一套完整的教育體系。在蒙疆政權的教育體系中只有初等教育和中等教育，沒有高等教育，代替高等教育的是以培養官吏及技術人員為目的的「特殊教育」。僅在張家口開辦的「特殊教育」學校就有：中央員警學校、蒙疆學院、蒙古高等學院、興蒙學院、中央醫學院、交通學院、鐵路學院、經濟部財務講習所等等。

姥姥家得勝堡

有詩云：

邊塞得勝堡，風雨五百年。
瓦刺燃烽火，晉蒙起狼煙。
嘉靖固邊牆，戰鼓震九天。
隆慶五年至，罷劍士歸田。
此間民生息，茶馬萬貫旋。

得勝堡，一處歷代兵家必爭之地，一處長城文明、晉商文化的歷史見證之所。從內蒙古豐鎮市往南出了得勝口一華里，就可以到達得勝堡。

得勝堡是明長城大同鎮重要關隘，是當年為抗擊蒙古瓦刺而建，明朝收復大同後，鑒於當時蒙古軍屢次寇邊，大同地區人民的生命財產損失嚴重，於是在大同的北邊大肆修築長城，增築堡城。現存的得勝堡、得勝口、鎮羌堡、四城堡，分別分佈於長城南邊不到三華里的狹小範圍內，這樣密集的城堡群，在萬里長城沿線是極其罕見的，這就客觀地反應了當時得勝堡邊境地位之重要。遙想當年千軍萬馬屯集於大同，戰爭烽火攪得天昏地暗，在北國寒風中戍邊的將士們「男兒莫問春好事，且把長刀向玉關！」

大同成為明代的九邊重鎮之一之後，邊牆、邊堡不斷增築，駐軍人數不斷增加，隆慶年間兵馬多達十三萬人以上，號稱「大同士馬甲天下」，但仍不能消除邊患。

隆慶五年，明王朝在得勝堡舉行隆重敕封儀式，封蒙古首領俺答汗為順義王，後又封三娘子為忠順夫人，開放大同、宣府等地「立互市」。萬曆五年，又在長城沿線新平堡、助馬堡等地設十個互市點，馬市數十年高度繁榮，推動了明代晉商的興起。正如詩人李杜詩所言：「天王有道邊城靜，上相先謀馬市開」。從此明王朝與蒙古韃靼部落干戈化玉帛，蒙漢民族文化由此走向融合。

走進堡子灣鄉得勝堡村，古長城的蜿蜒起伏，烽火臺的高聳林立，可盡收眼底。地處晉蒙「咽喉」的得勝堡，今天依舊有許多值得遊人駐足觀看、凝思的景致。

得勝堡始建於明嘉靖十八年，修築時名叫「綏虜堡」，城牆最早由黃土夯築而成；萬曆二年磚包，城周「三裡四分，高三丈八尺」；萬曆三十二年七月進一步擴修，堡名改為得勝堡。現僅有磚砌券拱南關門還算完整，關門洞上有十分精巧的磚雕圖案，因年久失修，雕磚已搖搖欲墜。關門外嵌有一匾額，陰刻楷書「保障」二大字；關門裡亦有一額匾，陰刻楷書「得勝」二大字。

門洞內東西側牆壁各嵌有石碑一塊，西牆碑風化嚴重，字不可辨；東牆碑字跡清晰完整，為萬曆三十五年八月擴修得勝堡記事碑，算起來已有五百多年了。

得勝堡原有閣樓四座，分別為南城閣、日菩薩閣、玉皇閣、神武閣。門外原有甕城，甕城向東開門；出甕城為月城，月城向南開門，南城閣建在月城門樓之上。如今，四座閣樓及甕城、月城均已不存。

行至城堡外，放眼望去阡陌縱橫、景色清新，雁北長城的那種質樸天然的原滋原味撲面而來。如今的得勝堡，雖然看不到昔日的金戈鐵馬和喧囂的茶馬古市，也沒有熙熙攘攘的遊人。但素面朝天的長城毫不走樣地保留著歲月的痕跡，更能讓人感受到長城古樸、蒼涼的魅力……

得勝堡往東一公里處，有一條河叫飲馬河，是古代將士屯集守邊之地，因在此放牧飲馬而得名。每到夏天，兩岸綠草如茵，環境怡人。

我的姥姥家就在得勝堡裡，五十年代初，這裡的城牆還非常完整，城樓巍峨。堡裡的北面還有一座府衙，是明朝屯兵時長官的辦公所在。

兒時我去姥姥家，舅舅用牛車去豐鎮接我們，快到城門口時，表哥表妹們都在城牆上奔跑、歡呼雀躍地向我們招手致意。

聽姥姥說，他的奶奶曾告訴他，修這些城堡時每天僅辣椒面就要用去好幾擔，可見工程之浩繁。干戈化玉帛後，明軍棄守得勝堡，至於姥爺的先人，何年何月由何處湧入堡內，已無從查考。

時間到了一九五八年，中國開始大躍進，大煉鋼鐵，跑步進入共產主義。城牆被拆了用來蓋房，壘豬圈，修小高爐。閣樓、府衙因為是封建主義的象徵也被悉數拆除。

昔日繁榮的明長城大同鎮重要關隘——得勝堡，如今只剩下斷壁殘垣，堡內隨處可見散落著的殘磚碎瓦，石雕獸首，柱礎基石等歷史遺跡。

我去過平遙古城及湘西的鳳凰古城，那裡因為偏遠沒有被拆除，現在成了旅遊熱點，每天遊人如織，我好生羨慕。我常常想：如果得勝堡當年沒有被拆毀，如今也一定是旅遊熱點，我的那些親屬們就用不著每天面朝黃土背朝天地受罪了，就是賣農產品、紀念品、茶水，也會有不少收入。

陝西人說：「翻身不忘共產黨，發財全靠秦始皇」。我也在想，當初如果沒有秦爺爺修築兵馬俑坑，陝西人今天能活的如此滋潤嗎？天天飛機、火車不斷地拉人去給他們送錢，看的我們好眼熱。

可是我們家鄉那些不爭氣的敗家子們非要造孽，我們拿他們又有什麼辦法呢？用老百姓的話說；都是那些槍崩貨們給鬧壞了。

我的姥爺

聽母親說，姥爺的父親最早是做生意的，家裡很有錢，但是到後來，姥爺的母親吸上了鴉片，姥爺的父親也染上了惡習，家道沒幾年就中落了。

因為家中一貧如洗，姥爺去豐鎮給教會的外籍牧師當廚師，他開始啥也不會，人家手把手地教他，他很快就得心應手了，深得牧師的喜歡。母親說，牧師家裡廚師、洗衣工、餵羊與擠奶工開始都是專人，姥爺心靈手巧，身體也好，為了多掙錢，他後來身兼三職。

集寧的一個國籍不祥的牧師去豐鎮遊玩，看見姥爺的廚藝好，花高價把姥爺挖走，但是這個牧師後來得了斑疹傷寒，無藥可醫，客死集寧。

再後來，姥爺攜家眷回到了得勝堡，用當廚師賺來的錢，買了幾畝薄田耕種。因無房可住，頭幾年住在一座破廟裡。一日大雨，姥爺聽得房屋椽檁「嘎嘎」作響，他感覺不好，站在門口，喊姥姥往外抱孩子，姥姥遞給他一個，他往院子裡放一個，待到大人孩子都出來，房子頃刻間夷為平地。

我的姑姥姥，即姥爺的妹妹，也是基督徒。姥爺的父親續弦後，繼母對她虐待，為此，民國初年教會把她送到北京讀了師範，但她回來後並未給教會服務，而是在豐鎮教了書。

姑老爺是個醫生，開始時給外國醫生提包，後來學會了一些簡單的外科手術，自己行醫掙錢。

在姥爺的辛勤努力下，在姑姥姥的資助下，也隨著舅舅、姨姨們的長大，姥姥家的經濟條件的逐步好轉，姥爺開始在得勝堡買房置地，直至房屋蓋了十幾間，土地買了十幾傾，至解放時積攢成了一個富農。

姥爺當家，採用供給制的生活方式，米麵油肉、燃料布匹各家都均等分配。直至姥爺去世時，我的五個舅舅也沒有分家，都住在一個大院裡。

姥爺治家非常嚴格，聽說舅舅三十多歲時，如果懶惰和浪費，辦事有違姥爺的意願，姥爺生氣時也要滿院追著打，姥姥為了遮護孩子，沒少被誤傷。

聽說，姥爺吃山藥總要連皮吃掉，一天，五舅吃山藥吐皮了，姥爺火冒三丈，開始是責罵，後來五舅頂嘴，罵姥爺圪促老財，姥爺一時興起，舉起笤帚疙瘩就打，姥姥拼死遮護五舅，手上頓時被打的血青。

姥爺的節儉是遠近聞名的，近乎於鄙吝或刻薄，每年冬天，舅舅趕牛車來呼市賣炭，連雙手套也沒有，手上遍佈凍瘡。由於姥爺和舅舅們的勤奮與努力，他們的生活日漸富裕，姥爺又開了油坊、粉坊、豆腐坊。然而，豆餅和豆腐渣連豬也捨不得餵，全都自己吃了；秋天要醃好幾大缸酸菜，都是芋頭的老葉子，又老又粗又硬，雁北人叫「kuo子菜」。

說來也許有人不信，每逢年關將近，村裡有些特困人家過不去年，姥爺總要熱情相助。米麵糧油，油糕、粉條、豆腐應有盡有。在舊社會，要想發家致富，必須在鄉村中樹立良好的形象，像周剝皮那樣的人無以立足。

按當時的土改政策，家裡人在一年裡能幹夠四個月的活兒，即算富農，不到四個月只差幾天即算地主；一年全家收入中，因雇工等非自己勞動收入超過百分之二十五即算富農，只有百分之二十四點五就可以劃入中農。姥爺家由於勞動力多，一年四季萬分辛勞，一切都事必躬親，即便在農忙時也很少雇人，非自己的勞動收入連百分之五也沒有，卻被劃成了富農。原因就在於劃成分時隨意性非常強，無法精細計算和把握分寸，許多農戶對姥爺家的好房好地，非常妒忌，不劃成富農，他們會感到失落。為了讓他們心裡平衡，舅舅們數十年來淪為賤民，真是傷天害理呀。

姥姥嫁給姥爺的緣由是：姥爺的父親與姥姥的哥哥是通過教會認識的朋友。兩家都是基督徒，都有人在義和團騷亂中被殺。惺惺惜惺惺，姥姥的哥哥曾應許把他的妹妹嫁給我的姥爺。雁北很窮，姥姥家很富裕，姥姥不願意遠嫁，但是姥爺的父親為人強悍，聲稱「君子一言、駟馬難追」，姥姥的哥哥不得已只好兌現承諾。

據史料記載，在義和團運動中，有二百四十多名外國傳教士及二萬多名中國基督徒死亡；也有許多與教會無關的中國人被義和團殺害，數量遠超被害教民，單北京死於義和團手下的就有十數萬人；死亡的義和團拳民、義和團支持者以及其他中國人也不計其數。

在義和團的積極排外下，外國人被稱為「大毛子」，一律殺無赦；中國人如信奉天主教、基督教，通被稱為「二毛子」；其他通洋學、懂洋語、以至用洋貨者，被稱「三毛子」以至「十毛子」等，輕則被毆辱搶劫，重則可能有殺身之禍。時人記載：「若紙煙，若小眼鏡，甚至洋傘、洋襪，用者輒置極刑。」

在山西，全省被殺的中國天主教徒據說有五千七百餘人，新教徒也有數千人，其中以內地會為最多，其他屬於公禮會，英國浸禮會等。在太原巡撫衙門前，巡撫毓賢殺死天主教方濟各會傳教士十二人，新教傳教士及其家屬子女三十四人，共計四十六人。山西是全國仇殺外僑和平居民最多的省份。

姥爺高喜活了六十歲，死於尿瀦留，因時代的關係，其病無藥可醫。聽母親說，姥爺的死和生氣也不無關係。那時國共的爭鬥在雁北犬牙交錯，國軍來了要賦役，要糧草；八路來了，又因此說你資敵。那天，姥爺被八路軍捆了一繩子，交出數百塊現洋後，當晚病情加重，氣絕身亡。

我的姥姥

母親是姥姥最小的女兒，她也最疼愛母親，因此她一直跟在母親身邊。母親生我時，姥姥已六十八歲高齡，視我為掌上明珠。依稀記得兒時，姥姥常常盤腿坐在炕頭上，我坐在姥姥的對面，姥姥用雙手拉住我的雙手進行「拉大鋸」的遊戲，一邊拉來送去，一邊口中念念有詞地唱著〈拉大鋸〉的童謠。每唱到最後一句時，便會突然把我向後推去，眼見我就要倒下時，又會臨危把我拽了起來，我這時就會「咯咯咯咯」地笑個不停。

拉大鋸扯大鋸，
姥姥家門口唱大戲，
接閨女，
送女婿，
沒臉的外孫子也要去，
一個饃饃不夠吃，
兩個饃饃撐倒了，
喝了點兒米湯站起了。

記得還有一首童謠叫〈圪搖搖〉，也是姥姥抱住我一邊圪搖，一邊唱的童謠：

圪搖搖，送大嫂——，
送到大嫂哪？——
送到大嫂圪針凹。——
紅圪針，綠圪針，——
絆了嫂嫂花羅裙——。
花羅裙上一對鵝——，
不蹄不蹉過黃河——。
黃河頭起一窩兔——，
嚇得嫂嫂掉了褲——。
撈起褲，就攆兔，——
一攆攆到麻糖火燒鋪，——
飽飽兒吃一肚。——

是姥姥的童謠伴著我長大的，沒有姥姥的童謠就沒有我的童年。近來才知道，〈拉大鋸〉的童謠廣泛流傳於整個華北，而且還有許多版本。我只要想起姥姥，就會想起〈拉大鋸〉；只要想起〈拉大鋸〉，就會想起姥姥。

兒時，姥姥經常對我說：麗明，姥姥快要死了！她這樣說時，已經七十多歲了，七十多歲在那時已屬風燭殘年。也許是因為她拋不下我，也許是無望看我長大。每逢這時我就會感到非常恐懼，認為沒有姥姥我就會餓死，因此求告姥姥，在臨死前要多多蒸些莜麵或饃饃，存放在大缸裡，以備我長期食用。

兒時，姥姥給我定的遠大志向是當個西醫大夫，她說，當個西醫大夫就可以頓頓吃上白麵饃饃和肥肉。姥姥說，在舊社會，只有好人家才能吃上純莜麵，窮人家就連莜麵囤囤、山藥魚魚、山藥糾糾也吃不飽。母親和父親結婚時，正趕上國共交惡，姥姥給了一牛毛口袋莜麵，吃了有兩年。

一次，姥姥坐火車下大同，怕路上餓，上衣倒插插裡裝了幾個蓧麵囤囤。囤囤是用籠布包住的，結果一出站就被人掏走了，可見那時人們的貧困。文革中斷了我的西醫大夫的夢想。為此父母苦惱了很長時間，我也苦惱了很長時間。

不知何故，姥姥不到七十，滿口的牙就都已掉光了，吃飯無法咀嚼，只能整嚥。那是個非常貧困的年代，不知道母親為啥不給姥姥鑲牙，估計還是因為沒錢。不過那個年代有個很普遍的傳統：人老了，有病就不看了。那時的人們都認為，人老了不中用了，花錢看病是極大的浪費。

不能說母親不孝，那時，姥姥便秘，母親天天用肥皂水給她灌腸。常用的消化藥、索密痛家裡是必備的。

姥姥從六十多歲起就不吃晚飯了，有時喝一點米湯。午飯也吃的很慢，那個年代沒有好茶飯，玉米麵窩窩頭就算好飯，姥姥掰下一塊慢慢地在口腔裡濡研著，直到窩頭用唾液融化、崩潰了，再慢慢地咽下去。燴菜入口不能融化，只能整咽。姥姥的飯就這樣吃了二十年，很艱難。

姥姥直到八十歲時，還要在我們家做飯、看孩子。姥姥是小腳，走路總是搖搖晃晃，跌跌撞撞，纏過腳的人，久站就會鑽心地疼。不知道是因為衰弱、乏力還是身體的下意識反應，她一天到晚總是在不由自主地哼哼（呻吟）。那個年代的人從小就營養不良，不但沒有肉蛋奶，就是普通的碳水化合物也供應不足。沒有蛋白質，人體組織就無法修補，臟器早早就衰竭了，人體組織早早就接近崩潰了。好比一輛汽車，光跑路不保養，離拋錨就不遠了。我認為，中國人長期平均壽命低，醫療只是一個方面，主要在於營養，因為得病也和營養不良、免疫功能低下有關。

父母每天疲於奔命，我的兩個妹妹又幼小，姥姥每天其實是在強打精神幹活，別說做飯，就是燒開一壺水，風箱也要拉六百多下，使人苦不堪言。我每天上學要走很遠的路，即便在家，我生性頑劣，從來也不會幫姥姥好好地拉風箱，僅拉風箱的營生，就能使姥姥疲於奔命。

一天，姥姥來到外間取東西，扭頭就進不了家門，使勁拉也不開，鍋裡的水在沸騰，姥姥心急，奮力而起，竟然連門帶框都給揪倒了。父親下班看到此景，非常生氣地責怪姥姥。其實這扇門原本是向裡推得，姥姥一時糊塗，非要向外拉，如何能拉得開呢？就因為這一件事，我對父親耿耿於懷，至今想起來，仍憤憤不平，甚至有點咬牙切齒。

姥姥快要不行時，舅舅從得勝堡來接她，到老歸宗是國人慣有的做法。臨上火車時，母親給姥姥血管裡推了點葡萄糖，奄奄一息的姥姥竟然在家人的扶持下走上了火車。得勝堡沒有車站，離最近的慢車站堡子灣也有五華里。呼市到堡子灣坐慢車要走八個小時，姥姥和舅舅坐的是硬板，我不知道姥姥是如何熬過這八小時的。

可以想見，姥姥在離開呼市時，屬於訣別。尤其在坐上回堡子灣的慢車，向她的出生地進發時，無疑是去赴死。多麼悲壯、多麼慘烈。我現在老了，每每想起，五內俱焚。

姥姥回到得勝堡，又活了一個月。彌留之際她說：多熬點稀粥，上帝接我的馬車就要到了。妗妗扶起她，給她餵水，她終於嚥下最後一口氣。在她最後的日子，她無限疼愛的女兒和外孫不在身邊，也沒有給她送終，她一定對我們充滿了思念。

姥姥山西陽高人，是個虔誠的基督徒。義和團起事時，家中曾有數人被殺。

兒時，姥姥經常給我描繪天堂的勝景：黃金地、寶石牆。寶石牆好像要分好多層，其中紅寶石一層、藍寶石一層、翡翠一層、瑪瑙一層；天堂的十二個大門分別由十二顆巨大的珍珠雕刻而成。

如果真有天堂，姥姥一定住在天堂裡。

姥姥還給我講過地獄的恐怖情景：陷於地獄裡的人，沒日沒夜地在地獄的烈火中煎熬。他們望著天堂裡的人，悲慘地哀求，請給我一口水喝吧！

姥姥還給我講過，世界的末日及末日大審判。我兒時好幾次在夢境中見到末日的情景：天色灰黃，似沙塵暴驟起，人們在馬路上慌亂地奔跑，就像汶川大地震的情景一樣，令人恐怖。

現在，陽間的壞人這麼多，地獄裡也一定人滿為患了吧？

至今不知道，姥姥得的是什麼病？那時，好像媽媽也提過去醫院檢查的事情，但被姥姥一口回絕：這麼大歲數了，要死的人了，還看什麼病？白花錢！

母親為此懊悔了一輩子，她常常說起，她有個同事的母親病重住院，因為欠醫院的錢，每月扣五元，扣了許多年。母親生性怯懦，沒有這種膽量，再說，那時饑寒交迫，她實在拿不出錢來給姥姥看病。

母親另一個遺憾是，姥姥回到得勝堡，直到死亡，她也沒有回去看望。那時，市醫院天天晚上開會學習，請不下假來；再說家裡還有三個孩子嗷嗷待哺，她每天兩眼一睜，忙到熄燈。

姥姥死後被埋葬在得勝堡西城牆外的墓地裡，因為墳頭被平，具體地點已經說不清了，我曾經想給姥姥立一塊墓碑，但是不知該栽在什麼地方。多年來，我每次去北京出差，列車路過得勝堡，總要站在車窗邊，向那塊擁抱姥姥屍骨的土地深情地致意，常常淚眼迷蒙，不管列車經過那裡是白天還是深夜。

姥姥李二女，山西陽高人，一八八一年生人，和魯迅先生同庚，卒於一九六三年春，享年八十二歲。她是個虔誠的基督徒，死因源於飢餓。

我的舅舅們

大舅

大舅如果活著今年也有一百多歲了。我的姥姥生於一八八一年，與魯迅先生同庚，今年冥誕一百三十歲。那時的人生育早，大舅活著還不得有一百一十歲嗎？

大舅身材高大，氣宇軒昂，可惜做了一輩子農民。大舅的大女兒嫁給了一位空軍，上世紀五十年代就隨夫去了福州軍區，林彪事件後被清退復原，另有專文細述，這裡就不再說了。

大舅的二女兒一九五六年初中畢業就跑到包頭就業了，老公是位東北人，當時在包頭市工業局工作，由於他分管人事，一九五八年大躍進，包頭的工業大規模上馬，這位姐夫沒少把老家的表哥們弄到包頭吃商品糧。後來精簡，其他人大多又回鄉了，但是我的表哥們都沾姐夫的光，一個也沒走。

大舅的長子在包頭印刷廠當搬運工，他每天的工作就是用排子車把半成品從這個車間拉到那個車間。表哥的孩子們後來都很出息，最小的女兒還嫁了個廠長，這位廠長還給表哥、表嫂買了樓房。

從上世紀六十年代起，大舅每年都從山西老家去包頭看他的兒子和女兒。來時因為帶的東西多，在呼市下不了車，但回程時總要在呼市停留幾天，來看望我們。每次來，母親都要大肆招待，好吃好喝，待大舅走後，肉票、油票都用得精光，我們幾個月都過著清淡的生活，緩不過勁兒來。

大舅每次回村後都宣傳我們家飲食的豐盛，他怎麼會知道，他走後我們的清苦日子呢？

大舅每次來都說，他帶給表姐的韭菜花非常好吃，並說，如果我們也喜歡吃，讓我去包頭的表姐家去取。我對此有點腹誹：你從表姐家來時帶一瓶不就得了，我如何去取呢？

解放初期，五舅曾被人冤枉，原因是解放前得勝堡的一位共產黨的地下工作者被人殺害了，解放後追查時抓住了一個人，這個人被逼把五舅咬了出來。後來，各種刑罰都用盡了，包括跪玻璃渣子、吊在房樑上打，五舅就是不肯承認。村上派人去做大舅的工作，大舅於是去勸說五舅：「五子，你就認了吧，你死了，你的妻兒老小我們替你關照！」

五舅啐了大舅一口說：「我沒幹過的事怎麼能認？要認你去認吧！」

由於五舅打死也不承認，到後來專案組又有了新的線索，五舅就被放出來了，但因為此事他一直對大舅耿耿於懷。

二舅

聽老家來人說，二舅的脾氣非常急躁。二妗妗去世早，二舅忙裡忙外的，每天下地回來還得自己做飯吃。一天，二舅自己包蕎麵餃餃，蕎麵發硬，口子怎麼也捏不嚴實，剛捏住不一會兒又撐開了，二舅氣的不行，用擀麵杖把包好的餃子一氣搗的稀爛。其實蕎麵餃子是蒸著吃的，口嚴不嚴實並沒有多大關係。

還有一次，二舅拉風箱做飯。加煤以後，用煤鏟關灶門，灶門是鐵的，關了一回沒有關住，「吱扭」一聲開了，又關了一次又開了，二舅不由得心中邪氣淤積，當第三次灶門又自動打開時，二舅火冒三丈，用力把灶門從灶口揪了下來，把灶門按在地上用搗炭錘子砸了個稀巴爛。

三舅

三妗妗去世最早，三舅再也沒有續弦，一直是單身。三舅的性格非常憨厚，不善言談，幹活下死力氣，從來不會偷奸取巧，是生產隊裡有名的老實人，聰明人都認為他傻。我常常想，如果所有的農民都像三舅那樣，毛澤東的共產主義說不定真能實現呢！

三舅的大女兒潤蓮解放初期死於肺結核，那時雖然鏈黴素、雷米封都已經問世了，但大多是進口的，需要現大洋，農村人沒有錢如何能看得起病？

三舅的長子七十五也死於肺結核，這位表哥本來已參加了工作，跳出了農門，在鐵路上扳道岔。誰知在一個後半夜，他困了，睡著了，於是火車出軌，他被開除公職。

七十五得了肺結核，兒女一大堆，沒錢看，一直拖著，直到晚期，他才由孩子帶著去城裡的各個親戚家募捐，但所得不多。後來又來到我們家，那時，他的病正值開放期，肺部全成了蜂窩狀孔洞了，劇烈咳嗽不已，病菌隨處飛揚，父親深知病情的嚴重，嚇的要命，但又不好意思驅逐表哥出門。

此後不久，我的妻子就發現被他傳染上了肺結核，夜間盜汗、低燒、咳嗽不已、幸虧治療及時，三個月後複查時病灶已鈣化。

表哥終於死於肺結核，那時如果他能有五百元錢，疾病就能治癒，一個工分才幾分錢，五百元錢對他來說猶如天文數字。

一九七七年，我在包頭電力修造廠當技術員時，三舅還來過我家。那天中午我給他燜大米飯吃，三舅說，這是他第二次吃「白米飯」了，解放前國軍南軍抗日路過得勝堡時，曾用大米和他們換高粱餵馬，他才平生第一次吃上大米。

國民黨的軍隊還抗日？他們進村不就是搶掠嗎？怎麼還會平等交易呢？我大惑不解。但三舅說，南軍對老鄉可好了，也幫鄉親們挑水、掃院子。我有點不信。

三舅後來也死於肺結核。

四舅

五個舅舅中四舅是最手巧的一個人，他沒讀過書，僅憑觀察及幫人家打下手就學會了木匠、石匠、瓦匠，後來又學會了榨油，開了油坊。我常常想，其實有許多天才被埋沒了，如果他們也有機會接受高等教育，一定會成為出類拔萃的人才。

五舅

五舅也是個非常聰明的人，但是他的小農經濟意識非常濃厚。一九六四年我回得勝堡時，曾和他下大同賣過笤帚，笤帚是五舅自己紮的，利用自己的手藝換點錢補貼家用，那時對資本主義的尾巴好像不像後來的文革時期管制的那麼嚴。

五舅還是個非常勤勞的人，每次來呼市，總要到處撿破爛，在他的眼裡沒有廢物。記得他把人家扔出的爛臉盆撿回來，把底子剪去，上面釘塊鐵紗就成了一個篩子，可以用來篩燎炭；人家扔出來的破桶，他也要剪開，打成簸箕；公家扔出來的舊輪胎，他也要撿回來，說是可以拿回去做鞋底子。鞋幫可以直接绱在輪胎底子上，比納出來的鞋底子結實多了。

一天，鄰居的大嬸告訴母親：「高大姐，你哥在體育場的馬路邊睡著了，你去看看吧！」母親慌忙趕去找他，五舅背靠著一顆大樹睡得真香，衣服上滾蘸的都是土。母親把他推醒，五舅有點不好意思，說他晚上沒睡好，走到這裡本來只想坐一坐，沒想到睡著了。

曾經騾馬成群的五舅，被徹底改造成無產階級了。不過，我從未聽到過他抱怨共產黨，改革開放後，他對政府感激涕零，一口一個「鄧老漢」好。

五舅的心裡一直有一樁很懊悔的事，那就是解放初期為啥沒進城尋一件營生幹，哪怕蹬三輪、收破爛也行呀。那時的戶籍制度又鬆得很，一個初中畢業生參加工作都不愁混個科長當當，自己雖說沒有多少文化，也總能找口飯吃呀。

其實蹬三輪的事兒，當年父親也不是沒和他核計過：花上二百來塊買上一輛簇新的車，沒事往車站、醫院、旅店門前一停，陽婆一曬，二郎腿一翹，只等客人來雇車。那時出差的人又少，沒幾個要發票的，要多少錢全憑自己的一張嘴，雖說後來蹬三輪的也公私合了營，但是膠皮飯碗更踏實了呀。

至於妗妗，父親也給想過了，就是進了城也不會閒住的，糊火柴盒、剝雲母片也足以維持幾個人的生計，那時的東西又非常便宜，雞蛋一毛錢三個、豆腐五分錢一斤，還愁過不了日子？

然而任憑父親說的舌乾唇燥，五舅不是說怕認不得路，就是說怕城裡人欺生，其實說穿了他還是捨不得扔下那幾間破土房，那十幾畝薄地。

難怪表姐一提起來就罵他是牆旮旯的耗子——看不遠，害的她們一輩子面朝黃土背朝天，和土坷垃打交道。表妹也挖苦他說：我爹只要看不見房上的煙囪就會哭的！

後來表姐表妹表妹們也都嫁的不好，為了一點財禮錢，都嫁的老遠，有一次五舅和四舅說起人家的女兒都在眼前，好照應時。四舅搶白五舅說：「誰讓你把女兒都賣了！怨誰？」

五舅竟然無言可答。

六舅

從小就送人了，音訊全無。

哭泣的大姨

在姥姥的女兒裡，大姨排行老大，因為老三送人了，母親就升格為老三了。大姨十九歲時就嫁人了，那時大姨父才十四歲。大姨父的老家也是雁北得勝堡的，我的舅舅們一直在家鄉種地，大姨父家從他的祖父起就在大同開藥店，經商，大同的永合堂就是大姨父家的祖產。我兒時就經常去大姨家，也去過永合堂，看見過工人們用雙腳蹬藥碾子碾藥。

大姨年輕時長得非常漂亮，我見過她年輕時的照片，嬌羞而嫵媚。輪到大姨父當掌櫃沒幾年，大同就解放了，私人藥店都要公私合營，所謂的公私合營其實是個幌子，公家並不參股一分錢，卻要分百分之九十的利潤。

按馬克思主義的學說，資本家的財富都來源於剝削，因此算剝削帳都要從開業時算起，一算就把你算的傾家蕩產了。聽說大姨夫藥店的剝削帳要從清末算起，全部資產交公仍然不夠，就連大姨的金銀首飾也都拿出去充公了。

按現在的政策，大姨父家應屬於勤勞致富，只要不偷稅漏稅，都屬於合理所得。我常常想，開店要有加工藥材的機器，要有店鋪，還要有流動資金，如果把收入都平分給店員及工人，大姨父就無法擴大再生產了，投資就是為了回報，怎麼能都散發乾淨呢？

大姨家的四合院很快也歸公了，大姨家在大同大東街倉巷五號，離九龍壁非常近，那是市區最好的地段，大姨的心中當然非常憤懣。大姨是個十分勤儉的人，分厘都要節約，她買菜時總要等傍晚收攤時才去，這樣就會便宜很多。涼房裡的米、面生了蟲子，也捨不得扔掉。自己的院落一下子歸了公，然後住進了許多外人，而且哪個人都比你打的硬，說話都比你氣粗，此事誰能適應？

大姨父從永合堂的老闆成了永和堂的職員，他仍然勤奮地工作。從購買藥材到加工、出售，他全國各地不停地跑，及至積勞成疾，一九五九年死於腦溢血，享年才四十八歲。我不想說他的死和心情抑鬱有關。

大姨父給大姨留下了兩男三女，長子小名叫高高，本來在呼和浩特一中讀高中，因感冒罹患腎炎而休學。其實那時進口的盤尼西林已經有了，但是一般人根本用不起，高高回家後只能抓幾副中藥喝，稍有緩解後，在街道辦事處幫忙，人家給點生活費。其時，大女兒、二女兒均已出嫁，三女兒正上初中，次子文文還在小學讀書，大姨生活的窘迫可想而知。

大姨的兩個兒子都是帥哥，尤其以高高為甚。舊社會有錢人家的子弟都是美貌的，這和遺傳基因有關，因為擇偶時，有條件精挑細選。高高是個學業非常優秀的孩子，一九六四年，我看過他留下的好幾本日記，在日記中吐露了他的志向：爭取在二十五歲前，在文學創作上有所建樹，成為一名職業作家，我心中為他哀歎。

一九五九年，山西科委來大同招考職員，高高在上千人裡高居榜首。來到太原兩個月，天氣就轉涼了，高高因感冒而使慢性腎炎復發，竟然無法起床，後來被人送回家來。回到大同後依然是抓中藥吃，中藥如何能醫治腎炎？

腎炎終於導致腎衰竭，高高哥於一九六〇年病逝，去世時年僅二十二歲。那幾年，大姨終日以淚洗面，丈夫剛剛去世，愛子又走了，作為一個女人如何能承受這種滅頂之災？大姨終日掩面而泣，她的次子文文那時還很小，才十三歲，每天都在大姨的膝前勸慰母親，很難想像那些日子大姨是如何渡過的？拉家帶口，沒有生活來源。

大姨對孩子的教育非常嚴格。長子病逝，她對次子的教育更加嚴格。文文每天上學前，必須要把家裡的地面掃乾淨，再把院子掃乾淨才能出門。聽母親說，她的姑姑清朝末年被教會送到北京讀師範，畢業後在大同教書。大姨兒時成天去姑姑家玩耍，姑姑教育孩子的方式方法，她耳濡目染。雖然大姨沒有文化，但是對於孩子，絕不姑息縱容，她深知，對孩子的嚴厲才是愛。有時，文文淘氣不聽話，大姨用笤帚疙瘩打完，與孩子一同哭泣。大姨的哭泣震撼了孩子的心靈，後來，文文在一夜間長大，與母親共同撐起了家庭的重擔。

文文初中畢業後考取了大同煤礦學校，那是一座四年制的中等專業學校。那時已經開學了，大姨獲悉後，仍天天去學校找老師、找校長、要求退學。在大同，因為礦難死人的事時有發生，大姨唯恐不測。儘管校長保證這些人將來不會下井，但是大姨仍然不答應，天天坐在校園裡哭泣，學校只好作罷。

文文後來就業於大同機車車輛廠，做了一名技術工人，二〇〇二年五十五歲時退休，那時，每月的養老金好像才幾百元。

文文的長子是一名小車司機，二〇〇一年夏日的一天，從大同開車去太原接領導，領導從上海坐飛機回來，上海沒有直達大同的飛機，只好飛到太原。據說，頭天晚上，他打了一宿麻將，中午吃過午飯就要出發，他三歲的小兒子說：爸爸，你睡一會兒再走吧？他說：爸爸在路上睡呀！我不知道司機開車還可以睡覺？有的司機說：如果困的實在不行了，把方向盤用肘部卡緊，倒是能丟個盹。恐怖！！

那天，汽車出了大同不遠，就追尾了，車撞了個稀巴爛，人也看不出形狀了。

二〇〇二年我的表姐夫，文文的二姐夫趙玉成因病去世，文文兩口子來呼市奔喪，在呼的兩三天裡，兩口子始終在不停地哭泣，也不相互勸慰，愛子的情形超越常人。

據說人的心情不好，免疫功能會急劇下降。此後不久，文文就得了口腔癌，下巴做了手術，然後化療，情況非常淒慘。大姨哭了一輩子，文文也哭了一輩子。世界上真的有上帝嗎？如果真的有，這個上帝也太操蛋了，好事壞事勻兌著點，壞事不能總往一家人的頭上攤呀？

幸虧大姨死得早，如果她再趕上兒子、孫子的去世，估計就淚淹心了。

唉，嗚呼哀哉！南無阿彌陀佛！或曰，仁慈萬能的上帝呀，你在天堂上保佑他們吧，拜託了！

二大爺與二大娘

二大娘是河南人，上世紀四十年代河南大旱，因為家裡生活難以為繼被送給了一戶北京人。北京那兩口子三十出頭還沒有孩子，令人不解的是二大娘那時已經十幾歲了，竟然願意跟上人家走，稱呼這一對比她大不了多少的夫妻為爹媽。後來她的養母不住氣地開始生孩子，她成了人家的保姆及傭人。

二大娘嫁給二大爺時才十八歲，正值芳齡。我家至今仍有她年輕時的照片，面如滿月、臉似桃花，梳著兩根又粗又長的大辮子，笑靨粲然。那時二大爺在水利部當工程師，收入不菲，迎娶二大娘時，做了許多絲絨呢料衣服，還定制了不少首飾。那些衣服，一直完好如新，到文革時不能再穿，二大娘都分頭送了人。

二大爺在水利部工作時，家住在王府井，即現在的國家博物館原址。一九五八年，水利部精簡機構，二大爺因出身不好被下放至內蒙古水利廳，攜家眷來到呼和浩特，臨走時只帶了一些洗換衣服。就在二大爺剛離開北京，北京的十大建築即破土動工，二大爺家裡的家具陳設因之蕩然無存。

好景不長，二大爺在內蒙古水利廳沒待幾年，一九六五年又被下放到了遼河工程局，在赤峰附近的紅山水庫工地工作。文革開始後又被開除公職，去翁牛特旗的半農半牧區插隊落戶。

那時，他們的長子麗光一直在呼市讀書，初中畢業後又在呼市郊區南地下鄉插隊當知青，去翁牛特旗時只有他們老倆口及次子與女兒。

林彪事件後，毛澤東警醒，在周恩來的主持下，開始給一些老幹部落實政策，本以為此生就要在農村澈底了結的二大爺，此時又回到了遼河工程局。

大約在一九七三年前後，郝秀山又官復原職，任內蒙古水利廳廳長。他在赴遼河工程局檢查工作時，見到了多年未曾謀面的舊部，當即答應把二大爺調回呼和浩特來。

隨後二大爺即趕到呼市，水利廳幹部處的同志說，他們知道此事，郝廳長出國考察，臨走時安頓他們說，具體往哪裡安置，等他回來再說。那時二大爺全家都住在我大娘家，大娘是內蒙古婦聯的處級幹部，有潔癖，雖然表面歡迎，內心卻煩躁至極，於是天天向二大娘抱怨麗光在她家寄居時的頑劣情形，二大娘自然一句也不想聽，只是不住氣地催促二大爺儘快離去。

那幾天，二大爺天天去水利廳幹部處催促，有一天人家也不耐煩了，說，現在薩拉齊的水建二處需要人，你如果等不及了，想去那裡倒是不用商量。出於無奈，二大爺一口應承了下來，第二天即攜家眷去薩拉齊報到。

那時薩拉齊的內蒙古水利廳水建二處，是個不錯的所在，人少，占地面積大，空氣清新無比，薩縣的蔬菜水果也要比呼市豐盈便宜。二大爺一報到，人家就給分配了一套平房，面積很大，還有獨立的廚房。

一九八〇年，二大爺的次子麗文考取了巴盟三盛公的內蒙古水利廳技工學校，半年後溺水身亡。起因是，晚飯後他與同學們在二黃河的河畔上行走，因為苔蘚濕滑而墜入河中，頓時被洶湧的河水席捲而去。噩耗傳至家中，兩位老人悲痛欲絕，我們全家聞訊也趕去勸慰。

此後不久，二大爺便得了胃癌，我們都猜測與此事有關。女人遇事可以嚎哭，釋放內心的悲慟，但男人要支撐全家，還要勸慰妻子，只有自己把悲哀壓在心底。人情緒的長期壓抑與低落會降低免疫功能，疾病自然隨之而來。

二大爺的胃癌病灶很快就被切除，他又多活了十年，一九九四年去世，享年七十三歲。那時他在呼市中蒙醫院住院，臨終時安頓我們說：不要讓你二大娘過來，權當我出遠門去了，這樣她的痛苦會小些。

二大爺去世後，二大娘在薩拉齊獨居，無人關照。長子及女兒都在呼和浩特工作，她不得已把薩拉齊的房子賣了，來呼市的長子家中居住。長子那時住在新鋼附近的棚戶區，專門騰出一間給她，倒也相安無事。後來棚戶區拆除改建商品房，她嫌住樓的費用高，開發商遂把她安置在一個三不管地區的一間平房內。這間平房北鄰高層建築，南鄰一所小學，夾在其中，沒有絲毫的開發價值。

二大娘住在那裡已經十年了。她沒有任何收入，只靠二大爺原單位每月給的幾百元生活補助活命。二大爺生前倒是給她留下三萬元錢，以為僅靠這些錢的利息就夠她過日子了，其實不然。後來孫兒要在大連買房，首付不夠，再三來信催促，二大娘只好傾囊而出。

二大娘今年已經八十三歲了，她至今仍住在那間破舊的平房裡，那間平房還是建國初期，成立新鋼時，犯人們壘建的。單薄、狹小、陰暗、濕冷。那間房子連個土炕也沒有，冬天就生一個小火爐子，永遠也溫暖不了那個家。每年春節我去看她時，感覺她的家如同冰窖，只要站立十五分鐘以上時，就會感到徹骨的寒冷。二大娘穿的很厚，從早到晚棉衣不下身，她的內衣常常半年不更換一次，數年來也沒有洗過澡。

二大娘的長子麗光在環保局工作，孫子、孫媳在大連的中日合資企業打工；孫女及孫女婿前年移居加拿大，在多倫多工作。麗光生性怯懦，有點懼內。

二大娘有一個女兒，叫麗英。女婿在呼鋼工作，是個電工，因為工傷，上肢被電擊腐爛壞死後截肢。麗英的兒子在呼鋼做臨時工，女兒還在念書。因為家境窘迫，麗英很少來看她的媽媽。去年我正月初十去看二大娘，知道她除了年前來給送過點吃喝，再也沒來。

現在的二大娘，滿臉溝壑縱橫，腰身佝僂。她每天都拎個編織袋，從垃圾堆裡翻揀各種各樣的廢品，爛塑膠瓶、空可樂罐、舊書廢紙，有時還有人們丟棄的破舊衣裳……。她住的家裡及院子裡，堆滿了塑膠、舊電線、廢鐵、破爛、木材等各種物品，難聞的氣味使人窒息。但她說：我有錢，每個月還給麗英一百元。

今年春節前我還去看過她，只見她生火不用煤，全是撿來的破膠鞋及塑膠鞋底子，爐子點著時，家裡煙霧瀰漫，有毒的氣體嗆得人喘不過氣來。我再三提醒她，這樣會中毒的，也不知道她聽清楚了沒有。

她的那臺十二吋的黑白電視壞了好幾年了，每天沒事可以從半導體裡聽聽新聞。她連電燈也不用，因為沒安電錶，供電局的人把電線也給掐了。

二大娘每天吃飯也是湊乎，做一頓要吃好幾天。蔬菜也沒正經買過，夏天晾曬的西瓜皮，冬天都用來燴了菜。那天我去看她時，她已有好幾天沒吃飯了，中午就喝了點麵湯。我立即給堂弟麗光打電話，告訴他：趕緊過來看你媽，再來晚了就沒命了！謝天謝地，第二天麗光總算把她給接走了。

麗光新家在南二環的一個高檔社區。面積一百四十平米，雙電梯，落地窗。冬季陽光明媚，室內溫暖如春。春節我去給麗光拜年，只見二大娘在麗光家的沙發上躺著，胃部疼痛、不思飲食。麗光讓她去醫院檢查她不去，讓她把內衣替換下來給她洗洗，也執意不肯。我也費盡唇舌地進行了勸說。

第二天，麗光給我打電話說，二大娘終於聽從了我的建議，去醫院檢查了。大夫說沒有大的毛病，屬於淺表性胃炎，慢慢調理吧。他說，他媽不想看病，說到底還是怕花錢。夏天住了一回醫院，花了好幾千，至今心疼的要命。我對麗光說，你再也不要放她回去了，如果有個三長兩短，小心我和你沒完！

三姐夫練彬

大姨家住山西大同大東街倉巷五號，巷口正對著九龍壁，那個四合院在大同老城區來說是最好的位置。大姨父解放前是大同永合堂的少掌櫃，「永合堂」的「丸丹膏散」在大同聞名遐邇。可惜永合堂解放後先是被公私合營，後來被完全收歸國有（何為公私合營？就好比你正在開一家店，進來幾個道上的好漢對你說，我們要占這個店七成的股份，咱們一起合作，行也得行，不行也得行！），就連大東街的院落也僅給留了三間，其餘全部沒收充公，及至一九五九年大姨父去世，一九六〇年高高哥哥患腎病無錢醫治，病故，家道算徹底中落。

大姨有三個女兒，三女兒的小名叫「三板子」，把女孩叫「×板子」是山西雁北及內蒙古西部最通俗的叫法，淺顯直白，並無奧意（板，此處僅為地勢平坦的意思，因為不是男孩，重要零件闕如）。

三姐本應一九六三年才初中畢業，但自從在學校認識了帥哥練彬，就再也無心讀書。練彬的家在大同遠郊，那時在大同讀高中，一九六二年高中畢業後，因為出身不好，考取大學無望，只好回鄉勞動。那時，三姐初中尚未畢業，竟然鬼使神差地跟著練彬回鄉務農去了。大姨聞訊，氣的一佛出世二佛升天，三姐則拼死抗爭，奈何愛情的力量巨大無比，大姨尋死覓活也無法挽留，只好由她去了。記的母親說，那時大姨天天為此哭泣，巷子裡的老年人們也無法理解：這世道究竟是咋啦？大同城裡一個如花似玉的大姑娘，竟然跟著一個二後生回村掏糞去了，真是嬸可忍，叔不可忍！

一九六四年夏天，我讀初中二年級。暑假坐火車去大同看大姨，再次見到了三姐，那時三姐的兒子寧寧已經半歲了，她抱孩子來娘家度夏。大姨經過二年的煎熬，看到木已成舟，已經嚥下了這口氣，再也不說什麼。我就是那次在大姨家第一次見到了三姐夫練彬，那時的練彬土眉混眼，穿得也很破舊，看不出絲毫帥氣。他在大姨家低眉順眼，大氣也不敢出，大姨對他頤指氣使，他也唯唯諾諾，並無二言。

聽說練彬的爺爺也是大地主，家裡也曾富庶一方，練彬作為地富子弟回鄉，很是受氣。回鄉後，他幹不動地裡的活兒，看到掏大糞工分高，還不累，又無人願做，於是便主動接過了這個營生，在村裡專司掏糞數年。

粉碎四人幫後，山西煤礦大肆發展，練彬來到礦區就業。是金子總會發光，沒幾天，大同礦務局就發現他是個難得的人才，不管是行文、書寫、繪畫，樣樣在行。那時，各行業都百廢俱興，農民工中有文化的人極少，練彬是正兒八經的老高中生，文化底子深厚，又有地富子弟的優秀基因，很快就混到了礦務局人力資源部長的位置。每年各個礦的招工指標都掌握在他的手中。

我後來再見到練彬時，他已經毫無鄉村之氣，面皮白淨，衣著整潔乾淨，說話溫文爾雅。天天上班小車來去，一副政府公務員的派頭。

我的舅舅們都在大同北郊得勝堡務農，舅舅家的成分屬於富農，數十年來，在鄉間逆來順受，受盡了窩囊氣。直至粉碎「四人幫」之前，舅舅家無人敢亂說亂動，村裡隨便一個人都可以對他們指責和辱罵。

山重水複、柳暗花明、曲徑通幽、絕處逢生。自上世紀八十年代起，練彬把舅舅家的孩子們隔三差五地都弄到了礦上，每批招工都拉不下我的表哥表弟們。衙門有人，不說好做官，就是犯事，也能挨個相因板子。表哥表弟們在礦上幹的都是好營生：司機、充電、維修、安監，凡苦輕、錢多的營幹由咱們挑，把得勝堡的人眼紅的眼珠子都快掉出來了。

表哥表弟們安排完後，有些平素相處好的鄉親也都紛紛來找，練彬從不回絕，伺機都給做了安置。鄉親們一時說不完的好，道不完的情。

一些過去一直橫行鄉里的人，當年天天對舅舅家的人惡語相向，此刻家有子女閒坐，也想來求告。但自知理虧，不敢張羅，常常夜半在家長吁短歎，有的甚至夫妻反目，相互責怪當初辦事不留後路，後來凡是有勇氣來找的，練彬也都給做了安排。那時，三姐執意阻撓，但練彬卻說，凡是敢上門來找的，都不知琢磨了多少天，下了多大的決心，鼓足了多大的勇氣，做人要以德報怨，冤冤相報何時是個頭？

後來那些根紅苗正的子弟去給練彬送禮，練彬一概謝絕，他們四處打探大姨的住址，又都轉而去探視大姨，上門送吃送喝，甚至擔水劈柴，竭盡巴結之能事。送去的吃喝太多，大姨又都分送了鄰里，鄰里們此刻紛紛感歎三姐夫的發達，讚歎大姨修來的功德。

大姨的晚年很幸福，吃遍了大同城內的美饌佳餚，都是三姐用電話訂餐，服務生急如星火地送上門來。

大姨去世後，棺木拉回村裡安葬，全村傾巢而動。當年村裡的惡老惡少們也都如喪考妣，親扶靈柩，行執拂禮，嚎啕大哭。

那幾年三姐回村上墳，完事後總要在舅舅家吃飯。飯菜都是從大同城裡的酒樓裡配好的，冷熱齊全。就連好煙好酒也裝滿了汽車的後備箱，村裡人一時眼界大開。

三姐夫練彬如今早已退休，過著中產階級的優裕生活。兒子一直在做古玩生意，聽說沒少掙，也沒少賠。偶爾撿漏能發大財；但收到一件假貨，損失幾十萬也非妄談。練彬現在每天幫助兒子打理生意，端坐在兒子店鋪裡的茶海前品茗，過著悠閒恬淡的生活；三姐則跳舞、炒股、打麻將，日子既舒心又安逸，我對他倆很是羨慕，但又無法效仿。雖然寫作註定是一件苦差事，若想捨棄也很難。

悲催的表姐夫

愛花是我的表姐，她是大舅的大閨女。表姐夫早年畢業於航校，從上世紀五十年代起，就在福州軍區空軍某部服役，做地勤工作，從事戰鬥機的檢修。據他講，三年「自然災害」期間，他們只要開飯，老鄉就會蜂擁而至，圍觀他們吃飯，其中小孩子自然不少，他們不忍心，就把食物分給他們一些。但是部隊的糧食也是有限的，為此他們改變了開飯的時間。那時，部隊的下水道開口就在軍營的牆外，老鄉們常來這裡撈泔水，因為老鄉們發現流出的泔水裡面竟然還有肉片及米粒。

一九五七年，表姐夫給遠在內蒙古豐鎮的表姐寄回來一塊米黃色的塑膠布，表姐琢磨再三後，請人給做了件襯衫。年底，表姐夫回家探親，表姐不由地問他：「你買的什麼布呀？怎麼穿在身上不透氣？」表姐夫大笑不已。

表姐夫很有文化，長的慈眉善目，但是家庭成分不好，老爹是個地主分子。聽舅舅們說，表姐夫的老家原在晉中，晉中解放的較早，那時尚未開展土改，一天駐紮在村裡的解放軍上演話劇《白毛女》，當演到槍斃黃世仁那場戲時，場面上群情激憤，「打倒黃世仁」的口號此起彼伏，姨娘（內蒙古西部對姐夫母親的稱呼）嚇得落荒而逃。回到家中，對姨父（內蒙古西部對姐夫父親的稱呼）說：「大事不好，我們趕快跑吧，看來共產黨來者不善，今天黃世仁的下場就我們明天的下場。」姨夫不信邪，說：「往哪跑？咱們深宅大院，騾馬成群能白扔了嗎？再說，咱們和黃世仁又不一樣，他的財產是剝削來的，咱們是自己掙下的，土地都有地契，上面都有朝廷及民國政府的大印，怕球啥呢？」

但是，姨娘執意要走，誰也勸說不住，姨父執拗不過，只好答應。姨娘接連三個夜晚，烙了幾十斤麵的烙餅，在眾人的棉褲裡分別縫進了百十塊現洋，並派表姐夫的大哥赴鄰村花了十塊現洋雇了三輛馬車，馬車按約定時辰停在村外。那是一個月黑風高的夜晚，家中連大帶小十七口人躡手躡足地逃出村口，連夜直奔太原火車站。據說，為了避免響動，那天馬蹄上都包裹了麻布，馬脖子上的鈴鐺也都悉數摘下。

次日晨，他們全家又爬上了逃亡的火車，一直坐到內蒙古的豐鎮才下車，後來又花十幾塊現洋買了幾間土房，才算把家安頓下來。

那天，日上三竿，村裡人不見這家人的動靜，直至午間，村幹部推開院門進家探視，只見家門虛掩未上鎖；灶火裡的火還沒熄滅，鍋裡的水還有熱氣；炕上的行李疊的整齊有序；掀開大櫃，裡面的細軟都在。幹部們認定他們是走親戚上事宴去了，沒走多遠。直到兩三天後還不見人影，始知這家人已逃之夭夭。

村裡土改過後，城裡也開始肅反，居住在口外的姨父、姨娘經過清理、甄別後，被冠以逃亡地主的帽子，好在土改的風頭已過，躲過了性命之虞，也免受了皮肉之苦。

但文革一來，姨父姨娘卻在劫難逃，他們被遣返回了原籍。聽表姐說，有一次，村裡把他公可給整慘了，那一繩子捆的，老人家到死右胳膊都舉不起來。

捆綁可能是最有中國特色的刑罰之一。但村裡的捆綁招式據說是土改時，工作隊從蘇聯學來的「俄羅斯綁縛法」，此法是先將二三米長的繩索在中間打一個結，預留一個繩扣，然後將繩扣置於受虐者後頸下，再從左右兩邊分別纏繞雙臂至腕部，將雙手反剪交合，兩端繩索合一，再將繩頭向上穿過後頸預留的繩扣，將反剪的雙手拼命向繩扣靠近。此法傷害極大，有時可立即致人手骨脫臼，大約是在十月革命一聲炮響的時候，這種殘忍的「俄羅斯綁縛法」和馬克思列寧主義一起傳到中國的。一到中國，這種方法便和中國革命的實踐結合起來，得到了普遍運用。

在這種時候，受虐者痛苦不堪，少不了會苦苦哀求：「鬆一點吧！」但是，打手們絕不會鬆綁，他們會毫不猶豫地將繩索再收緊一些，表明鬥爭的堅定性。一些長期受虐的人，後來無論多麼痛苦，都絕不哀求鬆綁，因為那只能招致更緊的捆綁。姨父經過數次的捆綁，後來只要一見繩索就主動將手反背過去，而且無論捆得多緊他都說「鬆緊合適」，他知道絕不能說捆緊了，更不能說捆鬆了。只能說「鬆緊合適！鬆緊合適！」個中滋味，浸透了血淚。

村裡人如此施暴，只是為了二次分浮財，村幹部追問姨父現洋埋在哪裡？姨父也說不出。因為時間已過二十多年，村裡早已挖地三尺進行過幾遍搜索，哪裡還有現洋的蹤影？

那時表姐在豐鎮雲母廠工作，也因成分不好而屢被工友欺負，及至精神分裂。表姐精神分裂後，大舅通知了福州的姐夫，表姐夫聞訊，晝夜兼程地趕了回來。表姐夫到家時，姨父姨娘也剛剛從農村被放逐回來，說是落實政策，其實是兩位老人都已臥病，來日無多，鄉間不想為他們料理後事。表姐夫公務繁忙，不能久留，臨走時把癡呆的妻子和兩個年幼的孩子都帶回了福州。剛上初中的大女兒則留在豐鎮照料爺爺奶奶。表姐夫出門時，兩位老人號啕大哭，知道兒子此去已是永訣。表姐夫再三叮囑幾位血親好生照顧兩位老人，然後揮淚攜妻兒離去。

帶到福州的一兒一女成長的很好，表姐因改變了環境，疾病也竟然漸漸痊癒。唯一留在豐鎮的大女兒，表姐夫一走便失學在家。我後來再見到表姐的三個孩子時，竟然大吃一驚：大女兒因長期營養不良，身體瘦小孱弱，父母走後又罹患病毒性心肌炎，因無錢醫治，一直病魔纏身。二女兒卻身材頎長，面容娟秀，兒子更是身材偉岸，器宇軒昂。大女兒和她的父母感情淡漠，積怨甚深，嫌父母把她扔在豐鎮不管，吃盡了苦頭。

一九七一年九月十三日，林彪東竄事發，墜機於蒙古的溫都爾汗。緊接著空軍大張旗鼓地進行清洗，表姐夫這樣的地富子弟自然首當其衝。按說給黨國效力幾十年了，轉業在地方給安排個工作也算善終，但是當時整個空軍都被視為林彪的死黨，再加上出身不好，更猶如階級異己分子，能讓你活下來就算很寬厚了。

表姐夫的待遇恰似後來工人的下崗和買斷，稍稍給了點錢就打發了。好在皇恩浩蕩，還沒有把他攆回老家去種地，而是落戶在內蒙古豐鎮市。表姐夫萬萬沒有想到，他在年近五十歲時竟做了無業遊民，以打零工為生。

一九八八年，豐鎮電廠開工建設，表姐夫託人捎來話，想在工地上做個臨時工，後來我輾轉找到那裡的項目經理，他總算暫且有了個去處。

一日，我去豐鎮電廠檢查工作，在八米平臺上見到了表姐夫，那時他已經六十多歲了，仍然蓬頭垢面地在工地上清理廢鐵和垃圾、打掃衛生，以換取一點兒微薄的收入。那天我見到他，除了牙齒是白的以外，髒的看不出人形。我為他感到寒心。

表姐的二女兒名字叫航麗，長得非常喜人，不但五官端正，氣質也非常優雅，估計與成長環境有關。航麗後來嫁了個老公是音樂學院學器樂的，在內蒙古電視文工團吹黑管。山西老家的舅舅妗妗們獲悉後都為航麗感到惋惜，都說：「愛花的二閨女那麼喜人，咋就嫁了個鼓匠？」我聽後曾噴飯滿案。

表姐唯一的兒子航軍命乖運蹇，諸事不夠遂順，他隨父回到豐鎮後，在縣磚瓦廠打工，因為不慎右腳插進螺旋進料機裡，儘管極力搶救，右腳還是被截除。我再次見到航軍是在一九九五年，我去豐鎮電廠檢查工作，順便去看望表姐，只見航軍單腿在地上蹦來蹦去，並無沮喪的神色，航軍告訴我，磚廠下個月派人陪他去上海做假肢。儘管肢體已不健全，但仍然不能掩隱他的帥氣，仔細揣摩，他長得有些像電影演員王新剛。我越看他，心裡越發由不住地感到隱痛。

我常常想，如果表姐夫當初不參加空軍、如果林彪不被選拔為接班人、如果黨的政策能寬容些，如果……，他的兒子就不會成為殘疾人，不會加入鄧朴方的隊伍。還有，表姐夫為黨國辛勞了半輩子，對他的父親就不能法外開恩嗎？

唉，世事難料，令人唏噓呀！

翠花姐

翠花姐是我二姨的女兒，長得非常像電影《潛伏》裡的女主角翠平，尤其臉型、眼睛和嘴唇。聽說二姨早早就病故了，翠花成了孤兒，沒人管，姥姥就把她接過來撫養了。姥姥說，翠花是個沒風水貨，從小就愛哭，一到吃飯時就開始哇哇地哭，直到飯涼了也就不哭了。

後來母親出嫁了，母親把姥姥接過來一起生活，翠花姐沒人管也跟過來了。

後來有了我，姥姥做飯，看護我的重任就落在翠花姐的身上了，那年她才十四歲。她在姥姥家一直待到出閣。

記得我小時候和翠花姐許過願：「姐姐，將來我長大了，掙錢養活你好嗎？」

翠花姐說：「到時候，你娶媳婦了，你做不了媳婦的主，你同意，人家還不同意呢！」

我說：「那我就一輩子不娶媳婦！」

「哎呀媽呀！不能因為我你一輩子不娶媳婦吧，你媽還要抱孫子呢」翠花姐說。

翠花姐後來嫁給了一個農村的後生，名字叫蔡存和，臉黑黑的，但人很厚道，據說是圖了人家的家庭成分好。姐夫文革後一直在堡子灣車站當裝卸工，後來因為工傷把腳砸壞了，不知又得了什麼病，六十多歲就去世了。

翠花姐生了許多女兒，就一個兒子，不知道為啥「窮漢兒多」，她一個挨一個地生。她說，在家時，晚上也搞不清哪個孩子回來了，哪個孩子沒回來，唯一的辦法就是數地上的鞋，鞋夠數就是人齊了。

六十年代，翠花姐每年都要來一趟呼市，給我們家拆洗行李和衣裳，每次來都要住上一個月。翠花姐幹活快，也粗，母親老說她是伺候人民公社的好手，但翠花姐說：給公社幹活手慢了，細了，掙不上工分，就會餓死的。

那些年，天氣賊冷，家家戶戶老小冬天都是棉襖棉褲，由於布票緊缺，棉襖棉褲外面都沒有罩衣，一般人家，裡面也沒有襯衣襯褲，光腿光肚皮穿棉衣，冷風從直接從肚皮至領口穿過；穿開襠褲的孩子，冷風更是直接從下身穿過。

翠花姐來到呼市，每天從早到晚不停歇地漿洗縫補，棉襖棉褲全部拆開了，洗完，晾乾，把棉花的漏洞絮好，然後再重新縫起。翠花姐說，她們村的大多數人就一條褲子，春天把棉花掏出來就成了單褲，秋天把棉花絮進去就成了棉褲。褲子一穿就是一年，沒有洗的機會。夏天在河邊倒是可以洗，但是脫了褲子沒有褲衩，怎麼脫？晾乾的過程怎麼等待？

翠花姐來呼市一般只帶兩個最小的孩子，其餘的都留在家裡，大的看小的，最大的女兒可以給姐夫做飯。

記得最清楚的是一九六九年，翠花姐把她的寶貝兒子寶俊帶來了，那時寶俊才兩歲多，姐姐絮棉花時，寶俊淘氣的攔不住，我把他抱在牆角，然後把一隻腦袋會晃動的玩具狗擺在他的面前，寶俊被嚇住了，蜷縮在牆角一動也不敢動。姐姐才得以幹活兒。

洗衣服是很累的活兒，那時沒有洗衣機，都是翠花姐用手洗，一洗一天，衣服晾的到處都是。那時也沒有自來水，全靠人挑。有一次，翠花姐冬天才來，衣服在院子裡凍成一個冰片，每天抱進抱出，好幾天才能乾透。

那時的被褥也是一年到頭才拆洗一次，不知道那時的人為什麼那麼笨，不做成活面兒？揪住往上一套就行了。最近我才想通，做成活面兒的話就更費布了。布票從哪裡來呢？

每次翠花姐走時，母親都要給她帶一大口袋玉米麵，我們一直把她送上火車。翠花姐說，玉米麵在農村是最好的吃食了，白麵一年一人才一斤，留作八月十五及過大年包餃子，其餘都是黍子，捨不得剝皮，連皮一起磨。帶皮的黍子麵很粗，吃時拉的嗓子疼；拉時憋得屁眼兒疼。

翠花姐走時，家裡不能穿的破衣服也都給她拿走，記得就連襪腰子她也要，不知道拿回去能做什麼用。

說起來慚愧，我什麼忙也沒給翠花姐幫過，只記得在八十年代，單位有輛大卡車要去大同拉貨，翠花姐於是搭順車回家，走時我給拉了兩根椽檩蓋房用，還拉了一根鋼管打井用，這就算是我對翠花姐在我幼年時看護的報答吧。

那位司機回來後驚歎地對我說：「那個村子真叫個窮！炕上連張炕席都沒有，家裡連個暖壺都沒有。給我倒了點熱水，還是從鄰居家倒的，碗裡擱了點糖，也是跟人家借的，還留我吃飯，飯在哪裡呢？你咋不把你表姐的孩子給弄出來呢？」他的話聽的我淚眼汪汪。

把翠花姐的孩子從農村裡弄出來？我有那個能力嗎？真慚愧呀。

翠花姐已有五年沒來呼市了，她現在住在大同的女兒家。去年母親病重了，我想叫她來呼市看看，母親說：「你翠花姐也有心臟病了，經常上不來氣，再說她也七十多了，俗話說：七十不留宿，八十不留飯。歲數大了出門是很危險的。」我只好作罷。

如今慈愛的母親已經作古，我也很少有機會再去看望姐姐，寫到此時，我淚流滿面，翠花姐！你要好好保重呀，等天暖和時，我去大同看你！

表姐妹的婚事

五舅的大閨女叫蘭蘭，我的兩個妹妹都是蘭蘭一手看大的。那時表姐已經十八歲了，母親為她的婚事很操心，雖然四下託人，總也說不成。為何？其實就是一個戶口的問題。誰都知道，城裡人有半分奈何，都不想娶鄉下妹，「娶個老婆向陽花，生下娃娃亞非拉」，一系列連鎖反應，誰能受得了？當然也有身體殘疾、離異多年未娶、無正當職業，甚至長得歪瓜裂棗的人願意娶，也有鄉下女孩趨之若鶩。但是表姐長得如花似玉，就像仙女一般，嫁給這些人也太委屈了。

後來，一個偶然的機會，有人給表姐介紹一個大同新榮區的煤礦工人。媒人應承能給表姐上城鎮戶口，還說這個後生是下井工，收入也很高，於是表姐很爽快地答應了。不幸的是，那個男人已經三十出頭，比表姐大了整整一輪，既然表姐同意，母親也就不再說啥了。

誰知天有不測之風雲，就在婚後的第二年，我這位短命的表姐夫就在一次井下塌方中被砸死了。表姐知道這個消息後驚呆了，然後哭的死去活來。幸好那時她還沒有孩子，婆家想讓她嫁給小叔子，她不同意，在婆家又呆不住，於是獨自回了娘家。

表姐在村裡待了半年多，氣色慢慢地緩了過來，又像未曾出閣的姑娘一般，榮光煥發。於是村裡人又走馬燈似地來提親，不管誰來，五舅都未知可否。村裡的人都忿忿不平：你就長得再嫩，也不是黃花閨女了，牛逼個啥？殊不知，五舅是被餓怕了，說啥也不肯把閨女嫁在本村。

過了不久，又有一家人來給表姐提親。不過她說的不是本村的，而是她的一個表侄。在包頭的近郊當菜農，吃的也是商品糧。這個後生因和媳婦感情不和離了婚，年歲和表姐相仿。舅舅一門心思想把表姐弄出村去，於是點頭答應了。這頭一吐口，那邊就立刻送來了三百元彩禮錢，還有幾身穿戴。那個後生的照片也拿來了，人樣到還端正，因為雙方都打了保票，見面相親就免了，又省下了一筆錢。

秋收很快就過了，那邊捎話催促表姐去過門兒。不知何故，表姐突然變卦，說死說活也不去了。急的舅舅如熱鍋上的螞蟻一般，臉色陰沉，出入摔摔打打，大罵表姐坑了他。你想，人家的錢也花了，衣服也穿過了，這筆賬咋能賴得了？不得已舅舅只好把主意打到了表妹粉蘭身上。粉蘭那年才十七歲，還不到法定的婚齡，但五舅也顧不了許多了。好在農村能改戶口，倒也不是一件大事。

人說，深山出俊鳥，粉蘭妹妹雖然只有十七歲，但也出脫的非常俊秀。她為了解脫父親的煩惱，不忍心看他們每天吵吵鬧鬧，就毅然決定，替姐應下這門婚事。那媒人自然無話可說，你想小媳婦換成了大姑娘，何樂而不為？

多麼悲壯的獻身精神，當年昭君出塞也不過如此吧！我每每想到此，便熱淚盈眶。

是表哥親自將表妹送上門的。婚禮既罷，表哥就匆匆返回。

舅舅一家有所不知，原來表妹嫁的這家人是當地的一桿旗桿，沒人敢惹。他家也有個二十七八的大姑娘就是嫁不出去。為何？因為她和鄰里吵架，敢把褲子脫下來威脅，你說這樣的人家誰敢招惹？表妹不知底細，算是掉入了狼窩虎穴之中。

過門後，雖然表妹一天到晚不住氣地忙乎，連大帶小地一起伺候，還是不能取悅人家。不是說飯做得不香，就是說衣服洗的不乾淨。又因為表妹嫁過去一年沒生孩子，這家人更是整天冷嘲熱諷，污言穢語不斷。偶或表妹實在聽不下去頂撞一句，就會立即招來婆婆和小姑子的合力痛打。一天，她為此病倒，躺在炕上幾天水米不粘牙，無人問津。丈夫動了惻隱之心，想扶起來餵她一口米湯，婆婆即刻破口大罵：「沒見過女人咋的？死了我負責！」丈夫立馬畏縮回去了。

後來五舅得知了這些情況，坐火車前去理論。一進門就叫這家人摁住打了個半死，從此腰部留下了殘疾。

後來還是父親在包頭市政府找到了熟人，陪他去鄉里理論，才算了結了這樁婚事。這個村子名字很古怪，好像叫「雞毛窯子灶火溝」，地址在去固陽的路上。

後來表姐又嫁給了包鋼的一個工人，老家也是得勝堡的。這個後生一直身體孱弱多病，三十五歲時死於肝癌，住院期間我去看過他，他說疼得實在受不了了，猶如用刀子在不停地捅。他汗如雨下，渾身濕透，我不忍心看，留下點錢後，倉皇逃遁。

表姐一直守寡。大兒子從包鋼買斷後一直在社會上混事；二兒子身體不好，自學中醫後，在九原區的社區門診供職。眼下兩個兒子都已成家，另立門戶。

表妹後來嫁給了豐鎮市的一個個體木工，雖然收入還可以，但是沾染上了要錢的惡習，後來又和社會上的賴女人鬼混，錢一分也拿不回去。

表妹為了養兒，不住氣生了四個女兒，後來又信了基督。有個信基督的姐妹辦了個養雞場，她和四個女兒都在雞場打工。說是打工，其實一分現金也沒有，僅管吃住。這個養雞場原先在包頭郊區，後來她又隨人家轉移回山東老家了。聽說四個姑娘至今一個也沒有嫁人。大女兒估計也有四十多了。

蘭蘭姐和粉蘭妹許多年沒見了。聽人說，去年粉蘭妹回來過一趟，因為有很嚴重的哮喘病，又黑又瘦。聽說蘭蘭姐仍在包鋼附近的棚戶區住著，不知道現在拆除了沒有？我實在力不從心，給她們幫不了什麼忙，但始終在心裡記掛著她們，願仁慈的上帝能夠關照她們，阿門！

化肥褲

我的舅舅家在雁北的農村。

「大幹部、小幹部，一人一條化肥褲，前面是日本，後面是尿素，褲襠裡寫著含氮量，隱約可見百分數。」這是上世紀七十年代初，雁北農村流行的一首童謠，那裡的孩子們都會唱。

三十多年前的雁北農村，許多有面子人家的女人，比如大隊長、會計、文書的媳婦兒等，都將生產隊裡用的日本尿素袋子拿回家做褲子，不花錢票，還是進口服裝，別提有多風光。所以，有時只是為了袋子，不惜將白花花的尿素一通亂撒。

小日本進口的化肥袋子就是結實，裡面用透明塑膠袋包裹，外面一層用化學纖維織成，格外柔軟細膩，比那黑粗布結實多了，做成褲子，耐磨經穿、筆挺好看。所以村裡來了化肥，剩下的化肥袋子，就成了一寶，幹部們私下裡就偷著分了。那是個物資匱乏的年代，咱國家還沒有這種洋玩藝呢，大部分的農民都還穿著自己織的老粗布勉腰褲，誰要是有條化肥褲，說明他在村裡大小也算個人物。

化肥袋都是白色的，上面的商標文字又多又顯眼，用來做褲子必須染成棕色或黑色，才能蓋住文字。也有些人未經染色就用來做褲衩，褲襠前後便分別有「淨重五十公斤」、「含氮量百分之四十五」的醒目文字，成為笑談。可那靛青染料，經雁北苦澀的鹽鹼水一洗，屁股蛋子上「尿素」兩個大字，就會慢慢地顯現出來，成了童謠中唱的那樣。那幾年，只要屁股上清晰地看到尿素兩個字的人，不用問，准是村幹部。

經久耐用的化肥褲一般農民兄弟是穿不上的，只有羨慕的份兒。表哥那時在興榮區礦上挖煤，聽他說，直到一九七二年夏，經有關部門批准，當地供銷社才開始向礦上幹部、職工供應日本產的尼龍化肥袋，每人限購兩條，每條零點七元，由單位造名冊，經審批蓋上公章後到指定地點統一購買。

兩條化肥袋正好供成年人做一條長褲。所以那幾年化肥褲成為礦區工人階級的流行服裝，令農民兄弟眼紅。在農村，因為這種化肥袋子多被社隊幹部弄走了，因此農民群眾意見很大，說社隊幹部搞特權，意見反映到了大同市委，市委領導批評了開後門的事，決定化肥袋子公開定價在各公社的供銷社銷售，社員們可以自由購買，這才平息了一場風波。

舅舅說，那年剛過完年，大隊的四個小隊，共拉回二百袋化肥，準備春耕生產，隊長在春耕生產大會上，做了慷慨激昂的動員報告，從帝、修、反亡我之心不死，到階級敵人隨時隨地妄想復辟反攻倒算；從鬥私批修，抓革命促生產，直到今年一定要奪取農業大豐收，吐沫星子都快吹乾了。

最後，隊長動情地說：「我再說一件小事：今年的化肥袋子，哪個大小隊幹部們也不准私下亂分，我們準備給春天上河的民工每人發一條，讓我們大隊上河的民工都穿上結實的褲子，這可是嚴肅的紀律問題，誰違反了這條，我就狠狠地收拾他！」

此後，大多數社員都能穿上化肥褲了，表哥也喜氣洋洋地穿上新裝出工。他的白襯衣是麵粉袋改的，胸前胸後蓋有幾個「麵粉廠專用」的紫色圖章；褲子雖經染過，但褲腿上「株式會社」幾個字仍清晰可見。

表哥說，那時知青們把化肥服稱之為野戰服，爬山涉水，所向披靡。還有人打趣道：襯衣上的幾個圖章點綴得恰到好處，自然而不脫俗套，穿上風度翩翩，有高等華人的樣範云云。

化肥褲終於時興起來了。小孩子穿上，大人再也不怕他們撒野磨壞了褲子；後生穿上，多髒的地裡營生也不怕費褲子，尤其冬天套上化肥褲，腿上還挺暖和。但婦女夏天不願意穿化肥褲，因褲子迎光一照，下身被描得清清楚楚。還有的化肥褲不容易染上色，白花花的，人穿著走，有點家裡死了人的意思。

後來我也有幸從表哥那裡得到兩條化肥袋子，母親把袋子洗了一遍又一遍，再用深顏色的染料一染，破天荒地給我做了一條褲子。我高興地睡不著覺，第二天穿著去上班很是風光，師傅們發現我穿了一條上面居然連一個補丁都沒有的新褲子，有點像哥倫布發現了新大陸一般驚奇，紛紛圍著我，死死地盯著我的東洋褲子，露出羨慕的目光來。我掩飾不住內心的喜悅，竭力裝出平靜的樣子說：進口的，小日本造，這種東西就是耐穿。

但也有個別同事用一種很鄙視的口氣說：「這東西是走後門買來的，是日本鬼子的化肥袋子！」尤其是在太陽的照射下，我的褲子上還能隱隱約約地顯示出什麼「株式會社」的字樣，有的人便背後衝我大喊「株式會社！」使我很生氣，就回敬他們：「別眼紅了，你想穿還沒有呢！」惹得師傅們哄堂大笑。記得一個師傅問另一個師傅：「你說日本鬼子個子長得球高高，狗日的尿泡還真發達啊？咋日鬼的居然能尿那麼多？能提煉出那麼多尿素來？」

聽說上世紀七十年代，法國總統蓬皮杜曾經去大同雲岡石窟參觀，途中他還順便去附近的社會主義新農村進行了訪問，為了給中國人民長志氣，上級還專門提前給那個農村撥去了大批的化肥袋子，供鄉親們做褲子用。蓬先生作何感想不得而知，但隨訪的新華社記者在後來的回憶錄中說：我們驚異於這個村莊的富足，因為社員們的穿戴非常整齊，後來走近了仔細一看，才知道褲子都是用化肥袋子改的。他感歎地說：偉大領袖提出的「洋為中用」的號召，終於在這個地方得以實現了。

索密痛

從我有記憶開始，姥姥就沒有離開過索密痛。那時，母親從醫藥公司給姥姥買的索密痛是大瓶裝的，一瓶有一千五百片，夠用一年。只要姥姥身上感到不舒服時，她就會倒出兩片來用溫水送服。家裡沒熱水時，姥姥就含在嘴裡圪泯，慢慢地用唾液來融化，用不了多長時間，姥姥就臉色紅潤，身上變得舒坦起來。

那些年，舅舅常從村裡來，每次走時，母親也總要給他們帶一大瓶索密痛，再由舅舅拿回去分給親戚們。索密痛是最受歡迎的禮物。那時的索密痛並不貴，好像一大瓶只有幾塊錢而已。

上世紀七十年代，我去土左旗支農，有一次正趕上秋收拔麥子，累得要死，現在想起來還心驚肉跳。不知道為啥，那裡的老鄉們麥子不用鐮刀割，非要用手拔？我那時身小力單，每每落在別人的後面。拔到最後，站都站不起來，雙膝跪在地裡，後來是爬著向前圪挪的。晚上回到住處，腰疼的就像斷了一樣，手上全是血口子，幸虧有同學帶有膠布，否則第二天無法下地。

那天晚上，我們幾個同學一個個都疼得哼哼唧唧，都是把枕頭墊在腰下才得以入睡的。第二天，隊長聽說後問我們，你們咋不吃點索密痛呢？我這才開始後悔，為啥離開家時不帶點索密痛！

村裡的人都說，索密痛有解乏的功效。而且吃了以後精神百倍，幹起活兒來彷彿有使不完的勁兒。後來我才知道，索密痛為複方製劑，又稱去痛片，由非那西丁、咖啡因、氨基比林、苯巴比妥組成，具有解熱、鎮痛及抗風濕的作用。咖啡因其實屬於毒品，具有麻醉的功能，只不過含量較低而已。

有一天，我去大隊會計家，我遞給他一支大前門香煙。只見他當著我們的面把索密痛掰成四片，把煙捲中的煙絲拿出來，把藥片塞進去，外面再用煙絲塞住，然後點燃煙捲抽了起來。點燃後，屋裡的空氣中有淡淡的香味，我們在旁邊都能聞得到，他們也讓我們抽一口試試，但我們沒人敢抽……

後來我回城時，房東大娘知道我母親在醫院裡工作，特意托我給她買三百片索密痛。我問道：「你咋要買這麼多的索密痛？」她說：「每天吃上幾片索密痛後覺得有精神，渾身舒坦，我們村好多上了年紀的老人都吃索密痛，有的已經吃了十幾年了。」原來，在土左旗，老人們都把索密痛當成治百病的神藥。

然而，是藥三分毒，索密痛也是如此。據大夫說，長期服用索密痛，能使肝腎功能受到損傷；有些人還可出現眩暈、發紺、呼吸困難等中毒症狀；長期服用還會出現對索密痛的依賴性。可是在那個年代，索密痛因為價格便宜，見效快，成了人們病痛時的首選。

聽舅舅說，得勝堡的人也非常迷信索密痛，一次舅舅家蓋房，到了壓綻時，請來的一位技工到了關鍵時刻竟然拿捏起來，說他實在乏得不行了，讓舅舅給他找幾片索密痛，要不就幹不動了。那天，舅舅家的索密痛吃完了，一片兒也拿不出來。表哥二鎖在大同城裡讀高中，非常聰敏機靈，他用鉛筆刀在粉筆上切下兩片來，在窗臺上磨了磨，登梯子上房遞給了那位技工。那位技工看也沒看，將兩個粉筆片兒扔進嘴裡，一仰脖子，嚥了，剩下的活兒，他一會兒就幹完了。後來舅舅再三追問表哥，藥片片是從哪裡搜尋出來的，表哥死活不說。

到了七十年代初，階級鬥爭搞的轟轟烈烈。因為索密痛裡含有毒品，有人吸食，成了階級鬥爭的新動向。得勝堡村有個地主分子，很久以來，竟然把索密痛碾碎，擱在錫紙上，下面用燒紅的鐵棍來燙吸，被人告發，硬說他是在抽大煙。村裡民兵把他抓起來吊打，讓他交出私藏的大煙土，他縱然渾身是嘴也無法說清。後來他家被挖地三尺，大炕也被刨開，啥也沒有找到，期間這個地主趁人不備，上吊自殺了。

後來，藥店裡也不讓公開出售瓶裝的索密痛了，一次最多賣給十幾片，醫院裡因有內部文件，控制的也愈加嚴格。表哥有一次從呼市帶回去三百片索密痛，賣給了鄉親們，被公社的群眾專政指揮部抓進去整了個半死，罪名是販賣毒品，毒害貧下中農。後來公社還給母親的醫院發函要求徹查此事，幸虧呼市醫院的革委會主任也是山西雁北人，和母親很慣熟，沒有把此事當回事，母親才沒有受到牽連。

唉，白藥片片，索密痛，一言難盡呀！

劁豬

劁，現代漢語讀qiāo，注音：ㄑㄧㄠ。古文有注：劁者，閹也。劁豬，顧名思義，就是閹割豬的睾丸或卵巢，一種去勢手術。據考證，劁豬在東漢就有了，這種神奇的古傳妙法，據說得益於當年華佗高超外科手術真傳。當年的劁豬匠，扛一副挑，拿一把刀，走遍鄉野，吃萬家飯，大有古代俠客行走江湖之神韻。

豬不劁不胖，緣於豬不劁心不靜。所謂飽暖思淫慾，豬雖牲畜，亦有所需。而一旦劁了，那豬就不一樣了，春天心不蕩漾，夏天胸不燥熱，秋天意蘊悠揚，冬日閒情逸致……總之，豬劁了，心靜了，氣順了，身體倍兒棒，吃嘛嘛香，自然也就白白胖胖了！

上世紀六十年代，五舅他們生產隊是個「郵票隊」，意即一個工分只能分到八分錢左右。因為手頭沒錢，眼看表哥歲數大了還定不下親來。有心把表姐早點出聘，給他換一門親回來，但表姐說死說活也不肯往村裡嫁。五舅整天哀聲歎氣，乾著急沒辦法。然而「智者千慮必有一得」，一天，得勝堡來了一個劁豬匠，五舅有幸看到了劁豬的全過程。在小豬撕心裂肺的嚎叫聲中，劁豬匠抓住小豬後腿，摁倒在地，左腳用力，半跪在小豬身上，右腳用力支撐地面。拿出劁豬刀，麻利地用右手將刀對準左手捏起的卵子，輕輕劃兩下，伴隨嘶力竭的哀嚎，兩個像去了外殼的荔枝果似的肉蛋蛋，就落在了劁豬匠事先準備好的麻紙上。整個手術先後只有四五分鐘。

此處我描述的係劁公豬的方法，母豬似有不同，我想應該和女人的結紮術雷同。

也許是讓聲嘶力竭嚎叫的小豬破壞了情緒，劁豬匠總是累得額頭出汗，腿微微發抖。當他一抬腳，小豬立即站直身子，奪命逃向遠方……劁好後，劁豬匠在豬的傷口處塗上一把黑黑的柴草灰，或用豬毛把切口貼住。也有的劁豬匠卻將這一步也省略了，將他那雙血糊糊的手在豬毛上捋一捋，留下那個血糊糊的窟窿，讓人好生可憐疼痛之意。

劁下來的豬卵子，有的被劁豬匠順手拿了去，積少成多，成為一碗大補的下酒菜。有的被主人要了去，放在籠屜裡蒸熟，給男人吃，說是吃啥補啥。

心有靈犀一點通，五舅自從那天突然看完人家劁豬，一下子就迷上了劁豬這個營生。不打麻藥，不縫合傷口，幾毛錢一下子就到手了，世界上還有比這來錢更快的營生嗎？搶銀行也不過如此吧！他有心讓表哥也掙這份錢，但苦於學藝無門。人們常說「同行是冤家」，有哪個劁豬匠肯把這門絕技傳給外人呢？教給你，他喝西北風去呀！

五舅這個人你別看沒文化，但為人膽大心細，是個「一條道兒走到黑」的人，只要認準了，就絕不回頭。一天，又從村外來了一個劁豬師傅，五舅藉口幫忙，幫這家捉豬，幫那家逮豬，瞪大眼睛瞅人家的動作和要領，並默記在心。他又花錢讓村裡的鐵匠打了一把劁豬刀，那把劁豬刀呈三角形，有半個鴨蛋大小，頂尖和兩個邊是鋒利的刃口。

五舅好幾次想拿自己家的豬仔試試，但妗妗堅決不讓，怕他給割壞。一天，他在地頭的糞坑裡看到了一頭小豬仔，不知是誰家的，淹死在這裡。五舅見了，心中竊喜，不顧髒和臭，找了個釘耙打撈了上來，在河邊洗淨後提回家去。

到家後，五舅把表哥叫到了跟前，拿出自己定做的劁豬刀，讓表哥跟他學著劁。表哥嫌髒說啥也不肯動手，五舅火冒三丈，狠狠地搧了他一記耳光：「你個敗家子，老子是為了誰？」妗妗也忙在一邊勸解表哥，表哥這才極不情願地拿起了那把刀。父子倆摸摸索索，直到把個小豬割了個亂七八糟，才算摸準了位置，品住了基本要領。

從第二年春天起，表哥就敢在自家的豬仔身上動刀了。後來又在村裡免費給一些膽大、信得過他的人家劁。一回生，兩回熟，蒼天不負有心人，表哥終於無師自通了。我想這也算一個自學成才的「光輝範例」吧！

此後，表哥每逢農閒時節經常偷偷地去外村去給人家劁豬，以此來換取一點收入，天長日久他居然攢下不少錢，媳婦也終於娶過了。不過表嫂的人樣並不強，人高馬大，虎背熊腰，但五舅卻十分欣喜地說：「受苦人娶媳婦還挑啥人樣？能做飯、生孩子就行了，挑人樣又的多花二百元」，聽聽，娶媳婦就像買一雙實納的硬幫鞋，織一條粗毛厚口袋一樣才稱心。

然而「天網恢恢。疏而不漏」，在階級鬥爭壓倒一切的年代裡，這樣的事情畢竟不會隱瞞多久。一天，表哥終於被外村的「革命群眾」扭送回了村裡，遭到了村裡革命群眾的嚴厲批判。更使人沮喪的是，因為表哥喜歡無線電，自己裝了一臺礦石收音機，因此還被扣上了「偷聽敵臺」的大帽子，數罪並罰，被整了個不亦樂乎。其實那臺礦石收音機也就價值兩三元錢，架在房頂的天線也是個破笊籬，甭說是敵臺了，就是外省的電臺也收不著，可是在那個荒唐的歲月裡，縱然你渾身是嘴也說不清的。

既然說不清，不說也罷！

馬肉的故事

一九六〇年的秋天，得勝堡村有一匹馬病了，好幾天不吃草料。後來發燒到攝氏四十二度，呼吸困難，瘤胃臌氣，腹疼，全身戰慄，昏迷，兩天後死亡。生產隊懷疑是階級敵人投毒致死，於是向公社緊急報告，公社又通知了大同市郊區公安局和衛生防疫站。那天，村裡來了幾個公安人員和穿白大褂的獸醫，來到飼養院查看。他們詢問了馬的發病過程，又用木頭棍棍撥拉了半天，一個獸醫戴著膠皮手套掰開馬嘴和馬眼看了一氣，說：「可視粘膜藍紫色，有出血點，病程較長，可見頸、胸、腹部皮膚浮腫，死前有天然孔出血，是典型的馬炭疽病症狀，趕緊挖深坑埋了吧！」

村支書讓會計趕快找幾個勞力，把馬送到村外荒草甸子上挖深坑掩埋。不一會兒四五個地富分子被叫來了，其中就有五舅。這種營生，在村裡不容許貧下中農參與，因為傳染了誰都付不起責。地富分子本來就是賤民，死個三兩個無所謂。

村支書對五舅說：「高殿奎，你他媽的平常受苦時就腰軟肚硬，今天給你個機會，好好表現表現，不許偷懶，如果偷懶小心收拾你！」五舅雞琢米似地連連點頭。

半個時辰後，死馬就用大車拉到村外荒草甸子上，在大隊會計的監督下，坑很快挖就了。會計看了看還嫌淺，五舅說：「我們實在餓的挖不動了，可憐可憐我們幾個老漢吧，要不你也下來挖幾下吧！」剩下幾個人也都叫苦連天，會計這才放話說：「你們這幾個圪泡就是不想出力，行了，那就算球了，拉進去埋了吧！」

四五個人氣喘吁吁地把那頭死馬連拉帶拽地弄進坑裡，五舅他們費氣巴力地往馬身上揚土，不一會兒馬就不見了，五舅他們扛鍬回家。

那天，五舅中午就喝了點糊糊，回到家裡又累又餓，直不起腰，躺在炕上不停地喘氣和出虛汗。晚飯熟了，五妗妗叫他也不起。其實五舅也不是起不來，他是心裡放不下那匹死馬：他媽的，一年多也沒吃過肉了，吃了死馬肉就會死嗎？我就不信這個邪！他又轉念一想：即便死了也罷，活著也是受罪，今天批鬥，明天打罵，實在熬不出去了，死也要做個飽死鬼，不做餓死鬼！想到此，他立馬扛了鍬，拎了個面袋子，提了把鐮刀出了門，五妗妗喊也喊不住，不知道他又去幹啥。

話說五舅走出村外，趕到埋馬的地方，刨開覆土，正好露出馬腚。他用鐮刀在死馬的兩個屁股蛋子上一邊鏇下一大塊肉來，滿滿地裝了一面袋子，鬼鬼祟祟地向村裡走來。進村時天已放黑，他躡手躡足地拐進了家門，一進門，就把門閂插上了。

五妗妗看見五舅從口袋裡倒出肉來，嚇的面如土色：「媽呀，你這是哪偷人家的肉呀，讓人家知道了還有活頭嗎？」

五舅說：「這就是那頭死馬犢蛋子上的肉，叫我給鏇下來了！」

「你個槍崩貨，死馬肉你也敢吃呀？」

「誰吃過活馬肉?!」

「你不怕傳染要了你的老命呀？」

「死有啥可怕的？誰沒有一死？我早就不想活了，買農藥沒錢，上吊沒繩子，正好吃飽了一死，做個撐死鬼不比啥強？」

五舅把窗簾拉住，又查看了門閂是否插的牢靠，這才用刀把馬肉割成幾塊，放在鍋裡，添好水，又抓了一大把鹽扔了進去。

五妗妗和孩子們分別站在地上和炕上圍觀。室內燈火如豆，黑暗掩映不住孩子們興奮喜悅的表情。但五舅卻把孩子們吼喊得遠遠的，看都不讓看；五妗妗想幫他拉風箱，他也示意不讓出聲。五舅把劈柴柈子塞進灶口，燃起來後用塊大紙片子使勁地搧，火很快就旺起來了，鍋裡的水也咕嘟咕嘟地開了，不一會滿家肉香四溢。

大約煮了一個時辰，不知道肉熟了沒有。五舅餓的實在嗆不住了，撈出一塊，放在嘴裡大嚼。孩子們嚷嚷著也要吃，五舅說：「吃了會死人的，你們等我不死，再吃也不遲。」

兩個男孩，三個女孩口水都流出來了，爭先恐後地說：「爹，我們也不怕死，讓我們也吃點吧！」五舅猶豫了一下，把絲絲縷縷的瘦肉，撕下來送到孩子們的嘴裡，孩子們的臉上一會兒就放出了紅光。

「爹，我還要！」、「爹，我還要！」這個沒餵完，那個又張嘴。唯有五妗妗不敢吃，只是口中不停地往下嚥唾沫。五舅撕下幾條強塞進了五妗妗的嘴裡，說：「反正咱倆死就死在一塊兒吧。吃飽了，死了也不委屈了，權當最後的晚餐。」

半夜，有人急促地敲門，五舅驚恐地說不出話來，聽聲音好像是熟人，不得已開了門。門一牙開，就從縫縫裡擠進一個人來。五舅定睛一看是地主分子王三蛋，渾身哆嗦地問他：三蛋，嚇死爺了，你有事嗎？

「五哥，我問你，你說那匹馬的肉，咱們能吃嗎？如果能吃，咱哥倆趁天黑去挖吧！家裡老婆孩子們實在餓得連出氣的勁兒也沒了！

「我也不知道，萬一吃了死人呢？」五舅說。

王三蛋突然從空中聞到了肉味，他慌忙揭開鍋蓋，發現了鍋裡煮著肉。啥話也沒說，拔腿就往外跑。

據說，那天後半夜，村裡的好多人家都在煮肉，那個晚上成了全村人的盛宴。

五舅後來活了八十四歲。他死的前半年，因為房子漏雨，上房查看，不慎摔下，造成內傷。那時表哥在新榮區煤礦挖煤，無暇給他看病，於是他躺了幾個月後駕鶴西遊。就這也比城裡的廳長活得都長。你說，窮人的免功能到底有多麼強大呀！

全民做賊的年代

在上世紀六十年代，「三年自然災害」時期，農民減產欠收，有些地方簡直就是顆粒無收，人們食不果腹、饑腸轆轆，國家還要求人們勒緊褲帶還外債。

當時農民的口糧標準大約是三百斤，還都是毛糧，折成成品糧則每天不到六兩。一面是繁重而長時間的體力勞動，一面是幾乎無油無菜沒有副食的飯食，……特別是快到晌午時，那種餓得一點都動彈不得的勁頭，沒有親身體驗的人是很難理解的。

每當大食堂開飯鐘敲響，家家戶戶便派人拎了小瓦罐，到大食堂排隊打飯。炊事員用大馬勺舀粥，一點兒也不會多給。稀粥打回家裡，全家誰也不敢動，先由長者用勺子把罐底的米粒撈給小孩子吃，大人們只能喝稀的。那粥稀得照見人影，喝到碗底，才能看見有一點米顆子，人們都叫它「瞪眼兒米湯！」

後來，連這清湯也沒有了。大食堂裡每頓飯都熬一鍋爛菜葉子，這是經過雨雪凍乾的白菜葉子，經過水熬軟了，放上一點鹽。炊事員想把穀糠用水淘淘，團成團子，放在蒸籠裡蒸。蒸熟的穀糠都散開了，吃的時候用手捧，紮嗓子眼兒，不喝水糠就送不下去。裝進胃裡紮得難受，到拉屎時就更難了，人憋得直叫也拉不出來。我的表弟，小時候吃多了穀糠，拉不下來屎，疼得滿地打滾，妗妗讓表弟撅起屁股，用手指從表弟的肛門裡一點點往外摳，疼得表弟頭抵住牆大聲慘叫，如今他已是快六十歲的人了，仍然又瘦又弱，每當見到他，我就會想起那慘叫的聲音。

再後來，大食堂的煙囪終於不冒煙了，就連菜葉也供不起了，人們被飢餓逼得發瘋般地尋找吃的東西，不管是人能吃不能吃的，統統被找來吃下肚去。

那些年，因為飢餓，人們能想的辦法均都想盡想絕。可以吃的以及不能吃的東西也已全部啃了，嚼了，吞下去了。榆樹皮、楊樹皮剝光了；柳樹皮比黃蓮還苦，也剝下來烤乾磨成粉嚥了下去。還有什麼？有人說酒糟可以果腹，因此酒糟也被人搶光了，就連棉絮也扒出來吃了，人腫得不成樣……。

玉米芯去掉外衣，切成碎條，放入鍋裡炒乾，再用磨磨成麵，兌上一點玉米麵做成窩窩頭，也很甜。搭在樹上，扔在牆頭的山藥蔓子原本要曬乾後餵羊、餵豬，如今，飢餓的人們顧不得豬和羊了，先把山藥蔓子用鍘刀鍘成寸把長，放鍋裡炒，再用石碾碾碎，用石磨磨成麵，用籮一遍遍地籮，不用兌麵，就可以做成窩窩頭，吃的時候，味道有點苦。

聽說還有吃死人的，人都餓瘋了，有的人就偷偷去刨新墳，挖出死人來吃。後來人死了就扔在路邊，也沒人埋了，就會有人弄去吃了。

人人餓著肚子，大人們忍著，小孩則一聲聲地哭叫。白天，小孩扔在家中，大人上山幹活去了，聽不見哭叫聲；夜裡，小孩的哭叫聲撕人心肝：「媽啊，我餓啊，我要飯……」

偷盜，本來不是件光彩的事，可在飢餓的逼迫下，偷也成了一件人人可為的事情。一時間，偷盜之風頗盛，大人偷、小孩偷、婦女偷、老人偷，不偷不行，不偷就可能餓死。

播種時偷拿種子，把種子埋藏在土裡，收工後再去拿回家吃。因為收工時幹部要搜社員的身，衣袋、褲兜都要翻出來檢查，無論男女老少都是如此。所以只有在沒人看見時埋在地裡，過後沒人時再去取。

收穫時更有五花八門的行為，能生吃的東西大家都爭著去幹，如掰苞米，再傻的人都會弄幾粒放進嘴裡，當然也免不了要吃進一些泥土。挖土豆也是如此，有意無意地把土豆挖爛，看當官的沒有注意時，迅速地往嘴裡塞，狼吞虎嚥地就進了胃裡。

為了生存，為了活命。就是那些蠶豆、麥穗，人們也會生吃，在麥子將要收割的時節，路邊上的麥子完全沒有了麥粒，那些麥粒都被「順手牽羊」了，早已填進了人的肚子。

舅舅對門院有個及弟嬸是個小腳，紮著褲腿，穿一雙粽子般大的鞋，她看見別人播麥時故意讓麥粒溜進鞋殼，然後走回家把麥粒倒出，她鞋裡裝不下多少麥粒，就將麥粒塞進褲子裡，結果塞得過多，褲管下墜得厲害而被發現了。及弟嬸臉皮薄，回家後羞愧地喝了老鼠藥。但老鼠藥過時了，她沒有死去，只昏昏沉沉地睡了一天。

村裡的孩子在割草時，一起偷瓜、摸棗、抓魚是常事。他們燒麥粒吃，新鮮麥穗，放火上一燎，搓掉糠皮，半生半熟，白汁豐富，味道鮮美。沒麥粒吃了就燒玉米、燒地瓜、燒豆子吃，反正都是生產隊的，不吃白不吃，吃飽了省下家裡的口糧。

那時有兩個笑話在人們中間流傳：

有人問：「到什麼時候才沒有偷盜現象呢？」有人回答：「到共產主義就沒有人偷了，因為在社會主義階段一切都被偷光了。」

某公社一社員在河裡捉到一條大魚，高興地回到家裡和老婆說：「看，我們有炸魚吃了！」

「沒有油啊。」

「那就煮！」

「沒鍋。」

「烤魚！」

「沒柴。」

社員氣死了，走到河邊把魚扔了回去。那魚在水裡劃了一個半圓，上身出水，舉起右鰭激動地高呼：「毛主席萬歲！」

偷吃

聽五舅說，三年困難時期，得勝堡的人都餓的前胸貼住後背了，肋骨和眼眶都清晰可見，皮膚薄的能看見血管，腿腫的一按一個鉢鉢，走路都搖搖晃晃。那三年，整個得勝堡除了社隊幹部的老婆、兒媳，沒有一家女人生過孩子。不要說生孩子，大多數女人都絕經了，少女都沒有性特徵。男人們都數年沒有性慾，哪裡來的孩子？唯有社隊幹部家還能增人添口，說明人家的女人不缺營養，按說，口糧分的都是一樣的，為何人家就不餓呢？

五舅說，那時，社隊幹部偷吃是非常普遍的事情。社隊幹部常常藉故晚上開會，到深夜開葷打牙祭。社隊幹部開會的地點一般在飼養院，因為飼養院遠離村子，後半夜社員們都已熟睡了，有點煙火升騰、風箱響動無人知曉。

不知道社隊幹部後半夜聚餐時會吃些啥？五舅說，多半是烙油餅、炒雞蛋，或者宰個雞、打死一隻兔子，燉著吃。那些年吃不上豬肉，因為人都沒吃的，養豬的人家很少，即便下大同沒有肉票也割不上豬肉。

半夜三更，社隊幹部們鬼鬼祟祟地聚在一起大快朵頤。門窗緊閉，油燈閃爍如鬼火，盤腿端坐在炕上，吃的大汗淋漓。他們吃飽了，還要把多做出來的，用籠布給老婆娃娃兜回去，至於老百姓的死活，他們根本不管。

五舅說，那時社員家也存在偷吃的現象，只要有一點順口的東西，是絕對不敢在白天吃的。比如他從呼市帶回去的半口袋玉米麵，就不敢在白天吃，只能擱在後半夜吃。因為在村裡，白天來串門的人很多，窩頭在農村算好飯，鄰居來了，你說讓不讓？一讓，自己家的人就不夠了。得勝堡的主食是穀麵窩頭，磨麵時不脫皮，吃時粗澀難嚥，拉屎時比女人生孩子還要艱難。

記得五舅曾經問我：麗明，你知道啥叫「跳米」嗎？我回答不知。五舅告訴我，那時農村天天喝瞪眼米湯，熬粥時把勺頭擱在鍋裡，米湯沸騰時就會有米粒跳進勺頭裡，勺頭裡積存的米粒就餵了孩子，大人喝的就是清水一樣的米湯，米湯經不住一泡尿，一會兒肚裡就又開始咕咕叫了。

死了雞，死了兔，不能在白天吃；下地時偷回去的玉米、麥穗、土豆也不敢在白天吃。因為飢餓，播種時，人們把種子也偷回去吃，後來隊幹部讓把種子拌上「六六粉」，仍然阻止不住。人們把拌上六六粉的種子偷回家先用涼水泡，然後再下鍋，發現吃了也沒事。五舅說，人要是餓急了，別說「六六粉」，就是七七粉也敢吃。

後半夜偷吃，是家家戶戶常有的事。把門閂插好，窗戶緊閉，沒有窗簾的人家要用被子把窗戶封好，用扁擔、掃帚、鐵鍬把被子的上角死死地頂在窗戶的上角，使外面的人看不見室內的亮光，風箱也要輕拉慢拽。聽五舅說，有一次，一個村幹部半夜回村，看見一家煙囪裡有青煙冒出，敲門進這家查看，發現正在做飯，於是，連鍋帶飯扔在了院子裡，鍋被摔得稀爛，飯菜被揚的遍地都是，女主人開始時抱住村幹部的腿求饒，後來盤腿坐在院子裡痛哭，驚醒了鄰居們，大家出門查看，長吁短歎地勸慰了一下，又都回去睡了。

五舅說，那次，那家人不是因為偷吃隊裡的莊稼，是因為公社正大辦食堂，隊長認為他們這樣做，是故意給社會主義抹黑。再說，公社一再要求鐵器上繳煉鋼，他們仍然私藏鐵鍋，是可忍孰不可忍！五舅卻認為這是強盜邏輯，一九六〇年，大辦食堂已近尾聲，隊裡的食堂已經沒有乾飯，家家戶戶餓的睡不著，那家人的櫃底還有些陳年的玉米粒，半夜煮來給孩子們吃，沒想到闖下潑天大禍。

聽五舅說，堡子灣公社有個隊長為人十分仁義，那年秋天，新麥打完後，後半夜在場面上支起幾口大鍋給鄉親們煮麥子吃。那天後半夜，全村的男女老少接到通知後都拿著碗筷來了，人們睡眼惺忪地排著隊，隊長一人一勺頭地給舀，那天，全村人就像過節一般高興。後來不知道風聲是如何走漏的，隊長被公安局戴上明晃晃的手銬子，用警車拉走了，拘捕他的時候，全村人都趕來給他送別，熱淚漣漣。後來那個隊長被判了十五年，他的全家老小鄉親們一直接濟著。

聽五舅說，得勝堡還有過半夜偷吃人肉的事情，那家人餓的實在不行了，男主人從新墳裡刨出一個孩子，砍下四肢，拿回家去煮，老婆問他啥肉，他吞吞吐吐。老婆生疑不敢吃，孩子們吃得挺香，後來家裡香味四溢，老婆抑制不住，也吃了起來。

第二天，五舅去他家借東西，他悄悄拿出一塊給五舅吃，五舅看見不多，不好意思吃，他說，五哥你吃吧，我還有沒煮的呢，隨之從大櫃下面把一條胳膊拽了出來，五舅嚇得魂飛魄散，慌忙逃竄。

「最幸福的人」

上世紀七十年代初，五舅從山西老家來呼市看病。那天，他因為輾轉跑了好幾家醫院，回到家裡已經十分疲累，吃過晚飯就早早睡下了。那些年還遠沒有電視這些奢侈品，讀書又有「中毒」之嫌，因此我們全家睡得很早。

半夜，我們突然聽到院外有人在喊叫開門。母親因腰腿疼下地慢了些，小院門已經被踹開，一群人已經闖進了院內，家門被拳頭擂的山響，手電筒在窗戶上亂晃。父親慌忙披衣下地開了門，湧進來一群戴著紅袖標的人，自稱是呼和浩特群眾專政指揮部的，要清查外地潛逃至呼市的地富反壞右分子。他們翻箱倒櫃地四處查看，甚至撩起床單，用腳奮力踢床下的紙箱子。父親急忙給他們找出了戶口名簿，他們仔細查對了一下，終於發現炕上多出來一個形跡可疑的人：「他是哪兒的？」

「他是我哥，從農村來的。」母親在炕上急忙應聲。

「那為啥不報臨時戶口？」

「忘、忘了……。」

「讓他和我們走一趟吧！」為首的那個黑大個說。

「這，這怎麼能行，半夜三更的，明天行不？」母親近乎於央求了。

「什麼明天！聽你的還是聽我的？快走！」黑大個發起狠來。五舅怕連累我們，便趕緊起身穿衣服，隨他們坐車走了。汽車一開，母親就後悔了起來：「唉！忘了問他們是哪裡的了，要是明兒個還不回來，該去哪兒找他呢？」過了一會兒她又自言自語地說：「忘了給我哥帶件衣服了，夜裡冷，弄不好要著涼的。」

這一宿我們再也沒睡著，大家擁被坐著一直到天亮。

直到第二天中午五舅才回來，他並沒有絲毫不高興的樣子，反而笑瞇瞇地說：「昨晚查出來的人可真多，體育館裡占了有一半，幸虧遇到了一個群專的後生是咱們的老鄉，聽口音親切，就把我給偷偷放了。」

五舅家庭出身是富農，土改時財產被瓜分殆盡。文革來了，貧下中農聽說又要二次土改，還能分到浮財，把五舅吊在房梁上打，打斷了兩根肋骨。至今呼吸都不順暢，偷跑來呼市想讓母親找大夫給他看看。

「嗨，還真有沒結婚就同居給逮住的呢！」後來五舅又饒有興味地說。

前蘇聯有個政治笑話：什麼是最幸福的人？最幸福的人就是，半夜克格勃來家裡用手槍對著你說：「尼古拉耶維奇，你被捕了！」你鎮定地回答：「我不是尼古拉，尼古拉住在隔壁！」

五舅那天也是最幸福的人。

雞屁股銀行

一

上世紀六七十年代，雁北的農村非常窮，年底幾乎家家戶戶向隊裡交缺糧款。記得有一年，五舅年底分紅只分了二分錢。當隊長高喊五舅的名字時，同時大聲報出：分配二分錢！滿場爆發出哄叫歡呼。五舅起身，顫巍巍地從隊長手中接過當天唯一分配的二分硬幣，那枚硬幣在他手中竟然閃了一道銀光。

那時的農民，一年到頭連一分錢現金也見不到。沒有現金，家庭的日常開支包括油、鹽、醬、醋、針頭、線腦、鉛筆、課本、學費、照明用的煤油都成了問題，現金的唯一來源全靠雞屁股。當時三個雞蛋能換一斤鹽，四個雞蛋能換一斤煤油。一個家庭能有三隻生蛋的母雞，就能應付基本的日常開銷。如果不巧，家中的母雞被黃鼠狼給咬死了，如同你存款的銀行倒閉，立馬就斷了現金來源，出現家庭經濟危機，全家人都要傷心好幾天。

那時，中國農村，一隻生蛋母雞在家庭中的經濟地位決不亞於一個男勞動力，原因就是一個農村家庭的日常支出幾乎全靠雞屁股，因此偉大領袖毛主席給它命名為「雞屁股銀行」。

我親眼看過這樣一幕：一個老太太，六十多歲，臨近中午要做飯發現沒有鹽，端著小黑碗來到雞窩邊，耐心等候雞屁股儘快下出一個蛋來，雞使勁，老太太也攥著拳頭為雞加油。雞蛋終於下出來了，還冒著熱氣，那隻雞剛想臥下偎一會兒，老太太伸出顫動的手抓起那個雞蛋就往村供銷社換鹽去了。

寫到這裡，我忽然想起了一篇文章——〈谷峪的悲劇人生〉，裡面有一個細節也與此雷同，說的是作家谷峪在被打為右派的日子裡，生活過得十分艱難，也是仗著「雞屁股銀行」過日子。有一次，為了給老伴買止咳藥，需要十個雞蛋去供銷社換錢，可當時只有九個，還差一個。他只得等著雞下蛋。偏偏那雞偎窩，眼睛憋得通紅，就是下不出來，谷峪在一旁急得直冒汗，卻無可奈何。這個情節使我始終念念不忘。

記得有一次，表弟為了買練習本，早晨背著書包，手握一個雞蛋，到供銷社去換練習本。那時雞蛋七分錢一個，練習本也恰好是七分錢一本，當他跑到供銷社門口，已經快到上課的時間了，慌忙中不小心摔了一跤，結果蛋打本兒飛。表弟難過的坐在地上哇哇大哭起來。

還有一次，我路過舅舅鄰居的院子。聽到母雞的叫聲，抬眼望去，一隻母雞剛從下蛋的窩裡出來，我看看左右沒人就從窩裡掏出一個熱乎乎的雞蛋，因為肚子太餓了，順手打開，一口氣就喝了。唉，那個大娘的幾兩鹽錢沒啦。

那時，在天黑之前要先把雞窩封好，是孩子們最常幹的一件事，雞窩門要用石板頂好，省的晚上有黃鼬來拉雞。封雞窩的時候，一看雞不全，大人們就會著急萬分：「還不趕緊去找！」找雞可不是件容易的事，犄角旮旯到處都要看，有時候為了找它，不知要跑多少路，費多少勁。到了晚上，全家人都睡得迷迷糊糊的，只要聽見雞叫得厲害，全家人馬上就會驚醒過來，趕緊穿衣起床，出門查看，生怕雞被黃鼬拉了去。

那時的母雞真可憐，都骨瘦如柴。人窮，雞的日子也不會好過，正經的糧食是捨不得給它吃的，只能餵些穀糠秕子之類的，有時候也會將人不吃的老菜幫子用刀剁碎了餵它。每有人家扔掉的骨頭，人們撿回來搗碎餵它，就是它的盛大節日。即便如此艱苦，母雞也總是在努力地報答著人們對它們的厚愛與期待。

「雞屁股銀行」支撐了農民的生活幾十年，儘管這「銀行」經常鬧「金融危機」，時時銀根緊縮，但畢竟它是莊稼人唯一的指望啊！不能設想，當年如果沒有這「雞屁股銀行」，莊稼人的日子會過成啥樣？

上世紀七十年代初，中國流行割資本主義尾巴，那時一個農戶最多只容許養兩隻雞，「四人幫」把老百姓最後的一點財路也給堵了。為什麼兩個雞屁股就是社會主義，三個雞屁股就是資本主義？如何推算出來的，不得而知。

二

世界之大無奇不有，一九九九年，我去峨眉山度假，經朋友推薦去了一家很出名的燒烤店。這家店的招牌菜就是——

雞屁股。據說：這家店的老闆以前追老闆娘時，老闆娘很喜歡吃雞屁股，為了追到老闆娘，老闆獲知這一絕秘情報，天天苦練烤功，最終將世俗的雞屁股烤成高貴的心形，並用九個雞屁股擺成愛心，最後抱得美人歸。雖然不確定這故事的真實性，但是這家店烤製的雞屁股卻是真的既美觀，又好吃。

雲南有些地方也有一種奇怪的習俗，招待客人時專用雞屁股，一家如果不夠，鄰居給湊。因為雞屁股是銀行，寓意發財。好像東鄉族也有這種習俗，雞屁股是待客時專門請客人吃的，以示好客。

但在內地，雞屁股就不是太令人歡迎的東西。據《重慶晚報》報導，一陽姓女士全家去飯店就餐，點殺一隻雞，鍋裡竟先後撈出十一個屁股。

「一隻雞吃出十一個雞屁股？真是又生氣又好笑。」陽女士說，她當即叫來服務員和餐館負責人問個究竟。餐館負責人始終也沒解釋清楚原因，最後只好賠錢了事。

雞蛋軼事

一

一九六〇年，家裡特別窮，孩子們一般吃不到雞蛋。心疼孩子的姥姥偶爾也會煮個雞蛋讓我和妹妹解個饞，但每次只煮一個讓我倆分著吃。分雞蛋是我童年時代最開心的事情。

依稀記得，每次雞蛋還未煮熟，我和妹妹就興沖沖地站在鍋旁等待。熟了之後，姥姥把蛋皮輕輕地剝掉，看到漸漸露出的嫩嫩的蛋白，我和妹妹的口水都要流出來了。姥姥用兩隻手捏著雞蛋的兩端，父親用絲線慢慢地從中間勒開，雖然一個人才能吃到一半，但那時能吃上雞蛋，就像過大年一樣高興了。

舅舅家的孩子們就更難吃上雞蛋了，因為下蛋雞就是家裡的「小銀行」。家中油鹽醬醋，火柴煤油，都指望拿雞蛋換呢。那時，買鹽打醋的活兒，很多人家都是交給孩子完成的。帶上三兩個雞蛋上村裡的小賣鋪換鹽換醋，有時能從裡面截留一分二分錢，可以買一塊硬糖，買幾顆伊拉克蜜棗，那絕對比現在的孩子吃巧克力、烤雞翅還要享受。

家裡有幾隻老母雞，每天下幾個蛋是沒有定數的，這也給孩子們創造了挖牆腳的機會。假如哪天蛋下多了，藏一顆是沒人知道的。嘴饞了，在雞蛋外麵糊上泥巴，煮飯時放到灶膛裡烤熟，奇香無比，吃完小心地把蛋殼之類的扔到河裡，神不知鬼不覺。

常在江邊走，難免不濕鞋，表弟後來還是出事了。那天，妗妗數好十顆雞蛋放到家裡櫃頂上，打算晚上收工後去看她媽，老人家病得不輕，誰知臨走時只剩下九顆。作為第一嫌疑人的表弟被「嚴刑逼供」，屈打成招，承認自己偷吃了這個雞蛋。表弟的聲聲慘叫聽得我們一個個心驚肉跳。

後來，舅舅在家中櫃底下發現了蛋殼，估計是老鼠偷吃了雞蛋，這才知道那天表弟比竇娥還冤。但打也打了，總不能讓小子再打老子吧。

二

我有一初中同學後來讀了商業學校，專業是烹調。他說，記得開學第一課，老師講的是：「油鹽醬醋的搭配」。一次他還悄悄告訴我，他在飯館主勺時，一個雞蛋能打出十五碗蛋花湯。我向他耐心求教，他把嘴緊貼我的耳廓，神祕地說：「把雞蛋打開，摻水攪勻，含在嘴裡，緊抿嘴唇，然後呈霧狀向鍋內噴出。」我狂笑不止，大罵他：「撇球呢！你他媽要下地獄的！」

三

我讀大學時，有個南方籍老師吃飯很講究，吃飯必須有菜有湯才行。一次我去他的住處，目睹了他做飯的過程，只見他把米飯做好後，再拿出一個雞蛋打入碗中攪拌均勻，然後他用一半作成了炒雞蛋，另一半作了一個湯，吃的有滋有味。我驚歎南方人之精細，至今難忘。

四

今年夏天，我從南華聯超市買了五斤綠色雞蛋，回來吃時才發現，這批雞蛋不知放了多長時間了，蛋黃蛋清蒸發的就剩一半了，但印在上面的日期卻說明是昨天才下的。兒子說：「爸爸，我的同學就在食品廠，食品都是出廠時才打印日期呢！」唉，中國的好人是越來越少了。

如今的雞蛋越來越不好吃了。原因是：工業化養的雞，從一孵出來就擠在一個非常狹小的空間裡，從生到死不見天日，為了多產蛋，還要延長光照時間、打激素。這些可憐的雞每天都要面對不公正的待遇，心情壓抑，有氣沒處出，唯一出氣的管道就是屁股。雞把對人類的怨氣都彙集到了雞屁股，生出了「生氣蛋」來報復人類，這些「生氣蛋」中含有大量的皮質激素以及腎上腺素。人吃了這些充滿怨氣的雞蛋，也會產生一肚子的怨氣。

眼下患抑鬱症的人非常多，自殺的人也非常多，估計與此不無關係！

雁北農村的「八八六六」

莫笑農家臘酒渾，豐年留客足雞豚。
山重水複疑無路，柳暗花明又一村。
簫鼓追隨春社近，衣冠簡樸古風存。
從今若許閑乘月，拄杖無時夜叩門。

我讀小學的時候，曾學過陸放翁的這首〈遊山西村〉，至今倒背如流，我最喜歡的就是第二句「豐年留客足雞豚」，萬惡的封建社會，貧下中農也能吃得那麼好？我有點兒懷疑。

兒時，經常聽父母講昔日雁北的有錢人家婚宴的豐盛，形容豐盛時一個最鮮明的詞彙就是「八八六六」。一九六〇年挨餓時，爸爸天天把「八八六六」掛在嘴頭子上，人飢餓時，全天縈繞在腦際就是一個「吃」字。我以前以為「八八六六」是個形容詞，及至中年才知道，這是個實打實的數詞。

原來，昔日雁北有錢人家婚宴，所有菜肴均採用手工粗瓷大碗盛放。「八八」就是八碗熱菜、八碗涼菜；「六六」就是六碗熱菜，六碗涼菜。

為何要稱之為「八八六六」？老人們說，因為要取「發發祿祿」的吉祥諧音。家境不寬裕的人家鬧不起「八八」的，可以降格以求，能擺起「六六」也行。

那時，雁北的有錢人家，不僅結婚要「八八六六」，親朋好友聚會、大戶人家壽筵、小孩滿月等都要用「八八六六」。因其席面排場、氣氛祥和、鄉俗濃厚、味道鮮美而成為筵席文化之精髓，深受人們喜愛。

八大碗熱菜為：扒肉條、肉勾雞、燉牛肉、清蒸羊、香酥雞、紅燒魚、四喜丸子、八寶粥。八熱的首要為扒肉條，這道菜的工序、火候都有很細緻的講究，口感酥爛，肥而不膩，入口即化；

八大碗涼菜為：雁北大粉盤、醬豬耳、豬皮凍、鹵豬肝、鹵鳳爪、花生米、海帶絲、蕎麵涼粉。八涼的首要為雁北大粉盤，是用土豆粉粉條、綠豆芽、蘿蔔絲、豆腐皮拌成的。

但不管是「八八」還是「六六」，主食是沒有差異的，一般都是饃饃、餃子、油炸糕三種，只有壽宴才會增加長壽麵。眼下，發達地區講究飲食清淡。可是在雁北的農村，至今農民兄弟們最喜歡的還是肥酒大肉。

八大碗宴客之際，每桌八個人，桌上八道菜，上菜時都用清一色的大海碗，看起來爽快，吃起來過癮，具有濃厚的鄉土特色。按說美食該配精美餐具，然而這裡全是粗瓷盤碗——村裡就這條件啊。

上世紀五六十年代，村民常常餓肚子。他們肚子越餓，就越夢想吃「八八六六」，可「八八六六」是永遠也吃不到的。「八八六六」只有在田間地頭，村民們精神會餐時才常常提到，說的人們口水直流。自從大躍進以來，「八八六六」與社員們已經徹底絕緣，只有公社的幹部們娶媳婦、聘閨女才有可能吃到「八八六六」。

那時，可憐的村民們吃什麼呢？平常吃的就是糊糊，那就是蓧麵或者玉米麵熬成的比漿糊還稀的粥。農民們也大量地採野生的苦菜，煮半生後，醃在大甕裡，能吃一年。好年景時，他們常常吃山藥魚魚、山藥片片、山藥紈紈、蓧麵囤囤。為了省糧，都要摻一半以上的土豆。農民最喜歡的食物是用黃米做的油炸糕，可是每一個人一年才能分到半斤油，如果全家是四個人，只能分到二斤油。那二斤油全家要吃一年，他們怎麼會捨得炸油糕呢？他們只有吃不用油炸的素糕。素糕也是那種連皮一起碾的毛糕，吃時拉的嗓子眼疼，痾時憋的屁眼疼。

一九六〇年，舅舅給表哥們娶媳婦也是「八八六六」，不過此「八八六六」就不如彼「八八六六」了：

一、水煮豆腐渣。

二、鹽淹柳樹芽。

三、青炒榆樹錢。

四、熬榆樹皮。

五、涼拌苦芥菜。
六、拌野菜大豐收。
七、野芹蘸大醬。
八、燜山藥。
就這樣的「八八六六」，人們也吃的盆光碗淨，因為那時的人們餓的眼睛都綠了，肚裡一點油水也沒呀！

雁北的糕

我的舅舅家在雁北，那裡吃的糕，主要是毛糕，毛糕是指用沒有脫皮的黍子麵蒸成的糕。這種糕比較粗糙，吃起來口感硬而澀，是雁北一帶農民家庭日常主食之一，也叫黍子糕或連皮糕。另一類是黃糕，指用脫皮後的黃米磨成的麵製成的糕。這種糕顏色金黃，口感筋綿香軟，別具特色，舊時家境好的人家較多食用。

與晉南的饃，晉中的麵一樣，雁北的糕也浸潤在濃郁的地方文化之中。

黃糕的做法與糯米糕截然不同。糯米麵只要用溫水和了，要蒸要煮直接上鍋就行了。而黃糕就有些麻煩。需要先淘洗黃米，然後去「噴粉」，上籠蒸時還要鋪好籠布，等水沸騰，大氣上來以後，才能慢慢地往籠布上一層層地灑米粉，蒸透一層再灑一層。直至達到一定厚度，蒸熟蒸透，才倒在瓷盆裡搋（chuai，以手用力壓和揉），只有搋好的糕才能上桌。

搋糕是女人們的事。只見女人挽起袖子，把白嫩的手在涼水裡蘸一下，款款地把沾在手上的水甩甩，雙手在熱氣騰騰的面盆裡急速地搋幾下，面燙手嫩，只一會兒女人的手就變得通紅。女人拿出手，又在水裡蘸蘸，甩甩，如此這般幾個來回，糕就慢慢涼了，手也慢慢適應了，女人就歡快地像雞叨米似的一下一下搋起來。只見她的腰上下起伏著，胸前那兩團肉上下顫動，旁邊的男人看呆了，連眼光都有些濕漉漉的了。糕搋好了，女人在上面抹一些胡麻油，拿塊濕布蓋上。這時女人一手扶後腰，一手擦汗，臉色紅紅的，在自家男人眼裡，這是女人最美的時候，都說秀色可餐，自家的女人也算得上秀色哩。

黃糕也可以分為兩類：一類是素糕，指蒸熟後不包餡兒，也不用油炸的糕。這種糕通常是大塊兒的，蒸熟後就放在箅子上，吃時切片兒，或烤、或蒸、或煮。在晉北，燴豆腐泡素糕，是家常飯中的上品。

另一類是油糕。油糕又可分為兩種：沒有餡兒的叫實片糕，有餡兒的叫包餡糕。婚喪大事中需要大量做的糕一般不包餡兒；逢時過節，迎親待客，家人聚會時才做的少量的包餡糕。糕內可包豆沙，也可用蔬菜做成素餡。

剛炸出鍋的糕叫「現糕」。把炸好的現糕一個挨一個碼到大盆裡，蒙上被子，放到熱炕頭上，捂一兩個小時再吃的糕叫圍糕。現糕外脆內軟、圍糕綿軟筋道，各有風味。吃剩下的糕叫舊糕，可以上籠餾著吃，餾糕軟溜溜的，其實更有一番風味。

在雁北，吃糕在老百姓生活中是一件非常隆重的事情。這當然不僅僅是因為它好吃和好看，更重要的是「糕」與「高」諧音。因此，不但娶媳婦、娉閨女吃糕，生了小孩吃滿月糕；蓋房時吃上樑糕；搬家時吃暖房糕；老人生日吃長壽糕」；兒童生日吃翻身糕；家中有人去世了，要吃倒頭糕；過年要吃接年糕；正月十五吃的是企盼豐收的穀穗糕，如此等等。

大同地區流傳著這樣一首民謠，可以大體反映糕在人們生活中的重要性：「百歲吃頓糕，日後步步高；生日吃頓糕，辦事不發毛；喜事吃頓糕，日子過得好；喪事吃頓糕，陰間餓不著；搬家不吃糕，一年搬三遭。」

大同話裡諷刺人待客小氣，慣用語是「雞蛋碰糕」，如果不瞭解當地的飲食習慣，就不明白這句話的意思。原來，雁北蔬菜品種比較少，舊時接待貴客的飯食常常只有炒雞蛋和炸油糕。盤子裡的炒雞蛋不多，是經不起大口大口吃的，客人一般也以吃糕為主，拿筷子頭兒夾著糕在雞蛋碰一碰，做做樣子。

東北人不會蒸糕，把好端端的黃米麵做成了粘豆包。今年春節前，有朋友從東北帶了一些粘豆包給我，看著那些凍得硬梆梆的帶著冰茬兒的粘豆包，就讓我想起了生活在冰天雪地裡的那些東北哥們。我不喜歡吃粘豆包，但他們說，粘豆包的外表是樸實無華的，可裡面的豆餡卻是香甜的。就好像東北女人，寒冷的天氣造就了東北女人粗獷、堅強的性格，可是東北女人的骨子裡卻是甜蜜柔軟的。可惜，他們能體會到，我體會不到。

關於糕的軼事也很多。我的一個同事生在廣州，長在上海，七十年代時去土左旗支農，派飯在一個隊長家。吃飯時她只端了碗燴菜蒙倒頭吃，隊長老婆問她：「你咋不吃主食？」

她說：「主食？主食在哪裡呢？」

「素糕在桌下的盆裡呀！」隊長老婆把瓷盆上的鍋蓋揭開讓她看。

「哦！我還以為那是你們和好的面呢！」同事尷尬地說。

也是七十年代，有一次我在商都搞社教，住在一所小學裡。那天隊長和我們一起蒸糕。糕蒸熟了，沒有盆子摝糕。同行的小李從隔壁的女教師床下找到一個簇新的白搪瓷盆。我們正摝的起勁，那位女教師臉色羞紅地過來說：「那是尿盆子！」

隊長有些耳背，他說：「急啥！我們還沒吃完你就要盆子？」

在內蒙古西部好些地方，「吃糕」也屬於褻語。十幾年前，我們經常開車去鄂爾多斯出差，偶爾也在公路兩邊的小飯館裡吃飯。一次，我問路邊店的老闆：「有糕嗎？上來一盤！」老闆反問我們：「你們是要量黃米嗎？」我說：「有糕就直接端上來，量啥黃米呀？」同行的哥們狂笑不已，後來我才知道，原來「黃米」是鄂爾多斯一帶對賣淫女的稱呼，那邊管找小姐就叫「量黃米」。

後來根據我對一些葷山曲的理解，始知「量黃米」這句隱語是由「搗糕」引申而來，比如山曲裡有一句「……，就像二升黃米搗軟糕」，你想，搗糕的兌杵、兌臼像什麼？

聽說在電廠務工的農民工們經常去「量黃米」。據他們說，罰款數額一漲再漲，可是「黃米」的價格卻沒有漲，還落了，原來幹一次事兒就需要支付一百元，現在八十塊錢就能陪你過一宿。

中國人多不值錢。罰款的數額可是與國際接軌的，可這「黃米」卻仍是國內農產品的價格。

哈哈！搞笑吧？

地皮菜與黑黴黴

一

我的舅舅家在山西雁北，那是個很窮的地方，窮山惡水，就靠每人幾畝薄田過日子。「三年困難時期」，主要種植的農作物是玉米、高粱、黍子、胡蘿蔔和山藥蛋。由於土地缺少肥料，種什麼都歉收。黍子長得像狗尾巴草，胡蘿蔔只有小拇指粗，山藥只有酒盅盅大。一年下來，平均每人只能分到一百來斤糧食，每人每天平均也只有三兩多。如何才能填飽肚子，是那時的人們終日都在發愁的事情。

再艱苦的歲月也會有美好的記憶。記得得勝堡的夏天，漫山遍野開放著一些說不出名字的小花，紅的、紫的、黃的，十分美麗。花香引蝶，一些蜜蜂和蝴蝶嗡嗡嚶嚶地從遠處飛來，圍著豔麗的小花，翩翩起舞。

雨後，我常常和表姐們去山上採摘地皮菜。地皮菜必須是下過雨以後才會有，也只是山上才有。雨後濕氣蒸騰，生物繁衍，生成一朵朵鮮活的小片片，分佈在山野林地。

地皮菜是真菌與藻類結合的一種共生植物。其結構非常簡單，分不出根、莖、葉，也無花無果，和海帶、紫菜一樣，同是一種藍藻類植物。地皮菜的葉片比木耳還薄，陽光照上去時間不久，它就發蔫枯萎，緊緊地貼住地皮。因此，雨後採摘是最佳的時光。

每次上山，我們都貓著腰，很仔細地尋找著。每發現一處就大呼小叫起來：「哇，這兒好多呀！」小夥伴們一下就圍繞過來，你爭我奪的，忘情地揀拾著。

地皮菜這東西特嬌嫩，溫柔地爬在有草沫草根的地方，揀的時候要伸出三個手指輕輕地一摳，一片肥而大的地皮菜就進了自己帶來的籃子當中。揀這東西手不能太重，否則就會被弄碎了。邊揀邊玩，不覺之中已揀了半籃子了，看看天色，快到吃飯的時間了，表姐一招呼，大家就不揀了，歡喜熱鬧地拎著籃子回家。

地皮菜因為是從山上撿的，因此裡面有很多的沙子。洗一次兩次是絕對不行的，吃時會感覺很牙磣，所以，必須要反覆地洗。妗妗往往要洗八九次，才會入鍋，只稍微焯一下就用笊籬將它撈到一個盆子裡。然後往裡面調上鹹鹽、蔥花和醋，再滴幾滴香油，就可以入口了。我和表哥表妹們一起端碗，歡快地往嘴裡扒拉著。真好吃啊！清涼爽口，滑潤香甜，真是人間美食啊！

清代王磐編纂的《野菜譜》中，收錄了滑浩一首歌詞〈地踏菜〉曰：「地踏菜，生雨中，晴日一照郊原空。莊前阿婆呼阿翁，相攜兒女去匆匆。須臾採得青滿籠，還家飽食忘歲凶。」這首歌謠記述了地皮菜救荒的情景。可見，地皮菜自古以來，就是饑年渡荒的重要天然野蔬，是大自然恩賜之寶，它不知拯救了多少勞苦大眾，為人民立下了不可磨滅的功績。

地皮菜在全世界都有分佈。因為它只出現在大雨過後不受污染的山地草原上，因此，國外常稱其為fallen star或是star jelly，乃是誤認為其是由天上所降下來之故。餐廳業者則取名為「情人的眼淚」，為一道極美味的菜肴，而原住民則稱其為上帝的眼淚。

據專家分析：地皮菜富含蛋白質、多種維生素和磷、鋅、鈣等礦物質，有降脂明目、清熱瀉火的功效，能為人體提供多種營養成分。如此說來，敢情在三十多年前，我就吃進了大量的高營養？

二

「立夏種茭子，小滿種直穀」，每年七八月的大暑、立秋、處暑，正是紅高粱吐穗懷肚肚的時候，也是鄉村孩子們放暑假的時候。那時，我經常和他們結伴去割草，去高粱地裡打黑黴黴。黑黴黴是高粱的一種病，學名叫黑黴病，是一種真菌，危害農作物。黑黴黴嫩時能吃，待到黴黴老了，變為孢子體，長成黑色黴粉狀就不能吃了。孩子們在高粱地裡穿梭，嘴裡還念叨著當時流行的童謠：「黑黴黴蹩脖脖，認不得捏一捏，再認不得扒一扒，巡田的過來甩一刮」。因為一旦扒開不是黑黴黴，而是即將吐穗的高粱，這棵高粱就算毀了。所以，巡田的就怕有人到地裡打黑黴黴。孩子們也最怕碰上巡田的，輕則挨打，重則要受罰。

孩子們把打下的黑黴黴插在褲腰帶上，快速走出高粱地，一屁股坐在柳樹下，挨個剝了皮，美滋滋地吃著，弄得黑嘴黑臉。

在人民公社吃大鍋飯的年月裡，每當高粱吐穗的時候，在地裡參加勞動的人們，稍微有一點餘暇，都要瞪起雙眼搜尋高粱的黑黴黴。一般有黑黴黴的都是苞米緊實的那一種，有的露出一星半點灰白，並不容易尋得。摘下來，去掉苞葉，灰白的一段菇展現在面前，咬一口，微甜，無雜味，很好吃的。難得是那種包的嚴嚴實實尚在孕育的菇，這種菇株型略有差別，穗部常顯出膨出狀，究竟裡面是穗還是菇是需要經驗去辨別的。上年紀的老農眼光很毒，一眼就可以看穿，年輕人則不然，常有看走眼的時候。若是真正的菇，剝開來，披一身細膩的白膜，咬它，嫩嫩的，其味甘而雋永。那時候農村本來果品就少的可憐，吃一點鮮野之味，宛如天下的奇珍異果，如咬了一口王母娘娘的壽桃一般，叫你回味不盡，當然也充饑了。

「處暑不出頭，割得餵了牛」。處暑一過，若高粱還不出穗的話，就長不成了，只能割了餵牛，這時黑黴黴也很少了。在我的記憶裡，高粱、玉米、小麥、糜子都會生出黑黴黴。但只有高粱和糜子的可食，玉米的黑黴黴長得很難看，一般人不去碰它。

我近來才獲知，玉米黑粉菌產生的蛋氨酸是機體生長、發育、維持及保持氮平衡所必須的氨基酸之一，在代謝過程中有著特殊的作用。其含有的甲基，可參與對機體生命活動極其重要的轉換過程。通過甲基化與硫基轉化作用，可將體內各種有毒物質解毒。

我常常想，無論是糠菜半年糧的年代，還是鬧災荒的舊社會，地皮菜和黑黴黴都是窮人家的食糧和菜肴。就是不缺糧不缺菜的年月，這兩種東西也是農村調解乏味生活不可或缺的好東西，是大自然對我們的一種恩賜，我們永遠也不應該忘記它們。

紅姑娘

我好幾年沒有患感冒了，去年春節前後，呼市突然來了寒流，儘管我加倍防護，還是被捲進了傷風感冒中，嗓子疼的久治不愈。鄰居的老李大嫂說她家有一味奇藥，是親戚從山西老家帶來的，喝了馬上就會好。第二天她給我帶來的奇藥竟然是幾個小果——紅姑娘，還說這就是清火去熱，專治嗓子疼的特效藥，我立即撕開一粒放進嘴裡，酸甜中略帶一絲苦味劃過喉嚨，感覺竟然既熟悉又陌生，喚起了我對紅姑娘的悠長回憶。

小的時候，舅舅家的菜園子裡，牆根下密密麻麻地長滿了紅姑娘，紅姑娘是多年生野生草本植物，生長能力極強，只要有一顆苗子冒出芽，就會蔓延一大片。紅姑娘未結果時樣子和辣椒苗很相似，也開白色的小花。花落了，結一個小小的球形漿果，外面裹著燈籠似的外殼。紅姑娘是鄉間兒童的零食，也許小孩子對可以吃的東西是迫不及待的，我總覺得它長得很慢，菜園子裡所有的植物都枯枝了，紅姑娘的果實才呈現出橙紅色。

紅姑娘也叫苦姑娘、綠姑娘，到了秋天，經霜打後的果實才開始慢慢變紅。男孩子不喜歡擺弄紅姑娘，因為那是女孩子的玩具。而女孩子喜歡用它做成哨子，含在嘴裡，一吸一咬，能發出奇妙的聲音。

記得表姐非常手巧，她常把綠姑娘兒，放在兩隻小手的手心間，輕輕地揉著，一直揉到姑娘皮兒和裡面的籽離骨了，然後掐了一小段細細的笤帚糜子，在小圓粒的口部扎了一個眼，才能把裡面的籽掏出來。然後用嘴把姑娘皮兒吹圓，在門牙處輕輕一咬，就會發出那種「咕咕」的聲音。我就不行，往往忙活半天了，弄壞了無數個綠姑娘兒，也沒有成功。最難的就是姑娘兒裡面的籽不好往外掏，有時連肉帶籽一拽，皮就破了，這個姑娘兒也就沒有用了。姑娘兒的蒂把處必須是完好無損，氣體從小圓眼裡擠出才能發出那個聲響。

紅姑娘吃的就是那個酸勁兒，綠色的時候果實堅挺，非常漂亮，等到果實成熟變黃變紅，就變得柔軟，味道也不很酸了。

等到秋天，紅姑娘果實成熟了，紅紅的，像是掛的一盞盞燈籠，酸甜可口，既敗火又好吃。大人們經常把紅姑娘採摘收集起來，用線穿成串，掛在院子裡房前向陽的牆壁上晾曬，以備不時之需。

兒時聽舅舅說：「咱們這兒起先並不長紅姑娘。有一年，有個閨女被被城裡人騙得大了肚子，就穿著一身紅跳了懸崖，打那以後，咱們這裡才山前山後都長滿了紅姑娘。」有一回舅舅忽然湊到我的耳邊，神祕地說：「聽說啊，吃了這紅姑娘的人，總能看見一個穿著紅色衣服的閨女跟著他，盯著他，直到那人被盯得發了瘋，跳下懸崖去。」我被嚇得半死，好長時間不敢再吃紅姑娘。

紅姑娘學名酸漿，是我國歷史上特有的藥食兩用型多年生草本野生水果。原產於中國，南北均有野生資源分佈。酸漿在中國栽培歷史較久，在西元前三百年，《爾雅》中即有酸漿的記載。在明朝政和年間，古人就對其有充分的利用。《本草綱目》舊版草部第十六卷，草之五，明確記載：「燕京野果名紅姑娘，外垂降囊，中含赤子如珠，酸甘可食盈盈繞砌，與翠草同芳，亦自可愛。搗計服治黃病（即黃膽性肝炎）多效，治上氣咳嗽風熱，明目，付小兒內辟等多種疾病。」

由於氣候和環境的變故，紅姑娘現在除了東北和華北極小部分地區外，全國大部已經絕跡，紅姑娘成了東北部分地區的天然特產。介於紅姑娘既藥且食又有一定的觀賞價值，近年來，東北已經把紅姑娘的產業開發的非常宏大，主要是作為醫用。看來東北人的腦筋還是比山西人活泛呀！

黃花菜

我的舅舅家在雁北，那裡盛產黃花。黃花是大同有名的特產「蔬菜」，在當地被叫做「金針」。黃花要在開花之前採摘其花蕾，在特產地，它於早晨開花，因此在大同縣一帶，人們在天色還處於昏暗朦朧的時候，就來到田間採摘起來，幹這種活兒是非常辛苦的。

將採摘下來的生黃花炒著食用，香飄四處，味道美極了。我非常喜歡吃這種菜，可是，那只是在產地才能夠進行的奢侈。在一般的情況下，是將採摘下來的黃花用蒸籠蒸熟，再靠太陽曬乾，這樣的黃花就變成了商品，叫做「黃花菜」。聽說在日本超市之類的地方，也有黃花菜在銷售，只不過黃花菜在日本被叫做「百合之花」。

六七十年代時，舅舅每次來呼市看望我們時都要帶許多的黃花，我們捨不得炒著吃，只是在吃麵條，打鹵或兌湯時擱一點。山西人喜歡吃麵條，吃麵條主要在於湯的味道，母親兌的湯非常好吃，裡面除了必不可少的黃花外，還有蘑菇、木耳、紫菜。

植物學記載說：黃花菜是金針菜的一種，百合科，多年生宿根草本植物，肉質、根肥大，生於山坡和草地。含蛋白質、脂肪、碳水化合物及多種維生素，營養豐富。除食用外，其根和花葉均可入藥。黃花菜是居民採食歷史最悠久的一種野菜，長時期為自採自食。每年的採摘時間一般在六月中旬至七月上旬，花蕾綻放時為最佳採摘期。採摘後及時除蒂洗淨，曬乾或入鍋熟後晾乾。

日人高見邦雄在《山西大同的黃花菜》一文中說：「黃花與百合科萱草屬的夕萱花一模一樣吧，香味也完全相同。黃花擁有兩個學名，其中之一與夕萱重疊了。不過，至於花朵，還是這種黃花菜要大得多，花蕾的數量也要多得多。如果不是這樣的話，那就不是蔬菜了。黃花菜就是被那樣改良過來的吧。」

內蒙古也盛產黃花，只不過內蒙古的黃花是野生的。來過內蒙古的人都知道這裡還有一條著名的黃花溝，黃花溝風景區位於內蒙古中部的烏蘭察布草原腹地，是典型的高山草原地形。平均海拔二千米以上，總面積六百多平方公里。由於地形的特殊，這裡山巒起伏，溝壑縱橫，兩崖壁立，蜿蜒伸展。每當盛夏，更以絢爛的黃花聞名。到了夏天，在錫林郭勒盟的草原上也有黃花盛開，滿山遍野，燦爛之極。

據報載，在西康衛星發射中心，生活著一些從美國聘請來的專家，這些美國人充滿了驕嬌二氣。因為西康衛星發射中心身處大山深處，文化生活落後，中國還專門為這些美國專家開闢航線，定期送他們去東京及香港度假。一天晚餐，專家餐廳為這些專家炒黃花吃，沒曾想美國專家不但不領情，反而大發脾氣：「我們美國人不吃草！」，後來經過廚師及翻譯的再三解釋，他們才搞清黃花菜不屬於草，中國人也為此憤懣不已。

我的舅舅們都已作古了，家鄉自產的黃花菜很難吃到了，我每次在超市看到黃花菜，總要想到我的含辛茹苦的舅舅們，那些一生種植黃花而捨不得吃黃花的受苦人們。

麻煩籽與麻子

一

不知為何，雁北把葵花叫做「麻煩餅子」，把葵花籽稱為「麻煩籽籽」。是吃起來麻煩還是吃葵花籽能夠解麻煩，無從考證。文革時，得勝堡有個小夥子，把「葵花朵朵向太陽」，故意念成「麻煩餅餅向陽婆」，因此被打成反革命，送到大同監獄裡關了半年。北魏在大同建都，距今已一千四百多年了，向日葵引入中國也有五百年了。「麻煩餅子」的稱呼年深日久，把偉大領袖比成陽婆才有幾年？

得勝堡也種葵花，不過不成片地種，只在田頭地尾栽種些，供人們消遣。兒時，我們不等葵花餅子成熟就開始吃上了，嫩葵花籽也很好吃，不用吐皮，嚼碎咽也下去也很香，不過，別讓大人遇上了，大人看見，我們會被追著打的，說我們是在作害莊家。

葵花籽很好磕，但歐美人就不行，他們把瓜子咬碎，攤在手掌上，像修表似地，揀那微不足道的碎仁，鄭重地塞進那口水粘糊糊的，闊大的嘴裡，很有成就地大嚼，笨得可笑。

葵花籽在東北被叫作毛磕，據說就是因為俄國人吃葵花籽，就像晉北人嗑麻子那樣，一把葵花籽扔到嘴裡，然後就是吐皮了。

而中國人則不然，不但嗑得利索，連嗑瓜子的聲音也是有性別的，男人嗑的聲音是「咳、呸」，女人嗑的聲音是「咳、咳」。

原先生產隊開會時，男人們抽旱煙，勤謹女人們納鞋底子，懶女人們就嗑瓜子。隊長講話，下面瓜子皮滿天飛。直到散會，地上、炕上的瓜子皮能掃出好幾簸箕，倒進爐子裡，火苗會噴湧而出。

二

雁北產麻子，也賣麻子。當地人把大麻簡稱為麻，把麻的雄株叫花麻，雌株叫子麻，子麻產的籽兒叫麻子。花麻成熟於仲秋，去葉泡漚，晾乾剝麻，用於擰合各類繩索，供日常生產、生活所用；子麻成熟於季秋，出產的麻子榨油食用，是雁北的主要油料作物之一。

嗑麻子屬於技術活兒，雁北人都會嗑麻子。把比米粒稍大些的麻子噙人口中，用門齒嗑開，用舌尖剝出麻仁，麻子皮吹出口外，然後慢慢咀嚼，徐徐嚥下。有的人嗑麻子的技藝堪稱稱奇，手捏著麻子，向上一扔，嘴接個正著，抿了嘴，不知裡邊怎麼鼓搗，眨眼間那麻子殼就出來了。出來的麻子殼粘在下唇上，密密麻麻一大堆。

豐子愷說中國人吃瓜子的水準在世界上能取得博士資格，其實，和嗑麻子比，吃瓜子算老幾？瓜子那麼大的塊頭，是麻子的好多倍，對付起來容易得多。嗑麻子那才叫絕活兒，不申請吉尼斯記錄，是中國人的失誤。

麻子炒了以後很香，雖然這東西沒有多少仁兒，光嗑麻子，嗑著嗑著就會餓死。但嗑這種不停地嗑也會餓死的東西，自有它的趣味。我就不行，放在嘴裡，對付半天，一咬下去就碎了，一碎了就沒法兒收拾。有時碎不了，只能脫出半個仁兒，另一半嵌在殼裡，軟硬兼施就是不出來，頑固透了，只好連殼唾掉。我心裡就琢磨，這活兒只有鳥的小尖嘴才能幹得了，於是沒了耐性，就抓半把麻子放在嘴裡大嚼，這種粗野吃法，自然不是吃麻子的正道。

因為嗑麻子食量不大，油水不多，久磕也不會飽，多吃也不覺膩，所以人們閒暇時多用嗑麻子來消遣，打發光陰。那時得勝堡人走路、幹活、開會，嘴裡不離麻子。在田間地頭，許多人坐在一起，誰的衣兜裡有麻子，便分給眾人一把，大家都嗑起來，一會兒地上就落下厚厚的一層麻子皮。

依稀記得，天氣暖和的時候，太陽很慈祥，人們就坐在日頭的慈愛中，一邊嗑麻子，一邊放肆地說著葷話，越說越沒深淺，話就全裸了，裸出一片野笑。我儘管有如此深的生活資歷，但嗑麻子始終不得要領。生活中的許多情趣，不是所有人都能品嚐到的。

有一次我去江浙出差，帶了點麻子，一天正在大堂裡嗑，賓館服務員問我：「你是什麼鳥兒？吃的什麼米米？」

「我是呼市的鳥兒，吃的是麻子，你們吃嗎？」

她回答說：「我們這裡沒有，也不會吃！」

雁北有句歇後語：家雀嗑麻子——糟踢五穀雜糧。我雖然不是家雀，但也不討厭麻子。

嘿嘿，最近才聽說，嗑麻子有抗癌的功效。每天嗑一把麻子，能夠減少百分二十患癌症機會，儘管如此，我也嫌麻煩，沒有這種耐心。不過上網、寫博，桌面上除了香煙、茶杯之外，再加一小碗子麻子，夜深人靜，邊寫邊嗑，倒是很有一番情趣。

從我有記憶起，在呼市的大街小巷，就有賣麻子的老頭兒、老太婆。他們坐在不足一尺高的馬紮上，面前擺上一盆灰濛濛的麻子，裡面擱上一個小茶盅。只要你能搜羅出幾個硬幣，便可買到一茶盅顆粒飽滿的麻子，足夠過一把「麻子癮」。

常見閒散的人們，一隻手指間夾著一支煙，一隻手只用老大老二老三指頭一抓，也就是抓起十五至十六個麻子，溜到手心搖一搖，用嘴一吹，然後輕輕地放進嘴裡，經過舌與口腔牙齒的相互配合，不一會仁、殼分離，且吸且嗑，且吃且談，且談且笑，從容自如。

七十年代中期，我在內蒙農大讀書時，嗑麻子幾乎風行校園。學生嗑、老師嗑、看書寫字嗑，有時甚至上課聽講也嗑。我的同桌就曾是一員嗑麻子嗑出「水準」的人物，他有過一天嗑三十盅麻子的紀錄。他的老家是巴盟五原的，家裡種麻子，每次開學都要帶半口袋麻子來，因為常給同學們發麻子，在班上人緣極好。

那些年，每逢年節，許多人在購置糖、果、瓜子的同時，還要準備一些麻子，供飯後茶餘、閒談聊天時食用。只有嗑麻子，既能嘴裡有東西吃，又不會過量傷胃。

絕好的麻子產自內蒙古西部。一次，我和長輩們談起現在不見賣麻子的人了，他們說：「現在人們油水多，口味高了，誰還嗑麻子？」這才使我恍然大悟。一個時代有一個時代的零食，看來，這「嗑麻子」也真該劃個句號了。

鄉間往事

聽母親說，解放前在得勝堡，就是地主家的日子也過得捉襟見肘。地主家比貧農家好在莜麵能吃飽，窮人家則糠菜半年糧，有點莜麵，全憑和山藥摻合起來吃。擀莜麵頓頓，蒸山藥紈紈，炒莜麵塊壘，不摻山藥糧食根本不夠吃。得勝堡地板子薄，靠天吃飯，一畝地最多打一百斤，即便是好年份，也不敢放開肚子吃。

解放前，舅舅家在得勝堡算好人家，炕上能鋪得起席子。大多數人家就連席子也鋪不起，用漿糊、蛋清拌著草汁，把一盤炕刮漿的光溜溜的。有的人家窮的連行李也沒有，即便冬天也直接睡在光板子炕上，身上蓋著隨身的衣服。炕燒得熱了，只好不停地翻身。到了後半夜炕漸漸地涼了，會凍得瑟縮發抖。

在我的記憶裡，得勝堡的冬天非常冷，家裡的水缸晚上都會結冰，早晨起來要鑿冰才能舀出水來。家境稍許好點的人家裡才有爐子，爐子砌在炕沿邊上，鐵爐盤。爐子的煙氣有兩個走向，暖家時移用爐筒子，燒炕時拉開插板直通炕裡。為了省炭，爐膛泥的就像一個成人的拳頭大小，沒有多大的熱量。爐盤中央插一個細桶狀的汆壺，喝開水倒是非常方便。

一般灶火緊挨炕頭，灶火上都有一口七勺鍋，做飯、煮豬食，甚至洗衣服都用這口鍋。有時候，豬食剛剛煮好，還沒有盛到盆裡來，豬就拱開門進來了，攆都攆不走。舀完豬食，用一個小笤帚把鍋裡的殘渣往外一掃，再用搌布一擦，就可以給人做飯了。

天涼的時候，有的女人想用熱水洗衣服，鍋裡的水一熱，就把衣服泡進去了，也許還有孩子的尿布。我兒時就親眼目睹看過此事，現在想起來還反胃。

得勝堡人雖然守著大同煤礦，卻無緣消受。做飯、燒炕全靠柴草。那時候，農民一年到頭缺吃少燒，不僅肚子填不飽，連灶火也總是飢餓的。得勝堡的人們出門經常帶一個耙子，用它來摟柴。男女老少，出門在外，見了柴草就搜羅，即便如此也滿足不了爐膛的那個血盆大口。

農村裡沒有好飯食，在得勝堡，早飯一般是稀粥、炒麵。喝完多半碗小米稀粥，碗底還剩點，就把炒麵舀進碗裡，然後就用筷子使勁地拌，辦成塊壘狀，就等於乾飯了。炒麵是用莜麵炒的，炒麵放在一個紙筋笸籮裡，擱在炕中央。做紙筋笸籮是山西雁北農村婦女的一項特技。把爛紙浸泡後，搗碎，拍在一個倒扣的瓷盆上成型，等紙盆徹底乾透，輕輕地揭下來，然後用平常積攢的香煙盒糊裱出來就能用了，在沒有塑膠製品的年代裡，這是居家過日子的必需品。

得勝堡的晌午飯一般是莜麵魚魚、山藥糾糾、莜麵頓頓，用爛醃菜湯湯調著吃。有時候是穀麵窩窩、燴酸菜，穀麵就是穀子磨成的麵，得勝堡的穀麵都是連皮磨的，吃時拉的嗓子疼，拉時暫且出不來，憋得臉紅脖子粗。

晚飯一般是熬稀粥，炒塊壘。塊壘的做法是，把山藥煮熟，揑碎，然後拌上莜麵上籠蒸，蒸熟了最好用鍋炒一下。炒塊壘需要油，油小了不好吃。因此許多人家就免除了這道工序。

得勝堡的早晚飯都離不開爛醃菜。家家戶戶地上齊腰深的大甕裡都醃著爛醃菜。舅舅家爛醃菜的原料主要是芋頭的葉子，俗稱「kuo子菜」，芋頭下大同賣了，葉子捨不得扔，只好自己吃。即便是這樣咀嚼不動的菜葉子，也一直要吃到夏天，裡面起了蟲子，也捨不得扔掉。

來了客人，一般是烙油餅、炒雞蛋，這是傳統的待客飯了。雞蛋一般人家都有，白麵有時還要饒村去借。姑爺上門一般是趺雞蛋、下掛麵，掛麵五十年代還沒有，進入六十年代得勝堡才有了掛麵。

那時不管窮富，家家戶戶都有一口大櫃，有錢人家的櫃上擺著鏡子及女人們用的梳頭匣子。條件再好的人家還有撣瓶，裡面插著雞毛撣子。記得在秋天，舅舅總要編兩個草圈子，放在大櫃上，每個草圈上放一顆西瓜，妗妗每天都要仔細地擦抹這兩顆西瓜，據說這樣可以放至深冬也不壞。

大櫃是生活必需品，家裡的衣物都要用包袱皮子包好放在大櫃裡。解放後，木材屬於國控物資，人們搞不到木材來做大櫃，於是聰明人發明了用水泥來做大櫃。水泥做大櫃的程序是，在平地上預製好水泥的板材，沒有鋼筋就用廢鐵絲來代替。等到乾燥固化，再搬到家裡組合起來。一個大櫃一塊底，四塊幫，下面還有四個水泥做的腿子。組合時，交接處的鐵絲擰在一起，然後把裡外縫隙用水泥抹平。待乾燥後，裡外打磨光，外面上漆，裡面糊紙，就大功告成了。唯有大櫃的櫃蓋是木頭的，因為水泥的掀不動，如此製作的大櫃可以亂真。

得勝堡的人家，家家門背後都有一口水缸。五六十年代，有熱水瓶的人家很少，除非是隊幹部，想喝熱水，只有在吃飯時，能喝點蒸鍋水，人們自詡為「原湯化原食」。平常不管是大人還是孩子，只要渴了，就到水缸裡用銅瓢舀起半瓢涼水，咕嘟咕嘟地狂飲一氣。我見過一個老太太，盤腿坐在炕上向兒子要水喝，兒子就從水缸裡舀起半瓢，遞到了她的手裡。

得勝堡的人都沒有內衣，所謂的內衣也就是個紅主腰子。褲衩？沒聽說過。許多人家兩代人睡在一條順山大炕上。黑夜公公下地尿，也是光身子。唉，我說的事情，絕不是童話，也不是發生在「萬惡的舊社會」，而正是發生在紅旗獵獵、紅歌震天的那個時代呀。

鼓匠

山西的鼓吹樂，班社林立，遍佈全省，是流布最廣的一個樂種。晉北鼓吹主要分佈於忻州、陽高、五臺等地，是以嗩吶、笙、管等吹奏樂器和鑼、鼓、鐃、鑔等打擊樂器共同組合而成的一種民樂合奏形式。

在得勝堡，農村的紅白喜事都要雇一班鼓匠來吹吹打打。紅事指的是娶媳婦，白事是指老人過世出殯，農村八十以上老人過世也稱喜喪。那個年代沒有電視機，就連收音機也不是家家都有，每年二人臺也是農閒時演幾次，一年基本上沒什麼娛樂的項目，看鼓匠是唯一的娛樂。尤其在村裡打發老人的時候，附近三里五村的人們往往忘記白天的勞累，吃完飯結伴成群地來看鼓匠表演。

我從小就喜歡聽鼓匠的吹打，聽得如醉如癡。兒時在舅舅家，經常圍在鼓匠身邊，看吹、看打、看敲，看各種樂器的相互配合，看人們的起鬨。那時，我總盼望村裡有老人去世，一旦聽到哪家老人病重的消息，孩子們立刻奔相走告，不出一會兒，全村的小朋友都開始翹首期待了。自然並不是每個病重的老人都會很快病逝，於是拖得久的會被人暗罵老不死；而過一陣子居然轉危為安的，會令我們失望甚至憤恨。直到老人撒手西去，我們才能如願以償地看上鼓匠。

晉北的鼓匠班子很多，幾乎村村都有。但是有名氣的，被大夥兒認可的卻屈指可數。鼓匠班子的命名一般是班頭的外號，譬如在堡子灣鄉，在我小的時候就有「三猴」、「瞎二」、「白蛋」等等，當然也有直呼其名的。

要想混口飯吃沒有點硬功夫是不行的，聽說白蛋學鼓匠時很苦，每天早上天還沒亮就起了床，一個人摸黑來到河邊，嗚哩哇啦地吹了起來。在學的過程中，雙手舉兩個嗩吶，胳膊上吊塊磚頭練習。三九天面對西北風吹，嘴麻木、起泡、流血。有時嗩吶嘴子和嘴唇凍在了一起都不知道，歇息時一拉一塊皮，鮮血冒出來，用手背擦一擦接著再吹。

舊社會，鼓匠被歸到三教九流下三爛之列，是走千里路吃百家飯的營生。晉北人把鼓匠攬活兒叫做尋門市。到哪兒尋門市，都是吹在前吃在後，永遠進不了屋、上不了炕。那時有句很不好聽的話，叫做「王八戲子吹鼓手」，他們給人帶去歡樂，卻換來了一個與王八為伍的壞名聲，好在鼓匠們不以為然，他們自己找樂，自己尋開心，有人就說「不管是王八水蛋，掙了錢就是好漢。」

在那嚴冬風雪或盛夏酷暑中，鼓匠們相互拉拽著，跌跌撞撞地在太陽落山前趕到雇主家，在破舊的棚圈內或用苫布爛席搭成的臨時場地裡席地而坐。中間置一火撐（鐵製的圓形架子），等牛糞、羊糞之類的燃料燃燒起來，鼓匠便在煙燻火燎中吹打開來，俗語說：「凍死的鼓匠煙燻味。」

一班子鼓匠通常由七八人組成，班內由兩個人吹嗩吶，其餘人打擊鼓、鈸、鑼等。吹嗩吶的大部分眼睛殘疾，人們稱呼瞎子。吹嗩吶兩個人還分為捏上眼兒，捏下眼兒。捏上眼兒的人起主導作用，吹什麼內容由他決定；捏下眼兒在行業內叫拉踏，意思是跟著吹就行。娶媳婦要吹「將軍令」，為的是熱鬧喜慶；給老人送終時，要吹「苦伶仃」，吹得淒涼悲戚。

鼓匠吹在先吃在後。頭一天夜裡對臺到凌晨四五點，第二天燒紙，熬紅眼還要繼續吹。後半夜歇息時，一般東家都是把鼓匠安排在本村光棍人家睡，家冷炕涼沒法睡，涼完前心涼後背。晚上沒鋪沒蓋時，幾個人扯一張被子蓋。

白事有兩種，分為三天鼓、晝夜鼓及對臺鼓。三天鼓，比如今天下午來，明天燒紙，後天早晨吹得把老人下葬完事；晝夜鼓就是燒紙當天來第二天走，等於一個白天加一夜所以叫晝夜鼓；對臺鼓就是有錢人家雇兩班鼓匠吹讓他們比著吹。

晚上人多時，一定要進行對臺鼓，對臺鼓時，鼓匠吹的最經典就是「捉老虎」，「捉老虎」就是鑼鼓叫陣，兩個吹嗩吶的把嗩吶桿、嗩吶碗，拔下來來回交替耍。

鼓匠班子都有絕招，最普通的就是「抹碗子」，誰不會「抹碗子」就別想在這個行當裡混。碗子就是鎖納最外的那個銅喇叭，吹嗩吶的在一種特別快的節奏中，把嗩吶大卸八塊，直到把那碗子拿在手中，仍然要一刻不停地對著嘴吹。而且要用嗩吶上的哨子、桿子和喇叭吹出各種不同風格的聲調來。在演奏過程中，鼓匠與看熱鬧的，形成了一個氣場。叫好聲不斷，鼓樂聲飛揚，常常高潮迭起。

兩班鼓匠一旦對起了臺，就互不相讓，這個剛落那個驟起，吹的人滿頭大汗，看的人喜笑顏開，完完全全是一個吹塌天，樂翻天。

解放後，鼓匠的地位節節攀升。鼓匠的曲目也與時俱進，記得吹「青松嶺」時，要比那班吹得馬叫和馬蹄聲比較好。文革前常吹「逛新城」、「掛紅燈」，其餘就是二人臺，有時還吹葷段子「公公騷媳婦」。觀眾最嚷嚷就是「乾磨電」，「乾磨電」就是兩班鼓匠四個吹嗩吶的乾吹。可到了文革期間，形勢急轉直下，鼓匠竟然被列為「四舊」，差一點「斷子絕孫」。後來為了迎接「最高指示」，有了各種各樣的慶祝儀式，鼓匠們才得復甦。然而，曲子卻被限制著，不論是什麼場合，不是「下定決心」就是「大海航行靠舵手」。

在我的記憶裡，吹嗩吶都是瞎子，以自己稚嫩的想法以為只有瞎子才能當鼓匠，有時候孩子們淘氣說想當鼓匠，大人就是說那就把眼揉瞎去吧。後來才知道那個年代眼睛正常的人都在生產隊掙工分，眼睛殘疾的不能勞動才去學鼓匠糊口。

鼓匠原本是附合慶祝、熱鬧的氣氛的，只在甜蜜喜慶的婚禮或是福壽雙全的喜喪中出現。不知為什麼後來婚禮時不大請鼓匠了，而喪事卻將其發揚光大，但凡有老人去世，不問壽數，請鼓匠是兒女保全臉面必須的開銷。

好久沒回故鄉了，聽說改革開放後，農村的鼓匠班子進入新時代，配上了合成電子琴、架子鼓，出現了以唱為主以吹為輔的格局。汽車打開馬槽做成的臨時舞臺，男女對唱，霓虹閃爍。因此，人們流傳一句話——九十年代不一樣，鼓匠不吹全憑唱；八十年代比弓箭，鼓匠就吹乾磨電。再也看不到童年鼓匠的情景，一切都成了塵封的回憶。

過去的鼓匠，如今都叫藝術家了，表姐的大女婿在內蒙古電視文工團吹黑管，妗妗們不知道啥叫黑管，只說愛花的閨女嫁給一個鼓匠。天地玄黃，許都事情都顛倒過來了。

人老了就會懷舊，如今，我夜半失眠時，耳邊總會響起故鄉那或哀婉得催人淚下或激越得讓人興奮的高高低低的鼓匠聲，那些悽惶悲催的鼓匠我是再也見不到了。

人熊

兒時，我經常去舅舅家，幾個舅舅都給我講過同樣一個傳奇故事，據說此事發生在清朝嘉慶年間，地點就在得勝堡附近的五臺窪。他們都描述的有眉有眼，我聽完後感到頭皮發麻、心驚肉跳。故事說的是，有一年，有個草臺班子的馬戲團來五臺窪演出，村民們都去圍觀，馬戲團節目豐富多彩，各種馬戲雜技戲法都有，還有猴子、蟒蛇、狗熊等表演，村民們看的十分有趣。

節目大約演了兩個多時辰，村民們有的給錢，有的挖米挖面，馬戲團的老闆掙得盆滿缽滿，於是收拾東西離去。那個年代也沒汽車，他們只有一輛馬車拉道具，其餘人員只能步行。他們走出村子二三里地，回頭一看，還有一個十歲左右的娃娃跟在後面，於是老闆靈機一動，把孩子抱上車，花言巧語地把他給騙走了。

到了下一個村子，節目演完後，時間已經很晚，演員們都已安頓好睡下了。半夜時分，老闆起了壞心，他和他的弟弟先給孩子灌了麻藥，然後把他們那隻狗熊弄死後扒皮，扒完後，就在孩子的身上用刀子割好多口子，趁著鮮血直流，趕緊把這張狗熊皮貼在孩子身上，各部位都按結實後，狗熊皮就孩子的身體粘到一起了。為了避免孩子報案，他們又殘忍地把孩子的舌頭割了下來。

第二天天亮時分，孩子蘇醒了，覺得渾身疼痛，但又說不出話來，一看自己長出一身毛來，萬分恐懼，於是嚎哭不已。他自知落入狼窩虎穴，後悔已晚，因時時有人看管，根本沒有逃離的可能。

過了幾天，狗熊的皮在孩子身上完全長好，老闆就開始訓練孩子演雜技，孩子開始不配合，老闆就用鞭子狠狠地抽他，孩子禁不住打，只好照老闆的話去做。觀眾不知道是人，以為是真的狗熊，都誇讚這隻狗熊真有靈性，演的太出彩了。

孩子就這樣忍氣吞聲地過了好幾年。有一天馬戲團又轉悠到了孩子的姥姥家，在演出時，孩子發現這個村子非常眼熟，又在圍觀的人群中一下子認出了他的舅舅，於是在中間休息時，趁老闆不備來到舅舅身後，並用手拽舅舅的衣服。舅舅嚇了一跳，發現狗熊在拽他，並用手比劃要筆和紙，舅舅好奇萬分，於是找來紙筆遞給了狗熊。孩子拿起筆來在上面寫道：舅舅，我是×××，幾年前被害成這樣，請你趕快救我！把紙遞給舅舅後，舅舅大吃一驚，眼淚嘩嘩地直流，於是趕緊報官。縣太爺迅速派衙役前來把老闆抓走嚴加審訊，開始老闆拒不承認，經嚴刑拷打，才對此事供認不諱。後來老闆被砍頭示眾，舅舅把他領回家中，又下大同找最好西醫給他治療，醫生打麻藥後才用手術刀一點一點把狗熊皮扒下來。痊癒之後，舅舅把他送回了老家，才得以與家人團聚。

他的父母自他失蹤以後，整天以淚洗面，沒想到今生還能相見，於是喜出望外，抱頭痛哭。

這個故事，現在聽來非常荒誕，熊皮如何能夠和人肉長在一起？即便可以，感染排異這一關就無法過得去。但得勝堡的村民卻深信不疑，代代口口相傳。不知道他們為什麼熱衷於這樣一個傳奇故事？也許是為了對淘氣孩子有所警示？我實在不得而知。

近日始知，此類傳聞《清稗類鈔》上早有記載：「乾隆辛巳（一七六一），蘇州虎丘市上有丐，挈狗熊以俱。狗熊大如川馬，箭毛森立，能作字吟詩，而不能言。往觀者施一錢，許觀之。以素紙求書，則大書唐詩一首，酬以百錢。一日，丐外出，狗熊獨居。人又往，與紙求寫，熊寫云：『我長沙鄉訓蒙人，姓金，名汝利，少時被此丐與其夥捉我去，先以啞藥灌我，遂不能言。先畜一狗熊在家，將我剝衣捆住，渾身用針刺亡，勢血淋漓，趁血熱時，即殺狗熊，剝其皮，包於我身，人血狗血相膠粘，永不脫，用鐵鏈鎖以騙人，今賺錢數萬貫矣。』書畢，指其口，淚下如雨。眾大駭，擒丐送有司，照采生折割律，杖殺之。押狗熊至長沙，還其家。」

不才今日在此史海鉤沈，再次以訛傳訛了。

雁北農村的飲水陋習

喝生水是歐美人的習慣，歐美人對喜歡喝開水的亞洲人鄙夷不屑。如果把喝生水也看作一種文明的話，我們中華民族喝生水的歷史又比他們悠久多了，又可以「屹立於世界民族之林了」。

改革開放之前，雁北農村人一直是喝生水的，家家戶戶門背後就是一口水缸，水缸上掛著一個水舀子，不管誰渴了，就走到水缸旁，拿起水舀子舀上一瓢水，咕咚咕咚地喝上半天。不僅大人孩子如此，就是炕上坐著的老人渴了，也是把水舀子給他遞過去，讓他慢慢地飲用。只有吃飯時，人們才有可能喝到熱水，那熱水也不是專門燒開了喝的，只是些蒸鍋水，老鄉們稱為「原湯化原食」。

城裡的客人來了，不能給喝涼水，主人往往端個碗去有暖瓶的人家倒熱水。為了表示好客，還要找富庶一些的人家抓點紅糖，用筷子攪攪就端回來了。端回來的水也不熱乎，再說碗也不太乾淨，即便洗過，裡面的污漬也似時隱時現的雲彩，有潔癖的城裡人是不敢喝的。

社員們下地幹活，豔陽高照，大汗淋漓時是需要補充水的。守著河的就喝河水，守著水渠的，就喝渠水；啥也不守的，就由隊長指定人送水。水當然是直接從井上挑過來的，比較潔淨，飲水的工具是個水舀子，幾十號人都用這一個傢伙，許多人喝一半喝不下去，水又倒回了桶裡。城裡人一般是不用別人的茶杯的，在這裡，不管男女老幼，嘴乾淨的還是口臭的都通用一個「茶杯」。

在農村，有茶杯的人家極少，隊長家也是用碗來喝水，碗也是那種粗瓷的大笨碗，沒有美感可言。

為啥不喝熱水？一是暖瓶太貴，買不起；二是沒柴火、沒工夫燒水；三是家裡人口多，暖瓶那點水於事無補。

農村女人的地位很低，因為一點小事尋死覓活的也不少，遇事心眼小想不開的也大有人在。喝農藥買不起，上吊沒繩子，跳井是個上策。井裡撈上來死人，井水就無法喝了，一想到生孩子、來例假的那個地方曾經泡在井裡，老年人更是無法忍受，於是派年輕人下去掏井，把井水掏乾，再等新水慢慢地滲出來。

城裡坐機關的幹部離不開茶水，一張報、一支煙，一杯茶水喝半天。高官們出國考察，沒有熱水泡茶感到很彆扭，原先都是自帶電熱水杯，因為歐美與我們的電壓不同，於是又催生了降壓整流的插座，出國須知上寫的很明白。後來我屢次出國始知，歐美酒店的電咖啡壺一樣可以燒熱水，從此省卻了攜帶電熱水杯的麻煩。

喝生水不好嗎？不見得，縱然中國農村的生水不乾淨，但很少有人因為喝水致病的，原來不潔可以提高人的免疫功能。不信你看看清潔成癖的歐洲人，區區大腸桿菌超標竟然會大量死人，而對於吃慣了蘇丹紅、福馬林、三聚氰胺的中國人來說，大腸桿菌猶如毛毛雨。原來，不潔可以建立起百毒不侵之軀，練就金剛不腐之身。

如廁史話

《金瓶梅詞話》第二八回：「分付取刀來，等我把淫婦剁作幾截子，掠到毛司裡去。」毛司一詞為古漢語，即當今的廁所。我的姥姥家在雁北的農村，因為那裡落後，廁所至今還叫做毛司，許多這樣的語言化石在這裡仍然遺存。

上完毛司要擦屁股，我這裡文明些稱之為「揩腚」。但那些年，雁北的農村裡窮的連鹽都買不起，哪裡有錢去買手紙呢？人們上毛司之前，隨意撿一塊石頭或土坷垃，找不到時，屁股勾子只好在牆角亂蹭。

古人如廁後如何打理？不得祥考，據史料記載，唐宋之前，人們用的是一種叫做「廁籌」的木頭片或竹片。用廁籌之法疑隨佛教而傳入中國。在早期的佛教諸律中，記載了釋迦牟尼指導眾比丘使用廁籌的事情，如毗尼母經卷第六：爾時世尊在王舍城，有一比丘，婆羅門種姓。淨多汙，上廁時以籌草刮下道，刮不已便傷破之，破已顏色不悅。諸比丘問言：「汝何以顏色憔悴為何患苦？」即答言：「我上廁時惡此不淨，用籌重刮即自傷體，是故不樂。」針對這種情況，釋迦牟尼佛說：「起止已竟，用籌淨刮令淨。若無籌不得壁上拭令淨，不得廁板梁栿上拭令淨，不得用石，不得用青草，土塊軟木皮軟葉奇木皆不得用；所應用者，木竹葦作籌。度量法，極長者一磔，短者四指。已用者不得振令汙淨者，不得著淨籌中。是名上廁用廁籌法。」

《南唐書・浮屠傳》記載說李煜幫和尚削棍，怕有刺便親自用臉試爽滑度。說明當年的菊花還是安全的：「後主親削僧徒廁簡，試之以頰，少有芒刺，則再加修治。」這也從側面證明了直到宋朝，中國人一直用廁簡處理排泄物。為什麼不用紙？大概是因為國人「敬惜字紙」。

據史料記載，元朝開始用紙擦屁股了。「凡紙質，用楮樹皮與桑穰、芙蓉膜等諸物者為皮紙，用竹麻者為竹紙。精者極其潔白……粗者為火紙……火紙十七供冥燒，十三供日用。」估計這種手紙僅限於達官貴人，市井小民是沒有這種經濟實力的。

元朝皇帝用的廁紙以為該是「膚卵如膜，堅潔如玉，細薄光潤」的澄心堂宣紙。但史料記載，裕聖皇后當太子妃時，對婆婆非常孝順，學李後主拿自己的臉試手紙柔軟度，順便磨臉皮去角質：「至溷廁所用紙，亦以面擦，令柔軟以進」。後人推測元朝皇族大概是用「還魂紙」，即廢紙回收再加工。

明初皇上用的廁紙是四川野蠶吐絲織布而成。明代謝肇淛撰寫的《五雜俎》記載：「大內供御溷廁所用，乃以川中供野蠶所吐成繭，織以成帛，大僅如紙。每供御用之物，即便棄擲。」直到明後期皇帝才開始用紙，由內官監紙房抄造。原料是廢紙，石碾軋漿、淘洗，摻蒲棒絨放水池攪勻，竹簾把紙漿撈出來，刷到木板曬乾揭下，裁三寸見方，淡黃色。因為是聖上用紙，名曰——聖紙。

更霸道是慈禧的廁紙。紙裁好後用水噴濕，隔著濕布用熨斗過兩遍讓紙光滑平整。《宮女回憶錄》裡說，這道工序由宮女對著廁紙，口含清水，一口氣噴成霧狀。

光緒皇上用稍差點的毛邊紙。它原是明代藏書家毛晉的印書紙，毛先生習慣在紙邊上蓋一個篆書「毛」字印章，是謂「毛邊紙」。將它揉搓一下，就是光緒用紙。

一個民國時代廁紙竟然有了質的飛躍，一九四八年通貨膨脹，法幣貶值到比廢紙還便宜，於是廁所內法幣滿地，這大概是人類最奢侈的廁紙了。

數千年來，中國南方的普通民眾一直使用廁籌，亦稱攪屎棍；北方不種竹子，也有用小木棍替代的，功效和廁籌一樣。懶人直接用土坷垃，更有連土坷垃都不想撿的，直接在牆角亂蹭，嚴重違背了佛主的教誨。

聽安徽人說，早年，他們那裡住在丘陵地帶的，是用稻草或者山上的茅草來擦，而且茅草一定要趁青草的時候割下來，曬乾，如果等到秋天黃了割下來就太脆太硬了。下雨天的時候，農活忙完了，全家人湊在一起，把曬乾的稻草、茅草相互纏繞，結成一個個拳來備用。

住在平原地帶的，多半選擇用剝完黃麻的秸稈。剝下麻稈外面的一層，剩下的就是中空的莖，白白的，手指頭粗細，用來解決上廁所問題簡直是上上之品。那時候的鄉下，幾乎每家廁所都有這麼一捆麻的莖稈。比較講究的家庭還會把麻稈撅成五吋左右長短的一段，用粗布打磨，再捆成小捆，塞在廁所的牆洞裡。

在偉大的毛時代，城裡坐機關人的廁紙主要是黨報；其他人則用大字報、包裝紙、煙盒來代替。那時，因為每張報紙上都有領袖像，一不小心，就會大禍臨頭。雁北地區農村人，除了社隊幹部，一般農民使用的都是土坷垃，即便女人也是如此。

在這個宣傳洗洗更健康的年代，為什麼黃土高坡的女人婦科病如此少？而現在城裡女人，經期不規律、婦科炎症、子宮肌瘤卻比比皆是？難道黃土高坡的女人有自己獨家的秘笈？是不是我們擦屁屁用的衛生紙也出了某些問題？或越來越柔軟的高檔衛生巾是不是相應地阻止了我們女人濕氣排出的通道？為什麼古人或文革前的農婦使用土坷垃擦屁屁也不會致病，值得反思。

城裡女人每天又是濕巾，又是潔爾陰洗液，仍然疾病叢生，真是一個值得行家們好好研究研究的課題。

我們的祖先吃啥？

我的舅舅家在雁北，那裡的飲食習慣和內蒙古西部地區基本相同。主食以莜麥、小麥、小米、玉米、黍子為主，蔬菜以土豆、胡蘿蔔、圓白菜、番瓜、西葫蘆為主，數百年來那裡的人們一直日出而作，日落而息地過著粗茶淡飯的生活。

近日我突發奇想：他們的這種飲食習慣究竟持續多少年了？不查不知道，一查嚇一跳，原來他們的這種飲食習慣也就四五百年的時間，往上再數五百年，那時的生活狀況與現在大不相同，因為現在許多習以為常的食物，那時根本就沒有：

玉米原產於南美洲，最早是印第安人種植的，大約在十六世紀中期，也就是我國明朝時期，由傳教士帶入中國。

馬鈴薯傳入中國有多條渠道，時間約在十六世紀末葉；十七世紀時，馬鈴薯已在中國廣泛傳播。由於馬鈴薯非常適合在原來糧食產量極低，只能生長莜麥的高寒地區生長，很快在內蒙、河北、山西、陝西北部普及。

捲心菜原產於地中海沿岸，由不結球的野生甘藍演進、馴化而來。十三世紀在歐洲開始出現結球甘藍類型，十六世紀傳入中國。

胡蘿蔔的故鄉在阿富汗。我國的胡蘿蔔，是十三世紀由伊朗引進的。

番瓜，又名南瓜、倭瓜。番瓜起源於中、南美洲。南瓜在中美洲有很長的栽培歷史，中國六百年前開始栽培。

黃瓜原名叫瓠（hu）子，是漢代張騫出使西域時帶回來的。

番茄是西洋傳教士在稍早的萬曆年間，和向日葵一起帶到中國來的。山西雁北農戶至今仍把番茄叫做「西番柿子」。

辣椒原產於中、南美洲。大約在十五世紀末期，被西班牙人傳到歐洲。十六世紀末，辣椒傳入中國，名曰「番椒」。

煙草原產於美洲，十六世紀時才傳入中國。

據文獻記載莜麥（學名裸燕麥）也是從歐洲經中亞引進中國的，但具體時間不詳。莜麵是內蒙古西部及雁北地區的美食，我們不難設想，雁北及內蒙古西部若沒有蓧麵可吃，生活該是多麼乏味。

在歐洲人仍然把蓧麥壓成麥片，把土豆炸成薯條時，內蒙古西部及山西雁北的農戶卻把蓧麥演繹成了一部皇皇巨著，經久不衰。

我常常想：五百年前的古人，沒有蓧麵、沒有土豆、沒有玉米、沒有葵花、沒有圓白菜、沒有胡蘿蔔、沒有番瓜、沒有黃瓜、沒有番茄、沒有辣椒，沒有旱煙、他們是如何生活的？多麼單調而無奈。

根據許嘉璐的《中國古代衣食住行》的記載，中國古代的主食主要是黍（似小米而粘，現在的北方人用來做年糕）、稷（就是小米，是中國古代最重要的糧食）、麥、菽（豆類）、麻（麻籽可以吃，在古代糧食少，麻籽成為窮人的主要食物，富人卻難以下嚥。）還有稻和粱（稷的良種），屬於精細糧，貧民是吃不到的。

那時老百姓居家的主要食品有：糗（炒熟的米麥等穀物，類似於現在的炒米）、餅（與現在烙的不同，是蒸煮熟的）、稀粥、饡（zan，類似今天的蓋澆飯）。

麥子在中國最早是粒食的，人們把麥子去殼後蒸熟食之。宋代文豪蘇東坡在詩中有這樣的句子：「破甑蒸山麥，長歌唱竹枝」，蒸而食之是老百姓吃小麥的主要方式。西漢黃門令史遊在《急就篇》中稱：「麥飯豆羹皆野人農夫之食耳」、「民之所食，大抵豆飯藿羹」。直到石磨普及，才可以把麥子磨成麵粉。由粒食改為麵食，是我們民族飲食史上的一大進步。

在中國，最初所有的麵食統稱為餅，在湯中煮熟的叫「湯餅」。據今人考證，所謂湯餅，其實是一種手撕的面片湯，漢劉熙《釋名・釋飲食》中的索餅也與湯餅近似。麵條「魏作湯餅，晉作不托」（明末・張岱《夜航船》），到了晉朝，湯餅就有了細條狀的了，這時叫做「不托」。麵條在唐代依然稱為「不托」，到了宋代，始見麵條的稱呼，而且麵條的方式也有很多種，（如「索餅」，就很像今天的寬麵條了），麵條的澆頭也有了很大的擴展，各種葷素菜都可以拌面而食，和現在的麵條已經差不多了。

其實，就連小麥也起源於西亞。據專家考證，小麥可能最先就是由西亞通過中亞，進入到中國西部的新疆地區。時間當在距今五千年左右，後又進入甘肅、青海等地，甘肅省民樂縣東灰山遺址中出土了距今約四千多年的包括小麥在內的五種作物種子。

然而，唐初以前，北方地區的小麥和粟（小米）相比，仍然處在次要的地位。在《齊民要術》中，大麥、小麥被排在了穀（稷、粟）、黍、穄、粱、秫、大豆、小豆、大麻等之後，位置僅先於北土不太適宜的水稻。唐初實行的賦稅政策中規定國家稅收的主要徵收對像是粟，只有「鄉土無粟，聽納雜種充」，而小麥則屬於「雜種（稼）」之列。到了唐中後期，小麥的地位才上升到與粟同等重要的地位。

我常常想，農作物不一定靠某一個人特地去傳播。如果是合適的農作物，民間就會自發地傳播開來。相反，如果某種農作物不會帶來各方面的價值，硬性推廣也不會被農民們接受。像玉米和土豆這類作物，既抗旱又抗災，還是高產，適宜於山地面積廣和人口過剩的地區種植。如果沒有玉米和土豆這兩種食物，上億的人會度不過荒年。

我們的祖先咋說話？

差不多每個朝代都有「官話」，每個朝代的官話大都以都城附近的方言為基礎。中國古代的都城，周秦漢唐主要是在長安（西安），東漢魏晉遷到洛陽，所以，長期以來黃河流域的方言便成了通行全國的語言。東晉南朝遷都建康（南京），大量北方人移居江南，不僅把寧鎮一帶的方言改造成為屬於北方話系統的下江官話，而且洛陽方言也成為當時朝廷上的工作語言，南方士人入朝為官無不爭相學之。南宋遷都臨安（杭州），大批官員和士兵湧入杭州，把杭州話改造成為一種以吳語腔說北方話的特殊的方言，使杭州成為吳語區中的一個官話島。元明清三代都以北京為都城，於是北京話又成為當官必須通曉的語言，以至於現在我們的普通話仍是以北京語音為標準語音的一種語言。

其實，現在的北方話並不是漢代的漢語，也不是唐代的唐語和宋代的宋語，它和元代以後的官話最為接近。由於北方自漢代以來不斷地有胡人南下入居塞內或入主中原，現代漢語是從漢唐時期的古代漢語，經過佔領漢族人中原地區的游牧民族的嘴巴後演變過來的，使得北方的華夏古音逐漸胡化變成了今天的北方話。

粵語曾經一度是古代漢族人的普通話，曾經在全國通用。由於躲避中原戰亂或其他原因，從秦漢開始，黃河沿岸的中原人陸續向南方遷移，把河洛古語帶到了原本沒有漢族人居住的廣東和福建地區，在與當地文化糅和後，逐漸形成了如今的粵語與閩語。現在的粵語和閩語成了古漢語的活化石，所以我們可以在南方各種方言中找到數量很多的古漢語語音。

最早的粵語是二千一百年前，河北的一支軍隊帶到廣東的。粵語的前身也是中原雅言，中原雅言是華夏之言，是漢族人最正宗最正統的漢語，是華夏民族的母語。

閩南語最早是一千八百年前，河南的一支軍隊帶到福建南部地區的。閩南語是古代河南洛陽話的繼承者。

據專家考證：國人漢晉時說的話接近閩語，唐宋時說的話接近粵語。從漢朝開始到明朝是四川話；清朝開始是東北話。劉備開會時說成都話，肯定不是現在的普通話。

據史料記載，春秋時期孔夫子時代管共同語叫雅言，雅言以洛陽話為標準。孔夫子講課時能讓來自各地的學生都聽得明白，就因為當時有共同語——雅言。

在漢代，共同語有了進一步的發展，當時把共同語叫做通語。各地講不同方言的人可以用通語進行交際。

我們中國人現在通用的普通話，其歷史只有四百年，語言學家說它是滿族式漢語，猶如當年日本鬼子的協和語：「你地什麼地幹活？」滿大人講的漢語。是女真滿洲人向漢族滿洲人學說漢語時用的口音，有很多滿族詞彙夾在裡面。由於滿族後來成為統治者，所以權貴都放棄自己的當地口音說這種新的清朝官話，否則難免官途不順。久而久之，也就變成在北方應用廣泛的普通話。

民國初成，眾議員共商治國大計，民國國語幾被定為粵語，蓋因國會議員過半粵人也。然孫中山顧全大局，避免因官話改變引起大量民眾討厭民國，所以堅持用清朝官話做國語，國語才終被定為京話。如果不是孫先生，全體中國人現在都在講粵語。

北魏在山西大同建都，大同話曾經是標準的國語。那時沒有電臺，也沒有電視，如果有電臺及電視，播音員及主持人肯定是一口純正的大同話。再展想一下，如果那時就有聯合國，中國特使開會發言說的也是大同話；外交部發言人也是大同話；在華留學生，學的也都是大同話。國人也都以爭相學說大同話為榮。

直至元朝，大同仍是個文藝非常繁盛的地方，街頭絲竹之聲不絕於耳，那時中國許多劇作家都是大同人。不信去看看元朝的雜劇，那句臺詞不是大同話？

大同方言屬於晉語。就全晉語來說，按當前普遍認同的說法，大同方言屬於大同包頭片，主要分佈在山西北部和內蒙古中部，呼市的方言就屬於晉語。也就是說，呼市的方言擱在北魏，也屬於標準的國語。如擱在當下，我們說呼市話的人隨意到個地方都可當外教，甚至可以去外交部當漢語翻譯。

其實大同話軟軟兒的挺好聽，不信我給你朗誦〈再別康橋〉之大同方言版：

悄秘圪促的我走了，
就像我悄秘圪促地來，
不提溜走一片雲彩，
水底下的草草啊，
圪囚在那兒輕輕地忽顫。

不過大同人說普通話可不好聽，就像嘴裡含上燎炭圪渣了。哥兒們不要笑話我啊，當年有話為證：世界大同，大同世界嘛。那時哪有北京？那時的北京還是蠻荒之地，屬於邊陲。不遠處的滄州就是林沖發配的地方。我想用孔乙己的口氣來結束此文：哼，老子的祖上也曾經闊過，也是都城中之人！

番茄何時來的中國？

相傳番茄的老家在祕魯和墨西哥，原先是一種生長在森林裡的野生漿果。當地人把它當作有毒的果子，稱之為「狼桃」，只用來觀賞，無人敢食。據記載，當時英國有個名叫俄羅達拉裡的公爵雲遊美洲，第一次見到番茄，就被它豔麗的色彩所深深吸引，於是就把它帶回了英國，作為稀世珍品獻給他的情人伊莉莎白女王，以示對愛情的忠貞。此後，番茄便有了「愛情果」的美名。

直到十八世紀，才有人冒險吃了番茄，從此知道了它的食用價值。相傳，有一位法國畫家看到番茄如此誘人，便萌生了嚐嚐它到底是什麼滋味的念頭，可是他卻沒有勇氣食用，但是為了後人，於是他就壯著膽子，冒著中毒致死的危險，吃下了一個，並穿好衣裳躺在床上等待「死神」的降臨，然而過了老半天也未感到身體有什麼不適，便索性接著再吃，只覺得有一種酸甜的味道，身體依舊安然無恙。

傳統觀點認為，番茄之作為蔬菜和水果被人們食用，是歐洲人在十九世紀首先開始的；晚清光緒年間，才以食用名義，選擇了較好的食用品種引入中國的。如果這種說法成立，那麼清朝末年中國才有的番茄。

其實在清朝中期，番茄就在中國出現了。小說《綠野仙蹤》中的苗禿說過這麼一句話：「不想他是個西番柿子，中看不中吃的歪貨物。」

西番柿子，不用細考證，可以斷定就是我們今天的番茄。在小說《綠野仙蹤》產生的年代，番茄還是觀賞植物，「中看不中吃」，其實是不敢吃。《綠野仙蹤》產生於什麼年代？清朝乾隆二十九年（西元一七六四年），其時應該屬清朝的中期。

但也有人認為，在清朝初年，中國內地已經有番茄栽培了。番茄清朝中期進入中國的說法恐怕也不夠準確。

其實，更早記載番茄的文獻見於明趙函的《植品》（一六一七），趙函在書中提到，番茄是西洋傳教士在稍早的萬曆年間，和向日葵一起帶到中國來的。

一六二一年王象晉的《群芳譜》又再次肯定了番茄的來源，《群芳譜》載：「番柿，一名六月柿，莖如蒿，高四五尺，葉如艾，花似榴，一枝結五實或三四實，一數二三十實。縛作架，最堪觀。來自西番，故名。」

許多人對番茄清初進入中國的推論剛剛深信不移，一九八三年七月，在成都北郊鳳凰山發掘的西漢古墓裡，出土有陶器、漆器、藤笥、竹笥近六十件，並有稻粒、果品、獸骨等食物遺存發現。同時，還發現了一些奇怪的植物種子，經過培育發現，這些種子竟然屬於番茄，也就是番茄！

那麼，漢代栽培番茄，是作為觀賞植物呢，還是食用呢？漢代的番茄種子是國外傳進來的，還是我國本土的呢？我也實在搞不清了！

中國人從什麼時候開始吃番茄的？據史料記載是在清代末年。但我的長輩記憶，中國人吃番茄，是上世紀四十年代的事，而且是看了外國人吃，中國人才敢吃的，可見食用和觀賞是兩回事。

專家說，未成熟的青色番茄含有生物鹼，可被酸水解生成番茄次堿，此時食用，口腔會感到苦澀，嚴重的可導致中毒，出現頭暈、噁心、周身不適等症狀。番茄成熟變紅後，其毒物質已自行消失，可放心食用。

第一次食用番茄，肯定要冒很大的風險，不是勇士誰敢呢？

中國最後的擊壞遊戲

上小學之前，我玩過一種類似棒球的遊戲，內蒙古西部人叫做「打節克兒」。參與者分成兩組，一組是發「球」方，一組是接「球」方。所謂「球」，實際是一根兩頭削尖的木棍，兩指粗，兩寸長，狀似織梭。

遊戲開始時將人依自願分成兩組，在靠牆處畫出一個直徑約兩米的半圓，曰「油鍋」。取得發球權的一組人選出一個人守「油鍋」，守門員站在「鍋」內發球。發「球」者右手持一個長約尺餘的木板，形似菜刀，左手拿著織梭狀的「球」，高聲喊「接不接？」分散在遠處的對方數人，曲身張衣接「球」。當接球方做好接球的準備，齊聲應答「接！」時，守門員用木板奮力將球打在指定範圍，當然越遠越好。

此時如若接球方將球接住，雙方則換位，接球方成為發球方。如若沒有接住球，接球方就從球的落點撿起球來，向「油鍋」裡拋擲，守門員用木板極力攔截。此時球若拋進了「油鍋」裡，雙方也要立即換位。如若沒有拋進「油鍋」，守門員走到球的落點處，用手中的木板將放在地上的「球」斫起（只需用木板的背部剁棍棒的尖尖），球斫起後，奮力用木板煽向遠方，此動作可以連續三次，每次的煽動時口中念念有詞「一節克兒、二不浪兒、三逼鬥」。

技術熟練的男孩，經過此三下，往往把球打得很遠。球第三次落地，守門員用眼睛丈量後，開始要分，按規矩一板長為一「丈」，如果要的差不多，接球方就會認帳，等於承認了分值；如果要的多了，接球方不認帳，那就要實地丈量。如果丈量數大於索要的分值，接球方予以承認；如果丈量數小於索要的分值，此局的分數就為零，還要更換發球方。依據累計分值，最後確定輸贏方。

自從我一九六二年上中學後，就再也沒玩過這種遊戲，也沒見別人玩過這種遊戲，只記得遊戲的名字，比賽規則也淡忘了。只是在看奧運會棒球比賽時，才會依稀想起當年兒時遊戲的場面。後來從明人劉侗的《帝京景物略》中得知，小時候玩過的這種遊戲有可能就是古時的擊壤。劉侗記云：「二月二日龍抬頭，小兒以木二寸，製如棗核，置地而棒之，一擊令起，隨一擊令遠，以近為負，曰打柭，古所稱擊壤者耶。」這條記述與我玩過的打節克兒遊戲極為相似。我常常想，雖然棒球更有趣味性、競技性。沒準擊壤就是他的老祖宗，它不過是擊壤進化的最新版本。

我兒時玩的打節克兒遊戲，最接近明人劉侗對擊壤的描述，然而劉侗所述的擊壤遊戲並非最古老的擊壤遊戲。最古老的擊壤是什麼樣子呢？據晉周處《風土記》和魏邯鄲淳《藝經》等書介紹，「壤」是用木頭做的，前面寬後面尖，闊約三寸，形狀就像一隻鞋子一樣。玩的時候，先把一隻壤插在地上，人走到三四十步開外，用手中的壤向地上的壤擊去，投中的就算贏。擊壤對後世遊戲的影響非常之大，如宋代的「飛？」清代的「打瓦」等等遊戲形式，都是由擊壤演變而來的。

清．周亮工《書影》：「秣陵童謠有『楊柳黃，擊棒壤』。」這裡被擊打的壤木已由鞋形變為圓形的棍棒狀。據博友老陳考證，這種變形後的擊壤，在本世紀四十年代中葉依然在呼和浩特流行，名曰「打柗」。他雖然沒有趕上，但他的兄長們都玩過。此時的「打柗」已和保齡球非常相似。

據史料記載，古時的擊壤還有一種玩法，即在空曠處用濕土堆成一堆或幾堆圓柱形或圓錐形「壤堆」，幾個競技者站在規定距離的線外，用一端削尖的小木棍來向壤堆投擲，以小木棍插在壤堆上的數量多少來分勝負，和後來的飛鏢極其相似。

其實近代的一些遊戲都是擊壤的變種，我本以為擊壤這種古老的遊戲只在山西或內蒙古西部的窮山僻壤裡才會遺存，但據專家考證，此種遊戲上世紀五十年代初在南方還有人在玩，叫做「打梭」；滿族風俗中的打栲的玩法也與擊壤雷同。

在古代，還有一種「擲磚」之戲，也與擊壤之戲相似。靠擲磚來分勝負。《太平御覽》卷七百五十五《擲磚》條引《藝經》說：「以磚二枚，長七寸，相去三十步立為標，各以一枚方圓一尺擲之。主人持籌隨多少，甲先擲破則得籌，乙後破則奪先破者。」這種遊戲要講究一定的技巧性，只有瞄得準，力量用得得當，才能擊中目標。

其實，這種擲磚的遊戲，我兒時也經常玩。那時，我們院子裡的幾個男孩經常在空曠處立一塊磚，然後在不遠處的地上畫一條線，每人手持一塊半頭磚，瞄準那塊矗立的磚進行拋擲，打中者為贏。為了增加遊戲的興致，我們每人每次都要在矗立的磚上擺放些小鐵釘，擊中者就把散落在地上的釘子收為己有。孩子們常常為幾枚鐵釘打架，玩的愉快時也廢寢忘食，手上臉上污跡斑斑。

在中國古代的貴族中還有一種「投壺」的遊戲，和擲磚有異曲同工之妙，當然比擲磚要高雅多了。我以為擲磚遊戲雖然粗笨，但它的投擲方法更接近於保齡球。

據專家考證，在我國，擊壤這種遊戲，如果從傳說中的堯算起，到現在至少有四千年的歷史。擊壤的產生大約與狩獵有關。遠古時代，人類用木棒打野獸，為了投擲得更準確，平時便要練習。後來，狩獵工具得到改進，有彈弓和弓箭，不再依靠木棒擲擊野獸。這種練習便演變成一種遊戲。

晉皇甫謐《高士傳》卷上：「壤夫者，堯時人也。帝堯之世，天下太和，百姓無事。壤夫年八十餘而擊壤於道中，觀者曰：『大哉！帝之德也。』壤夫曰：『吾日出而作，日入而息，鑿井而飲，耕田而食，帝何德與我哉！』」的確是一幅恬靜閒適的畫面。

現在的社會高度發達，鬧市中高樓林立、車水馬龍，生活節奏緊張，遊戲種類豐富多彩，尤其「人民公僕」以玩人為樂，「二奶三奶」當然比擊壤更為有趣。擊壤這種農業社會的遊戲，早已成為歷史，除了歷史學家、考古人員，對多數人來講已猶如癡人說夢了。

懷念那些幾近滅絕的手藝

「沒有金鋼鑽，不攬瓷器活」，說起這句俗語，幾乎無人不曉。但說到用金鋼鑽專攬瓷器活兒的老行當——鋦碗匠，卻有許多年輕人不知其詳。

舊時從事補碗這行業，都是穿村走鄉單獨行動，故稱自顧自。而補碗時，拉動鑽桿，金鋼鑽頭在碗片上發出的也是「吱咕吱咕」的聲音。

貧窮的年代，窮人買一隻碗要兩毛錢，釘一隻碗才花二分錢，人們都會把不小心摔壞的盤碗用布兜起來，等著走街串巷的鋦碗匠們來修補。鋦碗匠們為了生計，曉行夜宿，走村串戶，一路上過塞外偏僻的小城，經山野散落的鄉村，一聲悠遠蒼涼的「釘盤碗兒嘍」的吆喝，算是招徠生意的號子。

遇到生意，匠人們則卸下擔子，擺開工具，坐在馬紮子上，腿上鋪塊帆布，用麻線把要補的碗紮緊。然後取出那把弓，把金鋼鑽裝在主桿上，安裝好後，用手指往嘴裡蘸一點唾沫抹在要打孔的地方，將鑽的尖端對準抹有唾沫的地方，手持弓子作往復急速地運動，旋轉了主桿，就發出了「吱咕吱咕」的聲音，不一會兒，在「縫隙」的兩邊鑽下了兩排對稱而等距的小孔且不能打通，然後拿出像釘書釘一樣的鉚釘，將兩隻「腳」插入小孔，用錘子輕輕敲幾下，那鉚釘就牢固地紮在碗上了。

我小時候曾經偷看過鋦碗匠的那個扁長的工具箱。趁大人不備，悄悄拉開箱子上的七八個小抽屜一看，裡面修補材料和工具樣樣齊全。從訂書釘狀的鋦釘到銅絲、鐵絲、銅皮、鐵皮等各種原材料，還有半顆小米粒大小的金鋼鑽頭，以及弓子、拐砧、木鋸、刀斧、錘子、鉋子、鋼鋸等大小型號樣式齊全的小工具，件件精巧細緻，讓人愛不釋手。抽屜裡，還有配製好的油石灰，瓷碗補完了用它一抹，不滲不漏，權當好碗一樣使用。

當然最主要的就是以「金鋼鑽」為主的好幾種規格的鑽頭以及各種型號的疤釘，大的有兩寸多長，近一寸寬，小的則比訂書釘還短，比訂書釘略粗一些，且是黃銅打造、小巧玲瓏、光燦耀眼。

那時，無論哪個院落街巷，只要鋦匠來了，臨近的居民們就會拿著一段時間內攢好的有修補價值的從大水缸小至碟碗的各類器物來修補了。鋦碗匠的攤子總是把好奇心強的孩子們吸引得戀戀不捨。

我見過一位非常心靈手巧的師傅，除了能修補鍋碗瓢盆，幫人在秤桿上打秤星，還能修算盤、眼鏡、古董玉器等精細玩意兒。不管是瓷器、銅鐵，還是水晶、瑪瑙、玻璃器皿，除了生鐵不能補外，其他材質的都能設法修補上。可惜這樣的手藝現在終於失傳了。

小時候，我還見過錮漏鍋的師傅。錮漏匠在一個小火爐裡放一隻小坩鍋，把碎黃銅放進坩堝裡，熔化後倒在一塊襯著木渣的破布上，對準鍋底的漏洞或縫隙向鍋裡面擠，鍋裡面用一根油布卷頂著，銅液便很快凝固在漏洞或縫隙上。這種錮漏方法，俗稱「走銅」。「走銅」後的鍋底平滑如初，沒有疤痕。

人常說：「一個錮漏鍋的頂十個釘盤碗的」，意思是說錮漏鍋比釘缸、釘盤碗收入可觀些。

那個年代，鋼精鍋的鍋底壞了也要請師傅來換底。換底的時候，先用鐵皮剪將舊底剪下，剪口務必齊整，將來要做咬口。鋥亮的新鮮鍋底原形是一個圓片。換底師傅有一個月牙形的木模，用一個木製榔頭慢慢地敲打。一張鋁片就變成了一個小平底鍋。然後，利用鋼釺的銳邊在舊鍋壁上和新鍋底的邊緣上分別做咬口。兩個咬口合上，再用木錘或一根方形的木棒，將咬口處敲實。最後的工序是檢驗，裝上水看，如無明顯滲漏，收錢走人。繼續肩挑著擔，哼著歌兒賺錢去了。

不知道為啥那時人們要把鋁鍋稱之為鋼精鍋。那時，家裡燒水的水壺，煮飯的鍋多是鋁的，做飯的灶火都是煤火。現在才知道，煤裡含硫，在高溫下會對鋁產生腐蝕作用，所以鋁製的鍋或壺，幾年以後，底部就燒壞了。因此，換底的行業也就應運而生了。

換鍋底的師傅大多是南方人，吆喝的節奏大概是「鋼——精鍋——換——底呦」。有的師傅手中還拿著一遝鐵片做的響器。在一長聲吆喝後會附和上兩聲鐵片的響聲。有需要的人家聽到吆喝聲後，就會叫住師傅，拿出舊鍋，再就是討論修補計畫，成本核算，討價還價，然後師傅就開始叮叮噹當起來。

我見過一位老太婆拿著一個換過四次鍋底的鍋來，那個鍋補了又補幾乎都變高了一倍，可老人家還是不捨得丟掉。換好鍋底後，師傅在鍋身外的接口處抹上一圈「油石灰」，便拿去試水，真的滴水不漏。

日常生活中常常發生失手損壞家用器皿的不快之事。每當我打破了盤碗或者遇到缸裂鍋漏的時候，總要不由地想起二十世紀五六十年代在塞外大地走村串巷釘盤碗、鋦漏鍋、釘缸、換鍋底的小手藝人們。他們憑著高超的技藝，把破損之物修復得完好如初，為人們解除了許多不快和煩惱，也為他們自己帶來了一些微薄的收入。儘管這些手藝現在已經沒有用武之地，已經基本絕跡，但有的時候，我們還是不免要懷念這些小手藝人，他們曾經是老百姓心目中的可敬可愛之人。

博大精深的炕文化

中國的炕文化博大精深，在相當長的時期內，不僅老百姓睡炕、達官貴人睡炕，如果你去過故宮，你就會知道，就連皇帝老兒也喜歡睡炕，由於炕的存在，竟然催生出一系列的相關從業人員來：

盤炕

炕盤得不好，不僅灶不好燒，倒煙，炕不熱，還容易引起煤氣中毒。會盤炕的瓦匠，在民間很受人尊敬，人們稱他們為炕神仙。

人們常說，家暖一盤炕。所以盤炕絕對是個技術活兒，會盤炕的人家都是富裕戶，每逢入冬，就會天天有人上門，提拎著一籃子剛炸好的油糕或是新壓的粉條去拜訪炕神仙：「菜也燴好了，酒也燙上了，前兒個和你約的，現在有空沒？」，炕神仙就拎了工具樂呵呵地跟了去。炕神仙盤的炕，熱的均勻，熱的持久，灶裡不反煙，這是普通人夢寐以求的好炕。炕神仙的手藝一般都是祖上密傳，按照實際盤炕的大小長短等具體特徵和經驗來走磚，盤出符合技術要求的炕。走磚方式的不同，炕的名稱也不同，特別是到了關鍵的「走磚」時候，還要把無關人等全都請出去，以求技藝不外洩。

火炕的炕板子都是土坯的。先把麥秸切碎與泥混合放入坯模，然後端起坯模，反扣在平整開闊的地方，就是脫坯的過程。我見過脫坯，非常辛苦，民間稱為「四大累」之一。濕坯曬乾後才可以盤炕，炕板子的品質非常重要，因為大人要在上面走來走去，孩子們要在上面蹦蹦跳跳，踩塌炕板子是非常尷尬的事情。

別看炕的名字老土，但它的科技含量不知要比床高出多少倍。炕的修造，涉及到建築學、材料學、燃燒學、熱力學、流體力學等諸多的學科領域。記得上大學的時候，數學老師在講授雙曲線方程時提到了雙曲線是最好的傳熱模型之一，接著還舉了兩個例子，一個是熱電廠的冷卻塔，另一個就是炕。在炕和灶臺的連接處，我們當地稱之為「嗓子眼兒」的地方，就是以雙曲線造形的。當時，聽老師講完，才知道老祖宗傳下來的炕，還有這麼深奧的學問。

炕席

炕席是北方農村日常生活用品。在過去，即便生活再困難的人家，在新年到來之際，也會到集市上買一領新炕席，歡歡喜喜地抱回家鋪在炕上，那可能就是這家人在一年裡所添置的唯一的一件奢侈品。新席鋪在炕上，潔白的炕席頓時讓滿屋生輝，芳香四溢，沁人心脾。夜晚，睡在熱乎乎炕席上，鼻子聞著那新葦子的味道，總會做上幾個香甜的夢。

席子一般是用蘆葦或者菖蒲來製作的。呼和浩特過去是濕地，蘆葦鋪天蓋地，近郊老鄉也多在秋天織席。那時，家的院子裡都堆著一堆一堆的蘆葦，破葦篾子的破葦篾子，織席子的織席子，忙忙碌碌，說說笑笑，臉上洋溢著幸福的笑容。大姑娘小媳婦們，一邊忙著手裡活計，一邊嘮著閨中秘事。那細長柔韌潔白的葦篾子在她們的懷裡跳動著，在她們的手裡纏繞著，彷彿並不用眼睛看，在齊頭並進說笑中，身後已經是一大片潔白的炕席了。她們甚至能夠在明亮的月光下織出整齊的席子來，美妙的技藝令人歎為觀止。

油布

據大同的民俗專家講，大同的火炕炕面最初是油漆彩繪，後來鋪上了葦席，再後來被油布取代。用油布代替葦席成為炕上鋪物是在清代，大同油布在晉北久負盛名，還遠銷內蒙古和河北等地。最初的油布只是單一的黃色桐油布，鋪在炕上主要為防小孩子尿炕用的。解放後油布得到了普及，而且工藝也有了提升，其顏色也有暖暖的橘紅、淺淺的藍和看上去很靜謐的淡綠，圖案也豐富多彩，不但有四季牡丹，還有五福童子等。在油布進入每家每戶的時候，也正是大同油匠最紅火的時期。有點兒繪畫手藝的藝人便開起了油布作坊，不少四合院子裡搭著晾曬的油布坯，院裡擺滿了紅紅綠綠的油漆桶。那些顏料會散出油脂香，有風的下午彌散著腥腥的油漆味，是大同城裡的一種獨特的味道。

做油布前，匠人要先定出白布的尺寸，然後再在白布上刷滿漿糊，晾乾後用刮刀在油布上使勁地刮；打磨光滑後，再刷上幾層底漆，曬乾後這便是油布底子；然後用畫筆一層一層地鋪顏料，在上面作畫，那五顏六色的顏料在油布上便塗抹成一幅幅的美術作品。這種油布色彩層次分明，有很好的光澤度，裝飾效果鮮明，不易剝落和褪色，可保存十多年。

大同油布由於美觀大方，經久耐用，污漬、油污一擦即淨，博得了人們的喜愛，在近百年的時間裡一直是大多數人家炕上的主要鋪物，

炕氈

過去有錢人家要鋪炕氈，炕氈用羊毛製成，鋪在席子或油布下麵。炕氈可以去集市買，也可以買來羊毛或者用自家產的羊毛請匠人上門來製作。

據史料記載，擀氈技藝是由蒙古游牧部落傳入。宋末及元朝時期，蒙、回、漢等多民族在西北地方雜居，當時蒙古族人居住氈房，用氈作褥，一些人就向蒙古族人學習了擀氈技藝。從此，擀氈技藝在這塊土地上生根發芽，遍地開花。「氈匠」這一職業也應運而生。

擀氈用料主要以羊毛為主，而且要求毛的纖維要長，所需的豆麵和麻油要求純正，而且要純手工作業，彈毛、鋪毛、噴水、噴油、撒豆麵、鋪毛、卷氈、捆氈連、擀連子、解連子壓邊、洗氈、整形、曬氈，十三道工序缺一不可，每個細節只用簡單的工具，用手工操作完成。擀氈過程中唱著擀氈調，邊唱邊做，節奏協調，亦勞亦樂。

擀氈這一工藝已經有上千年的歷史。過去，擀氈匠備受人們尊重。隨著時代的變遷，土炕的消失，氈也就隨之悄然退出了人們的生活，擀氈匠也越來越少。隨著老一輩擀氈藝人的慢慢老去，擀氈這一非物質文化也正面臨著消失的危險。

炕毯

過去的炕毯和現在的地毯近似，只不過現在人們奢華了，把炕毯鋪在地上了。過去的大戶人家，精美的炕毯可以鋪好幾代、上百年，直至毛磨得極薄，花色仍然非常鮮豔。文革前有走街穿巷的人專門收購古舊地毯，給的價格比新毯子的價格還要高，我不知道他們買回去做什麼？有人說是為了仿造那些古老的花樣。

炕毯編織是中國的一項傳統手工工藝，手工炕毯的編織工藝流程有：繪圖、染線、掛經、編織、成毯後平剪、水洗、挽穗等數十道工序。

上世紀七十年代，我去內蒙古烏盟商都縣支農，那裡的每個公社都有地毯廠，大多數女青年都在地毯廠從事手工炕毯編織。依稀記得一條三點六米幅寬的炕毯，五名工人一天只能織十釐米。我曾在地毯車間裡看到，數十名織毯工人三個一組、五人一排正埋頭織炕毯，每個人的神態都是那樣專注，一幅幅圖案典雅、色彩豔麗的炕毯就出自這些村姑之手。

炕圍子

在晉北和內蒙、河北的臨近地區，人們喜歡在炕周圍以及灶臺的圍牆上畫上各種圖案。有花鳥魚蟲、有山水、有歷史和民間故事，還有戲曲人物等等，這種炕圍畫在中國的民間美術界很有名，是年畫、壁畫的一種結合形式。

一九七五年我在土左旗支農時，目睹過畫匠們畫炕圍子。對那時的農民來說，畫炕圍子是件非常隆重的事情。農閒時節，準備畫炕圍子的人家，就忙活開了，雇主全家要搬到親戚家，騰出屋子，接著，畫匠們把鋪蓋卷安頓在雇主家，在多半個月或更長的時間裡，畫匠們儼然成了這家人的主人。這期間，他們吃睡在屋裡，盡享著雇主的熱情招待，直到把炕圍子畫完。

畫匠們掙的也是辛苦錢。灰塵飛揚中，他們要把雇主原先的舊炕圍子鏟掉，然後開始打底。打好底子後，匠人們盤腿坐在炕上，琢磨著怎樣畫上第一筆。炕上，滿是各種顏色的小瓶子。畫匠們畫好炕圍子後，還不算完工。他們要忍著嗆人的油漆味，在畫上罩幾層清漆。這麼一來，炕圍子就光滑如鏡，格外耀眼了。

那個時候，在土默川鄉間，有許多喜愛繪畫的年輕人。這些人或跟隨師傅學藝或無師自通，走村串巷為社員們畫炕圍子。就我看到的炕圍子來說，那些圖案，與寺廟飛簷斗拱下的彩繪圖案毫無二致。

那年頭，炕圍子也分檔次，好些的要二百多元，這相當於當時土旗一個壯勞力一年不吃不喝的費用。

遺憾的是，炕圍子這種民間文化藝術，近年來因舊房改造，特別在城鄉接合地區，已蕩然無存，只在偏遠山鄉或許能夠看見。畫匠畢竟不是畫家，這種古樸的手藝也正在瀕臨滅絕。

躺櫃

在內蒙古西部的農家，與炕圍子相配的是紅躺櫃。躺櫃上亦有擺設，剛支農去老鄉家，看見紅躺櫃上排列著一溜瓶子——酒瓶子、藥瓶子，大小粗細，啥瓶子都有，裡面紅的綠的不知裝的是藥酒還是什麼飲料。一問方知，都是用彩紙泡好的彩色水，不能喝的，擺在那裡為好看，權當花瓶了。我當時正處於蒙昧狀態，思想比較極端，對這些東西頗為不屑，後來隱隱覺得心酸，而且感動：就像喜兒過年紮紅頭繩，貧窮中不失美的追求。

紅躺櫃空間大，很實用，從衣物被蓋到錢票細軟均可置放其內。有炕圍子的地方必有紅躺櫃，這是個民俗現象。炕圍子大都以綠色為基調，躺櫃則為紅色，大紅大綠，煞是好看。倘若二缺一，就顯得單調冷清，紅躺櫃就像是炕圍子的紅顏知己，分不開拆不散，堪稱天生的一對。

如今，炕圍子與紅躺櫃漸漸退出農家。年輕一代把炕換成了床，失去載體的炕圍子處於「皮之不存，毛將附焉」的尷尬境地。紅躺櫃也多被新潮家具取代，而彩色水瓶子也早已成了傳說。

歸化城的資本家吃啥？

昔日歸化城的資本家吃啥？估計你也不知道，如果非讓你說，你只好全憑想像，你會說，一定天天是海參魷魚、燕窩魚翅。其實那些都是官場上應酬時的菜品，居家過日子一般都是家常便飯。

即便在眼下，中央政治局的常委們，早上，半杯牛奶、一盤小菜、一個小花卷、一小碗小米粥或蓮子羹；中午，什錦砂鍋、一兩左右的紅豆燜飯或薏米飯；晚上，汆蘿蔔絲鯽魚丸子、小米粥。紅燒肉再好也不敢吃；敢吃，保健醫生也不會批准，因為你的身體不是你自己的，是黨和國家的，吃壞了，誰負責？

一九七二年夏天，我有幸參加了呼市機械工業局舉辦馬列原著學習班。一天課餘，我和供電局的幾位世居呼市的老師傅聊天，向他們問起往昔歸化城小資本家的居家飲食，一位曾經家境殷實的老者用順口溜回答說：「早晨茶水烤包子；中午白麵拉條子；晚上疙瘩火燒子！」萬惡的資本家飲食竟如此簡單？聽得我咂舌。

我喜歡吃烤包子，直到如今，如果家裡頭天剩下包子，次日晨用電烤箱烤來仍然非常好吃，尤其入箱時在包子上刷一層油，烤出來上下焦黃，這時，再沏上一壺磚茶，那才叫吃的入法。

烤包子為啥要就著茶水吃。我以前總是弄不明白這裡面的道理，還是那個供電局的師傅根據自己的體會解開了這個謎團：烤包子是很油膩的食品，就著茶水吃烤包子能夠去除烤包子的油膩；茶水還有清爽口中異味的功能，所以，烤包子的味道會更好。

拉條子，係因把和好的面，拉成細長條而得名。拉條子麵和得不宜過硬，稍軟為宜，還須揉透餳好。家庭做拉條子時，要把和好的麵做成劑子，上面塗上一些油並盤成圓形，放在案板上蒙上濕布待用。入鍋時，只要輕輕地捏住兩頭，往長裡抻，再折回抻，一根三十釐米的麵條暫態就被拉長至二米了，放進開水鍋裡，水一開即可撈出。

吃拉條子需用美味的配菜，一般內蒙古西部人喜歡用過油肉、紅辣子炒羊肉、或是尖椒、茄子、番茄、洋蔥、蒜薹、芹菜和羊肉炒在一起來拌麵。根據季節的不同，菜的花樣也不相同。拉條子耐饑而實惠，吃上一頓拉條子一天也不會餓。

疙瘩，這裡的疙瘩指的是疙瘩湯。疙瘩湯的做法是：

先在碗裡放上半碗白麵，把水龍頭開至最小，成很細的水流，迎水用筷子迅速攪拌。不一會兒小碗裡全都是均勻、細碎的小疙瘩了。過去沒有自來水，往麵裡倒水，就全靠手上的功夫了。

鍋中倒油，放入蔥末、蒜末爆香。倒入老抽調色；鍋中添水，加蓋煮；打一個雞蛋到碗中，攪拌均勻。水開後，慢慢倒入攪勻的雞蛋，成蛋花；再倒入面疙瘩，也是一邊倒一邊攪動，免得聚成大塊；開鍋後，小火煮三分鐘，出鍋前嘗鹹淡，看看是否需要加鹽。

焙子是個古漢語，至今只有晉北和內蒙古西部地區才留存。類似於北京的火燒，只是北京的火燒有油，白焙子沒油。剛出爐的白焙子非常好吃，熱乎、喧騰、散發著麥麵的香氣。喝疙瘩湯就白焙子是一絕。如果再有點醬菜就更好了。

山西曾經是中國的金融中心，那裡的資本家一定天天酒池肉林吧？其實不然。二〇〇七年夏天，我去山西喬家大院旅遊，聽導遊說，那裡商號的伙食分兩類：一類是商號內部日常用飯，另一類是做生意待客用飯。商號內部吃飯不付伙食費，有大、中、小灶之分。經理吃小灶，夥計、學徒吃中灶、大灶。就大灶伙食標準而言，也僅高於當時當地中等人家水準。

導遊還給我們詳細介紹了商號的食譜，即便是大灶，主食仍以麵食為主：諸如剔尖兒、撥魚兒、揪片兒、刀削麵、拉麵、擦麵、撥麵、貓兒朵、餄餎。有時還要添點羊雜、蓧麵栲栳栳、油糕、抿八股兒、山藥粉餃子等，自然也有烤包子。大灶的副食比中灶、小灶僅多一盤醬牛肉或豬頭肉而已。

也許有人讀到此，認為我是在美化萬惡的資本家，其實不然，因為我上面說的是資本家居家過日子的飲食，生意上的往來應酬，自然烤包子、疙瘩湯是不行的。

據史料記載，歸化城的掌櫃們「做生意待客用飯也有兩種：一種是掌櫃等有身分人用飯之處，如歸化城有一種小班館子就是此等人吃飯之處。小班館子是一種高級飯店，內有歌女唱曲，這種館子多設在比較僻靜的街巷，光緒時全城有三家，即大召東夾道的『錦福居』，棋盤街（今新生街）的『榮升元』，三官廟街的『旺春園』。錦福居財東是山西太原大葺商賈氏；榮升元的財東是山西祁縣人鹿葺牙紀梁誠信。小班館子每天中午後才開門營業，門面外邊用黑布白心書寫『包辦酒席』『南北大菜』幌子。凡來的客商均有自備大騾子轎車，每到吃飯時間轎車能停滿一條街。三更天以後才由各商號小夥計打上燈籠，把老闆接回去。」

「歸化城還有一種大戲館子，是僅次於小班館子的飯店。這種飯店一面賣飯，一面唱戲，所以又稱戲酒館子。大戲館子的營業有季節性，通常冬天開張，因為這時旅外蒙的客商返回歸化城，各商號都要請客。請一次客分好幾天吃，每天有五六百人。所吃飯菜分為『四六席』改菜席二種。『四六席』就是四乾果、四冷菜、四大碗、六中碗，中碗內有一碗海參；除大米飯、花卷、黃酒外，還有馬蹄酥一類的『腰飯』。光緒三十年（一九〇四）後，每桌『四六席』約值銀一兩多。『改菜席』也是四大碗、六中碗，只把九碗肉菜改為海鮮，添了干貝、魷魚等每桌約值銀三兩；大戲館子請客，屬商界普通應酬，因此，大戲館子赴宴的多為小頂生意掌櫃、夥計和學徒。」

以上應酬看起來有些奢華，其實除了海參、魷魚和干貝沒有太值錢的。一桌一二兩銀子，擱在眼下也沒幾個錢，而且宴請的都是幾千里旅途勞頓的拉駱駝漢，如果和當今的人民公僕相比，真是小巫見大巫了。再奢華，人家也是自己掏腰包，哪像我們的公僕們，揮霍的都是納稅人的錢呀！

呼和浩特六聯小學

上世紀六十年代初，呼和浩特新建了一所「六聯職工子弟小學」，坐落在錫林南路三十六中以東的路南。此前，錫林南路沒有一所小學，再往東南，僅雙樹村有一所小學，規模也不大，而且離家也很遠。那時我在回民區新建二小讀書，上學要跑很長的路，中午無法回家，只好帶點飯吃。那時正處在三年困難時期，哪裡有好吃的東西，無非就是菜團子、窩窩頭、鹹菜。

記得冬天從家走到學校，全身都快凍僵了。教室裡雖然生著兩個火爐子，但因為都是面兒煤，火從來就沒旺起來過，我坐在靠窗戶的地方，一上午都處在瑟縮的冰冷之中。窩頭凍得像冰坨子，我不時拿出來啃一口，及至中午吃的點滴不剩。

一九六〇年，由內蒙古第二毛紡廠牽頭，在錫林南路新建了一所職工子弟學校，由六個單位共同出資建設，名字就叫「六聯職工子弟小學」。其餘的單位分別是：內蒙古送變電工程公司、呼和浩特燈泡廠、內蒙古衛生防疫站、內蒙古藥品檢驗所、還有一個我怎麼也想不起來了。

那時，我是個四年級的學生，是我自己打聽到學校成立的消息，自己去辦的轉學手續。那時父母親工作都很忙，白天忙於革命工作，晚上還要開革命會到深夜，根本顧不上管我。

六聯小學的校長叫齊作屏，是個部隊的轉業幹部，他一有空就給我們講革命戰爭的故事，一講故事就講到他的老上級黃永勝，黃永勝從此就銘記在我的腦海裡。

九・一三以後，黃永勝成了壞人，我非常失望。文件裡講，黃不但野心很大，人品也很壞，據說他天天和林彪的老婆葉群在電話裡打情罵俏還說流氓話。黃在我的心中的美好形象轟然倒塌。

第一任班主任好像姓吳，是個非常嚴厲的女人，眼神裡從來就沒有仁慈過，我們都怕她，不敢淘氣，只有好好學習一條路，那個時期也是我學習成績最好的一個時期。

第二任班主任叫王永生，原先是二毛的工人，抑或是小幹部。王老師的字寫得非常漂亮，蠟板也刻得非常好。王老師教書認真，為人也很嚴厲，在課堂上雖然厲害，但是下課後對同學們還是和顏悅色的。我考上呼和浩特第五中學後，在放學的路上騎車迎面見過他一回，他對我高喊：「小鬼！」

王老師非常喜歡文學，曾經在報紙的副刊上發表過一篇文章。我的寫作在他的指導下進步很快，他也為有我這樣的學生感到自豪。直至我參加工作了，我的作文還是六聯小學的範文，王老師常常給後來的小弟弟小妹妹們誦讀。

王老師曾經因為失戀自殺過一次，後來好像又回到了二毛。他大我十幾歲，如果健在今年應該七十多了。

還有個音樂老師是南方人，不會任何樂器，他全憑一張嘴來教我們唱歌。〈讓我們蕩起雙槳〉、〈我們記得偉大的列寧〉、〈人民海軍向前進〉、〈快樂的節日〉都是他教會的。直到現在，在電視上一聽到〈快樂的節日〉，我就會想起他：

小鳥在前面帶路，
風兒啊吹向我們，
我們像春天一樣，
來到花園裡來到草地上。
鮮豔的紅領巾，
美麗的衣裳，
像許多花兒開放。
唱啊唱啊唱啊，
跳啊跳啊跳啊，

偉大的領袖毛主席，
同我們一齊過呀過這快樂的節日。

那時候，雖然我們吃不飽，穿不暖，但我們快樂的精神生活是今天的孩子們根本無法感知和享受的。我們沒有寫不完的作業、背不完的單詞，沒有沒完沒了的輔導班。每天，我們背著花布縫製的小書包蹦蹦跳跳地上學去，簡陋的教室、破爛的課桌、衣衫襤褸的孩子，就是那時學校的寫照。我們用片刻的功夫就能做完所有的作業，課餘的時間可以盡情地玩耍：夏天打節克兒、搧洋片、打嘎兒；冬天踢毽子、抽毛猴兒、滑冰車。

夏天課餘，我們常去爬樹、翻牆、掏雀兒窩，偷瓜、偷果子、偷豆角，只要是能吃的東西一概不放過。東瓦窯生產隊的護青員追得我們魂飛魄散，我們仍舊鍥而不捨，樂此不疲。

冬天課間，我們最喜歡玩的遊戲是「擠油」，一群灰頭土臉的孩子，齊聚在教室南牆根的一小片暖陽下，一個個斜著肩膀攢足了勁兒，從兩頭向中間吃勁地擠著——「擠，擠，擠香油，擠出了巴巴換糖球！」還有一項遊戲是「頂拐拐」，男孩子們把一條腿盤起來，一條腿金雞獨立，然後用盤起來那條腿的膝蓋，相互碰撞，直到一方站不穩，敗下陣來。

冬天，我們的書包裡除了課本，還有山藥蛋。教室的爐子裡，爐蓋上全是你的我的他的山藥，下課一地黑瓦瓦的山藥皮。

放學回家，我們會用自己做的彈弓子打麻雀。或者用一根小棍支起一個籮筐，籮筐下撒一把穀糠，繩子拴在小棍上，人藏在門後面。等麻雀放鬆了警惕，撲棱棱地飛到籮筐下吃食，然後麻利地拉繩子，小心翼翼地抓麻雀。逮住的麻雀被我們直接扔到爐子裡，一時三刻，剝皮吃肉，機靈勤快的孩子天天能打個牙祭。其實，我們也不完全是吃貨，我們享受那些遊戲的過程，遊戲中蘊涵著我們與貧窮較量，與生存較量的機智與聰明。

在六聯小學，學校每年都要組織我們去東瓦窯村進行小秋收。所謂小秋收，就是去老鄉起過的山藥地裡，我們再挖一遍，尋找人家失落的山藥；再就是在人家收完的地裡拾豌豆、拾麥穗以及穀子胡麻，直到田乾地淨、顆粒歸倉。你真想像不出什麼叫田乾地淨，一望無際的莊稼地裡找不到一個麥穗兒、一顆豆粒兒。每次出去，收穫總是不小，拿回來集中交給老師。我們很喜歡這種勞動課，一來可以玩耍，二來也可以趁機搞些東西充饑。

學校剛成立時，課桌都不足，三個孩子一張課桌，凳子還要自己帶。後來，學校從呼市五中訂制了一批單人課桌，為了節省運費，組織我們小學生去搬。五中在火車站附近，六聯小學則與郊區政府比鄰，至少有五六公里的路程。一個小學生搬一個課桌很是吃力，因為體力的差異，大家稀稀落落地至少拉開了一公里的距離。大家都是把課桌頂在頭上，用手扶住桌腿，像蝸牛一樣地緩慢行進。那天，最快的同學也用了三個小時。我身體孱弱，那天中午又沒吃飽，走到交通學校路口時，頭上直冒虛汗，腿軟的邁不開步，歇了很長時間，待回到學校，天已經放黑了。

記得班裡有一個美麗的馬姓女孩，我一直暗戀她。一九七四年我還和大學的同學去她家看過她，我的大學同學和她是兵團的戰友。馬妹妹後來考取了哈爾濱通訊工程學院，畢業後就業、成家都在哈爾濱了，成為永訣。這是六聯小學留給我的最美好的記憶了。

噩夢年代

今天的年輕人，無論如何也體會不到，計劃經濟供給制下的生活有多麼的捉襟見肘，那是所有經歷過那個時代的人揮之不去的夢魘。

那些年，家裡很少吃過飽飯，在那段特殊的歷史時期，糧票是一個家庭的命根子。我記得，我們兄妹加上父母、姥姥，共有六口人，每月二十日是到糧站憑糧本買糧的日子，但實際情況是，我家的面袋子十八日、十九日就已經空了。

一次，父親坐火車去包頭出差，預計半天時間就到，身上只帶了三兩糧票。怎料火車半路出軌，乘客們下車等了一天才恢復通車。沒有糧票，飯店也不肯賣東西，真把他給餓壞了。

那時，豆油按每人每月三兩供應。打豆油時，人們將瓶子口放在龍頭下面。服務員擰開注油的開關，輕輕地提起把手，待到金燦燦的豆油緩慢地升到玻璃管子的頂頭，再擰開另一個開關，並輕輕地按下把手，玻璃管子裡金燦燦的豆油就進到瓶子裡了。俗語說得好：「緊打酒，慢打油」，因為油走得慢，於是，在龍頭下面耐心等待著最後一滴油的人，絕對不是少數。

勤儉的母親為了省油，將豆油倒進一個小碗裡，每次做飯前，用紗布蘸一點油，在鍋底一擦，權當菜裡有油了。至今母親省油的那個小碗仍留在我的記憶深處。

一九六一年，我最小的妹妹剛剛出生，那年我才十二歲，母親讓我拿著供應產婦的肉票去買肉。當售貨員按照肉票數量稱好以後，我手裡還差一毛錢。她說，你先回家取錢，我把肉放在這裡。我就跑回家取錢，再回到賣肉的地方，交夠了錢，卻找不到肉票了。售貨員把那塊肉放回到原來的位置，說，沒有肉票就不能賣給你！

我在路上來回走了三趟，也沒有找到那張肉票，就哭著向家走去，看到路上每個人都像撿了我肉票的人。回到家裡，母親沒有罵我，只是偷偷地流淚，此事成為我心靈上永遠的愧疚。

那時，呼和浩特每個居民每個月供應二兩豬肉。當時人們的肚子裡沒有油水，買肉時都願意買點兒肥的，用來化油炒菜，剩下來的油梭子還可以包餡吃，在那時可謂是饕餮盛宴了。

一九七五年，我去洛陽拖拉機廠實習，路過北京住了一天，上街去買豬肉，那天排隊約十來個人，我聽到後面有人說「現在外地人又來北京搶購豬肉了，把北京的豬肉都買走了」。聽到這話，我非常生氣地說：「那我們內蒙古的牛羊哪裡去了？我們守著草原怎麼都吃不上肉呢？」

那時，大多數人的衣服都是破破爛爛的，在街上看不到完全沒有補丁衣服的行人，我在呼和浩特第五中學讀書時，一天上課，發現坐在我前面同學的背心上，竟然有一百多個窟窿，佈滿了脊背。

為了讓衣服耐穿一些，那些年，許多人經常在新衣服的胳膊肘上，新褲子的屁股上和膝蓋處打上補丁。講究一點的，補丁顏色一致；不講究的，補丁就顧不上什麼顏色了。

我想起了妹妹小時候的故事，一次，母親給上小學的妹妹縫了一條褲子，新褲子沒補丁，妹妹看到班裡的同學都穿著打補丁的褲子，回家哭鬧著也要補丁。母親無奈，只好給妹妹的褲子後面也打了一大塊補丁，妹妹滿足了，第二天穿著「補丁褲子」上學去了。

一般人家最多的破爛是舊襪子，而女人們花費時間最多的就是補襪子，甚至把新襪子底子剪開來，先把納好的襪底縫上再穿，這樣會結實耐穿一些。這種情形一直延續到誕生了尼龍襪，尼龍襪的偉大發明解放了無數的家庭婦女們。

那些破爛的不能再補的衣服，也捨不得扔，拆了剪成片，打褙子做鞋。打一大盆稀稀的漿糊，把洗乾淨的破布一塊一塊地拼湊起來，左一塊右一塊地粘上三層或者四層，貼在木板上或者門背後，等乾了揭下來，比著鞋樣，剪成鞋底或鞋幫，密密地縫，細細地納，大人、孩子的一雙雙布鞋就是這樣做出來的。

那幾年，母親每到春天換季都會把我和妹妹換下來的棉衣拆開洗淨，然後再買點染料染一染，把袖口和褲腳接一截兒再做上，到冬天我們就又有「新棉衣」穿了。現在一想起母親染布染黑的手，好幾天都洗不淨，鼻子就會發酸，眼球就會濕潤。

那時的文化生活也非常貧瘠。有些電影被翻來覆去地看了好多遍：《地道戰》、《地雷戰》、《南征北戰》，後來才有了《列寧在十月》、《列寧在一九一八年》以及八個樣板戲改編的彩色電影。記得有一次我還看了一場非常奇怪的電影，放電影時，上面有個人用擴音器在一遍一遍地反覆題醒：「小心中毒！」、「閉上眼睛！」，並不時地對一些電影裡的「對白」和「情節」加以同步批判。只記得那是一部戰爭片，有好多軍人在浴血奮戰和艱難跋涉。我當時懵懂的內心極為矛盾，為什麼出生入死還要遭到批判？看到芭蕾舞的大腿為什麼還要閉眼睛？這些事如果不是親眼見到，誰會相信如此的「黑色幽默」呢？

寒冷

一

一九六〇年的冬天，非常寒冷，似乎從十月就開始感到冬天的威力了。那時，我家住在地方病研究所的平房院子裡，雖然家裡有爐子，但因為燒的都是煤面兒，爐子永遠也不旺，半死不活的。說來唏噓，那時就連買爐筒子都要票，有一個時期，供應的爐筒子竟然是用鐵紗捲起來的，使用時，外面還要抹泥，如果抹得不嚴實，就會漏煙，有煤氣中毒的危險。

家裡的溫暖全靠那一盤炕，遺憾的是，那盤炕也不爭氣，除了炕頭熱以外，後炕冰拔涼。姥姥年事已高，睡在炕頭，我和兩個妹妹睡在中間，父母睡在後炕。

記得那時，後牆也開裂了，從縫隙往外看，能看見馬路上的汽車和行人。家裡有個溫度計，溫度始終在零上六度左右徘徊。

因為有做晚飯的煙氣，剛睡下時還不算難受，一到後半夜，爐子的火一熄滅，就感到了寒意。早晨起得最早的是母親，她要起來生火做飯，水缸後半夜就凍住了，母親點著爐子，就開始砸冰取水，我每天被砸冰的聲音驚醒。早晨起床是最難受的事情，因為衣服冰涼，無法穿進去。母親一起來，就會把我們的衣服擱進她的被窩裡預熱，如果爐子的火旺起來，她還會提溜著我們的衣服在爐邊烤。

吃完早飯，父母上班，我去上學。上學在遙遠的舊城，由於沒有好吃喝，衣服又單薄，走到半路，身體就凍僵了。教室裡的兩個爐子，永遠是溫吞吞的，我們的座位是一週一換，每逢換在靠窗戶時，一上午都在瑟縮發抖中。

依稀記得，那時的孩子們穿的都很殘破。有的棉襖，前襟已經沒有了棉花，棉褲的兩個膝蓋，只有裡面的一層布；有的光著腦袋，有的穿著夾鞋，凍得直流鼻涕。就是穿戴最整齊的，也是光著身子穿著棉襖棉褲，絕沒有襯衣襯褲什麼的。

有一次，我在上學的路上把耳朵凍了，一回到家，用手一敲都是嘣嘣的聲音，僵硬了。我嚇壞了，這要是耳朵掉了，可怎麼見人呀？父親嚴禁我用火烤，趕忙從外面盛了一些雪回來給我搓耳朵，一直把我的耳朵搓到熱，疼得直掉眼淚。第二天我的耳朵腫的像豬八戒，胖胖的，紅紅的，擦上凍瘡膏亮亮的，非常難看，一周後才漸漸消腫。

寒冷的季節，家裡的玻璃窗上總是積滿了冰霜。那時，父親經常在玻璃上，用指頭給我們畫畫，畫的最多的就是小鴨子、小老鼠之類的簡單一筆劃了。一次，我對父親說：「你看，這是我畫的冰山」，父親一眼就識破了我的謊言，說那是屋裡熱氣與冰冷的玻璃自然形成的結晶圖案。

天氣特別冷的時候，我和妹妹們對著窗戶哈氣，以便儘快融化玻璃上的冰霜，再把食指放在嘴上哈氣，開始發揮我們的想像來創作。只是冰冷的窗花，和我們用熱哈氣製作的圖案，壽命太短了，還來不及向小朋友炫耀，這些圖案就消失了。

二

一九六六年的冬季，我正在四〇六工地施工，那年的冬季酷寒，包頭市青山區的北面沒山，西伯利亞的寒流長驅直入。三九天，我們還在搶建一排汽車庫，剛開工的工地上沒有車庫，汽車經過一夜低溫就無法發動起來。

那時，我在木工班，我們的任務就是在已經壘起的車庫外牆上安放屋架。安放屋架沒有起重機，全靠人力。一些人站在牆上用繩子拉拽，一些人在地面上連扶帶推。儘管我們穿著白茬子皮襖、棉褲、大頭鞋，戴著皮帽子、線手套，但在凌厲的寒風中仍然冰冷徹骨，感覺肌膚疼痛，面如針紮。按說，母親給我縫的棉褲也夠厚實的了，脫下來立在地上能站住，但惡風仍然能夠打透。車庫離住處很遠，跑回去暖和也不現實，再說，屋架剛上房，不固定好也不敢離開。那一天凍得我刻骨銘心，快五十年了，也不能忘記。

那天，師傅們一從牆上爬下來，我就領他們到了一個絕好的去處。那就是二電廠通往包頭一、二機廠的供熱管溝。管溝的地下空間十分寬敞，隔不遠就有鐵製的檢修平臺。我們沿著鐵梯魚貫而入，立刻感到溫暖入春。今年北京有幾位農民工住在地下管溝內，驚動國人。我那時想，還是人家蘇聯老大哥的設計大手筆，這樣的管溝若擱北京，就是窮人們的天堂。

戲劇性的是，那排汽車庫，文革一開始就做了「牛棚」，我是第一批入住者，真可謂自作自受呀！

三

我剛成家的第一個冬天，住在呼市西郊孔家營子，那是兩間大的一個家，裡面空蕩蕩的也沒盤炕。雙人床上鋪的又十分單薄，一個小鐵爐子的爐膛非常小，再加上煤的品質也不行，家裡根本熱不起來。好在兩個人還都年輕，相濡以沫，可以用體溫取暖。

寒冷培育的疼痛真是刻骨銘心啊！寒冷刺骨的感覺，猶如刀割一般，冬天進入寒冷的被中時，猶如在澡堂裡進入高溫熱水時感覺，一下子伸不進去，需要慢慢地、一寸寸地適應。妻子總是等我睡安穩了，她才上床。她一鑽進被來，就徑直把冰涼的雙腳塞在我的兩腿中，我佯裝發怒還得咬牙忍受。待到後半夜爐火熄滅了，家裡猶如冰窖，下地尿尿就是一關。

後來，我去包頭電力修造廠工作，妻子一個人孤衾寒夜更難熬，她找了五六個葡萄糖瓶子，灌滿熱水，像老母雞抱窩一樣攬在身下，可以取暖於一時。真是貧賤夫妻百事哀呀！

燈繩離床很遠也很彆扭，但這個問題好辦，可以用工地線連接，拴在床頭。

有智者說：每個男人的生命裡都有兩個女子，一個用來偶爾的懷念，一個用來深愛一輩子；女人一生中也需要兩個男人，一個讓她傷心流淚，一個與她不離不棄。選擇一個人，就是選擇一種生活方式。

打倒四人幫後的那個冬天也很冷。那時，西郊電廠到錫林南路沒有直達的公車，有一趟八路車僅僅到舊城北門，還是一個小時一趟，我回母親家，必須騎自行車。冬天的晚上，自行車要放到屋裡，否則第二天一早根本蹬不動，所有的零件都在咬合與摩擦中產生巨大的阻力，瞬間抵消你血肉之軀的可憐做功。蹬一圈轉一圈，一停下來車子就倒，一點慣性也沒有。

記不清有多少次，自行車在中途罷工，我怎麼費力也蹬不動，前路漫漫，手腳都已凍僵，只好下來推著走。千辛萬苦終於到家了，人已經變成白眉毛、白鬍鬚的老頭了。圍巾、手套早被被哈氣、熱汗凍住，進屋一融化，又全濕透。

我對寒冷有一種恐懼心理，一般從頭到腳捂得嚴嚴實實，就剩一雙眼睛了，那時曾經想，虧得眼睛不怕凍啊，要不連眼睛都得上套，豈不麻煩了？

每次回到家，雷打不動的一句話就是：「凍死了」！然後摘掉圍巾脫掉棉襖，爬上炕頭靠著牆溫暖好一會兒，凍僵的手指、腳趾才能找到感覺。

四

九十年代的一個冬天，我去呼倫貝爾的根河公出，那次開車赴現場考察，因風雪迷路，差點凍死。風是殘暴的，普通的棉服形同一片遮羞布根本抵擋不住它，任由它從裡到外地上下其手，使體溫驟降。我平常對寒冷還有一定抵抗力的，但這時渾身已經冰涼，雖然還沒有發抖，但臉上鎮靜得只剩下無所謂的微笑，體溫下降到可以讓我感覺到心的熱度，血液好像不再流向四肢而只在心臟周圍徘徊。時間越走越慢，我開始後悔出門時不聽人們的勸阻，一臺車就單槍匹馬地上路了。這是對生命的草率。儘管那天我穿的不算少了，但仍然被凍得尿意縱橫。

人被凍死前是什麼狀態？聽呼盟的同事說：「你絕不會想到——是笑！不知怎麼弄的，人凍極了會像瘋了似地笑，臉上肌肉不聽使喚。笑聲讓人毛骨悚然。」

寒冷給人的感覺是一種疼痛感，如針刺、如刀割，寒冷會使某些離子通道打開，化學物質流入或者流出神經，產生電信號，產生疼痛的感覺。

後來，在我們準備點燃汽車取暖時，電廠的幾輛車在暴風雪中尋覓了幾個小時後，終於在曠野中找到了我們。後來我打趣說：現在不管哪裡都是擇優錄取，上帝看見我們幾個灰人，不想收留，又都打發回來了。

人們常說，大難不死必有後福。你說我現在錢夠花、覺夠睡，是否屬於後福？因此，人年輕時受點冷凍其實無所謂的，如果到老了還冷鍋冷灶的那才叫悲慘呢。

六十年代低碳生活細節

困難時期，母親吩咐妹妹去買菜，那時每人每天供應二兩菜，售貨員常常用刀切完再稱重。那天買的捲心菜不大，妹妹邊走邊吃，回到家裡就剩一片菜葉了，母親見狀，在妹妹的頭上搧了一巴掌，妹妹頓時嚎哭不已。

一次，父親在路上撿了一個白菜頭，回到家用水泡上。後來竟發了芽，長的枝葉茂盛。錫盟的朋友來了，父親掐了幾個葉子給他做湯喝。鄰居看見了，端到父親機關去展覽說：「看看人家老韓多會動腦筋想辦法，增加生產。」

院子裡有個菜窖，秋天要儲存一冬天的土豆和胡蘿蔔。因為經常有人會偷，半夜也睡不安穩。那年，父親突發奇想，在家裡外屋的地上挖了一口窖，上面鋪了木板。窖很深，口也不大，大人下去取土豆轉不過身來。取土豆的任務就落在了我的身上了。我雖然長期營養不良，但智力的發育沒受多大的影響（嚴重違背了營養學家的論述）。一天，我找到一根竹竿，在上面綁了一個錐子，從此取土豆再也不用下窖，只要蹲在窖口，看著那顆土豆順眼，瞅準了就把它輕輕地紮了上來，為此多次受到母親的讚譽。

一九六三年，困難的日子已經過去了，但生活還不能說是寬裕。父母親上班，兩個學齡前的妹妹被反鎖在家裡，火柴等物都要被大人收起，以免禍患。一九七二年，內蒙古電建公司在呼市西郊電廠施工，一對雙職工租住孔家營子老鄉的房子，就因為兩個孩子被反鎖在家裡，無聊玩火，引燃了衣被，被活活燒死。為什麼不送幼稚園？那個年代幼稚園很少，再說幼稚園要花錢，因此稍大一些的孩子，都是被反鎖在家裡的。

被反鎖在家裡不知是什麼味道？反正，我的兩個妹妹整天站在窗戶邊的椅子上向外張望，外面的大孩子站在窗下和她們說話。窗戶雖然能開，但有一層鐵紗是被父親釘死的，妹妹用手指輕輕地在窗紗上鑽洞，直至能和院裡的孩子用手指接觸。

一天，她們和院子裡的孩子聊的很投機，院裡的孩子向妹妹索要能吃的東西，家裡沒有能吃的零食，蒸籠裡有一籠冷糕，妹妹把紗窗的下面劃開一個小口，慢慢地把油糕給外面的孩子塞出去，外面的孩子發現裡面在髮油糕，紛紛排隊來領，於是滿滿一籠油糕很快就發完了。待到母親中午回來要做飯，發現油糕一個不剩，便把妹妹痛毆了一頓，近年來，每次說起此事，母親和妹妹都是淚眼汪汪。

聽五舅說，表哥堡奎小時候也有過類似的事情。一籠窩頭是準備一家人中午吃的，堡奎因為飢餓，一會掰半拉吃，一會掰半拉吃，及至中午，一籠窩頭被吃的淨光。家人中午沒飯，氣的五舅把他一頓痛打，堡奎求饒說：爹你饒了我吧，我再也不敢了！於是大人哭，孩子也哭。

那個時代，每家只有白熾燈，一般都是十五瓦的，還經常停電。這樣的照明從外面看每家都是黃黝黝的，比點蠟燭稍好一點，在家裡只能簡單的看見東西。每逢年節，如果那家人奢侈一下點上六十瓦的燈泡，我們都會到他家去亮堂一下。

為了省錢，我和小夥伴們，一下學就去鍋爐房後面滾燙的爐渣堆上撿燎炭，自己用鐵絲彎成一個三股叉，在爐渣裡刨，小臉小手污漬斑斑。

那時，母親上班非常忙，中午吃蓧麵，清晨起來就搓好了。一天，時間有點晚，還剩一小塊蓧麵來不及搓了，母親吩咐大妹妹麗萍給推點「刨渣子」。中午，母親一進家就張羅著蒸飯，她突然發現妹妹推的「刨渣子」上全是均勻的花紋，質問麗萍，麗萍不肯答，小妹妹麗珍告狀說：「媽，我姐姐是在條絨褲子上搓的！」氣的母親無話可說。

那些年，父母親每天晚飯後還要去單位進行政治學習（政治學習的內容主要是反修、防修、解放全人類、統一全球），幾乎天天不拉，晚飯往往吃的急如星火，有時來不及做菜，就用油鹽拌點蔥花下飯。妹妹麗珍那時很小，自己吃飯太費時間，父親只好自己嚼好，然後嘴對嘴地餵給她。有時，父母因為政治學習回不來，中午上班之前就把晚飯燒好了，讓我們自己吃，因為不會生火，我們經常吃的都是冷飯。有一個階段，家裡的暖瓶膽打碎了，由於買新的沒有票，我們喝了很長時間的涼水。

孩子們需要母愛，我深切地體會過晚飯後家裡沒有大人的那種失落的感覺。我和妹妹都在等候父母的回來，往往等不到大人回來，我們三個就都東倒西歪地睡著了。

一九六六年，我在內蒙電建公司被打成牛鬼蛇神，到後期，管理稍有鬆懈的時候，常會請假去青山區的紅房子下飯館，說起下飯館，很令人羞慚，其實就是買一碗大米飯，不要菜，倒些醬油來拌，吃完匆匆往回趕。有一次，一位服務員給我的米飯上淋了一些菜湯，使我感到非常溫暖。她為啥要這樣做，我也不得而知。

有格言說：「就算是吃醬油拌飯，也要鋪上乾淨的餐巾，優雅地坐著。把簡陋的生活過得很講究。」但我一直狀如盲流，這種貴族氣質我不具備，也始終沒有養成。

眼下最時髦的字眼兒就是低碳，我問妻子：「究竟什麼叫低碳？」她說：「吃喝穿戴不奢華，生活節儉不浪費，不擺闊，不講排場，這就是低碳生活。」我一聽，像我這把年紀的人，幾乎過了一輩子低碳生活。

代用品

三年困難時期，什麼都講代用品。吃的用麥秸、穀殼、豆稈、豆殼、玉米根、玉米稈、玉米皮、玉米芯、高粱稈來代替制，還有人造肉精、人造肉、葉蛋白等。後三種相對於前面的幾類有較高的營養價值，有一定的技術含量，因此也被稱作精細代食品。

還有一種單細胞的小球藻，聽說蛋白質含量比豬肉和大豆還高，繁殖快，在陽光下一個藻細胞一晝夜能增殖幾十倍，《人民日報》曾專門著文推廣。

那時，街上賣的高價糕點，也都是玉米麵做的，有一種「銀包金」的糕點，就是玉米麵窩頭，外面裹了一層白麵；還有一種「黃金捲」，看上去披金戴銀的，很誘人。那時因為飢餓，感覺好看又好吃。

那時，穿的衣服也有代用品，有一種再生布，比麻袋還粗。再生布不結實，不僅掉色，還有異味。父親有一個用再生布做的提包，他不僅用來買糧、買菜，上班提書籍、文件，就是出差京上廣也都提著。

那時，五金公司還有一種石棉布，也叫玻璃絲布，因為不要布票，也有人買來做衣服。這種布穿起來閃閃發光，但玻璃纖維容易脫落，有人穿上會皮膚過敏，渾身發癢。

那時，由於布票少，人們想盡了各種辦法，比如用從日本進口的化肥袋子做褲子，化肥袋子比石棉布強多了，好看還結實，但那是有頭臉的人才能搞到的。

那時，買豆包布也不用布票，豆包布是專門用來做豆腐過濾包的紗布，許多人用豆包布來做夏衣。本人就穿過一件用豆腐包做的襯衫，肚皮看的清清楚楚，因此婦女們極不宜穿。

內蒙古軍區的軍用品商店曾經進來大量的綁腿，就是過去士兵腿上綁的布條，因為不要布票，人們也紛紛去買。綁腿用縫紉機軋起來，再用顏料染了，也可以做衣服。我受此啟發，買了六條大毛巾，縫在一起做床單，鋪了好幾年。

那時，土產門市部還銷售用汽車輪胎製作的鞋底子，許多人家買來綃鞋。這種鞋底子不僅耐磨，還可以省去納鞋底的功夫。我也穿過這種家做鞋，這種鞋的弊端是：只要幾天不穿，鞋底子就擰了麻花，穿進去腳感到非常彆扭。

那時，我的表姐夫在包鋼開皮帶輸煤機，每次五舅從山西來看表姐，臨走時，總要從他家拿些舊皮帶，回村做鞋底子。還是運輸皮帶好，穿到壞也不變形，鄉親們眼紅的要死。

那時，學生們使用的紙，也都是再生紙。顏色各種各樣，有黑色的、黃色的、灰色的。共同特點就是一個字——「粗」！常常有寸把長的草棍就在紙裡面含著，紙面麻麻咧咧、疙疙瘩瘩，寫字時，字跡不流暢，筆尖發澀。

那時，有喝茶習慣的人也喝不起了，用幾粒高粱米在爐子上烤糊後泡水喝；抽煙的人也抽不起了，因為不但沒有煙絲，連捲煙的紙也沒有了。於是，人們就用草紙捲玉米葉、蒿子葉來過癮。總之，人們各顯神通，發揮出超級想像力，來創造各種代用品。

物品奇缺，對陽間的活人可以用各種代用品。過年、過節對祖宗該怎麼辦呢？沒有辦法。不管在陰曹地府的祖宗同意不同意，也只有發揮創造性，採用各種代用品來糊弄他們了。

那時，有個別人家上墳燒報紙，純粹是在糊弄鬼了。也有的人家，勉強弄幾張燒紙，發揮造假功能，用墨水任意誇大「錢」的幣值。寫上「冥府銀行流通卷」、「壹億元」、「拾億元」等等字樣之後，才心安理得。雖然紙燒得少，但「錢」可沒少給祖宗送，都是大面額的。村裡有人甚至背一簍玉米葉子，在各個先人的墳頭當紙燒。

那時，上供的饅頭也是又黑又小。有的人家的白麵饅頭看著很大，但七裂八瓣。從表面裂縫往裡一瞅，裡面是黃色的，原來裡面塞的都是穀糠；沒有豬肉，找個大蘿蔔，旋刀切成肉形，上面蓋點亂七八糟的東西，遮人眼目。反正祖宗也不是真吃，只是做做樣子。

面對極度困難的現狀，政府不可能視而不見，充耳不聞。但出於種種考慮，各種媒體仍一如繼往地宣傳人民公社的無比優越性和大躍進的偉大成就。比如國家在進行代食品宣傳時，儘量不提代食品是度荒、救災的產物，而將代食品的生產宣傳成對農產品的「綜合利用」及「人民公社的新發明」等等。河南把群眾利用玉米皮製作代食品的舉動說成是「人民公社喜事多」，並且編成歌謠：「大躍進，喜事多，玉米皮做出優質饃，不僅香甜又美口，營養價值真不錯。」總之，我們的「偉光正」是不容許任何人質疑的！

打長途

「樓上樓下，電燈電話」，這在多年前彷彿是一個非常遙遠的夢想。記得兒時曾與小夥伴們一起玩過打電話的遊戲，那是把兩截裝蠟紙的圓紙筒用一段棉線連接起來，在紙筒裡聞聽對方傳來的聲音，從中感受一份童年的好奇與樂趣，現在的孩子們可能對此已經茫然不知所云了。

現在「八〇後」的年輕人無法想像，在上世紀五六十年代以至改革開放之前，打一個長途電話有多麼困難！線路繁忙的時候，接通一個電話，往往需要等待幾十分鐘，甚至幾個小時。因為，打電話需要人工接線，而且需要層層地人工轉接，市裡、縣裡、鄉裡……。

那時，在呼市打長途電話，只能去中山東路大郵局。到大郵局後，先在營業櫃檯前填寫長途電話申請單，填上被呼叫的地區、單位名稱，被呼叫人的姓名，呼叫人的姓名，預計通話時間，還要預交話費，然後才能在電話廳裡等候。

接到話務員通知，進入那間剛剛能站下一個人的電話亭內，還得等電話員把電話給你接過來。通話結束，再依你的通話時間結算費用。通話費用還真不便宜，根據兩地通話距離和通話時間結算下來，一分鐘也要好幾毛錢。相對於那時一個月幾十元的收入，打長途還真算得上一件高消費的事情。所以，沒有十分緊要的事情是絕不會打長途的，更沒有人敢在長途電話裡煲電話粥，傾訴家長裡短。

那時，我經常往山西的舅舅家打長途。記得大郵局的大廳西面有個小廳，小廳裡有一溜隔音的小房子，大小就像現在的衛生間。坐在小廳的長椅上等候時，能聽見每個打電話的人在小房子裡大呼小叫。當時通話品質非常差，小廳子又不隔音，相互干擾的很厲害。一次，我大約足足等了有兩個小時，終於聽到營業員高聲呼叫：「韓麗明，大同長途，去三號間」。我連忙跑進三號間，拿起話筒，裡面傳來得勝堡鄉得勝大隊會計的聲音，他於是跑著去找人，來回一圈，用去三分鐘時間，結果只等來一句：「你舅舅家沒人，不知道去哪了！」結果我白白交了三分鐘的電話費，啥事也沒辦成。

有時，即便找到了人，雙方都扯著嗓子喊，照樣聽不清楚，不管你聽清楚了沒有，電話費照收不誤。期間營業員還不斷地提醒，你交的幾分鐘錢就要到了，因為到了預計時間，電話馬上就會斷掉。守在電話機旁，那種焦慮的滋味兒，真不好受……

聽舅舅說，在得勝堡，打長途還有時間限制，公社和縣裡只有一條線，而且電話線和有線廣播共用一條線，下午六點到九點是廣播時間，電話就不通了。

記得長途電話和電報一樣，也分加急和普通，因為電話線路有限，如果是加急電話，就可以優先辦理接通的服務。當時的電話分叫號服務和叫人服務，叫人服務價格稍貴，但保證找到人才收費，否則只收一毛錢消號費。叫號電話則是電話一撥通就開始算收費時間。對普通老百姓來說，是叫號還是叫人，這是個讓人頗費思量的選擇。可以想見多少人在大郵局裡為此躊躇。

一九六三年冬天，我的小妹妹出麻疹，很厲害，同時還發熱，母親每天還要按時上班，不知如何是好。那時，父親正在昭盟翁牛特旗下鄉，一天臨近午夜，小妹妹高燒不退，母親一籌莫展，讓我去給父親打長途，通知他趕快回來。那次電話等了好幾個小時，電話接通時，因為聽不清楚，我一直在喊。後來，父親說他工作忙回不來，讓我轉告母親給妹妹買點索索葡萄煮水喝。那時物資奇缺，為了買點索索葡萄，母親費盡了心機，後來妹妹喝了索索葡萄果然好了。

一九七〇年，我在包頭內蒙電建公司工作。那年，有人給我介紹了一個對象，那個女孩在呼市第一造紙廠工作，她的大姑和我的母親是同事。因為是初戀，我很狂熱，幾乎每天都要給她打長途電話。那時，人們的階級鬥爭觀念非常強烈，我的舉動被視為異常，很快被郵電局舉報到公安局，為此，我們的通話還受到了監聽，雖然沒發現敵情，但是，我消極的人生觀，在當時還是屬於異端，公安局通知單位對我加強思想政治教育。

聽說，我給那個女孩的信件，她的大姑也都審閱了，後來，她的中共預備黨員的大姑，毅然決定終斷我們的愛情。給我一生投下了陰影。

及至上世紀八十年代初，我來到內蒙古電管局基建處上班，打長途電話也很繁瑣。雖然我們的樓上是電力中心調度所，那裡的載波電話可以打長途。但每次打長途，還需要填寫長話申請單，處長批准，然後拿著單子去中心調度所，請人家給開通長途，來來回回要跑許多路。

我家的座機是一九九二年安裝的，從此不用出門也可以打長途了。開始時是轉盤式電話，雖然樣子古板，撥號麻煩，但在當時擁有一部電話的家庭比現在擁有一輛奧迪的還要少。當時的機號很緊張，好不容易等到了，號碼是六二四七五二，一看安裝通知單，我便大怒：儘管我不講究吉祥號碼，可也不能太離譜了，死了老婆還沒有兒子，太讓人生氣了！後來郵電局又重新找了一個號碼給了我，好像是六二一五三〇，現在記不太清了。

現在就連建華西街賣菜的小販都有手機，拾荒漢也都有手機。那天，我們院子裡，有個河南的老太太在垃圾箱裡拾翻出好多有用的東西，一時拿不了，立即給他的老公打電話，她的老公不出片刻就趕來了，擱在五六十年代，簡直是天方夜譚呀。

舊時吃喝雜憶

從一個人吃飯時的斯文程度可以看出這個人的家境，人生經歷，社會地位，個人修養。我發現，凡是經歷過六十年代飢餓的人，吃相都不會很斯文，我就是如此，不管吃什麼都狼吞虎嚥，好像生怕別人會和我搶一樣。我曾經參加過許多盛宴，和高官們在一起進餐，雖然自己每每很克制，但是一旦菜肴上桌，總是不由自主。夾菜時總是穩準狠，好像饑腸轆轆，餓了幾天似的。常常熱菜還沒有上完，我已經在打飽嗝了。

我的父親是個孤兒，又經歷了三年「自然」災害。養成了不知該叫做節儉還是鄙吝的習慣，他吃土豆從來都是連皮吞下。即便用土豆做菜，也從來不削皮，你如果讓他削皮，他就說，你是沒見過餓死的人。

清楚記得，父親若飯粒兒掉在衣服上，就馬上一按，拈進嘴裡。若一個沒按住，飯粒兒由衣服上掉下地，他也立刻雙腳不再移動，貓腰仔細尋找。這時，他若碰上我的目光，就會放慢速度。只有真正經歷過飢餓才會養成這樣的習慣。

夏天吃完西瓜，父親從來都不把瓜皮扔掉，總是把外面的硬皮刮掉，切成絲，撒點鹽，拌做涼菜吃。如果再多了，吃不了，就會曬乾，留作冬天燴菜時用。

家裡的桔子因為乾燥脫水收縮了，父親也捨不得扔掉，他用涼水把桔子皮泡展，都要逐個吃下去。

就連點心上脫落下來的砂糖顆粒他也要用開水沖服，不知道他的糖尿病是否與此有關。

一次，家裡待客，父親的一杯白酒打翻在了炕頭的油布上，父親在第一時間趴倒，將嘴貼在油布上，吸吮而光。父親其實酒量甚微，喝完坐起來時，雖然臉色羞紅，但並無尷尬之意。

上世紀八十年代，父母家的涼房漏雨，把半桶的碎大米給浸泡了，等發現時，大米已經有些黴變。但即便如此，父母也捨不得扔掉，曬乾，搓揉後，慢慢地都吃了下去。飢餓能使人養成終身不移的鄙吝習慣。

直到父親去世前，他買菜總要在傍晚人家收攤兒時才去。把人家剩下的菜，三文不值二文地全部掃蕩下來，經常是幾斤十幾斤地往家買。在父親家的廚房地上，經年累月地遍地堆放著蔬菜。其實，這些菜根本不能全吃掉，很快就會大把地黃掉或爛掉，於是他又勉強讓幾個孩子，你一把他一把地拿回家去。我一出門就扔進了垃圾箱，有時也許會扔的稍微遠些。

父親有一句格言：要想解饞，辣椒鹹鹽。我能理解此言的含義，在那個貧窮的年代，物資匱乏，菜是用來下飯的，只有鹹和辣，才能使人望而卻步。

我天生也對食物有極大的興趣。一九六〇年，一個初冬的早晨，母親讓我去倒爐灰，在灰堆上，我發現了一堆白菜幫子，不知道是誰家扔出來的。我眼睛為之一亮，讓一個小夥伴給看住，回家立即拿筐來收取。看到白菜幫子母親也很喜悅，那天中午母親就用我拿回來的白菜幫子做了菜團子。

菜團子很好吃，做法是將白菜幫子洗淨剁碎，攥成團，在面案子上鋪上一層玉米麵，讓菜團子在上面打滾，薄薄地裹上一層，然後小心翼翼地上籠蒸。那個饑寒交迫的年代，什麼人竟然把能下肚的白菜幫子扔掉，至今在我心中仍是個迷。

那時，母親偶爾派我端個鋼精鍋去防疫站食堂打飯。回家的路上，我總是抵禦不了稀粥的誘惑，悄悄躲到僻靜處，端起鍋仰起脖子大喝幾口。為了避免母親生疑，路過茶爐房時，往裡兌了一股開水。

當我抹乾淨嘴巴回到家裡，心裡總不免有點發虛。有時候，母親打開鍋蓋會說：「今兒的粥怎麼這麼稀？」聽到母親這樣問，我的心一陣狂跳，不由地舔了舔嘴唇，生怕不小心留有飯粒，但母親從來沒有認真追究過這個問題。

我之所以能挺過來，有一個原因，就是夏天和秋天時吃了許多螞蚱。在防疫站附近盆窯村的田野裡螞蚱很多，抓住一個就放入一個信封口袋裡。等有了七八個，就把信封放到火裡燒。信封燒掉了，螞蚱也燒熟了，放進嘴裡嚼嚼嚥下肚去。螞蚱的消化系統裡有一股綠色的水，是它吃草後消化過程中的產物，非常苦，很難咽。但是飢餓能使人不顧一切。

由於有了挨餓的慘痛經歷，後來我每次吃宴席，剩下許多菜時，都有一種沉重感。我吃東西從來不挑食，不管是什麼，都是好吃的，因為有挨餓的經驗。挨餓真是「切膚之痛」，而且一直痛到內心的深處，痛到永久。

憑票購物的時代

一

年輕的朋友們都不知道，我們曾經生活在憑票購物的時代。那時的購貨票通常分為吃、穿、用三大類。食品類除了米麵要糧票外，還有油票、肉票、蛋票、糖票、煙票、酒票、茶葉票、豆腐票及蔬菜票等。有一個時期，呼市還發放過少量的蔥票，持票可購買到少許蔥、薑、蒜等。

服裝和日用品類的購物票更為繁多：布票、棉花票、汗衫票、背心票、布鞋票、膠鞋票、手絹票、洗衣粉票、肥皂票、火柴票、針票、線票、頂針票、錐子票、電池票、燈泡票、手紙票等等，應有盡有。

為了分配有限的商品，呼市還發放過：鐵爐子票、爐筒子票、鐵鍋票、鋁壺票、鬧鐘票、劈柴票和煤炭票；此外還有大衣櫃票、木箱子票、木床票、圓桌票等等。

貴重商品，縫紉機票、自行車票、收音機票、手錶票，都是一次性的，按票面規定的數量購買。據不完全統計，呼和浩特一九六一年度憑票供應物品多達六十餘種，還不包括憑證、憑券購買的東西。

據有關資料顯示，那時布票的最小面額是一鼇米，是新疆維吾爾自治區發行的，開始人們把「一鼇米布票」作為「找零」使用，後來人們將它派上特殊用途——給小女孩扯一根紮頭髮的紅頭繩；與這段「故事」相仿的是，上海市為照顧華僑而發行的「上海市華僑特種供應票」中竟有三錢的肉票，就是說，憑此票可以買到相當於炒菜中的一片肉。更值得感歎的是，南京市還發行過面值一錢（五克）的糧票。

記得有一年春節，每人增供一尺七布票。一個叔叔邊排隊邊說風涼話：這一尺七夠幹啥呀？做褲衩，男人兜不住蛋，女人兜不住逼！人們都哈哈大笑。

由於副食票太多，什麼票買什麼，很難完全記住。後來有一個階段，只發幾大張票號，臨時公佈幾號票買什麼，複雜得很，老百姓要花很多精力打聽並牢記。

那時，我們家的戶主是我母親，戶口本上是父母、姥姥加我們兄妹三個六口人。上面只要一收戶口本就知道要發購貨票了，票是按人頭髮放的，領回來後母親總是小心翼翼地放在高高的櫃子上不許我們亂動。在家裡，還有一個專門夾購貨票的本本，裡面夾的是政府發放的各種購貨票，一大張一大張，花花綠綠的，除了戶口本和糧本，就屬這些票值錢了，那可是一家人的命根子。

購貨票的紙張極差，大小不一，印刷粗糙，極易仿造，可在那個年代是沒人敢仿造的，因為那可是要命的事情。每次該用什麼票時，母親就用剪刀從一張（十六開）大的票證紙上細心地剪下來。這些票平時都是母親算計著用的，有些票必須在規定的時間裡使用，逾期就會作廢。家裡的購貨票似乎每年都有作廢的，但吃的票是絕不能讓它作廢的。

由於當時物資短缺，有了票也不一定保證能買到東西。為了避免作廢，常常會出現排長隊、走後門的現象。孩子多了就顯出這方面的優勢，一到星期天，排隊的人群裡很多都是拿著小凳，穿著補丁褲，手裡攥著錢票的小孩子的身影。有時人多，即便排隊也買不上。雖然天不亮就來了，苦苦等到開門，大人們一擁而上，孩子們被擠散，只有坐在地上嚎哭。

清晰記得，一九六三年春，姥姥重病在床，想喝點白糖水，但家裡的糖票用光了。於是母親到處找親戚找朋友，結果也只找來一兩糖票，維持了不到一周。現在回想起來，心中仍隱隱作痛。

二

自從成立人民公社後，社員連自己的屎尿也沒有擁有權了，「人民公社糞管站」發行了糞票，有的地方還有尿票，都不是稀奇的事情。

莊稼一枝花，全靠肥當家。那時化肥十分匱乏，人糞尿是最好的肥料，不要錢的大糞當然是要搶了。為了便於管控，於是糞票、尿票在有的省市應運而生。此刻，我突然想起兩句名言：「不要管我，搶救公社的大糞要緊！」、「隊長，有人偷糞！」

不才在網上還見過月經帶票，可謂是華夏奇蹟，看後令人目瞪口呆。在人民生活水準極度困乏的時代，由於「布」是計畫物資，因此月經帶也需要憑票供應。在那時的中國，即便你有錢，也未必買得著這種月經帶，因為凡是票證都有特定的使用對象，作為一般人你到哪裡去搞這種票呢？

這意味著：這票票也只有當官的女人，或者當官的男人的女人才可能獲得。現在的小妹妹們都沒見過月經帶，就更別提繫過了。

也許你見過屎票、尿票、月經帶票，甚至還有語錄票、文盲票，但你絕對沒有見過河南林縣發行的覺悟票。

什麼是覺悟票？覺悟票是一種帶有獎懲性質的糧票。這個覺悟票不是虛幻的，而是具有實質意義—相信這是人類歷史上絕無僅有的票證！它發明於餓死三千七百萬人的大饑荒年月。所謂覺悟就是聽從大隊書記的統一指揮，服從小隊長的勞務分配。餓了不喊餓，累了不喊累。如是，收工考評後可領到這麼一張票，年底據此便可多分一點兒糧食。

我相信，只要餓的眼睛發藍，人人都會爭當革命先鋒，思想覺悟就會空前地提高。控制飲食確實是管理民眾的絕佳辦法，不是天才，誰能想的出來？

在那個年代裡，要說不用憑票購買的東西，恐怕只有「紅寶書」——《毛澤東選集》或《毛主席語錄》了；還值得慶幸的是，那時「人票」——準生證，尚未實行。

偉大的、無所不在的購貨票，給我們留下了刻骨銘心的記憶。

排隊軼事

上個世紀六、七十年代，由於物資供應的貧乏和生活條件的簡陋，排隊對絕大多數中國人來說既是家常便飯又是生存的法則。現在回憶起來，既苦澀，又有許多酸酸的快樂，雖然都已成為歷史了，仍覺得有趣：

那時候，絕大多數家庭都是雙職工，大人上班養家糊口，半大不小的孩子們便義無反顧地攬起了排隊購物的活兒。我常常和兩個妹妹輪著去排隊，倘若要買的東西多，則出動兩個甚至三個。

冬天去菜場排隊買副食是最苦的事兒了，凌晨六點就得起床，拎起籃子直奔夜幕籠罩下的菜場。到了那兒，藉著暗淡的星光，先在一支隊伍的後面放上一隻籃子或一塊磚頭，算是自己的替身，然後另找一支隊伍親自排在後面。不管男孩還是女孩，都一個個地在凜冽的寒風中緊縮著脖子，兩手插入褲袋，然後傻傻地等待著八點鐘開門。等到七點三刻快要開門之時，籃子或磚塊的主人便突然冒了出來，隊伍一下子就充實了。

有時，為了怕人插行加塞，就用粉筆在後背上寫上數碼，1、2、3、4、5，現在想起來，非常悲哀，也非常無奈。

那真是個不堪回首的歲月。為了能得到一點東西，許多人不惜犧牲自己的人格，拼了命地擁擠在人群裡。那些膀大腰圓的男人奮不顧身，英勇地衝在最前面，婦女和兒童只好站在邊上眼巴巴地乾著急。這時，能夠與那些野蠻男人一比高下的只有烈屬證和軍屬證了。無論在什麼時候，只要你亮出兩證中的一個，就立刻被奉為上賓，優先購買。我那時非常羨慕那些有先人為革命犧牲的家庭。

買肉要排隊，買油要排隊，買米要排隊，緊俏物資更要排隊。所以我們一上街，看見排著隊的地方，不問緣由先排上再說。

一次，我和妹妹逛街，看見前面有個商店排著好長的隊。妹妹說：肯定是賣什麼好東西，哥哥你排著，我回家叫媽媽去！我趕緊排了上去，排了一陣，我發覺前後的人都奇怪地看著我，很詫異的樣子。我也覺得怎麼排隊的人都是女的，而且年齡都是阿姨媽媽級的。後來才知道，是排隊買婦女用的草紙呢，缺貨很久了，剛到。不過，那時我年齡小，一點也不臉紅。

由異想天開的瞎胡鬧帶來的物資極度匱乏，逼迫人們為了活命而卑微委瑣。一天父親經過一家大商場，從裡到外，人們排著一條長龍，問人家賣什麼？排隊的人都說不知道。輪到父親了，原來是賣給一包發酵粉！真是啼笑皆非。

有一次我去遲了，排得老遠，剛好有一賣肉的售貨員在喊：有瘦肉賣，不用排隊！我就趕上前去買了一塊瘦肉，回到家我被母親臭罵一頓，她甚至恨不得要打我，罵我懶，因為她要用肥肉來熗菜，這事我至今記憶猶新。

一次，父親排隊買鹹菜，結果擠了老半天，撲了一個空，到頭來全白忙活了！菜市場裡馬上不再擠了，人們高聲歎息著，低聲咒罵著往外走。售貨員這時候卻又宣佈有醃菜水出售，五分錢一碗。失望的人們又重新興奮起來，再次擁擠到櫃檯前，交給售貨員五分錢，買一碗鹹菜水，咕咚咕咚灌到腸子裡去。父親也買到一碗，喝了一口嚐嚐，鹹得醃嗓子眼兒，便望著醃菜水愣愣神。後邊的人等不及，催促道：「快喝，快喝！」父親不再想什麼，仰起臉把鹹菜水倒進肚子裡去，眼睛裡嗆出了淚花。

還有一次，傳聞百貨公司明天要賣一種新出的斜紋嗶嘰布，頭天晚上大夥就去商店門口排上隊了。上半夜還一個挨一個老老實實排著，下半夜實在熬不住，就撿一塊磚頭或放只小凳算作人位，另在附近找個牆角打個盹。幸好是初夏，不算涼，還撐得過。好不容易熬到天亮，又打起精神排好隊，等到商店一開門，售貨員愣了：你們幹啥呀？我們沒有什麼斜紋嗶嘰布賣啊。唉，一個夜是白熬了，隊也白排了。

有一段時間，妹妹一直發燒不退，嚷嚷著想吃西瓜。一天下午，銜著母命，我帶上三毛錢，懷揣著妹妹的病歷卡，兜了個大圈子，找到了一家正在出售西瓜的水果店。黑板上寫著：「一人限買一個，有三十九度高燒證明者可優先購買。」雖然妹妹體溫僅有三十八度半，看到貨架子上共堆著三十多顆瓜，只有十幾個人在排隊，我便信心十足地排起隊來。很快，我的心便提到了嗓子眼，因為揣著高燒證明的顧客似乎絡繹不絕，比排隊的還多。我的位置每向前移動一位，就會少兩三顆瓜。那天就因為差半度，我離開了這幾顆可望不可及的西瓜！

記得七十年代初的一個夏天，一天路過新華書店，忽然發現書店門前排起了長長的隊伍，前面牆上貼著花花綠綠的廣告。一問是書店是來了新書。於是我也趕上去，冒著烈日，花了很長時間去排隊。那時，我們根本看不到任何文學作品，舊書破四舊時都被燒了，家裡只有一些父親用的醫學書籍。

我好不容易擠了上去，一樣買了一本，記得有《金光大道》、《西沙兒女》、《紅雨》等等。這些書一點也不好看，我只翻了翻就扔下了，打倒「四人幫」後，這些書都被我賣了廢紙。

文革期間看電影也是深受人們喜愛的一項娛樂活動，但買電影票也需要排長長的隊，有一次我在文化宮排隊買電影票，在擁擠的過程中，錢包也被人掏了。

那時的住房都不帶衛生間，如廁全靠大院裡的公共廁所。每天清早，習慣早上如廁的人都往公共廁所跑。廁所蹲位有限，每次只容納四五個人，廁所門口就排成了長長的隊伍，男女各一溜，是清晨一道亮麗的風景線。遇上個別拉肚子的實在等不得，只好一個一個哀求排在前邊的人：師傅，師傅，幫幫忙，讓我先進去，水火不留情呀。大夥哈哈笑笑：昨晚吃什麼好東西啦，吃獨食的下場呀。那時的人很淳樸，一般都會讓他先上。

去年的一天，我陪妻子去銀行取錢，銀行營業廳裡排了長長三行隊，我與妻子各排一隊，誰先到先取錢。過了好一陣子，有人插隊，引起爭吵，各不相讓。爭吵的是兩個年輕人，我把位子讓給其中一個。眾人以為我是老「雷鋒」，我說：「年輕時喜歡排隊，過去買東西除了有錢、有票，還要排隊，排隊表示有東西可買，是高興的事。今天進銀行，見到有隊可排，非常高興，一時勾了起排隊癮來了。」本來排隊很沉悶，大家聽後大笑，紛紛說起排隊的往事來。

飢餓

記憶中的飢餓像一隻血盆大口，在過去的歲月裡時時逼近我，欲把我齧咬和吞沒。在我成長的十幾年時間裡，我幾乎每天都感到飢餓，因為大多數的日子裡沒有早餐可吃。飢餓使所有的上午漫長難熬，每到第三節課就會頭暈眼花，弱不禁風，在太陽底下站立都會眼前發黑。我就是這樣慢慢地長大了，我知道我的飢餓比起大量死去的人微不足道。

我十一歲，上小學四年級的時候，曾經餓倒在課堂上。我靠在牆上，四肢無力，肚子裡充滿的燒灼感，灼烤著體內的每一個器官。好像火焰在舔舐，又好像熱油在翻滾，後來燒灼感又慢慢地逼近我的臉和額頭。我好像正在遭受火刑，我不住地把唾液嚥下去，好澆滅一點肚裡燃燒的火焰，然而不但沒有減輕，反而越來越重，到後來我連舉起書的力氣也沒有了，我漸漸癱軟下來。眼睛再也看不見黑板上的字，耳朵也聽不見老師的聲音了。我全部的感官只有一個感覺：餓。

我全身的冷汗奔湧而出，飢餓的感覺遮天蔽日，我感到死神在向我步步緊逼過來，我無可逃遁。

我全身發軟地癱倒在書桌上，不知道怎樣才能結束這一切，什麼時候才能結束這一切，於是我絕望地哭起來。我模糊地感到老師在走近我，溫熱而乾燥的手摸了摸我的額頭，又摸了摸我的手，她說：「你是餓的，同學們誰有吃的東西給他一口就好了。」一個父親在內蒙古政府任職的同學從課桌裡給我拿出幾塊餅乾，才終於解救了我。

一九六〇年，飢餓威脅著每一個人。正值少年的我，整日饑腸轆轆，坐臥不安，彷彿心思都放在三頓飯上，吃了上頓盼下頓。那時，總覺得喉嚨裡像長了一隻手，吃到嘴裡的食物還沒來得及咀嚼，就被一把抓進了肚裡；而胃又像個熾熱的火爐，即使吞下一塊鐵也會被融化。

那時，每到天黑，母親就會哄我早點睡，我說，我不困，我就餓。母親就引經據典地說「人是一盤磨，睡倒就不餓」。可經典不管用，人是睡倒了，卻一點睡意都沒有，大睜兩眼看著黑黑的屋頂，聽肚子不停地咕嚕，尤其要命的是，我能清晰地聽到隔壁站長家風箱的聲音，從他們抱柴點火劈劈啪啪地燒鍋開始，到拿碗盛飯碰得叮噹作響，一直到他爺倆吃得吧唧吧唧，喝得呼嚕呼嚕，我的兩隻靈敏的耳朵就像答錄機似的，一個音節都沒放過。一邊「聽吃」，一邊想像他們吃得如何香甜如何肥膩，我就翻來覆去地折騰，嘴裡哼嘰哼嘰地哭不像哭鬧不像鬧，母親只有長吁短歎。

那時，我和父親去糖廠買過糖菜渣子，提著麻袋爬過如小山一般高的渣堆。回程路途遙遠，父親用自行車推，我在後面扶著，緩緩地回家。肚裡沒有食物，走到半道，父親和我就一步也走不動了，一起坐在石頭上喘粗氣，十幾里路竟走了六個小時。

糖菜渣子沒有一點營養，僅僅剩下纖維了，只可以哄哄肚子。用玉米麵拌上糖菜渣子蒸著吃，或者用少許油鹽炒著吃。糖菜渣子，越吃越餓，越吃越瘦，越吃越營養不良。

偶爾家裡用野菜煮黃豆，鍋裡有數的幾顆黃豆都是我的，包括母親碗裡的，都挑出來給我。我捨不得吃，說是「留著餓了吃」，放進火柴盒，緊緊地攥在手裡。

那時，我吃土豆的方法也很獨特，我把母親給我的熟土豆，剝了皮放在手上，慢慢地舔，早上舔到中午才吃完，她叫我一下子吃了，我回答，一下吃了就沒有了。

那時，父親晚上餓的睡不著，經常半夜爬起來用開水泡鹹菜吃，其實那時家裡鹹菜也不多。一天晚上，我竟然從碗櫃子裡搜尋到一塊陳年的固體醬油，趕忙用刀切碎，放在碗裡，倒入開水，用筷子攪勻，用嘴吹涼，哧溜溜地喝下去。霎時間，覺得一股暖暖的柔柔的熱流緩緩地淌過心間，擴散開，每個細胞都得到滋潤，才穩穩當當地睡去了。

那時，防疫站的動物室裡有一間廚房，飼養員每天給小白鼠及荷蘭豬蒸窩頭，剛蒸熟的窩頭，冒著熱氣，散發著誘人的香味。我每天呆呆地爬在窗戶外面觀看，遲遲不肯離去。有一天終於發現在廚房的另一側房間有一扇窗戶缺少一塊玻璃，通過這扇窗戶就能夠進入廚房。我弱小的身軀正好能夠穿過這扇窗戶，此後在我餓的不可抑制時，就會爬進去偷吃。也許每次吃的不多，飼養員竟然沒有發現。但是好景不長，沒多久，那塊玻璃人家就補上了，我又開始了漫長的飢餓旅程。

荷蘭豬是一種體型比寵物狗還要小的，長相酷似乳豬的動物，皮毛的顏色是棕白相間的。一九六〇年的冬天，一天，父親從動物室的垃圾箱裡撿回一隻荷蘭豬，估計是染病死去的。父親和母親等到小豬解凍後，開始蹲在地上剝皮。剝光皮的荷蘭豬赤條條的，肉紅紅的，燉在鍋裡，香味四溢。吃的過程，你謙我讓。至今想起來，沒有比那次肉更香、更有味道的了。

一次，父親去瀋陽出差，回來後告訴我們：在瀋陽的飯館裡就餐時，一位衣衫襤褸的乞丐突然進來，向父親乞討。父親不給，他就用一塊半頭磚使勁地砸自己的腦袋，腦門上鮮血直流。父親起身，把那碗飯讓給了乞討者，因為他實在不忍心吃下去了！

父親在飯館還喝過一瓶醋，據他回來說，喝下去胃裡特別難受，但想到醋是糧食做的，覺得難受一點也值得。

及至青年，學校裡經常組織我們憶苦。我沒見過舊社會，請來的老貧農講他的苦難經歷，但我的腦海裡卻浮現的是一九六〇年的影子。

麵糊糊與康復粉

一

母親生下妹妹後，沒有奶水。當時正值一九六一年，這個孱弱的生命在最不該來的時候，降臨到了這個世界上。她每天餓的哇哇大哭，後來就連哭聲也十分虛弱了。那時每戶每月供應二斤白麵，白麵就屬於最好的食品了。不得已，姥姥把僅有的一點兒白麵炒熟，然後用小鍋給妹妹熬糊糊喝。白麵糊糊熬好後，待晾的溫和些，姥姥用手指蘸著麵糊抹在妹妹的嘴唇裡，妹妹慢慢地吸吮進去，過一會兒她就會安靜下來。

白麵的營養是很有限的，根本不適宜哺乳期的兒童，只能維持兒童的生命。沒有奶水的兒童，生長發育非常緩慢。兒童一般的成長規律是三翻六坐七爬爬，即三個月可以翻身，六個月可以坐起來，七個月可以滿床爬。但是妹妹六個月也不會翻身，八個月也不會坐，一周歲也站立不起來。

後來才知道，小米的米油是非常有營養的。米油就是用慢火熬小米粥，一直熬到上面出現一層薄薄的金黃色的油狀物，用這層米油來餵養孩子，營養絲毫不比奶粉差。

其實蓧麥麵的營養也比白麵的營養大得多呢。母親說，遺憾的是當時沒有任何這方面的資訊。那時，大多數人家每月的糧食都要分成等分來吃，小月好過些，大月等不到購糧的那一天，糧食就吃沒了。當糧食接不上的時候，家裡只好刮拉玉米麵袋子的底子，熬糊糊喝。

那時的玉米麵糊糊，清的就像涮鍋水，可照見人影，就這樣還不夠喝。每到開飯我總是搶著喝，糊糊太燙，我邊用嘴吹邊轉碗，這樣可以冷卻的快些，一邊喝還一邊注視鍋裡。匆匆忙忙，喝了一碗又一碗，快要漲破肚皮，還不肯甘休。如果家裡人多，吸溜的聲音會呼啦呼啦響成一片。

麵糊糊不禁餓，尿一泡就啥也沒了。老師和家長們不許我們蹦蹦跳跳，因為那樣消化的更快。

依稀記得，內蒙古防疫站的動物室門口有一盤碾子，飼養員每天用來給小白鼠及荷蘭豬碾飼料。一天，我發現他們剛剛碾完離去，碾子上還有一層粉狀的東西，欣喜若狂，回家拿了笤帚與飯盆去收集，端回家後自己熬糊糊喝，還告訴媽媽很好喝，現在慢慢回想，其實一半是土。

經常在夢境中出現這樣的場景：我在院子裡玩，母親開門呼喚我：快回家喝糊糊了！現在的年輕人，哪能體會到我們這代人喝糊糊的辛酸與快樂。

二

三年困難時期的一九六〇年十一月九日，中共中央指示，對高級「人民公僕」在副食品供應方面給予特殊照顧。行政七級以下、十三級以上的（十三級以上屬「高幹」）每位每月再供給鮮肉二斤、雞蛋二斤、白糖二斤，甲級香煙一條，群眾詼諧地稱之為「肉蛋幹部」；行政十三級以下、十七級以上的，除享受普通居民的低標準供應之外，每位每月僅有二斤黃豆、一斤白糖的額外「關照」，稱之為「糖豆兒幹部」。

由於口糧標準低和副食品嚴重短缺，人們攝取熱量不足，不少「國家的主人」患了浮腫、肝炎等疾病。當時，一些地方規定，經醫院確診「無誤」可領取「康復粉票」一張，憑票到指定地點可買康復粉一份（麥麩、豆粉與砂糖摻製），每日用開水沖食數次。據老者回憶，療效還行。

我的父母都屬於「國家的主人」，離肉蛋、糖豆干部相差甚遠。一九六〇年，母親餓的浮腫，腿上一按一個坑兒，同時還患有子宮脫出症，三十多歲的人比六十歲的人還要蒼老。醫院按規定給母親開了幾袋康復粉，母親捨不得吃，我和妹妹用小勺珍惜地挖著吃，回憶起來，那時的麩子好像比現在的進口奶粉還要好吃。

同院裡的站長屬於「人民公僕」，他的孩子經常能吃到雞蛋、白糖及炒黃豆，他們還常常拿出來炫耀。我的妹妹那時很小，撿人家扔下的雞蛋皮吃，被我喝止後，啼哭不已。

我曾經怪怨父親為什麼不早點兒參加革命，我們也好跟著享受一下肉蛋或糖豆，父親卻說：我如果早參加革命，也許早死了，你們連康復粉也無法享受了，我們點頭稱是。

窩頭曾是主旋律

窩頭是毛澤東時代北方民眾的主食，是用玉米麵做成的、類似饅頭的上尖下圓的食物。因為玉米麵不如白麵易熟，所以，家庭主婦在把和好的玉米麵做成寶塔形狀的同時，還要在其底部捏出來一個很大的洞洞，這樣，就會使得寶塔形狀的玉米麵成了空心的狀態——以利於儘快地蒸熟。

窩頭的洞洞是如何搞成的？清代監察御史仲耀檀在「窩窩賦」中有具體描述：「美哉窩窩兮，天地之所產，人力之所造。內二外八，纖手成就。遠望似將軍之帽，近看似染靛之泡。似饅頭而無底，像燒餅而又高。窩窩頭仰面大笑：俺今日哪比往朝！運未來暫且藏頭，既得時方顯榮耀……」、「內二外八」即捏製窩頭時八個手指居外，兩個手指在內的手法。

窩頭的洞洞是很有講究的。如果窩頭的洞洞被搞得過大了的話，那就意味著這個窩頭徒有大個頭的外表，重量卻名不符實。在那個年月窩頭能吃飽都是幸事，能吃飽窩頭的人家都是小康人家。

在童年記憶裡，一日三餐總是由窩頭鹹菜相伴。跑瘋了，玩累了，該吃飯了，就等候在鍋臺前，母親利索地揭起鍋蓋，乳白色的蒸汽一窩蜂地逃出蒸籠，可愛的窩頭，工藝品般地顯露在面前，母親吹著氣，手上蘸著涼水，把它們拾到盆子裡，遇上粘在鍋邊焦黃的圪渣，順手放進自己的嘴裡，或者疼愛地塞進我的嘴裡，那真是人間美味。

窩頭要數那種剛出鍋的熱熱乎乎的最可口，不管是黃燦燦的玉米麵窩頭，還是紫紅色的高粱麵窩頭，它們都透著一股誘人的五穀雜糧的清香。鹹菜是自家用大粒鹽醃的，是那種嘎崩脆的酸蔓菁、鹹芋頭。洗淨了切碎，往窩頭的眼兒裡一塞，大口一咬，勝過山珍海味。

有人說，窩頭的眼兒，就是為了放鹹菜，把鹹菜塞在窩頭的眼兒裡吃，效果絕佳。人們常常說到伴侶這個詞：手機伴侶、數碼伴侶、咖啡伴侶……，我認為，只有鹹菜才是窩頭的最好伴侶。

榆錢兒窩頭很好吃。一到春季，榆錢兒串上了樹梢，捋下來蒸窩頭，味道好極了；

家門口有個豆腐坊，父親常常從那裡買點豆腐渣，摻在玉米麵裡蒸窩頭，味道似乎也不錯；

母親還常常煮窩頭。她揀點白菜葉，再把剩窩頭切巴切巴一起下鍋，煮著很好吃；

窩頭吃膩了，可以換換口味。從副食店買點疙疙瘩瘩的古巴糖，和在面裡蒸窩頭，甜在心裡。沒糖時擱點糖精，也能哄肚皮於一時；

那時呼市最便宜的大棗只要兩毛錢一斤，大多生了蟲子。母親把棗洗乾淨，擱在玉米麵裡，蒸出的窩頭叫棗窩頭；

憶苦思甜時，用麩子和玉米麵混合後蒸窩頭，可以牢記階級苦，不忘血淚仇。

窩頭不只是眼兒大與眼兒小的區別，很多時候還要被摻進去各種野菜，因為玉米麵的數量是有限的。這也是回應偉大領袖提倡的：糧不夠，瓜菜代。

三年困難時期挖野菜、剝樹皮、度災荒。這期間，能偶爾吃上一頓菜團子窩頭也要感謝毛主席。

窩頭也是北方監獄裡的主食。現在也應該如此。日常生活中人們常會調侃：送你到監獄裡吃窩頭去——一頓一個大眼兒窩頭。

有人說毛澤東解決了中國人吃飯的問題。不對，是毛澤東解決了中國人吃窩頭的問題。在那個時代，各式各樣的窩頭層出不窮，琳琅滿目，江山代有窩頭出，各領風騷數十年！

窩頭曾與我們的生活息息相關，關於窩頭的歇後語及諺語非常多：

「有眼兒就是窩頭」，這話的意思是說某人愚鈍、僵化，把凡是「有眼兒」的東西統統認為是窩頭；

「窩頭掉個兒——現了大眼」，是出醜的意思；

「一腳踩扁一個窩頭，你也不是一塊好餅！」、「地道的窩窩頭腦袋」都是罵人的話；

「窩窩頭就鹹菜，節約下錢買公債！」意在鼓勵人們踴躍購買公債，支援國家建設；

「吃窩頭，啃鹹菜，剩下的錢談戀愛。」反映了那時人們低碳生活的窘境；

「吃窩頭就鹹菜，我們是毛主席的好二代。」是那個時代革命青年的豪言狀語。

吃窩頭，啃窩頭，毛澤東時代出英雄，也出窩頭。

想起六十年代學校組織的一次春遊。那天如同過節，大多同學從家裡帶的是煮雞蛋、烙糖餅，偏有個同學不長眼，帶了個大眼兒窩頭。於是同學們開起了玩笑，將窩頭尖朝下眼朝上轉起來當「毛猴」來抽。窩頭渾身滾蘸的都是土，後來那個同學只好流著淚，細心地剝了皮，慢慢地掰碎吃了。

非常懷念那些窩頭果腹的日子，常常在夢境中顯現童年的生活場景。曾經的一切即使淡忘也不曾遠走，因為它在生命的年輪裡有著深深的印痕。人生中許多事情就像這窩頭情懷一樣，雖然那麼苦澀，但永存心中。

樹皮吃法指南

一九五九年，大饑荒不期而至，呼和浩特的居民生活受饑荒影響估計不算太重，因為人們還照常上班上學，雖饑腸難忍但馬路上還沒出現倒臥者，這與烏蘭夫的實事求是的政策不無關係。與我家一個院子的內蒙古醫學院中醫系，通告學生飯後不要上球場運動，只能臥床休息。令人難忘的是一九五九年秋季的一天，鄰近的東瓦窯的菜地抓到一個偷南瓜的人，此人跪地求饒，說他是醫學院中醫系某系主任，實因孩子飢餓難忍才出此下策。由此可見，當時人們已處於饑難覓食的困境了。

那時，人們因為飢餓已經想盡了辦法，只要是綠色植物，都要吃吃試試，有一種叫小球藻的代用品，黏糊糊的很難吃，估計只有點維生素，蛋白質及脂肪絕不會有。好多人因得了浮腫病、青紫病而死去，我搞不清這算餓死呢還是病死？屬正常死亡呢還是非正常死亡？

人吃的食物需要足夠的蛋白質和澱粉，除了糧食，人們不約而同地想到了榆樹的葉子和樹皮，因為裡面含有少量的澱粉，所以才會蜂擁而上對榆樹下手。當年人們說的吃樹皮指的就是榆樹皮，其他的樹皮樹葉通常都有毒，吃多了會死人的。

有一天，父親提回了一桶榆樹葉，準備拌麵蒸著吃。吃前要用涼水長時間浸泡，否則苦澀的難以下嚥。

又有一天，父親剝回了榆樹皮，榆樹皮有油的成分，有黏性。用鐮刀割下樹皮，剪碎後放在鍋內炒，把水分炒乾，然後用石磨磨成粉末，有糧食的摻一點玉米麵，沒有糧食就不摻了。按照當時的感覺，味道還不是最差的，有相當的黏性，我還參與了鍋炒、磨粉的全過程。

榆樹皮是好東西，現在有的蕎麵餄餎館裡為了筋道也要摻榆皮麵；有些休閒食品也是用榆皮做成，比如「榆皮花生」。那時為剝榆樹皮大打出手的事經常發生。

吃榆皮挺耐餓，不過，災難來了，拉不出屎，都撐在肚子裡了，只有相互用手掏。據說吃點糠很有效，但那時，糠也是不多的，這種記憶是永遠不會忘記的，除非我死了。

呼市人都知道，剝樹皮只能適可而止，剝一行留一行，不能全剝了，全剝了樹就會死亡。還有呼市人不剝樹皮的形成層，當你把樹皮扒開，你會發現裡邊的木質部與外面的韌皮部之間有一層，這層在學術上稱為「形成層」，就是植物的幹細胞所在地。這層細胞往裡邊分化出木質部，往外分化出韌皮部。也就是說，這層才是活著的長樹木的地方。看到這裡，你就明白了：樹幹的形成層一旦被扒掉，第二年春天樹就死掉了，明年就指望不上了，誰知道老天爺懲罰我們要到那一年？

當秋天來臨的時候，樹葉裡的蛋白質逐步被分解成氨基酸，而長鏈的碳水化合物被分解成蔗糖，目的是這些氨基酸和蔗糖可以運輸到根系，也有一部分運輸到地表上面的樹幹中的形成層。剩下的不能被分解的就是乾樹葉了，看上去薄薄的，因為大部分營養已經被轉移了。

許多人只看到的是樹幹和樹葉，而看不到樹根。樹根的長度要比樹幹的高度長太多了，三倍五倍都有。而樹葉裡的營養在秋天大部分要轉移到樹根裡，因為相對於樹根來說，樹幹的形成層總量很小；而樹根密密麻麻，你也看不到到底有多少樹根，把樹根刨走一部分，第二年樹幹雖然不長了，但樹葉茂盛，把光合作用的產物大部分用於彌補刨掉的樹根。這樣，第二年冬天，你照樣可以去刨樹根，春天一來，這些營養又被轉移到上面去發芽長新枝條了。

在秋季，聰明的呼市人，會去刨榆樹樹根的枝蔓，因為此時樹的營養都在樹根裡。

樹根是可以再生的，一些動物也一樣，比如螃蟹。你把螃蟹的大腿掰下來，然後把螃蟹扔回大海，一年後新的大腿就長好了。

但人就不行。要是行，很多男人會自己閹割，然後當太監。想想看，一年後新的長出來了，在宮廷裡吃香喝辣，身邊有佳麗三千，專門給皇帝戴綠帽子，那還了得！

聽說河南餓死三百萬人，而內蒙古就沒有餓死那麼多，根本原因在於，他們吃樹皮的方法不對。河南人把大樹小樹的皮剝的溜光，然後樹就都死了，無異於殺雞取卵，竭澤而漁，不餓死等啥呢？

據說河南的榆樹非常多，一人可以平均十棵，如果正確地食用，僅憑根系的營養，完全可以渡過難關。

可惜沒人教給河南人民正確的吃樹皮方法，中科院的科學家們那時也不知道都跑到哪裡去了。

那時的生活也很甜

上世紀六十年代初，物質非常匱乏，白糖和紅糖定量供應，就連四五毛錢一斤，像牛屎模樣的古巴糖也十分緊俏。老百姓想多吃點甜食，糖不夠用，只好花一毛錢到小店裡買一小包糖精，添加在水裡、麵粉裡補充甜味。對於糖精，當初似乎很神奇，只要在碗裡放上一兩顆細鹽粒大小的糖精，滿滿的一碗水就甜了。只是那甜味不像白糖水甜得純正，甜得誘人。糖精水喝一次就傷了，不再想第二次，那甜味很怪異，如果有點其他辦法，誰稀罕它呢。

在最困難的六十年代初，雖然老百姓吃糖難，但中央對高幹有食物補貼，按級別供應數量不等的肉、蛋、糖、豆等，老百姓稱之為「肉蛋幹部」或「糖豆干部」。官員吃白糖紅糖，老百姓吃糖精。記得那時新聞上總說：我們的生活比蜜甜！沒錯。糖精就是主旋律，糖精就是那定盤的星。

那年頭，每人每月只有二兩古巴糖，平時，母親將古巴糖鎖起來，因為，放在廚房裡，我們不時會用筷子頭蘸上點吃，過把癮，可那點古巴糖怎經得住我們過把癮呢。

我們知道母親放糖精的地方，廚房碗櫥裡藏著的一個小瓶，裡面有一些白色的結晶，那就是糖精。有一次我們兄妹分別捏了幾顆在嘴唇邊上舔了一下，甜味異常。母親知道後大驚失色：「糖精是化學物品，多吃要中毒的！」

記得那年的中秋節快要來了，對於像我們這樣的家庭，每天都在為三頓飯發愁，哪會想到什麼節啊。那天，母親說：「我們買不起月餅，就自己做吧。」我們兄妹一片歡騰。所謂「月餅」，就是買來麵粉，和點水，在平鐵鍋上慢慢地烙，嚴格說來和大餅沒有什麼區別。即使這樣，我們也很滿足了。如何讓「月餅」更好吃呢？月餅裡沒有任何餡子，連放點糖都是很奢侈的事情。

做月餅，不放糖，就沒有甜味，也失去了甜甜蜜蜜的意義，可是要多放，那是不現實的。怎麼辦？好在人們在苦難的日子裡，已養成了如何讓自己也甜蜜的辦法，那就是糖精。

為了使月餅有點甜味，母親在碗裡只放了筷子頭大小的一點糖精，糖精在水中慢慢融化後，將糖精水倒入麵粉中。突然，一滴淚水落在了麵粉上，原來是母親落淚了。

糖精，在過去很長時期裡，是我們家家戶戶都離不開的調味品。幾十年過去了，那有點甜、又有點苦澀的糖精的味道，至今還記得。

我在農大讀書時，主食是玉米麵發糕，為了使發糕好吃，糖精是必不可少的。剛開始吃覺得甜甜的很好吃，但長期吃，就會感到頭暈噁心。

那些年，在呼市的街頭崩爆米花的非常多，在物資匱乏的年代，那可是美食啊。半碗玉米加幾粒糖精，一聲爆響，出來的就是原始的膨化食品。

那時，在一些中小學校周圍的小商販，賣汽水、雪糕、話梅和許多廉價的小食品，既無生產廠家又無標準、標識、出處的產品，基本上都含有糖精。

就連沿街叫賣的冰棒，也都是用糖精製作的。特點就是甜度高、會結晶、味道苦，胃腸功能較弱的人群，會感到非常不適。

糖精不能多吃，對此我有深刻的記憶。兒時，我們院裡一家有十歲、八歲的兄妹倆，因不懂得糖精與糖的區別，便把家裡的糖精片作為消遣的零食，在短時期內兄妹兩人口服糖精片八十餘片，不久兩人均急性中毒，口吐白沫，不省人事。經內蒙古醫院搶救發現，中毒者腦、心、肺、腎臟等都嚴重受損。左心衰竭，嚴重肺水腫，不能排尿，大夫說是因為短時期內攝入大量糖精所引起的。

喜歡甜食是孩子們的天性。一九六三年，十歲的表弟從山西來，走的時候，我想送他一點禮物，他啥也不要，只是說：哥，你就送我一包糖精吧！不知他是如何想的，那麼小的孩子，這是他能想到的最好的禮物了。我們就這樣離別了，從此，再也沒有見過。後來聽說，那次，糖精一直放在他的衣兜裡。走到半路，他去掏衣兜，發現褲兜裡濕漉漉的，糖精全化了。他放聲大哭，妗妗怎麼也勸不住他。

我常常想，小小的糖精，其實蘊涵著許多偉大的教益：雖然名為「糖精」，直接吃是非常苦的，只有化在水裡，稀釋之後，才能吃出甜味來。甜到極致竟然是苦，而苦被稀釋又能回到甜，能使人想到「樂極生悲」、「苦盡甘來」的生活哲理。還有，糖精雖然吃著很甜，但對於我們的身體，並沒有任何的營養，只不過騙騙我們的嘴巴而已，吃多了，還對身體有害，這又使我們想到口蜜腹劍、糖衣炮彈之類的警語。

現在除了奸商，無人再用糖精了，我們終於跨越了一個時代——糖精時代。

伊拉克密棗與古巴糖

一

一九五八年八月，伊拉克與中國建交。那時，伊拉克與美國關係緊張，矛盾尖銳；受西方國家制裁，被經濟封鎖，致使賴以出口的蜜棗賣不出去。我們奉行「凡是敵人反對的我們就要擁護」的信條，認為伊拉克是被「世界人民的頭號敵人美帝國主義」所制裁。因此，為了反美，在國家經濟十分困難情況下，我國動用了本來就為數不多的外匯向他們購買蜜棗，體現了一種「無產階級的國際主義精神」。

上世紀六十年代初，在呼和浩特的市場上遍佈伊拉克蜜棗。當時街面上幾乎所有的食品都要憑票購買，買時還得排長隊，唯有伊拉克蜜棗敞開供應，每斤只賣一兩毛錢，所以這種蜜棗一度大受歡迎。

伊拉克蜜棗呈橘紅半透明狀，光亮得有點蠟感，似糖水醃製過一樣。又有點兒像北京蜜餞，摸在手中，粘粘的，濕漉漉的，因此好多蜜棗會粘在一起。放進嘴裡一咬，那厚厚的肉真叫甜，甜似蜜，甜得齁人。那蜜棗皮上有道裂紋似的線，牙一咬，線就裂開，舌頭一攪就出來一個大棗核兒，不是紅棗核兒那樣大肚子兩頭尖，而是圓圓的硬硬的。

那時還沒有塑膠「蛇皮袋」，這種直接進嘴的食物，包裝用的是大麻包。商店的營業員打開麻包，用貨鏟鏟起蜜棗倒入報紙糊成的紙袋裡，然後再上秤賣給顧客。人們買回家用手抓起來就吃，有時還能吃到麻包絲、草棒之類的雜物。

相信許多上了年紀的中國人對伊拉克的知曉不是從海灣戰爭中來的，而是從這種蜜棗和電影《巴格達竊賊》上認識的伊拉克。

前不久兒子從超市買回了這種久違了的蜜棗。不過它已換上了精美包裝，不再叫伊拉克蜜棗，而是叫做椰棗。

我告訴他：「這種伊拉克蜜棗我已有四十多年沒見過了，在那大饑荒的年代，要是沒有這伊拉克蜜棗我們全家可能早就被餓死了。你奶奶剛領的全家一個月的糧票被小偷偷走後，我們唯一能吃到的食品就是伊拉克蜜棗了。」

我品嚐著這久違了的伊拉克蜜棗，心中卻感慨萬千：一九六〇年，我們每人每頓飯只能吃到一個窩窩頭和一點鹹菜！飢餓難忍的我，就靠母親每天給我的幾粒伊拉克蜜棗來解除飢餓，有了這幾粒伊拉克蜜棗才能讓我熬到開飯的時候。

伊拉克蜜棗，當年不知挽救了多少中國人的性命，而堂堂自稱已經在世界上站起來的中國人民，卻要靠伊拉克這個遙遠的國度，用蜜棗來解救中國人的命。那時的要是沒有伊拉克蜜棗，誰能知道伊拉克在世界的什麼地方？

一個自稱已經進入共產主義時代的中國，讓人民連飯都吃不上，成了世界的笑柄！要不是當時的伊拉克仁慈的國王打開了那扇芝麻大門，我們這些「阿里巴巴」們怎知道大門內的伊拉克蜜棗能讓我們免於餓死？

後來，人們紛紛傳說這種蜜棗帶有肝炎病毒，也不知是真是假，反正我的父親就得了很嚴重的肝炎，市場上這種蜜棗也漸漸絕跡。

海灣戰爭，中國政府是一直沒支持美國的，我常常想，這是對的，要不怎麼能對得起那幾百萬噸蜜棗呢？

二

一九五九年，卡斯楚領導的革命推翻了巴蒂斯嗒，建立了社會主義政權，成為社會主義陣營中一員。古巴的經濟以製糖為支柱，甘蔗種植面積占耕地一半，輸出糖及其副產品占出口總值的百分之八十。眼看著戰鬥在反美最前沿的兄弟受美帝封鎖，糖賣不出去，中國政府義不容辭地表示支援。一九六〇年十一月中國與古巴簽署經濟合作協定，商定一九六一至一九六五年間貸款六千萬美元給古巴，並在一九六一年買古巴一百萬噸糖。

古巴糖黑褐色，裝在大麻袋中，由於嚴重吸濕，結成一大塊，售貨員銷售時用鐵錘敲成磚塊狀。其生產過程用食鹽作為結晶核，因此帶點兒鹹味；蔗汁沒經過濾，雜質很多。

父親肝炎的痊癒和他每天的休息及吃古巴糖有很大關係，因此我也應該為此感謝卡斯楚少校。

有智者說，一九五九至一九六一年的「肝炎」，當時是依據肝腫大加轉氨酶升高而判定的。有很大一部分人並不是真正的肝炎，而是由於營養不良造成的。飢餓造成了許多人的肝腫大、浮腫、婦女絕經，而伊拉克蜜棗、古巴糖確實挽救了不少人。

三

當然值得懷念的還有，後來從「歐洲的社會主義明燈」、「山鷹之國」阿爾巴尼亞進口的劣質香煙，白盒，畫著駱駝。雖然我那時不吸煙，但對那些被洋煙嗆得咳嗽不停的煙民的樣子仍然記憶深刻。

點心渣子與高末

一

上世紀五六十年代的酥皮點心，非常好吃，奶油外皮，層層酥脆。餡兒呢，香甜糯軟，內容豐富，有豆沙餡、芝麻餡，還有核桃仁餡兒的。

吃這東西有講究。皮酥脆，張嘴咬時，一隻手得在下面接著，因為那皮一碰就碎了。不會吃的人，一個沒吃完，滿地掉的都是點心渣子。

記得我吃過一次酥皮點心，激動了好幾年。因為收入低，那時吃得起點心的人家很少，不少人總去舊城大北街的糕點鋪買人家處理的點心渣子，一兩毛錢買上半斤，還不要糧票，油乎乎的也很爽口。

糕點鋪盛點心用的都是木頭箱子、鐵盤子，酥皮點心經不起折騰，取放一次，就要脫一層皮。糕點鋪的夥計們捨不得浪費，他們把每個箱底的點心渣子都要清掃出來，集中出售。買不起糕點的人家，常常去點心鋪買點心渣子，拿回家來解饞。

那時母親也經常給我們買點心渣子。在我的記憶裡，點心渣子比點心更有味道，因為裡面混合了各種點心的味道，不僅有酥皮的，還有薩其馬、槽子糕、大桃酥，有時甚至混進了巧克力的碎渣。如果運氣好，老闆會把點心的碎塊也混在裡面賣，價錢當然要稍高一些。

也不是什麼點心屑都可以歸到點心渣子裡的，它也有講究，主要是酥皮的、硬皮的。裹糖稀一類的點心渣子就得分開來賣，要不粘成一團沒法吃，也就沒人買了。

店員有時候自己也買心渣子，但是他們會故意創造些殘缺不齊的下腳料，混在其中，為的是圖個便宜。

一九六三年姥姥病重時，母親經常給她買點心渣子，泡在稀飯裡喝。物以稀為貴，母親不讓我們吃，但每當她不注意時，我總會用小手捏一點來嚐嚐。那種幽香的味道，我至今仍有記憶。

二

那時有一種茶葉叫高末，就是高級茶葉末的簡稱。茶葉在運輸銷售的過程中，總會相互揉搓、摩擦產生碎末；花茶在配茶的過程中也會產生碎末。碎末商家自然捨不得丟掉，用篩子篩一遍，留在篩子中的又被摻入茶葉裡，落下去的就作為高末出售了。

舊時，呼市有一些買不起好茶，卻又偏愛喝茶的人，喜歡購買這種高級茶葉末。茶葉店也將此物出售，多了一項收入。不僅讓平民享受茶的清香，同時，也悉心地照顧到了親友多的家庭的「面子」。

退回去幾十年，在物質匱乏的年代，高末也是很珍稀的了，能用高末待客的家庭已是很不錯的了。

父親喜歡喝高末，我喝過一次，也感到很好喝。我不知道原委，猜想就像點心渣子一樣，是把各種茶葉末混合在一起，因此兼有各種茶葉的味道：清香、淡雅、醇厚、綿和，喝慣高末的人，喝別的茶總感到意猶未盡。

高末即泡即喝，開水入杯，轉眼間，顏色就濃烈起來。但高末不禁喝，一杯入肚，第二杯就再也泡不出顏色，因此喝高末很費茶，擱少了不頂用，擱多了太浪費。儘管那時高末很便宜，一兩元錢一斤，好的花茶也就三元錢一斤，因此未必省錢。

父親沏高末是用一個帶藍花兒的玻璃杯。高末擱在一個哈爾濱秋林公司的糖果桶裡，放在書櫥的最上端，父親每次喝時，用指甲使勁地把蓋子扣開，伸手捏出一撮兒高末放入杯中，然後再小心翼翼地把蓋子改好，踮腳放回原來的位置後，才靜下心來往杯裡倒開水。父親每喝第一口高末時總要「啊」的一聲，不知道是因為水燙還是感到舒服。母親在這時總是說：「你爸爸喝不起好茶，專喝人家高級茶葉剩下的沫沫。」

我有一個同學經營茶葉多年，我曾親眼目睹過他雇傭的幾個老娘們裝茶的過程：從南方運來的茶葉是用麻袋包裝的，麻袋拆開後倒在地上，然後分裝入小袋，稱重、封口。期間她們穿著破膠鞋在茶葉堆裡走來走去，不時用掃帚將遍地散落的茶葉歸攏在一起，還脫鞋將灌入膠鞋中的茶葉倒出。我這才知道，所謂的高末其實一半是土。我的同學當然心知肚明，因此他從來不喝高末。

我在包頭上班的時候，有個師傅還愛喝茶葉棍兒，所謂茶葉棍兒其實就是茶葉的桿兒。那時，我一上街，他就託我替他買茶葉棍兒，茶葉棍兒比高末還便宜，也就幾毛錢一斤。都是因為窮啊，現在想起來真是心酸。

豬頭肉的誘惑

我對豬頭肉情有獨鍾，只要去超市一見到晶瑩剔透，掛著油花，熱氣騰騰的豬頭肉，肚子裡的饞蟲就往外爬，妻子知道我有「三高」，就極力勸阻。一般情況下我先自己克制，但往往最後還是控制不住。有一次去超市，妻子都要結帳了，我說，等一會兒、我有點事，然後匆匆離去，一會兒拿著一塊豬頭肉高高興興地回來了，妻子嗔怪說，好肉有的是，你咋非要吃它呢？她體會不到，回家後搗點大蒜切點薑，再倒點醋醬油，香油，用豬頭肉蘸著吃，再喝上二兩，比神仙都要美！

我念初中的時候，車站南馬路一個飯館的門口，有個賣豬頭肉的老漢。那時，我經常中午不回家，在飯館吃碗素麵，然後就站在老漢身旁看他賣肉。那時，學校已在號召學雷鋒，按說我們新中國的兒童應該珍惜時光，多幹點兒高尚的事情，誰知孺子竟如此不可教也！我小眼睛直勾勾地，專看人家賣肉，確切說，是專看肉。那肉，紅亮亮、香噴噴、熱騰騰、顫巍巍，在刀下沙沙作響。看著看著，我的體內便如羽毛輕搔，奇癢難捱。

面對那個賣肉老漢，我多次舔舌頭、嚥口水。暗下決心，將來長大了、掙錢了，一定天天來買豬頭肉，哪塊兒大買哪兒塊，拿蠟紙包了，捧回家，媽媽一半，我一半，就米飯，就饅頭，哪怕就窩頭也行，有了肉，吃什麼都香。

一次，我的語文數學考了雙百，母親準備犒勞我，問我想要什麼？我不假思索就脫口而出：「豬頭肉！」按說那天我們已經吃完了飯，母親立即帶我去買豬頭肉，並親眼看著我一口口吃下。那天，簡直是我的盛大節日，真香啊！全身上下每個毛孔都歡暢。

那些年，每逢過年，我都能吃上豬頭肉。那時，一張肉票能買一斤豬肉，但三張肉票卻能買一顆豬頭。一顆大豬頭有十幾斤，肉足足多了好幾倍。

記得有一年，年關將近，父親興沖沖地提著一顆毛乎乎的大豬頭回家了。我和兩個妹妹、都興奮地圍著父親轉，幫著忙活。父親在爐子上架起一口小鐵鍋，用小鐵鍋把松香化開，把燒化了的稀稀的松香慢慢澆到豬頭的各個部分，稍等一會，等松香慢慢凝固，變得既不沾手還算軟和的時候，從豬頭的一側開始慢慢地捲起松香，松香就會順著捲起的勁，把豬毛連根拔起。剝下的松香再放到小鍋裡融化，再一次塗抹，再一次捲起拔毛，往往要重複三四次，明顯的長毛不見了，剩下的就是那些溝溝窪窪裡難薅的毛了，這些毛需用鑷子慢慢地摘。摘乾淨一顆豬頭大概要用好幾個小時。

豬頭摘乾淨毛已經入夜了，煮豬頭也會佔用一個晚上。母親把摘好洗淨的豬頭用斧子劈成兩半，把爐子燒得旺旺的，然後在爐子上放一口大鍋，把豬頭放進去煮。等水開了，母親慢慢地撇出飄浮在鍋上面的白沫，再加上各種調料，再用小火慢慢燜著，直到豬頭用筷子一戳，能插進肉裡，便把豬頭撈到盆子裡。這時，豬肉的香氣充滿了整個屋子。

這個時候，大約已是夜間十二點多。母親舀出一碗肉湯放在一旁，等涼的差不多了，便推推正在熟睡的父親：「他爸，起來喝碗肉湯吧。」於是父親便用雙肘支在炕沿上，一手托著碗，一手拿著筷子，油膩膩地冒著熱氣的一碗豬頭肉湯，不一會兒就滑進了父親的嘴裡。

夜已經很深了，被母親叫醒的我們，爬在被窩裡伸著頭望著泛出肉香的鍋嚥口水。父親說：「片下一塊肉來讓孩子們也嚐一嚐吧，要不，今夜他們就睡不著覺了！於是，我們每個人都蘸著醋吃了一點。肉又滑又爛又香，連打出的嗝兒都帶著香氣。父親說：「睡覺！睡覺！明天早晨吃個夠！」我終於舔著嘴唇進入了夢鄉。

第二天，我只要見到一個同學，第一句話就是，「今天我們家吃肉了，很大的一個豬頭！」小夥伴都愣愣地看著我。「不信咋得？看我嘴上的油！」我指著嘴上的油無比得意。那天，我一直沒有擦嘴。

過年期間，只要炒菜，母親就用刀在豬頭上削下一片肉來，直到過了正月十五，這顆豬頭才慢慢吃完。豬頭可謂物盡其用，母親最後要把剔完肉後的頭骨砸開，把骨頭吊到門背後的角落裡，就成了我們孩子們冬天裡的擦手油，我們早晨洗完手，到門後頭扣一點骨髓，抹在手背上，把手背放在爐子上烤烤，再搓搓，那是我兒時最好的「護手霜」。

在我兒時的記憶中，豬頭肉吃起來充滿情趣，比如豬耳脆、核桃肉酥（豬頭上坑窪處的核桃狀肉）、豬拱嘴兒筋道，最妙的是豬口條，爽滑可口，從舌面滑入食道的過程，簡直讓人有種親吻至深的顫慄觸電感。儘管豬頭難上高貴席面，但在民間卻是持久的美食，有人甚至妄言：「其肉醇美酥爛，堪比熊掌之味」。

豬頭肉是肥肉和瘦肉的「天作之合」，妙在肥瘦相間，其中「豬拱嘴」部分已經不能分清是肥肉還是瘦肉了。煮到恰到好處的豬頭肉，皮層厚、韌勁兒足、耐咀嚼、齒頰留香，每每令食者撐爆了肚皮，而嘴巴猶覺不足。清代文人袁枚說他的家廚王小餘身懷絕技，客人吃到滿意的菜，開心得手舞足蹈，恨不得把盤子都吃下去。在我看來，吃豬頭肉差不多就有那種感覺。

我一直沒吃過豬腦子，母親不讓吃，說是小孩子吃了豬腦子就會不聰明，將來考不上大學。

參加工作後，我掙到第一筆錢，就去青山區的紅房子買了一塊豬頭肉。我吩咐賣熟肉的師傅給我切得薄薄的，我接過一包豬頭肉蹲在馬路邊，一會兒就都吃進去了。

我一直認為，豬頭肉是走卒販夫們吃的東西，以低廉的身分，做了社會底層人的牙祭和下酒菜，始終上不得檯面兒。很長時間以來，我痛恨自己愛吃豬頭肉的低俗，甚至為此感到羞慚。近讀魯迅先生的胞弟周作人先生的一篇名著〈豬頭肉〉，是他回憶兒時美食的記憶，文中充滿了對豬頭肉魂牽夢繞的眷戀，才使我心中釋然。

感謝有豬頭肉相陪的歲月，它至少讓我找到一個為吃而去奮鬥的目標。如果哪一天我對豬頭肉也感到味同嚼蠟，那一定是味蕾出問題了，對色香味，酸甜辣的麻木，真的很可怕。很多時候，人的願望是從胃開始的，擺在眼前的東西往往能給我們帶來庸俗的力量。

每當我想起豬頭肉，心頭便無可名狀地湧起一股童年的味道，那味道極其熟悉，很是具體，但又無法用語言來描述。人生經歷了太多的苦難，苦難有太多的載體。對於我來說，豬頭肉就是一種載體。豬頭肉對我來說，充滿了激情，而當激情走進生活，豬頭肉的力量就是無窮的。

吃肉

少年時，家住呼市錫林南路，雖然父母都是國家工作人員，全家都是吃商品糧的，可吃肉並不是經常性的，更不是孩子和大人可以隨時放開胃口吃的。我在中山西路小學上學時，來回都要經過馬路邊的肉食店，肉食店櫥窗裡懸掛的香腸、五香小肚、豬肘子、豬手，永遠閃射著誘人的光澤。那一圈一圈細麻繩勒出的藕狀肉卷，倒吊著，能讓人看到肥瘦相間的切面，紅黑相間的螺旋連環，汪汪的肥油把捆綁肉的麻繩都浸漬成了油汪汪的藜黑色。我常常在那櫥窗前留戀，但是，也只是留戀而已。

記得在呼和浩特第五中學讀書時，一天中午，我去市立醫院的食堂吃飯，我告訴母親我的期中考試得了雙百，飯後母親上街給我買了一個豬手，母親一口也沒捨得吃，她看著我一口口地吃下，臉上露出慈愛的笑容。那個豬手美好的味道至今仍然難以忘懷。前年母親重病，我每次去探望都要給她買一個豬手，但母親已經吃不進去了。

所謂「高溫肉」，已經是八零後、九零後聞所未聞的文物性概念。六七十年代，經檢驗得了豬絛蟲病的屠宰生豬，按照防疫規定要焚燒深埋處理，各地的食品公司不忍一燒了之，就把米糝少的豬選取最好部分，用高溫加熱，煮的時間比正常豬肉多一倍，這樣製作出來的肉叫「高溫肉」，然後放在小推車上沿街叫買。其實，如果你不是太講究的話，你的聯想和想像能力不那麼豐富的話，高溫肉完全有其獨到的價值，雖然模樣不怎麼漂亮（不放醬油，白白的），但是很香，很爛，價格只有正常豬肉的四分之一，幾毛錢就可以請親戚、朋友解解饞。在那樣的年代，以那時的收入水準，窮人大概也只有吃高溫肉的份了。

因為一斤肉票可以買三斤高溫肉，高溫肉又比好肉便宜，所以那時家裡經常買高溫肉吃。那時，母親還經常買槽頭肉，槽頭肉是指豬頭與軀幹連接部位的頸脖肉，一頭二百來斤的豬，槽頭肉就有十來斤的樣子。

直到現在才知道，豬的這個部位氣管、血管比較多，而且還有淋巴結（腺），食之對人體有害無益。按現在的國家關於生豬屠宰操作規程規定，屠宰時必須要割除「槽頭」。

七十年代中期，我被分排到包頭電力修造廠工作，那時物資十分緊張，每個人每月三兩油、半斤肉，我的戶口、糧食關係在集體食堂，妻子的戶口在呼市，因此我們連這三兩油半斤肉都沒有，土豆白菜放點鹽煮煮就湊合著吃了。那時我的身體非常瘦弱，有些天我特別想吃肉，一天什麼都不想，就是尋思，如果煮一塊豬肉，蘸點兒蒜泥吃，那簡直就是神仙過的日子。

一天，有同事告訴我，對面食品廠的大門口賣高溫肉呢，不要肉票，你敢吃嗎？敢吃就趕快去買吧？我聞訊立即出了廠門，趕到了食品廠的大門口，只見一個小夥子站在一輛小推車旁，小推車上放著一個大的方鐵盤，方鐵盤裡放著幾大塊剛剛煮熟的豬肉，熱騰騰，香味撲鼻一點兒調料都沒放，顏色也很好看。我使勁地嚥了一口吐沫，問他：「這肉多少錢一斤？」

那個一個切肉的小夥子告訴我：「五毛錢一斤」。

我又順嘴問了一聲：「要票嗎？」

「不要」！

「什麼，不要？」我按捺不住內心的狂喜。

「不要！」小夥子又說：「不過這肉得有膽量吃，雖然是米芯肉，但經過高溫處理了。」

我絲毫沒有猶豫，挑不肥不瘦的買了一塊錢的。車跟前圍了好幾個人，光看不買，還說三道四地相互議論著。有人指著我說，這個哥們真有膽子，我可不敢吃！

我樂顛顛地捧著肉回到家，妻子十分驚喜，問我：「你在哪弄的肉啦？」

我說：「在廠外頭馬路邊兒買的。」

她一聽，急忙把接到手裡的肉扔到桌子上。說，這是高溫肉吧？你不怕死呀！

我說：「你也知道高溫肉啊？」

她說：「誰不知道，廠裡不少人都買這個吃，我可沒這個膽量。」

我說：「怕啥，煮肉的溫度非常高，蟲卵早就被殺死了，怕的是買回生肉自己做，來回污染炊具，那才不安全呢。我懂得科學，你就放心吃吧！」說著我就撕了塊肉塞進了她的嘴裡，她也不拒絕，於是我倆就一起吃開了。這肉煮的真好啊，爛而不膩，咸淡正好，往嘴裡一放，一股香氣透徹心脾，香，真香！

我說：「老婆，這就對了，有福同享，有難同當，這才是夫妻啊。」我倆風捲殘雲，一會兒就把一塊錢的肉吃光了。這頓肉吃得爽快，吃得悲壯。說也奇怪，打那以後，我的身體一天天地好起來了，至今也沒啥大毛病。

三十多年過去了，現在的日子越來越好過了，魚啊，肉啊，只要你想，每天都可以吃到，可是，怎麼吃，也吃不出那時的香味來。妻子也說，這半輩子，吃得最香的就是那頓高溫肉。

寫著寫著，我竟然笑了：一件對往事的回憶，說來很淒苦，卻也學到了不少關於高溫肉、關於槽頭肉的知識，真是學無止境啊！

下館子

在上世紀五六十年代，下館子、泡澡、聽戲是很奢侈的事情，尤其以下館子為甚。人們普遍認為：下館子的要麼是有身分的人，要麼是二流子懶漢。那時候，身上雖有幾個零花錢，但是父母嚴禁我下館子，一是怕不衛生，二是怕浪費，三是怕養成驕奢的習慣。

上小學的時候，有一天我的同學拉著我去吃涼麵，這是我一生中吃過的最好的涼麵了：雪白的麵條、整齊新鮮的黃瓜絲、水蘿蔔絲，香香的白芝麻，土黃色的芝麻醬，尤其是它的湯，味道調得正好！這樣一碗配料簡單卻風味十足的涼麵是我難忘的經歷！還有一次，放了學，堂兄就偷偷地帶著我去吃蕎麵碗坨……哇哇哇……太美味了，一輩子也忘不了……

我們這個年代的人把到飯館吃飯稱為「下館子」。五、六十年代下館子的人可不多，一般老百姓哪個無事花錢會去飯館吃飯？那時的呼和浩特也沒有幾家飯館，最出名的就數麥香村，其次就是市毛十字路口的二食堂了。

那時的二食堂與現在的機關食堂差不多，沒有現在的飯店那麼豪華，那麼排場，僅有幾張方桌和幾個方凳，大部分就餐者都是站著吃飯，根本沒有雅間一說。在那裡是買票就餐，家常飯、普通菜，最具特色的是水餃、餡餅、過油肉，那味道歷經幾十年彷彿還能聞到。那時，吃一頓飯一般也就幾毛錢，一塊多就是好菜了，很奢侈了。到飯館吃飯，糧票是必需的，沒有糧票即使你有大把的鈔票也吃不上一口米飯、一碗麵條。

由於貧窮，我就連看書也往往對其中有關吃的情節情有獨鍾。就說四部古典名著吧，我最偏愛的是《水滸》，其中一個非常重要的原因，就是因為書中有許多關於吃的場面的描寫。每當讀到「燙幾壺好酒，切幾斤上好的牛肉」，或「肥雞嫩鵝，各色菜疏、時鮮果子」的描寫時，便禁不住垂涎。其實《紅樓夢》中對吃的描寫更精細、也更講究，但由於大觀園中的小姐們吃得過於文雅，不如《水滸》中的好漢們吃得痛快，故一直對我的吸引力不大。

除了涼麵和蕎麵碗坨，我還有過兩次下館子的經歷。依稀記得，在國慶十周年那天，父親帶著我們全家三口人來到舊城一個極其狹小的飯店。那個飯店只有四張空空的桌子，我們吃的是二合面的發糕，一大盆燉海菜，共化去三角五分錢。那次和家人下館子，我吃的特別興奮。我對父親說：「國慶真好，爸爸，咱們明年國慶還要來這裡吃飯！」。看著貪吃的我，父親的臉上露出苦澀的微笑。

一九六二年，我才十三歲，那是一個相當艱苦的年代，姥姥由於嚴重的營養不良，已病入膏肓。就在她快要挺不住的時候，母親給了我一塊錢，讓我上二食堂給姥姥端碗陽春麵。我揣著這張一元的大票，拎著一個搪瓷缸，急忙跑到二食堂買了碗心儀已久的陽春麵，並且狠狠地聞了聞那鮮美的味道。由於是給重病中的姥姥買的，所以，我顧不得過多地體會下館子的滋味，便匆匆趕了回家。那碗麵姥姥只吃了一半，剩下的半碗母親讓我吃了，只記得那麵的味道非常好。

到了一九六三年，我已上初中了，家裡的生活條件有了一點點改善，每到父親或我的生日，母親就會給我一塊錢，讓我到二食堂去端一個葷菜回來，給我們改善生活。說是下館子，其實也只是炒上一個菜，回家大家一塊吃。每次我都是騎上自行車，拎上當年流行的腰子飯盒，花七毛八分錢，炒一個回鍋肉回來。當年的肉菜真的特別特別的香，那滋味，現在回想起還直流口水。

說句實話，直到我離開呼市到包頭上班，我也沒有在二食堂裡面正而八經地吃過一頓飯。雖然過去了這麼多年，有時在夢裡面還能見到那個早已不復存在了的「二食堂」。

直到二〇〇三年，父母親都快八十高齡了，我讓兒子開車，把他們拉到麥香村，才算正經地下了一回館子，不過那時他們的胃口已經不行了。父母親坐在高背椅上，用精美的茶具飲茶，我觀察他們頭上的縷縷銀絲，臉上溝壑縱橫的皺紋，內心突然感到一絲痛楚，含辛茹苦的父母都已經風燭殘年了。

改革開放，彷彿一夜間把人們的腰包裝滿了，又一夜間把國人的胃口調高了，餐館、酒店、大排檔、路邊店遍地開花。過去，老百姓下館子是新鮮事，現在去飯店吃飯已是尋常事，來個親朋好友，誰還在家做？都去下館子。吃完就走，也不用收拾，省事，畢竟咱不差錢。

不僅如此，如今下館子的環境也變了，不再是坐在普通餐館的方桌旁，而是入坐在各類酒店裝修各異、精美豪華的包廂裡。下館子的標準和檔次也變了，不再是「回鍋肉」、「魚香肉絲」、「過油肉土豆片」，滿桌菜肴皆是生猛海鮮、珍禽野味。就連呼和浩特這個邊塞之城，五湖四海的風味飲食應有盡有：四川的辣，上海的甜，廣東的鮮，韓國的酸。人們嚐遍了山珍嚐海味，吃膩了葷腥吃野菜，變換著的口味如同變幻著的花花世界，一天一個樣，天天在翻新。對於我這樣的半老頭子，下館子也不是什麼希罕事了。

日子好過了，不由地總要想起那些早已作古的先輩們，和自己童年的不堪歲月，不勝唏嘘之餘，心中就會隱隱作痛，常常半日不可平復。

貧困的年味

我小時候就盼望過年，很大程度上是盼望那頓可口的年夜飯！在我童年的記憶裡，過年印象最深的就是吃了。過年就意味著吃好的，穿好的。我是男孩，對穿的不太在乎，就惦記著能有點肉吃。那時和現在不一樣，買肉都買肥的，回家好煉油。一九六〇年春節前，母親買回一塊很肥的肉，她把瘦肉削了下來，肥肉下鍋煉油，煉好後，油碗放在鍋臺上，準備冷卻凝固後收藏起來。那天我從外面跑了回來，看見母親煉油，在鍋臺跟前轉了半天，生氣地說：「買點肉又煉油了，我吃啥呀。」於是端起油碗就喝了兩口，嘴裡還叨叨著：「吃不著肉，那就喝點油！」母親嚇了一跳，連忙說：「天那，燙著沒有啊，這麼熱的油你也敢喝，你饞瘋了！」

後來，母親就煮了一碗肉給我吃，我一會兒就把一碗肉全吃光了，結果吃的多了，睡到半夜時全吐了。

那時，過年的副食少的可憐。為了買到肉、豆腐、粉條等一年都沒見過的珍奇年貨，排隊的人山人海，去晚了，即使手中有票，也可能買不到的。商店裡就連買菜也要菜票，按你手中菜票的數量，用刀切開來賣，有的家庭人口少，連一顆園菜都買不來的。

大家饞了一年，就盼三十晚上這一頓餃子。其實那頓餃子也是菜多，肉少，還缺油。包餃子的面，當時最好的也就是一角八分一斤的標準粉而已。

三十晚上的那頓餃子，是需要全家人一齊動手來包的，把中國人最講究的團圓表現的淋漓盡致！餃子可包成麥穗的，也可包成小耗子的。為了增強吃餃子的喜慶程度，人們往往在包餃子時還要往裡面塞幾枚硬幣，凡是吃出來的人，都會異常興奮。每次包餃子時，我聞到了餃子的香味，口水就會流下來。為了先給我解饞，母親就在火爐上烤一個給我嚐。

吃餃子是一件很隆重的事情，值得慶賀。吃餃子還要計數，家人吃完後，都要相互通報自己吃的數量。如果吃的著急，沒記清自己吃的數量，那是很遺憾的事情。有時候不但向家人通報，還要向院子裡的小夥伴們通報：我昨晚吃了××個餃子！

孩子多的人家，因為餃子數量有限，只好按人頭來分劃，這時，吃虧的往往是大人，他們會把餃子湯也喝的一乾二淨。

一九六〇年春節，由於沒肉，父親去街裡買回點豆腐泡和油條，切碎和菜拌在一起包了頓餃子，我們照樣吃得歡天喜地。因為平時，就連這樣的餃子也吃不上。

過了破五，如果家裡沒有客人，我們就毫無怨言地繼續吃玉米麵窩窩頭、鹹菜了。因為是過年，對孩子們是不限量的。我那時真的想，一輩子只要能填飽肚子，即便是窩窩頭、鹹菜，也知足了！

在那個年代裡，大家都沒有什麼零花錢，一般人家只能給孩子買一百響的小鞭炮，富足一些的人家或許會買二百響、五百響的，兄弟多的人家還要把整掛鞭炮拆零後，再給每個孩子分配。因此，大多數孩子絕不會把歸自己所有的整掛鞭炮一下子燃放掉，而是拆散，一個一個地分開燃放。

過年那天，如果誰家大人在燃放整掛鞭炮，我們聽到「劈哩叭啦」的響聲後，一定會蜂擁而至，如獲至寶地爭著去揀那些落在地上未燃放了的小鞭炮。即便沒有撚子，我們也會麻利地把鞭炮攔腰折斷，用火柴或者香燭點燃，頓時火化四濺，我們歡呼雀躍。

大年初一，男女老少都要換新裝，雖然色調單一，都是黑、灰、藍，但這絲毫不影響人們過年的歡快氣氛。孩子多的人家換不起，洗乾淨、縫補齊整也就不錯了。

為了省錢，大多人家過年都是自己理髮或相互理髮。孩子的頭一般都是家長給理，技術不行的人，結果可想而知，推的頭髮一塊高一塊低，像狗啃了一樣。

有一年，我們去舅舅家過年，包餃子沒有豬肉，只好打死一隻兔子，用兔子肉來拌餡兒。豬肉哪裡去了？豬被公社強行收走了，因為要優先保證城市裡人。人多，兔子肉也很少，餡兒裡只好多拌菜，即使如此，吃起來也很香。

我有生以來，第一次得到最多的壓歲錢，就是舅舅給的一元錢。印象最深的是，父母親還推辭了好一陣，後來因為舅舅生了氣，母親叫我再三地感謝後，還跪地磕了一個響頭，才收下了這難忘的一元錢。其實，這樣的大票。在小孩手裡是花不出去，商店裡的服務員根本不相信小孩手裡能有一元錢的大票，誰家大人能放心給孩子這麼多的錢呢？最後，我還是上交了母親，換了一張五毛的。要知道，那時有五毛錢就能下館子了。

那幾年，農村過年也就吃一頓餃子，過了初二就又恢復半飽的糠菜生活了。不過舅舅家稍好些，還有麩子和豆餅。那時的豆餅，吃起來就像山珍海味一般，現在豬都不愛吃呀！

「困難時期」過後，生活水準有所提高，普通人家在春節期間也勉強備下一桌像樣的飯菜來招待客人了。那時候正月到親戚家拜年吃飯，母親事先總會交代哪些菜（像整雞、整魚）是不能吃的，因為它們通常要應付整個正月裡所有的客人。

唉，現在什麼都不缺了，想吃什麼就吃什麼，怎麼反而覺得沒有小時候的年味濃了呢，飄蕩在年夜飯上的只有濃濃的回憶！你說怪不怪啊！

我和母親學種地

三年困難時期，我家住在錫林南路地方病研究所的家屬大院裡，那個大院緊鄰內蒙古醫學院中醫系，空地很多。因為飢餓，人們慌不擇路，想起了自己種植糧食作物。那幾年，不僅房前院後被人們搞了栽種，就連籃球場、網球場也都種上了莊稼。再後來，動物室的圍牆下，下馬的醫療器械設備廠的廢棄基礎裡也被人們佔領，紛紛種上了各種糧食作物。所謂的糧食作物其實就是些玉米、葵花、南瓜、土豆、蘿蔔等等，種子也不知道是從哪裡搜尋來的，反正整個大院裡一片鬱鬱蔥蔥。

我家除了自己院子裡的一片空地外，也在動物室的門口佔領了半分地。「小滿前後，點瓜種豆。」那些年的春天，我一下學，就和父親拿把鐵鍬去翻地。一大片地需要一鍬一鍬地翻，翻起來的大塊土壤需要一鍬一鍬地拍碎，然後進行土地平整，遇有石頭土坷垃，還要撿拾出來擺在地邊。翻地是件辛苦事，往往幹得汗流浹背。

母親出生農家，對種植的過程瞭若指掌，父親沒有種過地，他是完全按母親的指導來做。我那時雖然小，也鞍前馬後地跟在後面瞎忙，母親不停地對我指手畫腳。依稀記得播種的時候，先要刨一個土坑，把種子放進去後，用細土覆蓋，再在上面澆上一瓢水，然後就等種子發芽了。不過，坑的深淺，覆土的厚薄，澆水的多少都有說道。畢竟種植玉米及葵花比較簡單，不像種菜，沒有多年的經驗根本幹不成。

那年，我們在地裡種了不少葫蘆，母親還教給我如何給葫蘆花授粉。原來，花萼下麵有個小葫蘆的是雌花，花萼下面沒東西的就是雄花。母親說，小葫蘆是寶寶，授粉成功寶寶才會長大。方法就是把開到完整狀態的雄花摘下來，插到雌花的花蕊上面，讓雄花花蕊上的花粉掉到雌花花蕊中間，這樣才可以保證成功率。

小苗沒幾天就頂出了土壤，一天一個樣子，等到禾苗一尺多高，就可以施肥了，肥料通常就是自家收集起來的農家肥，每家的地邊都有個很小的化糞池，在太陽的照耀下慢慢地發酵。「莊稼一枝花，全靠糞當家」，屎尿發酵後澆灌在莊稼上，莊稼會蹭蹭地往上竄。

我家的地旁沒有水井，需要去很遠的地方去挑水，挑水也是我的營生。看著莊稼一天天地長大，雖然辛苦，但心裡充滿了歡樂。

我現在常常想：院子裡的人都是機關幹部，而且大多是醫科大學畢業的高材生，不是餓急了眼，誰會想起來種地呢？好在種植這些作物不需要高深的農藝技術，許多人本身就出於農門。

饑腸轆轆的機關幹部們，播下了種子，也播下了希望。那時還沒有「社會主義的草、資本主義的苗」的說法，因為政工幹部們也都餓的眼睛發藍了。

大地才是人類的母親，不管種下什麼都會有收穫，我們肚皮的吸納能力真強，只要能嚥得下去就能被消化。到了秋季收穫的季節，家家戶戶喜氣洋洋。晚餐蒸土豆、蒸南瓜、煮苞米，就點鹹菜，感覺胃口大開。

玉米杆也是非常好吃的，不比甘蔗差多少。收穫的季節，小孩子們每人手裡都舉著一根玉米杆，比誰的更甜些。記得未成熟的嫩葵花籽也很香，瓜子殼也能嚼動。胡蘿蔔不用洗，在褲子上擦擦就能吃。

很懷念那些年城鄉一體化的生活。炊煙嫋嫋中，眾多的風箱在歡快地奏鳴。在用葵花桿紮起來的院子裡，玉米杆、葵花餅子在灶火裡煙火升騰。

那年，父親的朋友從北京來呼市出差，他們對我們院子裡的莊稼豔羨不已，因為他們在飢餓中只能乾靠。後來聽呼盟的同事說，他們那時雖然餓，但是因為離大興安嶺近，也受到了大地母親的恩澤，他們一到週末就去林區採集蘑菇、木耳、松子，原來上帝對人是公平的。

一九六〇年夏天，一次小妹妹在健康街的小賣鋪裡排隊搶購食物時，和地方病研究所的一位政工幹部發生了爭執，被那位政工幹部搧了兩個耳光，那位政工幹部罵我妹妹說：「你這個偽職員的狗崽子也敢跟我搶地方?!」

妹妹回來向我哭訴，我氣得兩眼冒火，當晚十二點，我偷偷地溜出家門，去他家的地裡把他家種的葫蘆連大帶小都給揪了下來，排隊擺在了地邊上，才算出了這口惡氣。那位政工幹部姓王，個子不高，他家的葫蘆大的才長到拳頭大，幾個月的辛苦算白下了。

第二天，他的老婆翹起腳來罵街，大多數人不吭聲，還有人捂住嘴偷笑。妹妹回家向母親訴說，母親反而說：「誰幹的葬良心的事呀？好不容易長那麼大了！」我則偷偷地向妹妹使鬼臉。

後來王幹事死於癌症，我始終從內心感到那件事對不起他的家人，尤其他那些嗷嗷待哺的孩子們。

飢餓年代最好的職業

中國有一句老話：「民以食為天」。這話，是在強調糧食的極端重要性。在中國，幾千年來，老百姓的這個「天」，實際上就是填飽肚子。最重要、最起碼的就是不要餓死，其他的都談不上。那些年，許多中國人一天忙到晚就是為了那一口吃喝。

一九六〇年，岳父母都在包頭東河區的糧庫工作，聽妻子追憶說，那時她們全家雖然人口很多，但並未感到十分的飢餓，讓我聽得羡慕不已。

糧庫的糧食由火車運進，經由皮帶運輸機或人力肩扛入庫。由於麻袋封口不嚴，破損時時都會發生，散落的糧食遍地都是，用掃帚掃起來後就變成了「土糧」或曰「砂糧」。土糧是無法加工成麵粉的，可以用來作飼料，也可以分給職工。

妻子說，那時她們家連老帶小八口人，每天晚上都很忙。打開麻袋，把土糧捧在桌子上，大人小孩圍住飯桌，在燈下從土糧裡挑揀米粒或麥粒。

人多勢眾，用不了多長時間，挑揀的就夠第二天食用了。這是一件多麼幸運，多麼具有誘惑力的營生呀！糧庫裡的土糧畢竟是有限的，如果不夠分時，有些工人就會故意把麻袋弄破，糧食灑落的遍地都是，大家往往心照不宣。

還有一條比土糧更便捷的方法，那就是偷，當然也不能過分。比如衣袋裡可以有一點兒麥子，挽起的袖口、褲腳裡也可以有少許的麥子，甚至鞋裡也可以捎帶一些麥子。

幸好那時「工人階級領導一切」，不容許對工人階級搜身，即便搜身，裝運過程中，不經意在衣褲間留下一二兩糧食，你能說過分嗎？煤礦工人從井下上來，衣兜裡，鞋裡也都是煤屑呢。

據妻子說，那時糧庫的工人們早晨上班，從家走時總要帶點糖精，在單位裡，用燒開水的大鐵壺煮玉米吃。東北的馬牙玉米，放的時間久了沒有一點味道，擱點糖精就好吃多了。百萬人口城市的糧庫，玉米堆積如山，煮點玉米吃，領導不管。

我常常想，即便糧庫的工人進出大門搜身，也不會餓起來的，俗話說：「餓死的廚子一百八」，他們每天接觸的都是可以入口的糧食，即便是生大米或麥子，也可以嚼著吃呀，到了胃裡都是營養，不比草根和樹皮強呀！

糧庫的工人，在那個時期是多麼令人神往的職業呀。那個時期，包頭市的市長也餓得眼睛發藍，朱總司令還在中南海繞牆根挖野菜，還有誰能吃飽呢？

一九六二年，母親在街頭碰到了一個豐鎮老鄉，名字叫劉玉蘭，她是我表姐閏花的初中同學，那個女人在離我家不遠的人民路糧站工作。那個年代，在糧站工作的人比現在當個正廳級幹部都吃香，後來我們跟她沾了不少的光。比如用糧票就能直接買到碎大米；用一斤糧票能買到十斤山藥；有時，不用糧票就能買到土麵，土麵就是糧站下班後，掃地掃起來的麵粉。糧站在每天麵粉的裝卸、運輸過程中要灑落許多麵粉，這些麵粉都算作了消耗。稍微乾淨一些的都被內部人收撮起來吃了；緊貼地面的，混進泥土的，就賣給員工的親友們了。劉姐在呼市沒有直系親屬，因此，我們就能享受她直系親屬的待遇了。現在想起來，那些麵粉很髒，蒸出的饅頭就像黑面饅頭，但那時，我們吃的都很香，父親說：土怕啥？莊稼都是土裡長出來的；按聖經上的說法，人都是上帝用泥捏出來的呢。

母親那時在市醫院工作，有時能幫她開藥，妹妹的舊衣服也都拿給她的孩子穿了。記得有一回，劉姐說她貧血，想讓母親幫她買二斤紅棗補血用，那時，只有醫院的中藥房裡才有少量的紅棗，人家是用來做藥引子的，最多只能給四五顆。這件事母親沒有給人家辦成，好長時間沒臉去見她。關係也就慢慢地疏遠了。

上有天堂下有食堂，那時食堂員工最吃香。我有個同學，父親當廚師，聽他說，他們家在那幾年也不太餓，父親在做飯時就揑揑的吃飽了，家裡足足省下了一個人的口糧。父親在給食堂撿菜時，把蘿蔔櫻子、蔥鬍子、土豆皮、茄子皮、南瓜瓤都給自己留下了；鍋巴，也都鏟起來拿回家了；每年年根，食堂會餐，殘湯剩飯也都給他們收撮回家了。不但有碗裡剩的，就是桌子上抹下來的都捨不得扔。饑不擇食，那時只要能入口的就都是好東西呀。

在中國，每個時期都有每個時期最好的職業，聽舅舅說，毛時代農村地位最高的職業是殺豬匠。那時候沒有肉吃，如果跟殺豬匠搞好關係，就可以買一些不要肉票的豬下水、豬血之類。那時，因為沒有油水，大家都想買點肥肉，如果你沒有關係，你可能次次買到的都是瘦肉，你就恨不得奪過殺豬刀一刀把殺豬匠捅死。毛時代的殺豬匠，幾乎個個都是「鎮關西」，你想不到吧？

那時，司機、售貨員、賣菜的、也都是令人眼紅的職業。尤其司機，車軲轆一轉，給個縣長都不換。哈哈，這就叫三十年河東三十年河西！

據說在解放軍圍困長春期間，一個三輪車夫就可以娶個女大學生；

六十年代，糧庫裡的裝卸工人成了全中國婦女心中目的如意郎君；

文革初起，解放軍戰士是眾多女孩追逐的目標；

七十年代初，司機又成了靚妹的首選；

八十年代，知識開始值錢，大學生大多做了東床快婿。

可惜呀，我是生下挨餓，上學停課。無論哪種好運氣，都沒輪上過我。

毛時代的小偷小摸

毛澤東時代，是一個全民皆偷的時代。那時的社員幾乎無人不偷，長在地上的莊稼只要能吃就開始偷了，偷玉米、偷瓜果、偷蔬菜，甚至偷雞摸狗。偷是社員們求生存，免餓死的無奈的自救手段。

由於勞動分配不合理，工分分得東西又很少，收的大部分糧食都要先交愛國糧，一般社員家裡的糧食大都不夠吃。經過一九六零年飢餓大災荒的教訓，社員們都餓怕了，於是都先下手為強，偷到手的東西才是自己的，所以公社時的小偷小摸特別多。那時流行這樣的民謠：「十個社員九個賊，誰不偷餓死誰。」、「社員吃地裡，幹部吃囤裡」、「社員見社員，兩眼淚漣漣」。

那時還有句順口溜：隊長摟（公開佔有）、會記勾（作假帳）、保管偷、社員縫大兜（往家裝糧食）。

社員白天看著都是好人，天一黑就都成了偷兒。麥熟偷麥、稻熟偷稻，沒有鍋就用罏罏罐罐煮。一家人煮的煮，放哨的放哨，水開十來分鐘趕快把明火熄掉，餘火一燜，麥飯燜開了花，吃起來奇香無比。但是被逮住就很難看，端著被煙燻黑的罏罏罐罐站在食堂的方桌子上挨鬥，鬥完了還要扣糧。

女人們挖豬菜時，籃子下面都是蔬果等能吃的東西，我的一個妗妗在幫鄰居絮棉花時甚至把人家的棉花藏在褲襠裡，帶回家來。生產隊的牛也得看著，不然的話給牲口備的精料一轉眼就被人弄走了。

很多影視作品中，都描述了知青偷雞偷菜偷糧食的內容。在毛澤東時代這種小偷小摸的現象在知青中十分普遍。作家老陳，曾在博文中回憶下鄉知青的「百雞宴」，那時的老鄉們都把知青稱為「不走的土匪」。

惻隱之心人皆有之。所以，那時對於小偷小摸，誰發現了也不管，都睜一眼，閉一眼，怕弄不好成為又一個劉文學。再說誰沒偷過？如果有誰敢說他從來沒拿過公家的東西，那就是個超人！飢餓把良民都變成了賊。

那時，城裡人為了吃飽飯，也有動歪腦筋的。文革時期，電建公司曾經有一個罪犯，其罪名就是偷盜國家糧食，手法很簡單——平時經常到糧店裡轉悠，以查看大米好壞為由，抓一把大米在手裡假裝看看，趁沒人注意，把手一揚，大米就順著褉袖流到腰裡了，這樣反覆幾次，一天吃的大米就偷回家了。家裡缺少醬油或者醋，就拎個李玉和用過的那種大牛腰子飯盒，到飯店裡，花六分錢買一碗豆腐腦，順便把桌上預備的免費醬油全倒進飯盒提溜回家，平常吃的醬油錢也省下了。這混蛋偷得時間一長，就被人發現了，一次人贓俱獲，被判刑三年。

我在電建公司時，每個木工下班，都要馱一麻袋刨花，麻袋的刨花裡塞得都是木頭，甚至是鋸好、刨好的木料，回家就能做些小家具。有一個師傅，竟然利用每天偷回家的木頭，半年後做成了一個立櫃。一次我去他家，他向我炫耀他的技術，原來兩米高的長料，他都是用短料開榫接起來的，我不得不嘆服他高超的技藝。

後來才知道，捲煙廠的工人們每天下班時，把飯盒洗乾淨，擦乾淨，然後在裡面裝滿香煙，夾在自行車的後衣架上，大大方方地揚長而去。

糧庫的工人們每天下班時，衣兜、褲兜、鞋裡、褲子的捲邊處都是糧食。

棉紡廠的女工偷布；毛紡廠的女工偷毛線，也都不是稀奇的事情。大家都是黨的人，黨是我們的媽媽，媽媽有啥，我家就有啥。兒女偷媽媽的還算偷嗎？

那時不僅食堂管理員是賊，炊事員更是賊。他們趁人不備，把好肉扔進泔水桶裡，下班時從泔水桶裡撈出，拎回家去。據傳，炊事員偷油需要特殊技巧，他們先把油倒在一個碗裡，放在面案子上，然後吸氣弓腰把肚皮貼上去，再用寬布條勒緊。這樣就可以輕輕鬆鬆，不顯山不漏水地就把一大碗油帶回家裡去了。

文革時，包頭街上還有一道靚麗的風景線，自行車上沒鈴蓋。不知從什麼時候起，流行起了偷鈴蓋。為了預防萬一，很多人停車時都把鈴蓋取下來裝進口袋裡。一次我去包鋼去看同學老苗，自行車放在樓下，忘了往下擰鈴蓋，一會兒下樓就發現被人擰走了，我氣憤至極。與老苗一個宿舍，外號叫「二毛毛」的後生說：「韓哥，你上樓休息一會兒，我給你擰去，圪泡們敢朝爺們下手，真是活得不耐煩了！」

不到半個時辰，二毛毛提回一書包鈴蓋來，說：「夠了吧，不夠我再去擰！」我驚恐萬狀，只拿了一個，剩下的都塞在老苗的床底下了。

每逢週末，我和老景就去包鋼軌梁廠看望同學老苗，遇上月底囊空如洗時，老苗就會打發二毛毛去廠區的蒸箱偷飯。二毛毛每次帶很大一個書包，他趁人不備，逐一打開查看，凡是有有好吃的東西，他都會搜羅回來。記得在老苗的宿舍，空飯盒扔的到處都是。

文革後期，偷軍帽十分流行。後來，一不做二不休，發展到了街頭巷尾明目張膽地搶軍帽。文革前，中國上演過兩部義大利電影，一部是描寫妓女的《她在黑夜中》，另一部是《偷自行車的人》。其實，這兩樣東西在呼包都有，「她在黑夜中」的叫「暗娼」，人數不多，比不過改革開放。但「偷自行車的人」卻是今不如昔，毛澤東時代更普遍。我的一個朋友至今總共丟過三輛自行車。他說，有時鎖兩把鎖都無濟於事。

我在農大讀書的時候，老師們住的都是筒子樓，不是獨門獨戶，衛生間都是公共的，做飯就在樓道裡。很多家庭為了生活方便，就在家門口擺一個小櫃子，用來放油鹽醬醋。有一回，周老師下班回家準備做飯，結果發現小櫃子被人撬了，丟了一瓶油，不知道這世界上還有沒有比這更小的小偷了。

一九七七年，我去天津出差，因為住宿緊張，睡在天井裡的加床上。那天因為白天跑累了，睡得太沉。醒來才發現，皮鞋和襪子都被人偷走了。估計是鄰近的人早晨退床，順手牽羊地拿走了。幸虧我把衣褲壓在枕頭下面，否則，就得穿著褲衩回家。那時買衣服是要布票的，被小偷偷走衣服後是沒人給你一件衣服的，給了你他穿啥？我後來穿拖鞋到對面的商店買了一雙解放鞋，才算解圍。

當然，變相偷竊的壞事我也幹過，偷竊有時也是老百姓的智慧。比如我那時去買白糖，從來都是只買一斤，售貨員就在白糖一欄寫下「一斤」。回家之後我在「一」的兩側各加一點，再另加兩橫，於是變成了「半」字。下一次我再買一斤，又如法炮製。就這樣一斤改半斤，算下來，每月可以買到三斤半白糖。現在你要是罵我，我也認帳，因為人窮了，什麼招數都能想的出來。

那個時候，人們往往幾厘錢也要算計。比如兩毛四一斤的東西，有人就一兩一兩地買，買一兩是二分四，這時，四厘按四捨五入就給免了。沒辦法，這是被惡劣的生存環境和生存條件逼出來的，「人窮志短馬瘦毛長」呀。

關於廁所的話題

一

我小的時候，住在內蒙古醫學院中醫系後面的家屬大院裡，這個大院裡上百戶人家只有一個廁所。清早，許多睡眼惺忪的人端著尿盆如廁，拿張報紙排隊更是司空見慣；還有孝順女兒幫母親在女廁門前排隊的。擦屁股用報紙、煙盒的居多，便後洗手？門兒都沒！這個家屬院的女廁坑位少，因插隊還常有糾紛。憋急的人缺乏耐心在原地跳腳，嘴裡哪有好話呢！

父親有一次就因為等不及拉在了褲子裡，不知道他是如何走回來的。

那時的廁所髒極了，有時屎尿遍地無法落腳。記憶中有結著黃色尿鏽的水泥池；牆頭上聳立著的臭蒿；折斷的窗格上落滿灰塵的蜘蛛網；四處蠕動著白蛆；嗡嗡飛舞的綠頭大蒼蠅；黑紅色的蒼蠅蛹；難聞而熟稔的尿騷味。關於茅廁，五十年前還有個嚇人的傳說。說半夜牆縫會伸出隻手，有聲音問你要紅紙、要黑紙？

隔板上既有煙頭燙傷，還有男女生殖器、交媾的圖案，還有人寫的淫詩豔詞。

沒帶紙的孩子常常撅起小屁股在牆拐角處亂蹭；有的茅坑尿多亂濺，孩子們撅高小屁股，常念念有詞：「腳踏黃河兩岸，手拿機密文件。前面機槍掃射，後面亂扔炸彈。」

早晨倒尿一般是女人們的事，小的時候，母親偶爾也讓我去倒尿。一天我端著尿盆出了院門，正好碰到隔壁的小妹妹麗娜也端著尿盆出門，我說：「麗娜，你給哥哥捎著倒了吧。」麗娜的尿盆也快滿了，她無法躲閃，我傾盆而出，尿液差點流在了她身上。她大罵：「討厭鬼！槍崩貨！」

母親看我這麼快就回來了，追問我緣由，我不得已說出，她氣急敗壞地要打我，幸虧我機靈，轉身逃出家門。

外賓曾言，在中國找茅廁用鼻子就行。侯寶林也在相聲中說：「去了美國，發現美國的廁所沒味兒，回到北京，進了我們的廁所，才感到『這才是正味兒』！」也真是的，沒有味道的廁所還叫啥廁所呢？

五十年代時，首都有個著名的掏糞工人叫時傳祥，很厲害，每天背九十桶大糞，曾被劉少奇接見。劉拍拍時的肩膀說：「小時同志呀，你掏大糞是為人民服務的，我當國家主席也是為人民服務的，咱們分工不同罷了。」

那時，老師曾號召我們寫理想，我寫的是：長大誓學勞動模範時傳祥，掏一輩子大糞。世世代代掏大糞！

八十年代時如廁仍是個艱辛的話題。尤其進城的農民，冷不防瞅著沒人處就想掏出來方便，為了省一毛錢，反而被城管罰去不少。曾有老人沒錢如廁，生硬往裡闖，說我都快尿褲了，女管理員說你尿褲子關我屁事！後被女管理員從尿池邊硬拉出來，結果前列腺炎復發告上法庭。那女管理員很冤枉：俺也沒法子，也是靠這兩泡屎吃飯的！

關於廁所，我的記憶裡還有個好笑的故事：我剛參加工作時，有位師兄愛上了一位師妹，但他不會表白。後來師傅們為他想出一條最簡單的辦法，就是和她邂逅的時候主動搭訕，搭訕的內容為：哎，這麼巧，你也×××？×××的內容根據具體情景而定，比如，在商店邂逅就說：哎，這麼巧，你也來逛商店了？在汽車站邂逅就說：哎，這麼巧，你也坐這路車？然後就可以展開話題繼續聊了。

可是那個師兄狗肉上不了檯面，也是個沒出息的主兒，心裡裝著這個事後，每天就想著和她如何邂逅，在他的腦子裡設計了無數個美妙邂逅的場景。終於有一天：他從廁所小解出來，只見她正在水池邊洗手，他興奮不已，趕緊湊上前去也打開水龍頭洗手，激動地說：「哎，這麼巧，你……你……你也尿手上啦？」

哈哈！

二

吃飯和上廁所，在我們生活中同樣重要，但這兩件事在中國的待遇真是很不一樣，在中國，吃飯的地方花很多錢佈置、裝修，但廁所，就好像沒有那樣重要，好多來中國的外國朋友都有很深刻的體會和尷尬的經歷。

九十年代達拉特電廠興建時，就有法國專家來華指導設備安裝，在簽署合同時，他們總不忘提出給他們提供抽水馬桶的要求，甚至要求在施工現場也要給他們提供獨立的可攜式衛生間。他媽的，洋人的屁股都比我們的臉蛋偉大！

二〇〇七年，我有幸去美國考察，目睹了美利堅合眾國的廁所。從西海岸到東海岸我沒看到過一個旱廁所，無論在飛機場、火車站、商場還是飯店，廁所的瓷磚全部又乾淨又光潔。

美國廁所都不是一開門就能看見便池的，不是一開門就能看見提褲子的人。都有一個小過道，這樣設計是一種文明。每個便池都是一個單間，門上有衣服掛鉤，有的還有一個可以放下來的金屬板，有彈簧，可以放書包或者怕掉的東西。牆上還有一個小的掛板，有彈簧合葉掛鉤，翻下來是一個小孩用的掛床，可以給小孩換尿布。

我在北方公司供職的時候，很多同事愛用「WC」來掩蓋如廁的不雅。其實我真的到現在也不明白這WC的全名是啥。到了美國，在商場裡第一次想詢問廁所在哪兒，半天也說不出來，後來一位先生很禮貌地給我指路。到了廁所門口，看到指示牌上的字，我才終於知道了廁所的英文叫做「Restroom」，直譯就是「休息室」。由於廁所沒有一點臭味，人們常在那小坐，也是女人下班後換晚妝出去吃飯、參加晚會的休息處。

美國的廁所常常讓我想起周谷城在一九三三年，回答《東方雜誌》什麼是中國的「未來世界」時說：「人人都有機會坐在抽水馬桶上大便。」

革命先驅康有為，也曾在他的《大同書》裡這樣描繪未來的廁所：「以機激水，淘蕩穢氣，花露噴射，花香撲鼻，有圖畫神仙之跡，令人起觀思雲，有音樂微妙之音，以令人科平清靜」。直是令人神往。

眼下，抽水馬桶在城市裡，已經不是稀罕物了。如果十三億人都普及，還尚待時日。

溫暖的灶火

一

五六十年代，呼市居民睡的都是火炕，火炕全憑緊連炕頭的灶火來燒。那時，時有耳聞孩子掉進開水鍋裡被燙死了，這是連炕灶最大的弊端。為了防患於未然，有的人家在灶火與炕之間砌一堵矮牆，矮牆上還可以安放燈盞。但這種矮牆有礙觀瞻，很少有人採用。為了孩子的安全，人們想出了別的辦法，比如在窗臺上固定一個鐵環，鐵環上拴一根長布帶子，女人們忙家務時，把長布帶子的另一端捆在孩子的腰上。但這種辦法也不是絕對可靠，女人離家時不敢使用，因為布帶子纏繞在孩子的脖子上也有性命之虞。因此，有些女人出去挑水，乾脆就把孩子放在地上，任由孩子亂爬，好在一會兒就回來了，安全係數反而很大。

連炕灶一般都砌的很講究。整塊青磚，方方正正。鍋臺面上用白灰抹光，木鍋蓋擦拭的乾乾淨淨。有潔癖的人家還要在灶旁放一個白泥盆子，每天做完飯，用刷子蘸著白泥在灶的上下粉刷一新。

入夏，因為天熱，家裡的灶火停用了，家家戶戶都在院子裡做飯。院裡的灶火叫春灶，是可以挪動的。春灶的製作方法是：找半截破水缸，在下面輕輕地鑿一個窟窿，作為風箱鼓風的入口，水缸的上半部分用膠泥摻些頭髮慢慢連拍帶捏整出一個喇叭形的敞口，用來坐鍋，後面留一個老虎尾巴似的出煙口，使用時插一節破爐筒子來導煙。水缸的下半部分用膠泥塞滿，只在中央留一個拳頭粗細的垂直向下的孔，此孔與鼓風用的橫孔相連，爐盤就擱置在這個孔上。

春灶一般都擺在房檐低下，為了避免日曬雨淋，還要用破席子搭一個涼棚。那時，一到中午，院子裡的風箱聲響成一片。青煙就會從灶火的煙囪裡面冒出來，一絲一縷地慢慢上升，然後在屋頂上空盤旋，時而似蛇，時而像龍，時而又像一匹奔馳的駿馬，隨之便消失在視野裡了。此刻，整個院落都瀰漫著一股青煙的氣息，深吸一口，有時還能聞到飯菜的香味。

春灶不擇燃料，沒工作的家庭主婦出門上街，遛彎兒買菜，見能燒的樹枝、破筐、竹笆、木棍兒、爛鞋底子，都往家摟。過日子就得算計，能省就省。

一九八三年，父母親搬至了樓房，那時呼市還沒有煤氣，父親在廚房自己壘了一個抽風灶，抽風灶一面靠牆，磚砌。高一米，長一米，寬五十公分。砌好後，取中留灶口、安灶門、旋爐膛、鋪爐條，爐條的間隙要適中，為的是擻爐灰。下頭落空，為的是通風和落爐灰。灶臺挨地面的磚要收進去，不能直上直下，給做飯的留擱腳的地兒。

做完飯要封火。灶臺下頭要放個盆，裡面是煤末子摻黃土，澆上水，煤鏟子和幾下鏟進爐子，扒拉平，捅個眼兒就可以封火了。到晚飯時，煤泥乾了，用通條豁開捅碎，不用加煤，就能做晚飯了。如果夜裡封火還要添乾煤墊底，再拿煤泥糊上，技術不好的人是封不住火的。

很懷念包頭的煨炭，燒完的灰都是白粉狀，封火時在餘火上放一塊大些的炭，然後用爐灰覆蓋的嚴嚴的，即便離家一個禮拜也沒事，回來只要把爐灰擻下，幾分鐘火就起來了。

那時，講究的人家還有地灶，地灶也是用來燒炕的，位置在炕前頭的中間，在壘炕時同時砌築。砌築時要先刨坑，坑深七八十公分，長寬各有五十公分。灶臺出地面二十公分，凹在炕牆內，裡面留足坐一個小鍋的空間。地灶前頭有灶坑，存放爐灰。坑口配木框，鋪木板和地一平。一般家裡老人睡的炕都有地爐子，黑夜白天炕都是熱的。

地灶的最大優點在於節省空間。地灶灰燼的餘熱一般人家都不浪費，常常在裡邊埋兩顆山藥蛋，供下學歸來的娃娃們充饑。

二

清晨，當東方剛剛發白，人們就已經起床，開始了一天的忙碌。家家戶戶的屋頂上開始升起炊煙，迷濛了一片霞光。回憶往昔的時光，總有一縷炊煙，飄嫋在記憶的天空，總會讓我想起陶淵明先生的那首詩：「曖曖遠人村，依依墟裡煙……」

不管冬夏，母親總是早早起床，倒完尿盆子就開始掏爐灰。爐膛清理乾淨後，就開始撕爛紙片子、掰乾樹枝子，用火柴點燃後加煤、坐鍋、添水，然後才坐在板凳上不緊不慢地拉風箱。須臾，鍋裡的水就開了，等我和父親起來，熱騰騰的飯菜已經做好了。有時，我不想早起，爬在被窩裡，母親把飯菜端過來放在炕沿上讓我吃。

一九六〇年，每天的早飯都是清水煮糖菜渣子。那個冬天非常冷，後半夜水缸就被凍住了，我常常在睡夢中被母親砸冰的聲音驚醒。

那時，我一下學就坐在灶前幫母親拉風箱、添柴火。灶火的火舌溫暖著我，母親的臉在灶火的映照下，紅彤彤的。我最喜歡吃灶火做出來的飯菜，火大，燴出來的菜就香。如果燜米飯，鍋底總會有鍋巴，母親每次都把鍋巴留給我，焦黃焦黃的鍋巴，嘎蹦嘎蹦地嚼著吃，清香的味道此生難忘。

俗話說，家是有煙火味的地方。你看我們現在的廚房，乾乾淨淨的，聽著音樂，看著電視，就把一餐飯做成了。沒有煙火味，飯吃起來總也不香。為什麼很多人喜歡農家樂，喜歡往鄉下跑，喜歡那裡土灶燒出來的飯，就是因為我們骨子裡忘不了那縷炊煙，離不了那份鄉愁，那是我們記憶裡的根，時不時牽著我們回憶、回想，彷彿回到了我們昔日的家園，回到了母親的身邊。

我時常在想，遠古時代的人們，捕捉到最早的火是來源於自然中。後來，聰明的人類學會了鑽木取火，燒烤食物，人類文明的足跡踏著這火種一直延續到了今天，使得灶火有機會在人間傳承數千載的歲月，給人類帶來家的溫暖與溫馨。

如今，家裡的灶火早已不復存在。即便在鄉下，灶火也在逐漸地減少，很多人已經把它看作是貧窮落後的象徵。但是，灶火曾經給家裡帶來的溫馨溫暖永遠會留存在我們記憶的深處。

煙燻火燎的灶火，我總是在懷念你。因為它曾經是我們生命中的一部分，它見證了我們的悲歡離合，見證了我們的人生苦難。我多想穿越時光隧道，重溫那昔日的生活，讓那灼熱的灶火溫暖我日漸疲憊不堪的靈魂。

大炕時代

在那個時代的北方，居家過日子，如果沒有一盤點火就熱，不倒煙而且好燒的熱炕，那他家的日子才叫苦呢。一個人在外面無論遭遇多麼心灰意冷的事情，包括被整肅、被批鬥，回到家裡，一摸炕是熱的，心裡就會生出一股熱乎氣兒，萌出一絲暖意和一點希望。如果一摸炕冰拔涼，那真是一種徹骨之寒，首先心就涼透了。炕，是北方人最後的溫暖的窩。

那時，在農村，社隊幹部炕上也僅鋪一塊席子；城裡人家一般在席子上還要鋪塊棉花毯子，有條件的還可以鋪炕氈、鋪油布，只有有錢人家才能鋪得起栽絨毯子。

那個年代，也有人家連席子也鋪不起，而是糊牛皮紙。所謂的牛皮紙就是工地上用完的洋灰袋子，一層一層地糊，糊成東北老太太衲鞋底的袼褙一樣厚厚的一層，再在牛皮紙上刷上油漆，亮堂、乾淨。但也有弊病，病在掏炕。一旦掏炕，就須割開一塊，本來很好的工藝，變得不再齊整，雖然可以沿著割開的地方再糊上一條，可感覺上總有些缺憾。再後來，又時興鋪纖維板。記得剛開始賣纖維板的時候，許多人家的男人大張大張地往家裡背，彷彿家裡又添了大件，喜悅之情難以言表。纖維板也須刷油，否則沾了水會起泡。但刷了油，滑得像鏡子，小孩子們常常在上面摔跟頭。

炕席也罷，裱糊也罷，包括後來的纖維板，都改不了火炕的一個最大的特點：十冬臘月，後背被烙得滾燙，胸前卻仍然冰冷。雖然說家暖一盤炕，但不少人家早晨起來還需要砸缸取水，因為缸裡的水後半夜就被凍住了。

要燒炕，家裡就免不了灰塵。煤灰飛揚在空氣中，落得到處都是。一天不擦，炕上一偎，黑色的褲子就會變白，白色的褲子就會變黑。改革開放之後，有的人家鋪上了人造革，好像生活又高級了一些。但擦炕仍是女人們一項例行的家務事，許多女人的最大的願望就是：啥時就不用再擦炕了？

炕沿的好壞也能反映一戶人家的貧富等級。大戶人家一般用三寸左右的樺木做炕沿，因為樺木硬且光滑；貧苦人家則多用楊木做炕沿。當年生活水準普遍偏低，誰家有條好炕沿也是值別人羨慕的。

有條件的家庭炕稍還有躺櫃，躺櫃的櫃體用來裝填衣物，躺櫃的上層可以疊放被褥枕頭等寢具。

那時，不管去誰家，炕頭上常常放著正在發酵的面盆，盆邊往往蹲著一隻逮耗子的老貓，看上去溫馨而舒暢。主人招呼客人：「上炕，上炕！」，是那時最熱情的習俗。從能否「脫掉鞋子，坐到炕上」便能看出來客與主人的遠近親疏關係。睡了席夢思則不成了，女主人總不能讓客人：「上床，上床」吧！那不成體統。

一九七五年我去土左旗支農，因為住房緊張，被安排在一個小倆口家，早晨男主人下地拾糞去了，就留下我和那個小媳婦在炕上，可見民風之淳樸。

睡在炕上的位置也是約定俗成的，一般炕頭睡的是一家之主，炕梢是孩子。炕頭是灶火燒火後煙氣走的最前端，炕面比較熱，炕梢就相對涼些。

那時，一家兩代人睡在一條炕上也是常有的事情，入夜，尿盆子就擺在地上，公公尿尿長驅直下；婆婆尿尿稀裡嘩啦；兒媳尿尿是怎樣的局促與不安，沒有任何其他動靜可以為其遮掩。如果家裡人口多，晚上下地尿完，上炕找不到睡覺的空隙也是常有的事情。

炕是家庭生活的中心。尤其在農村漫長的冬季，人們的生活圈子大多限於炕上。婦女們團坐在一起，拉著家常做針線活，繡花、納鞋墊兒、剪窗花，一件件藝術品就這樣出手了；而老年人則坐在一起，聽見多識廣的人說書、講故事，歷史、民俗就這樣一代一代地在口頭流傳；相對於前述的「雅」，許多男人們還有一個共同的「俗」，那就是喜賭，閒下來的時候，聚集在大炕上，用撲克、骨牌、麻將、紙牌，進行各種形式的賭博，因此在舊時，有一個十分有趣的現象，就是女人們四處尋找聚賭的丈夫回家。

炕也是孩子們的樂園，小孩子們往往在炕上活蹦亂跳，開心極了。大人們詐唬孩子最典型的一句話就是：「別跳！跳塌了炕板子，去哪兒睡覺呀！」

有時飯做得多了或柴火加的多了，把炕洞裡的煙油引燃了，不僅僅是燙的睡不下去，燙狠了，餅都能烙熟。炕面再熱，因為是土坯，不能用水降溫，只得在席子下墊幾塊木板，披著被子蹲在炕角，等待炕溫降下來再睡。冬天因燒炕燃著炕席、被子、衣服也是常有的事。半夜褥子著火了，急急忙忙地掀起來，不掀不要緊，「轟」地一聲，火苗躥出尺把高。待把火弄熄了，會驚出一身冷汗。

睡炕也有睡炕的麻煩。一九七二年，我家的大炕堪稱老爺炕，多年沒有重盤了，灶火的火病快快地，一點也不旺。使勁兒拉風箱，也無濟於事。無論怎麼燒，一盤炕只有灶邊那塊巴掌大的地方熱，別處拔涼拔涼的。遇到風向不順，煤煙順著灶口朝屋裡瀰漫。敞開門窗，滾滾濃煙朝屋外散去。遠遠望去，好似著了火。母親一到做飯時，嗓子被煙嗆得咳嗽不止，我好生心疼。實在沒辦法，只好把灶火的火滅掉，爬到屋頂，用繩子吊塊磚頭，把磚頭順進煙囪裡，牽著繩子上下抽拉幾遍。當我們重新把火點著，仍倒煙不止，後來，我和父親只好把炕給拆了。

炕拆了後，支起兩張單人床，拼在了一起，父母親和兩個妹妹，四個人擠在上面睡。呼和浩特的冬季非常寒冷，不得已買了一塊單人電褥子橫鋪著，母親自我安慰說：「其實睡床也挺好的。」

現代人離火炕越來越遠了，人們住進了高樓大廈，睡上了鋼絲床、席夢思。但北方人卻總覺得好像哪裡不對勁。現代的臥榻要比火炕柔軟、有彈性，躺上去也挺舒服，但就是不如睡在炕上踏實。身底下的電褥子也能取暖發熱，但那熱顯得很燥，像給人身上通了電流，遠不如火炕來得自然溫馨。火炕的暖如同溫泉一般，先是人的背部被那親切的溫暖所浸漫，漸漸地，那股暖流向周身蕩漾開來，最終，整個身體就像沐浴在暖暖的陽光之下，有種飄然和微醺的感覺。

「什麼時候能再睡一睡暖乎乎的火炕呢？」北方的中老年人在席夢思上翻來覆去睡不安穩的時候，常常這樣想。

豬油時代

小的時候，每逢過年母親都要用積攢了好幾個月的肉票，買豬板油來煉油。煉好的豬油要吃一年，一直吃到豬油都有了哈喇味兒也捨不得扔掉。

現在的年輕人都不知道油渣為何物了！但凡是五十歲以上的人大都對這東西還有較深的印象。油渣就是豬油煉後剩下的渣兒，在內蒙古西部地區，人們管這豬油渣叫作油梭子，油梭子是中國短缺經濟時代一種十分珍貴的附產品。

在我人生的歲月中，有很長一段時間，認為人間最珍貴的東西莫過於廚房裡那一罐白花花的豬油了，這種凝固的豬油稱為大油，它的前身是豬身上貯存的豬板油，還有的是附著在內臟上的雞冠油和肥肉膘，在那個年代都是十分珍貴的。那時買肉，人們總是請求售貨員要越肥越好，以求得較多的肥油。因為當時飼料緊缺，農民養的豬一般都不大，也就一百多斤，板油也就三、五斤，屬於稀罕之物。在票證時代，一家人攢下兩個月的肉票，通過走後門可購得豬板油二、三斤，那就是全家的幸事了。

那時節，農村人的食用油更少。記得五舅家煉出的豬油，要裝在一個瓷罐子裡，大概是三斤左右，要管一家人吃到下一個除夕。大概是一九六七年，五舅家裝豬油的罐子爛了，釘盤碗的匠人用了七八個鍋釘給鍋住以後繼續用。那年除夕，煉好的油剛剛倒進瓷罐子裡，「啪」的一聲，瓷罐受熱以後又從鍋住的地方崩開了，豬油全部流到了地上。五妗妗竟然失聲痛哭起來：「媽呀！這一年，我們吃啥呀？」

兒時在家最喜歡看母親煉油，豬油膘被切成一寸左右的方塊，投入那口直徑二尺的鐵鍋。敞口的灶膛裡，柴火正旺，歡快地舔著鍋底，鍋裡於是發出了「吱吱」的吟唱聲。油在油塊的邊緣興奮地沸騰著，油塊們飄浮起來，你推我搡地擁擠著。很快，它們收縮身子，變硬了，浮在油上，像一條條小魚那樣鮮活，並泛出賞心悅目的金黃色。這個時候，脂肪的香味隨著油分子的運動在空氣中迅速飛揚……

母親煉油的時候，我們幾個孩子都圍在鍋邊，靜靜地看，為的就是那三五塊燙嘴的油渣。其實這是很危險的事情，萬一有油珠濺出，就會燙傷人，我的脖子上有個很小的傷疤，就是一次圍觀的留念。

煉完油，我們就能吃到油梭子了，母親會給每人在小碟子裡夾十幾塊，再在上面撒點鹽，我們迫不及待地將依然絲絲作響的油渣往嘴裡送，輕輕一咬，「喀嚓」一聲，天崩地裂，小小一團豬油像噴泉一樣，猛地激射而出，芬芳四溢……這種享受是終生難忘的。

經驗：油渣不能煉得太淨，留一點油脂，趁熱蘸鹽吃，外脆裡酥，香氣撲鼻。油渣若是帶點肉筋，煉透後會變得特別香脆。若用雞冠油熬，雖然不容易熬透，但這種質地稍硬的豬油渣吃起來卻有相當的質感，在牙齒的夾擊下，一股溫熱的油脂會噴湧而出。

要想煉出金黃酥脆的豬油渣，火候極為重要。其實油渣只是副產品，大人們關心的只是豬油白不白，煉出的量多不多！後來我從白居易的「溫泉水滑洗凝脂」中推斷他老人家也一定也煉過豬油，肯定也就著豬油渣喝過雄黃酒。因為沒有生活的人，決不會用「凝脂」二字來形容玉環姐姐渾身的肥肉……

我曾詳細觀察過熟豬油在罐中從液體轉化為固體的過程，它的中心會稍稍凹陷下去成為盆地。它是白得那麼鮮靈可愛，讓我們很長時間都不忍心用勺子去破壞它完美的外形。

唉，至今難忘，那些年的除夕，常常能聞到脂肪的香味隨著油分子的運動在左鄰右舍中迅速飛揚。於是大家都流露出羨慕的讚歎：某家在煉油了！

記憶中最美好的食物就是糜米飯拌豬油，挑一小塊乳白色的豬油放進熱飯中，加點醬油，不斷地攪動，直至豬油全部融化。吃這樣的飯，香滑爽口，不用下飯菜，也能一口氣吃下一兩碗。這些對於現在而言，已是不屑一顧，但對於當時的我們，那可是美饌佳餚。沒有糜米，小米飯也行，那個年代大米是不敢奢望的。

把烤的焦黃的白麵饃饃掰開，在裡面抹上豬油，再撒上一點點鹽花後合起來，也很好吃；在煮好的掛麵裡擱點豬油化開，也頓時香氣撲鼻，能使人感到振奮，提升心中的幸福感；饑腸轆轆時，沒有可食的菜肴，沖一碗醬油湯，放一點蔥花、一點味精，擱一點豬油，也能哄腸胃於一時。

油渣的用途非常廣泛，母親用油渣來燉豆腐，堪稱經典的看家菜。油渣炒白菜或與蘿蔔同燉也特別好吃。油渣還可以與青菜一起剁成餡，包進包子裡，吃起來很香。如果用油渣來烙餅味道更是無法比擬，把麵擀開，把油渣、蔥花和鹽均勻地撒在麵上，然後捲起來，切成段，再擀開，擱在鍋裡烙，及至餅要熟時，全家都瀰漫著香氣。

那時，母親在家還經常用豬油渣加菠菜熬湯，語文課上我念到「一道殘陽鋪水中，半江瑟瑟半江紅」時，就不由自主地想起那碗豬油渣菠菜湯，於是，肚子就餓得緊鑼密鼓地響了起來……

我讀初中的時候，母親常常拿小瓶子給我裝點豬油，就是那種裝維生素C的小瓶子。冬天上午到第四節課的時候，把瓶子夾在胳肢窩裡化凍。等到下課鈴響，衝進食堂，拿到飯盒，倒一點豬油進去，可以激發食慾。

出於對油渣的喜愛，那時的孩子們還將冬天課間擠在一起取暖的小遊戲，形象地稱呼為「擠油渣」。

在讀大學時，有一位南方同學的床底下放著一個罐子，有時候他半夜起來偷偷地挖著蘸饅頭吃，後來同學們才發現，竟然是多半罐子雪白的豬油。那時同學們都饑腸轆轆，發現豬油，眼睛頓時大冒藍光，於是你一勺子、他一勺子，須臾就吃了個精光。生活實踐證明了：「人離開豬油是不能生存的」。

大前年，一位伊盟的朋友在新城賓館請客，我是白食者之一。這位朋友年過半百，小時候家境貧寒，常常吃了上頓沒下頓，改革開放初期即做煤炭生意，家資近億。面對滿桌的海鮮美食，他毫無食欲，忽然突發奇想，要求上一碟「椒鹽黃金酥」，廚師不明就裡，出來請教，朋友才神祕地對廚師耳語了一番。

此菜上桌後，色澤金黃，香氣四溢，朋友邀大家品嚐，果然外黃裡嫩，入口酥化，妙不可言。這才得意洋洋地告訴眾人：此菜即油渣，是只煉了六成油的豬板油渣，出鍋後灑上食鹽和花椒麵，即成佳品。此菜一上桌，便引起了我們幾個年長者關於油渣的一番回憶……

如今，中國人早已告別了那個艱苦的年代，豬油逐步退出了廚房，油渣更是作為廢品退出了歷史舞臺。可以這麼說，現在幾乎人人都是談「豬油」色變。生怕吃進的豬油會把自己凝固成了「渣」。

今年春節，妻子從鄉下買了半扇子豬肉，活生生地把好幾斤豬板油撕下來扔進了垃圾箱。我氣急敗壞地罵她：「罪過呀，你遲早會餓死的！」妻子卻反脣相譏說：「你放心吧，那種日子再也不會來了！」

她還說：「要想健康長壽，就不能吃這種東西！」我竟然一時無言。

湯油

上世紀六七十年代時，呼市西口子就有食品公司和冷庫了。記得那時如果有熟人，就能走後門從食品廠買到湯油。所謂湯油其實就是食品廠煮肉時從鍋裡撇出來的浮油。食品廠裡煮肉的鍋非常大，能放下一頭牛，煮肉的灶是抽風灶，煙囪非常高，燒的煤都是大同蘭炭，火力非常強。動物被剝皮肢解後，除去頭蹄下水，便被扔進鍋裡用沸水煮，當然調料鹹鹽是少不了的。凡是肉都有油脂，煮沸後，油脂及污垢融化後就會漂浮在鍋面上。要是擱現在肯定就倒掉了，也許會賣給製作地溝油的販子，但在那個清湯寡水的年代，人們餓腸轆轆，那可是至寶呀。

鍋面上的湯油漂浮的多了，煮肉的師傅們就會用勺子把浮油撇在桶裡。每天自早至晚地煮肉，湯油自然非常多，有時幾個汽油桶都放不下。這些當今的廢物、那時都當寶貝賣了好錢。

凡那時去過食品廠的人，都有深刻的記憶。提著各式鐵桶的人絡繹不絕，都是經人領來或寫條子介紹來的。湯油論斤賣，好像才幾分錢一斤。關係硬的人，給你撇浮上的；關係差些的，勺頭一圪攪，下面沉澱的水就上來了。水分大的湯油拿回家還要繼續熬，把水分徹底蒸發乾淨，這樣的油脂才能用來炒菜。

不知為何，湯油的顏色總是黑呼呼的，回想起來有點噁心。現在分析，一定是肉不夠乾淨所致。肉被工人們在地上拖來拖去，上面沾滿泥土，入鍋時並不清洗。那時的人們因為飢餓，健康意識並不強，人一旦餓不擇食，衛生就放在其次了。其實中國人變得金貴起來沒幾年，要不舊皮鞋製作食用膠，國家咋會在一九九二年批准了專利？

買湯油要用鐵桶，鐵桶掛在自行車的車把上，回家時，需要小心翼翼地、慢慢地向前推，否則桶就會搖擺，湯油就會濺出來。湯油買回家的那天，是全家的盛大節日，因為湯油不管用來煎煮什麼，味道都好極了。

後來，我們家自己也熬過湯油。一九六八年的夏天，因為舅舅從老家來，糧站供應的油幾天就吃完了。聰慧的父親從舊城買回了一副羊架子，回家打斷後，放在鍋裡慢慢地煮。隨著鍋裡水的沸騰，一個個滾珠大小的油珠兒飄了起來，小油珠又慢慢地匯合，形成了大油珠。父親站在灶前慢慢地觀察，不時用小勺輕輕地把大油珠撇在了碗中。「聚沙成塔、集腋成裘」，臨近午間，這個羊架子竟然撇出多半碗的湯油，母親和妹妹們看了都欣喜萬分。這半碗湯油我們足足吃了半個多月。應驗了偉大領袖「卑賤者最聰明」的最高指示。

近年來，食品研究人員的實驗表明，熬煮肉時會產生一些危害人類健康的致突變性物質，這種物質的形成分為延緩期和活性期兩個階段。延緩期大約是四個小時，就是在開始熬煮肉湯的四小時之內，肉湯中沒有或有很少的致突變性物質生成。四小時後為活性期，湯中逐漸有致突變物質生成。

食品廠煮肉的老湯是經年不換的，湯少了就添水、加鹽、放調料。骯髒的湯油更是在鍋裡不斷地沸騰，至於產生何種物質，那時沒人去關心它。尤其出身不好的人，政治壓力重於泰山，求死尚不得，誰還期望活到高齡呢？現在的人有些少見多怪，吃一點地溝油就烏哇亂叫，我實在難以理解。國之有難，匹夫有責，差不多就行了，大家都不想早死，社保就不堪重負了。

洋井

我小的時候住在內蒙古醫學院中醫系後面的院子裡。那個院子很大，一共住著五個單位的上百戶人家。

那裡的上百戶人家全靠一口洋井吃水。所謂洋井又叫壓水井，因為這種壓水井最早是從國外傳進來的，因此人們都叫它洋井。

洋井是一種將地下水汲到地面上的一種工具，井頭離地面有七八十公分高，用螺栓和插入地下的豎管緊密相連，前面是出水口，尾部是和井芯連在一起的壓手柄，壓手柄有七八十公分長，井芯中間有塊引水皮，靠的就是這塊引水皮和井芯的作用力將地下水汲上來。

洋井利用的是負壓原理，其實主要靠的是一個活塞的單向閥（井芯與引水皮）。當手柄向下壓下時，缸體內部形成真空，把水汲上來，當返回時，活塞的閥門自動頂開，水從上部閥內湧出，如此往復，就把水汲上來了。

洋井汲水時發出「吱嘎吱嘎」的聲音，挑水人常常蜂擁而至，把水桶排成長長的一排，有力氣的人不停地壓著，甘甜的地下水噴湧而出。

那時，幾乎家家和我一般大小的孩子，放下書包的頭一件事就是去挑水。我的兩個妹妹比我小得多，身體瘦弱，父母親每天工作非常緊張，晚上還要政治學習到深夜，挑水的重擔就落在了我的肩上，此事對於一個小學五年級的孩子來說有些苦不堪言。

家裡的兩隻桶一大一小，很不匹配，我自己用木棍子做了一個扁擔，挑水時大桶在前面，小桶在後面，搖搖晃晃難以平衡，非常吃力。一次舅舅來家看到我挑水，提醒母親：孩子身體這樣單薄，挑水會把他壓的不長個的。不知道母親聽清了沒有，反正水還是由我一直挑了下去。

洋井時間長了不用，需要往上引水。我第一次引水時，一隻手澆水一隻手往下壓，可是自己身小力單，即使把身體懸空起來也壓不下去。無奈地看著那井裡的水發出滋滋的聲音，像咽氣一樣漏乾，非常沮喪。幸好有鄰人幫忙，再端了水來重壓，直到發出了「吱嘎吱嘎」的響聲，才算把水引了上來。

使用這種自來水井方便是方便，但是到了冬天要格外小心，如果一旦粗心大意，用完後忘記放水，井頭便凍了。記得有一年正月初二，有一個人忘了放水，井頭凍了個結實。沒辦法只好用木柴放在井頭下燒烤。烤了整整小半天，才好不容易化開。

因為知道挑水費力，家裡對於用水非常節約，洗衣服也是很奢侈的事。記得有一次快過年了，母親洗了一上午的衣服，堆積如山，如何漂洗卻成了難題。我向父親建議拿到門前的辦公樓裡去漂洗，父親膽小，開始不敢答應，後來經不起我的攛掇，他還是帶我去了。

估計我們那天的漂洗，用去了十幾桶水（反正老公家的水不花錢），整個衛生間的地下濕漉漉的。巨大的被裡與床單漂洗完，我要與父親一起擰乾，我身小力單，往往把持不住。一旦甩脫，父親身上濺得都是水，他氣急敗壞，問我：你知道豬八戒他媽是咋死的？我說不知道，他說：是笨死的！

我的挑水任務一直持續到一九六五年，那年我去包頭參加工作後，家裡的水就由兩個妹妹來抬了。洋井的周圍到了冬季是個冰灘，路滑難行，經常有人摔倒。一九七〇年春節前我從包頭回來，萌發了把冰灘鑿掉的念頭，我從地方病研究所借了一把鎬，從早晨就開始鑿冰，邊鑿邊往遠處清理，累得滿頭大汗。炊事員王叔叔一邊對我暗暗觀察，一邊把我記在心裡。後來有一天他的老伴找人來向我母親提親，欲把他們的二女兒玉英嫁給我。後來母親去她家審視她的女兒，回來對我說：那個女孩相貌還可以，就是太胖，鼻頭也有點大。妹妹也說，那個女孩為了顯出腰身，腰間繫了兩根腰帶，這件事情於是作罷。

王叔叔的老伴非常貌美，那時雖然四十多了，依然風韻猶存。據說她的原配是個國軍的軍官，王叔叔是那個軍官的勤務兵，國民黨軍潰退時，他們兩人私奔了。

王叔叔在地方病研究所當炊事員，工資低，家裡孩子多，生活有些困難。他的三女兒小昭十幾歲了，冬天穿的還是白茬子皮襖，小昭和我的妹妹是同學，不知道她現住在哪裡？在做什麼？只聽說她的女兒也已經考上大學了。

住在洋井附近的還有一個男孩叫德本，他成天在洋井旁的牆角枯坐著。因為呆傻，妹妹們叫他「愣德本」，「愣德本」那時有十五六歲了，個子很高，長得眉清目秀，讓人看了愛憐不已。大躍進那年，單位大煉鋼鐵，德本高燒，父母請不下假來，扔在家裡沒人管，因為發高燒把神經系統給燒壞了，那些年中國宣傳機構好像被牛逼攻陷了，幾十年如一日地歌頌下列變態事蹟：老婆生孩子不去醫院，留在廠裡擰螺絲釘；爹媽死了不奔喪，流淚搞科研；下河裡連救六七個人，自己老婆卻被淹死；身為醫生去醫院搶救別人的孩子，自己的孩子在家裡卻因高燒不退而死亡。

德本現在如果活著也有五十多歲了，如果他的父母已經亡故，不知道他會存活在如何不堪的境地，我不敢猜想。因為想起來會讓我心痛不已。

唉！那個「吱嘎吱嘎」做響的，讓人魂牽夢縈的洋井及生活在井邊的人們，如何能讓我忘懷呢？

風箱

風箱，壓縮空氣而產生氣流的裝置。最常見的一種由木箱、活塞、活門構成，用來鼓風，使爐火旺盛。

——《現代漢語詞典》（修訂本第三七七頁）

做風箱必須用柳木，因為柳木不但有彈性，而且性軟、不裂、耐磨。最好的風箱應該是柳木箱、棗木杆，杆的作用是牽動「貓耳頭」。所謂「貓耳頭」，就是詞典中所說的「活塞」，實際上它是一塊立在箱內可以來回活動的長方形夾板。為了不漏氣，風箱扇兒的大小尺寸，幾乎就和風箱的內腔差不多大，四周還要用牛筋繩緊緊地箍著一圈雞毛。軟軟的雞毛既不影響風箱扇兒的推拉，又能起到密閉的作用。活門共兩個，前後各一個，很小，像個小視窗。活門的「門兒」是用小薄木板兒製作的，掛在窗口上，吸風時能張開，推風時能合緊，把產生的氣流壓向一隅，然後通過風道送出去。風道在箱底一側，俗話叫它「老鼠洞」，方型，兩端留有風口。

風箱是誰發明的，咱不知道，反正在瀋陽的故宮裡，我也看到過風箱。聽說在風箱沒發明以前，先人們都是用竹筒子吹火，用樹葉子煽火的，有了風箱以後，就更加快了社會發展的進程。

俗話說：人是鐵，飯是鋼，一頓不吃餓得慌！人要吃飯，除了柴米油鹽以外，還要生火、燒鍋，這才能把生米做成熟飯。幾十年以前，內蒙古西部人燒火做飯，那灶火的大、小、旺、乏，全憑著鍋頭旁邊的那個木頭風箱。只有把風扇進爐膛，才能把鍋底下的灶火燒旺，才能把飯做熟。

上世紀六七十年代，我們院裡幾乎家家有風箱。拉風箱的聲音頗好聽，「呱噠噠，呱噠噠」，很有節奏。眾多的風箱聲匯在一起，就給人一種「村飲家家醵酒錢，竹枝籬外野棠邊」的錯覺。

事實上，那「三年困難」剛過，不但少吃的，連燒的也沒有，許多人家燒光了室內可燒的廢物，煤是「國控」物資，憑票供應。去煤場買煤，很少有塊兒，大多是煤面兒，煤面兒必須用風箱吹風才能燃燒，人們為此苦不堪言。

那時，一到做飯的時候！主婦們就緊緊迫迫地忙著擇菜、洗菜、和麵、擀麵。那燒火、拉風箱的事！一般都叫家裡的娃娃來幹！娃娃們坐在那灶火口的前頭！用倆小手攥著風箱把兒！鼓圓了勁兒！一下一下地拉著、推著。做一頓飯，少說也要把那風箱把兒拉上幾百上千下，把娃娃們直拉得手困腰酸。

我家的風箱最早是由姥姥來拉，那時父母親下班晚，我上學回家也晚，姥姥八十多歲了，還要承擔做飯的任務，她老人家為此苦不堪言。煤都是面子，不好燃燒，任憑風箱怎麼拉，灶火都旺不起來，燒一壺開水至少也要拉上半個鐘頭，沒有五六百下休想燒開。

後來妹妹稍大些，風箱改由妹妹來拉。妹妹出生在一九六一年，身體孱弱多病，拉風箱對她來說也是重負。現在她回憶起來仍然感到刻骨銘心。

文革期間，表姐從山西農村來呼市看望我們。一進門，母親就問她：你吃飯了嗎？

表姐回答：坐了一路火車，去哪吃呢？

「火車上有餐車，也賣飯呢！」

「火車上還能做飯？」

「是呀」

「我說呢，一路上聽見『呱嗒嗒，呱嗒嗒』的風箱聲音不斷。」

我們全家老小笑至斷氣。

一九七三年，我家的風箱終於廢棄了，我花十一元給母親買了一個手搖的鼓風機，從此全家的勞動力得到了進一步解放；再後來粉碎四人幫、改革開放，我們的生活日新月異，家裡又用上了電動鼓風機；一九九〇年呼和浩特又通上了管道煤氣，幸福的生活不期而至。

現在的兒童根本不知風箱為何物，想看風箱只能去博物館了。

買煤

在上世紀五六十年代，呼和浩特百姓的燒水、做飯、取暖都要用煤，一年四季的生活都離不開煤。因此，買煤成了普通老百姓的主要開支之一，煤場就成了百姓們必去的地方。從那個年代走來的人都有一段與買煤有關的回憶。

當時一噸煤才十元錢，每家每年供應兩噸煤，因此，能買上好煤就成了每個人的願望。稍微富裕些的百姓，可以花兩元錢雇請運煤工人用排子車送貨上門，一般家庭都是借車自己往回拉。為了能買上好煤，人們必須一大早就要到煤場去。

煤場在鐵道北，從錫林南路去煤場至少有十多里遠，每次去買煤要走多半天。壯男人去買煤，拉回來尚且累得筋疲力盡，而那時父親已經四十多歲還患有慢性肝炎，我也瘦小孱弱出不了多大的力。我至今也無法想像，每年的春秋，我和父親哪來的力氣，將整整一噸煤從那麼遠的地方拉回家。

一個深秋的星期天，一大早父親就把我叫了起來，他拉著排子車，讓我坐在車上，好節省體力在回來的路上用。出門太早，冷冷清清的馬路上老半天也碰不到一個行人。我坐在車上直打瞌睡，暈暈乎乎地睜不開眼睛，埋怨父親為什麼不讓人家多睡一會兒，連早飯都沒吃就往煤場趕……我發現父親拉車子的技術一點都不熟練，他生怕我迷糊過去掉在地上，堅持要我坐在前面，這樣一來他必須抬起車轅才能拉動車身。車子不聽使喚，一會兒向東，一會兒向西，他每走幾步就得調整一下方向，沒等走到市毛就冒汗了。在鼓樓附近，父親給我買了一碗豆腐腦和兩根油條作早餐，我讓父親也吃碗豆腐腦，他搖搖頭表示不想吃，只匆匆乾嚥下一根油條又催促我上路了。我不再困了，但不明白父親為什麼這樣急如星火，勸他歇歇腳，他卻說：如果去晚了，煤場就剩煤面兒了。煤面兒不做成煤餅是無法燒的。

我和父親冒著嚴寒，頂著繁星早早地趕到了煤場。一進煤場的大門，一個大型的磅秤頓時映入眼簾。磅秤旁是營業室，營業室後面就是如山般的煤堆。

買煤的人真不少，需要排隊。父親跟我說：「你看著排子車，我先去交錢開票。」交錢開票的窗口前已排了幾十個人，開了票的人，都大呼小叫地喊家人去裝煤。我驚訝地看見裝煤的地方，排起老長一溜手推車、毛驢車、三輪車，身後又陸續趕來不少車輛，大家都是趕來拉煤的。父親開好票、裝好車廂板，再三叮囑我進去後挑大塊煤裝。說話之間裡面的人打開大門，外面的車輛一擁而上，本來排好的隊形立即亂了套，人們爭先恐後往裡跑去，有幾輛手推車擠在門口，誰也不肯禮讓一步。我明白父親為什麼著急趕路了，原來誰要早來搶到前面，就能裝滾落在垛底的煤塊兒，排在後面的人只好裝煤面兒了。所有的人都八仙過海，各顯其能，大家用鍬往車上撮，用手往車上揀，不是在裝而是在搶。我們總算擠近煤垛邊了，周圍一片黑塵飛揚，鐵鍬起落，人人都不抬頭地拼命裝車。父親很吃虧，別人都用大板鍬撮煤，他帶的是尖頭鍬，一下子撮不起多少煤塊兒，我沒有工具只能用手撿，速度極慢。垛邊上的煤塊兒轉眼就被人們搶光了，父親無奈，只好用鍬扒拉著小塊兒往車上裝。我心頭有了主意，趁他悶頭裝車時爬上高高的垛頂，專挑大煤塊兒往垛下扔去，父親喜出望外地在下面迎接。

等裝完煤，我和父親滿身灰土，手上臉上都是煤黑，也沒有地方可以洗手，只能找片麻袋順手擦擦。整整用了四五個小時，我才和父親深一腳淺一腳地把滿車的煤拉到家，父親臉上出的汗就像水洗了一樣，但他仍像打了勝仗那樣高興。母親在院門外笑盈盈地迎候，她也幫我們一盆一筐地往院子裡倒騰。煤塊兒碼放在外面，煤面兒倒在裡面，碎塊兒專門濾出來準備過冬燒爐子。等所有的煤都卸完，母親也抹成了大花臉。

那時節，最大的腐敗就是走後門。品質好的煤不對外賣，是留給關係戶的，只有品質差的煤才對外銷售。一般來說，稍去的晚了，為數不多煤塊兒就被人撿完了，只剩下煤面兒了。煤面兒太難燒，風箱不停地拉也不起火，燒水半天也不開，蒸饅頭會夾生。

那時有人給煤場送了一副對聯：「有面子的沒面子，沒面子的淨面子」，橫批是：「面向群眾」。

前幾年搬家時，我在箱子底下翻出一個沉寂多年的小冊子。小冊子天藍色的封皮上寫著「呼和浩特市居民用煤供應證」，發證時間一九六零年。並有一大一小兩個紅印章赫然其上。翻開封皮，扉頁上是戶主、家庭人口、住址等記錄。第二頁便是蜂煤站的服務宗旨：憑證購煤，兌換蜂球，送貨記錄，優質服務。再往裡翻，便是購煤記錄了，內容包括購煤日期、數量、寫票員章等內容。

一晃過去了許多年，我們多次搬了新家，做飯、取暖早已不需燒煤，購煤本也棄用多年。而由購煤本引發的一串串回憶，卻清晰如昨天。

轉眼，父親已經過世四年了，每當想起那些艱苦的日子，我總是淚眼迷濛。

買糧

自我有記憶後，家家戶戶都有一個買糧用的小本本。如果搬家了，就要換異地的糧本。不搬也要一年一換。那本本雖然不大，也不起眼，可那是一家人的命根子，沒有它連飯都吃不上。

記得翻開糧本的第一頁，就是一條毛主席的語錄：「忙時吃乾，閒時吃稀，不忙不閒時半乾半稀……」有人認為這句話是現代版的「何不食肉糜？」比如，在河南，樹皮都被扒光了，哪裡來的半乾半稀？

那是在國家三年困難期間，人們吃不飽肚子，糧食比金子還金貴，城裡人畢竟比農村人幸福，等你快要斷頓時，下個月的供應糧又到期了。

依稀記得，清晨，還在迷迷糊糊中，就被父親的喊叫聲驚醒，揉揉惺忪的睡眼，一絲夢境的回憶也沒有了，因為今天要去買糧。

母親在地上收拾面口袋、油瓶子，拿著糧本指指劃劃，囉囉嗦嗦地再三叮囑我們要買的品種和數量。父親總是不想聽母親在耳邊的聒噪。癡癡地待了一會，歎口氣，下地，去涼房推車子。我迷迷瞪瞪地跟在父親的後面去買糧。

記得小學五年級後，我就擔負了家裡買糧的光榮任務。買糧的日子是每月的二十日，那時供應糧的特點就是粗糧太多，糧店門口掛一小黑板，上面寫著這個月份供應的品種、數量、價格。糧店的面積不大，迎門是一排齊腰高的櫃子，裡面分了若干格子，每個格子裡放著不同品種的糧食，角落有供油的桶。

因為工資也少的可憐，那時，無論是油或是糧食，價格十分便宜，且多年不變。玉米麵九分錢一斤；標準粉才一毛八一斤。那時的糧食多是陳糧，沒什麼品質而言，只要不黴變就行了。玉米麵可真的不好吃，據說都是幾年前的，偶爾有點碎大米，也糙的很。

售糧的工作人員個個穿戴嚴謹，大褂、口罩、帽子全副武裝，儼然像手術室的醫護人員。糧站裡粉塵瀰漫，售糧的人除了眼球，其餘的地方全沾的是麵粉。他們也真的辛苦，冬天好說些，夏天捂的好熱。由於雜糧多，售貨員一邊稱，一邊唱著品名。加上店裡的吆喝聲，算盤珠的敲打聲，人們的說話聲，讓不大的店面好不熱鬧。說句題外的話，那時的糧店售貨員真牛呀，光是白麵口袋上掃下來的麵，就夠他們吃的了。加上地上落下來的麵，掃起來再賣了，就夠他們用的了。真是一行有一行的規矩，一行養一行人。

糧店裡的營業員不過三、四個人，其中一位坐在裡間，負責查驗糧本、記錄購買情況、收錢和糧票，外面兩、三位售糧。售糧的過程是，根據買的數量用帶提梁的鐵皮簸箕將糧食從糧櫃裡撮起放在秤上約好。這時顧客要把口袋套在漏斗上，售貨員通常會問：「套好了沒有？」得到肯定回答後，才把糧食倒在漏斗裡，有時他覺得口袋不夠大還要分幾次倒，生怕把糧食灑出去。

買糧者接漏斗漏出的糧食，看起來簡單，其實也需格外留意：一是，一定要攥緊袋口，否則糧食從漏斗裡出來時的衝力，會使糧食和口袋一起掉落；二是，捏袋口不能過鬆，而且要卡住漏斗，否則糧食特別是麵粉，會從漏斗和袋口之間噴出來；三是，如果買的較多，需要不斷地輕輕晃動口袋，使袋子裡的糧食墩瓷實，不至於溢出來。

我看見過好幾次糧食灑出來的，甚至幾十斤糧食一大半折在外面，失手的有老人有小孩，也有不應該出現紕漏的中年人。一旦糧食灑在地上，售貨員會把櫃檯裡的笤帚簸箕遞給顧客。我也灑過一回，不多，看著地下的麵和泥土混在一起覺得噁心，就沒要。

有時品種多，袋子帶的不夠，營業員會幫著從中間捆了一下，用一條口袋裝兩種麵。那會兒的油全是散裝油，營業員提起壓杠再慢慢地往下按，壓滿了正好一斤，營業員壓杠子時，人們的眼睛都直瞪瞪地看著，直到最後一滴油滴下。

糧店裡吵架的人也不少，每次去總能看見。你看呀，那麼少的細糧，人們能不兩兩計較嗎？那麼雜的品種，能沒有稱錯的嗎？那麼多的價格，且是到分到厘的，能不出錯嗎？

我來到糧店，一般是先到放糧的櫃檯前巡視一下，看看糧食是否新鮮，如是陳糧那是不能買的，因為發黴的苞米麵吃起來又苦又辣，然後才去排隊。說是排隊，過不了多久，幾十個買糧的人便擠成一團，接著身強體壯的人便爬到人牆的頂上買糧，這時謾罵聲，哭喊聲便接踵而至，身高不足一米五的我只好望洋興嘆。時間一長，便總結出經驗，利用自己身材小巧的特點，常常像條泥鰍一樣從縫隙中鑽進。有時，身體被大人們從各個方向擠壓，好像被擠扁的氣囊，馬上就要爆炸。但我最終都能把糧本從狹小的窗口遞進去，然後上氣不接下氣地告訴開票的阿姨要買什麼糧。阿姨還算善良，每次都叮囑周圍的人，千萬不要把這個孩子擠壞了，大人們在我出去時也每每讓出一條生路，使我得以從人海中鑽出。

有一次，是星期六，學校半天課。我回到家，母親要我去買糧，交給我一個麵袋子，二十斤糧票，還有幾塊錢，還特意囑咐我，千萬別丟了。我走出家門，在去糧店的路上，玩心又起來了，把糧票和錢放進面袋子裡，一邊走，一邊搖晃著袋子，蹦著跳著還唱著。到了糧店，我伸手從麵袋子裡往外掏錢和糧票，沒了，把糧票和錢搖晃丟了。賣糧的阿姨幫我把麵袋子翻過來看，還是沒有。我頭上的汗水立刻流了下來，站在那裡不知所措。阿姨說，快去來的路上找……我撒腿就往外跑，一路尋找，那裡還找得見？

這二十斤糧食是全家三口人一周的口糧，丟了，就意味著將近七八天全家人沒糧吃了。那時候，丟掉二十斤糧食真是天大的事情，我嚇得不敢回家。母親見我許久不回來，就讓父親到糧店找我，糧店的阿姨告訴了父親事情的原由，父親找到我的時候，我正蹲在一個小巷子裡哭泣。看到父親來了，我以為他會發火，甚至打我一頓。父親伸手把我拉起來，深深地歎了一口氣，又拍拍我的腦袋，默默無語地拉著我往家裡走去……那些天，家裡一粒米也沒有，全靠親戚分別接濟，送來點土豆和乾菜，才把日子熬了過去……

在小學念書時，數學題也常常和買糧有關。記得有一道題是：王大爺去糧站買米，糧站的陳叔叔錯把一袋米少算了二十千克，把另一袋米多算了三千克。合計賣給王大爺六十千克米。王大爺實際購買了多少千克米？現在你能算出來嗎？

我當時曾經想，這個王叔叔真是個糊塗蛋，賣了兩筆糧就差了幾十公斤，遲早會被開除的！

事情過去幾十年了，父親的那聲歎息，深深地留在我的腦海裡。我曾經多次分析那聲歎息，特別是我成為父親後，更能體會到那聲歎息的深意：有對我的無奈，有對生活的無奈，更多的是他對自己的無奈……

近年來，吃過多少山珍海味，吃過多少大飯店。每當我看見剩下的滿桌子菜肴，就非常心疼，尤其見不得丟掉主食。每當看見有浪費的現象，我會堅決制止，因為父親的那聲歎息永遠留在我的耳邊……

引火柴

上世紀六十年代，城市居民的燒柴是一個大問題，燒煤是按人頭供應的，但引火柴就沒人管了，只好各顯其能。記得每到秋天，快要落葉繽紛時，母親早早就準備好了盛樹葉的大痲袋，清空了堆樹葉的大柴倉，只待一日秋風起，漫天落葉紛飛下。

直到深秋的一日，夜半秋風怒號，大樹瑟瑟作響，樹葉在空中激蕩橫飛，掃樹葉的時刻就來臨了。我和父親總是一早就趕到錫林南路的體育場附近，佔據有利地形，父親在路的那頭，我在路的這頭分頭包抄，兩軍勝利會師後，把樹葉掃成一堆堆，再用雙臂把樹葉捧進大痲袋中，塞瓷填滿，父親這才彎著腰背起大痲袋往家裡走去……

那時，我非常羨慕住在我家後排的玩伴李和平，他媽媽在內蒙古醫院的藥房工作，三天兩頭能拿回空紙箱子來，紙板箱撕開用來引火是再好不過了。

那時，父母走在路上，只要看見能生火的東西總要撿回來，哪怕是幾根樹枝子。記得公園裡有一年人家鋸樹，留的茬子很高，我和父親天天下班後拿著菜刀去砍。那個冬天就沒缺柴燒。

內蒙防疫站有個動物室，動物室裡飼養著各種用來做實驗的動物，其中有小白鼠、荷蘭豬和兔子。我不知道小白鼠、荷蘭豬吃什麼，反正兔子夏天吃青草，冬天吃乾草。動物室每年入冬前要貯存許多乾草，乾草的品質非常好，收購價一毛八一斤，頂的上當時的標準粉了。

動物室的飼養員高大爺，每天都要清理兔舍，從兔舍裡打掃出來的垃圾，主要是乾草的碎屑，碎屑裡還有羊糞。那時，我天天去動物室收撮人家倒出來的草屑，用來做引火柴。偶爾，草屑中還有高粱米和玉米粒，有一次，我用了很長時間竟然挑揀出小半碗來。那種成就感，和現在撿到一千元差不多。

草屑裡常常有完整的玻璃試管、玻璃燒杯，我曾經撿起來洗洗後玩耍。許多年後，我對動物室裡倒出來的草屑心存疑慮。因為那些動物都是用來做實驗的，比如接種布魯氏桿菌菌苗，然後再施以醫治。我兒時一直體弱多病，不知是否感染過布魯氏桿菌病？因為布魯氏桿菌病的主要症狀就是：能吃能喝但渾身乏力。我那時就食慾旺盛，一天到晚就惦記著吃，吃不飽時就渾身慵懶無力。

那時，大爺住在舊城大東街，做飯也需要引火柴，身居舊城市中心，引火的東西更難以為繼。一九六二年，我大約每隔一個月，就要往大爺家送一麻袋引火柴。這些引火柴就是防疫站動物室裡清理出來的草屑。

那時，我非常願意承擔這一重任，儘管去大爺家需要走很遠的路，自行車後衣架上馱一麻袋引火柴，我身材矮小騎不上去，只好慢慢地推著走。早晨出發，及至到了大爺家也已中午時分。放下引火柴，我渾身汗如水洗，大爺留我吃飯，我絕不推辭，因為我其實就是奔這頓飯來的。

大爺家吃飯不會讓我上桌，我在大娘母親住的那廂獨自吃飯，飯碗擺在炕沿上，我站在炕沿邊匆匆地吃。飯很簡單，也就是多半碗燴菜，一個玉米麵窩頭。因為飢餓，我吃的很香，這點飯不夠我吃，但人家不會再給我盛，也無人問我吃飽了沒有。吃完飯，我就騎著自行車回家，自行車的大樑很高，我上不去，我只能掏襠騎，那也比推著快多了。

那時，大娘的母親已經八十多了，好像已經有點糊塗。聽說她每次吃飯，總要偷點主食藏在枕頭下面。包括油餅這樣油膩的東西。我每次在她住的那廂吃飯，她都很不高興，嘴裡嘟嘟囔囔，嫌我總是趕在吃飯時來她家，是個餓死鬼，因此我很恨她。有一次，她不在，我趁機把火柴頭撇斷，塞進了她的香煙裡，後來我再一次去大娘家時，大娘含沙射影地對我說：「哎呀，麗明，我們家的煙捲不知道咋啦，一點就冒火，看來捲煙廠裡有壞人了，你說呢？」我低倒頭不吭聲，這件事就算過去了。

有時，我從動物室裡搞回的引火柴很多，為了方便，乾脆燒引火柴做飯。一天傍晚，父母親開會沒有按時下班，我自己異想天開，學著做飯吃，那天妹妹拉風箱，我往大鐵鍋裡貼餅子，燒柴草火不急，妹妹的風箱也拉的不給力，結果餅子在鍋邊上沒有貼住，都流到鍋裡了，成了一鍋玉米麵糊糊，我氣不打一處來，一腳把妹妹踢開，頭上又拍了一巴掌，妹妹頓時嚎哭不已。

一九六二年，我十三歲，妹妹才四歲。前不久，我和妹妹說起此事，她竟然沒有絲毫的印象了。本想從她嘴裡得到一句諒解的話，但她卻笑意燦然，我心裡突然掠過一絲隱痛。

毛時代的衣著

我從小就記得，無論走到哪裡，大人孩子的屁股上、膝蓋上都有一塊大補丁，大家都習以為常，見怪不怪了。你想，每人每年就那麼幾尺布票，還要買床單、縫被裡，而且純棉布本來就不結實，若一壞了就扔，那得需要多少布票才能供得上需要？所以，「新三年，舊三年，縫縫補補又三年」成了人們的口頭禪。一家有幾個孩子，衣服都是從大到小往下傳，到了老末，簡直就成了和尚的百衲衣了。

有一年父親買了塊布料給妹妹做衣服，特意告訴裁縫要把衣服做得大些，小孩子長得快，做大些可以多穿幾年，結果那個裁縫做得太合身了，父母為此還生了好幾天的氣。

還記得母親有好幾件旗袍壓箱底，文革來了也不敢再穿，後來都陸陸續續地給我的兩個妹妹改成短裙穿了，權當廢物利用。那些旗袍，大多是解放前留下來的，布料很細，花色也典雅。

五六十年代，人們吃都吃不飽，一件衣服冬天穿完夏天穿，過年也不見得能做件新衣服。聽妻子說，在她們老家，許多人家直到年三十才給孩子拆洗衣服。拆開舊棉衣，把棉花掏出來，連夜清洗。乾不了時，大人用手拽著，徹夜地站在火爐邊烘烤。尚餘潮氣，就開始縫製，為的是讓孩子們趕在天亮接神時就能穿上。

那時，由於布票緊缺，矮個子顯得特別划算。我的小個子經常受到人們的揶揄：「看人家小韓做衣服就是省布呀！」他媽的！我都不知道該如何回答才好。

一九七六年，我做了一件棉布料的雙面卡軍幹服，穿了好幾年，原來的藍色已經被洗得發了白，領口和袖口也全磨得張開了嘴。但因為這衣服的其他地方還沒破，就捨不得扔掉。一天，我去第五毛紡廠看同學閆喜歡，他見我的衣服成了這般模樣，就讓我脫下來扔進了染缸，並且告訴我，因為我的衣服顏色暴露的部分發白，袖子內側發藍，只能染成黑色，染別的顏色就成了大花臉了。那年，我就是穿著這件「嶄新的」舊衣服過了個年。

聽父親講，新中國剛成立時，人們的服裝還保留著民國時期的樣式。城市男人一般穿側面開襟的長袍，還有人少數穿西裝；婦女們穿旗袍，中年女人如果身材好，穿旗袍是很得體的，走在街上，是一道亮麗的風景。農村男子一般穿中式的對襟短衣、長褲，婦女穿左邊開襟的短衫、長褲；衣服面料多是粗棉布、麻布。

五十年代以後，穿衣打扮與革命緊緊聯繫在一起。西裝和旗袍屬於資產階級情調，在人們的生活中逐漸消失了。男人開始以中山裝為主裝；女人穿的是對襟褂，長褲。中山裝成為中國最莊重也最為普通的服裝。初期的中山裝上衣的紐扣很多，四個口袋平平整整，樣式過於呆板正統，缺乏創新。

那時，擁有一套中山裝是令人羡慕的事情，在中山裝的右上口袋插上一支甚至兩支鋼筆，更是有知識、有文化的象徵。不過同是中山裝，高幹穿的是呢料的，小知識分子都是藍棉布的。棉布衣服不熨燙的話，鼓鼓囊囊，很土；而毛料中山裝則筆挺如削，表現出鮮明的階層差別。

五十年代，婦女還曾經流行過一陣「列寧裝」。「列寧裝」就是小翻領、兩排扣、有束腰帶，女性穿起來，非常俊美。此外還流行過蘇式的「布拉吉」，「布拉吉」即連衣裙。姑娘們穿上，把髮辮在兩側彎個圈，再紮上蝴蝶結，整個人簡直就是一朵花兒，迷得死人。自從中蘇開始交惡，這種打扮終於絕跡了。

有一個階段，天津婦女冬天用淺色花布縫製棉罩衣，曾經受到輿論的非議，認為是「資產階級的奇裝異服」。各大報紙批判了好一陣子。嚇得許多婦女不敢再穿。

北京電影製片廠一九六四年出品的，由著名導演謝鐵驪執導的《千萬不要忘記》，在全國引起極大的轟動。一時家喻戶曉、婦孺皆知。《千萬不要忘記》寫的是一個叫丁少純的青年工人，業餘時間喜歡打獵。因為買了一套價值一百四十八元的毛料制服，成為全中國青年的反面教材。

後來，由於政治環境的嚴酷，人們就是有一件好衣服也不敢穿。我六十年代中期參加工作時，建築工地上的工程師、技術員和工人都是一樣的裝扮，冬天也在白茬皮褂外面繫一截電線或草繩，一樣的工作褲、大頭棉鞋，唯恐露出半點書生氣，被指責為沒有改造好，沒有脫胎換骨，脫離了工人階級。

愛美是人的天性。就是再革命，也革不掉人的天性。但是，「文革」一來，連天性也不要了。文革時期人民對解放軍更加敬仰，軍人在人們心中是最革命的。從紅衛兵小將到女民兵都以穿軍裝、戴軍帽為榮。青年人流行的裝扮是剪短髮、著軍裝、戴軍帽、穿軍鞋、繫腰帶、捧語錄等。還要背著印有「為人民服務」字樣的挎包，胸前別著毛主席像章。老百姓著裝不分階層、職業、地位、年齡、場合，衣褲都洗的發白，簡樸成為時尚。

年輕人的膽子總是很大，那時，同學苗森家裡有一件他父親解放前當國大代表時穿過的西裝。一九六九年的夏天，他偷偷地拿出來，和我們幾個同學去公園照相。去洗印時，遭到了二食堂附近的「內蒙古照相」的工作人員的深度質疑，幸好那個營業員是個舊職員，才沒有釀成大禍。但他對我們的勸告至今言猶在耳。

現在我們的生活富裕了，穿戴大有改觀，就連出國也不再統一治裝，即便我們走在歐美的大街上，也沒有絲毫寒酸狀，倒是我們對人家穿衣的不分季節多有微詞。撫今追昔，往事真是不堪回首呀。

可惡的蝨子

你見過蝨子嗎？那是貧寒時代最活躍的生物，大概人類的物質生活條件愈簡單，它的生存能力就愈強盛，尖尖的嘴能刺穿你的皮膚，紮入到你的血管裡，用它的吸盤，吸吮你沒有污染的，原始的血液。一會兒它那大肚子就飽飽地鼓凸起來，陽光下一照，那血液還在流動呢。它的腳細密地能攀附在你身體的任何區域，你如果脫下衣服了，它就鑽到衣服的粗線縫裡，或補丁的夾層，再也找不到它。

依稀記得，兒時在得勝堡，老人們坐在太陽底下，沒事的時候，一邊聊天，一邊用手在自己的身上摸蝨子。他們眯著眼睛，憑著感覺，在身上不停地摸來摸去。一會兒功夫，就摸出了一個，拿眼一看，又肥又大，放進嘴裡，嘎嘣一下就咬死了。農村人沒有內衣可穿，老人們穿著破舊的棉襖、棉褲。有的棉花也露了出來，蝨子在裡面自由自在地爬行。有的老漢，順著衣縫，或者那腋下的縫線，或者那衣服的脖領處，用牙齒一排排咬去，那嘎崩嘎崩的聲響，還有那嗜血般的紅紅的嘴唇，永遠記在我的心裡。

還記得兒時的一個冬天，我看到兩個人在避風處的陽婆下，脫了棉衣捉蝨子，一邊捉一邊議論。一個說：你說這些蝨子，到底是哪裡來的？一個說：我聽人家說的，是汗毛孔裡冒的。按照這樣的說法，蝨子捉而不盡，就是理所當然的事了。

那時，人們無所事事，捉蝨子是最喜歡的事情。女人有了空閒的時間，看到小孩子過來了，特別是小女孩，扳過腦袋就在頭髮上面捉蝨子。孩子只好靜靜地依偎在大人的懷裡，享受著捉蝨子的快樂。

那時，女孩子們頭上生蝨子是常有的事。因為不能經常洗頭，蝨子便不知不覺地在頭髮裡繁殖開來。那時我常常看到女孩子長長的髮絲上，掛滿了小小的白花花的蟣子，看到大人們把女孩的長髮絲一根根拎起來，把拇指和食指的指甲緊緊扣在一起，然後沿著髮根直捋到髮稍。隨之，一串串白花花的蟣子便被大人捋了下來。

家庭條件好點的，母親就會買回一把篦子，極有耐性地為自己的女兒刮蝨子。篦子每緊貼頭皮刮至髮梢一下，總會有大大小小的蝨子被紛紛刮下來。母親們把刮下來的蝨子放到櫃子上或木板上，再用拇指蓋兒「嘎嘣嘎嘣」地摁死。母親的拇指蓋兒都被蝨子的血染得黑紅，髒兮兮不可言狀。

我小的時候，身上也有許多蝨子。現在回想起，我那時穿的內衣裡面，蝨子及其卵，點、線、面雜陳的情況，頭皮不免發麻。但在那時是再平常不過的事。特別是棉衣裡的蝨子，差不多天天捉，但似乎永遠都捉不盡。

常記得兒時冬天的晚上，母親總會在油燈下把我剛脫下的棉衣棉褲翻過來捉蝨子。我趴在不很熱的被窩裡，笑著看母親費心地從衣服縫裡為我捉出每一隻蝨子的樣子，有趣地聽母親「嘎嘣嘎嘣」地掐死每一隻蝨子的聲音。

那時，我每天晚上脫下衣服，最想做的先是撓癢癢，撓得全身通紅，還是不解渴。然後就學母親的樣子捉蝨子，即便每天都捉，還是常常毫不費力地，在衣縫中找到肥胖的蝨子，擠得兩個拇指的指甲蓋上全是鮮血。後來捉累了，就效法鄰家郝大爺咬蝨子的方法，只此一回，就把我噁心得苦膽差點吐出來。

儘管想盡了辦法，蝨子們依然快樂地活著，活得很滋潤，也很瀟灑。我就納悶了，大家勉強填飽肚子，好不容易攢點血，缺德的蝨子咋就黑上窮人了？原來，寄生於人體的蝨子只適應正常人體的溫度和濕度，一般情況下不會離開人體，只要離開人體兩天就會死亡。按照這個說法，消滅蝨子的辦法很簡單，就是把所有的內衣換掉，或經常洗澡，完全可以消滅蝨子。遺憾的是，那個時候有兩套內衣的人很少，根本沒有可換的，不穿只能光著身子了。

後來母親不知從那裡找來了六六粉，把脫下的衣服放到盆裡，撒上六六粉，坐到爐子上煮，總算把蝨子消滅了，但衣服在穿到身上那股六六粉的味道個半月都散不去。使人懊惱的是，過不了多久蝨子又多起來，蝨子的生命力極強，子子孫孫無窮匱也。

現在，人們的生活水準提高了，即便認識蝨子的人，想找也找不到了。日子過好了，家庭和個人衛生也隨之改善了。蝨子哪還有生存的餘地呢？

提起蝨子，民間還有一句俗語：「窮生蝨子，富長癩。」這話說的還真有道理。在鄧公時代，人們衣食無憂了，蝨子就沒有了，得皮膚病的人卻多了起來。按理說，這個事情還會與時代有關係嗎？

不知道現在農村人的身上還有沒有蝨子了，據說有些窮困的地方還有。有童話說，有隻小蝨子一天問媽媽：媽媽，我們在城裡吸不著血嗎？為什麼非要在鄉下待著？

媽媽：城裡的血倒是好吸得很。

小蝨子：那我們怎麼又回來了？

媽媽：現在的城裡人沒人味了！

內衣

不由得想起童年。上世紀五六十年代的冬天很冷，那個年代出生的人，都是在與寒冬風雪的抗爭中一年一年艱難成長起來的。因為國家處在一窮二白的「初級階段」，吃穿不好是那個年代的特徵。

那時候，大多數人的冬裝就是一條棉褲，一件棉襖。從我記事起的童年和少年時候棉襖裡就沒有過一層背心或襯衣，因為即使有一件背心或者襯衣還要留著夏天穿。冬天的黑棉襖裡裏的就是一個瘦骨嶙嶙的身子，空心棉襖四處進風，解決透風的辦法只有堵住進風的袖口，尤其是下擺。這樣，繫腰帶切斷寒風侵入就成了那個年代人們普遍使用的辦法。

我讀初中的一個臘月的一天，老師領我們在操場上掃雪。我彎腰幹活，把光光的脊背露出來了，被老師看見了，他問我這麼冷的天怎麼不穿秋衣呢？秋衣，那是有條件的同學才穿的，我穿的是空心棉襖，而且這棉襖不只冬天穿，春暖花開了，母親將棉花掏出來做成夾襖，一直穿到天冷了，母親再把棉花絮進夾襖，這夾襖就回歸我冬天穿的棉襖了。

我的姥姥家在山西雁北得勝堡，在那裡，大多數村民都沒有褲衩，不少人，一輩子也沒穿過褲衩。一家人一盤炕，吹熄燈，都著光身子睡覺。

一個人就一套衣褲！因為幹活出汗，後背上滲出白花花的鹽漬，晚上洗，第二天，無論幹不幹，都得穿上它。甚至有全家就一條褲子的人家，男人下地，女主人用一塊破布圍著坐在炕上。

在雁北農村，大多數人家，褲子入冬前絮上棉花成了棉褲，入夏前把棉花掏出來，成為單褲。棉改單、單改棉的過程，男人們要圍塊破布坐在炕上等候。

記得有一年，我回舅舅家，那天有點晚了，我斜穿小巷子進院門，有人在陰影處喊我的小名。我一看，是表姐二愛子坐在她家院門圍欄上，光著上身，兩個乳房有點明顯。我不知所措，隨口應了聲：「哎，二愛子！」低頭很迅速地鑽進了家門。第二天，二愛子見到我說：「天暖和了，我昨晚上把衣服給拆洗了。」家裡有人，每逢這時節，她在等衣服晾乾時，在哪兒待著都不方便。

依稀記得，五舅對門院有個老漢，一天坐在大門外的石條上用柳條編水斗子，就是那種從井裡打水的玩意。我看見他褲子開擋，而且裡邊啥都沒穿，裡面的東西時隱時現，就拿他打趣。他生氣地追著打我，大喊：「這個灰小子，你哪不能看？非要看那！」

那時候，七、八歲的男孩子都光著屁股滿村跑。十五、六歲的男孩、女孩，也經常不穿衣服下河洗澡，有時還光著身子在水裡打鬧。

舅舅家原先也算大戶人家，但自從土改便一貧如洗。一次表妹與村裡的女孩們過河時，脫掉外褲露出了褲衩，為此驚倒一片女孩。很快在村裡就傳開了，高家的閨女還有褲衩呢！

表妹的褲衩是我母親給做的。那年夏天表妹來呼市，晚上睡覺也不脫褲子，母親後來才知道，是因為裡面沒有褲衩，於是第二天就扯布給她縫了一條，這條褲衩是表妹平生的第一條褲衩。

在得勝堡，即便家境殷實的人也沒有內褲，內衣就是一件無領無袖的紅「主腰子」。「主腰子」形同於現在的坎肩，夏天是單的，冬天是棉的。我至今仍有記憶，穿著紅「主腰子」的人在地裡勞作時，遠遠地瞇見了挑著黑瓦罐來送吃食的婆娘，便憨憨地笑出一口白牙。

「主腰子」的歷史非常久遠了。看過《金瓶梅》的人都知道，那時的男性貼身的衣服就叫「主腰子」；女性的內衣叫「抹胸」，已經很像今天的巨型乳罩了。

聽說，毛澤東在延安也穿過打補丁的棉衣棉褲。但據知情人講，在延安時，一般人穿當地自織自染的土布，粗且紮人；領導人穿國統區進口的舒服的斜紋布，毛的內衣內褲更是極細的布。一個為毛家洗洗補補的傭人回憶說，她本人不夠穿內衣褲和襪子的資格，只能穿空心棉襖，經常都在感冒。

嗚呼，人民被解放了，反而連主腰子都穿不起了。許多農民僅有的幾尺布票都賣了換糧食吃了，因為餓的不行時，還得首先考慮肚子呀，裡邊總比外邊緊要呀。

感謝大救星老鄧，我們今天都有了豐富多彩的內衣。至於有些二奶或小三，一個乳罩好幾千元，那就更令我們這些人歎為觀止了。

眼下，新潮女性又開始不穿內衣了。所謂「真空」上陣，說白了就是女性穿著襯衫、T恤、套衫等緊身較薄的上衣時，裡面不穿胸罩，其乳房輪廓與乳頭形狀會比較清楚地顯露，因此更加性感。據報載，英國女性愈發連底褲都不穿了。最近又開始流行內衣外穿，如低罩杯的文胸，杯托在乳房的下面；低領的外衣，使乳房上部裸露在外，或有一道深深的乳溝，讓男人們人看的心旌蕩漾，不能自持。

那個時代的人打死也不敢相信，今人的內衣會有如此巨大變化！

呼市五中的午飯

我是一九六二年考入呼和浩特第五中學的。那時，呼市五中只有教工食堂，沒有學生食堂，路遠的學生帶飯，學校的大灶可以給餾一下。

我因為離家遠，每天中午也從家裡帶飯吃。那時同學們都是用鋁飯盒帶飯，飯盒大同小異，不好辨認，許多同學都在飯盒外面繫一根線繩作為標記，即便如此還常常搞錯。

早晨，同學們把飯盒送到食堂的木製架子上。臨近中午時，炊事員把飯盒齊齊整整地碼放在籠屜裡，到了午間下課，同學們都做好了衝刺的準備，下課鈴一響，老師一喊：「下課」，同學們都像箭一樣飛向食堂。

把飯盒碰掉，飯菜灑在地上的情況經常發生。不時能看到有的同學，一邊小心翼翼地收拾灑在地上的飯菜，一邊哭泣；帶來的好飯被別人拿走，自己端著別人的窩頭鹹菜不知所措的場景也時有所見。

我從家裡帶的沒有什麼好飯，常常是窩窩頭和鹹菜，鹹菜是蘿蔔或者芋頭，切成片，外面抹點辣椒；有時帶的是炒菜渣子，那就更沒有營養了；曾經帶過小米，自己添好水來蒸，我把握不住水量，常常不是太硬了，就是太軟了。吃小米飯有時沒有菜，媽媽在家裡給用胡麻油拌點蔥花和鹽就權當菜了。

到了一九六三年，父親拿糧票能從旗縣買到莜麵，我從家裡帶的飯多數是莜麵囤囤（莜麵裡面捲點土豆絲），為了省糧，莜麵裡捲點土豆絲是非常必要的。早晨出門時，把頭天蒸好的莜麵囤囤放在在飯盒裡，再倒點醋、擱點鹽就全有了。上午下了最後一節課，早已餓得饑腸轆轆，慌忙去食堂取飯，一飯盒囤囤如風捲殘雲一般，幾下就吞食個精光，小勺刮的飯盒吱吱作響，最後還要用舌頭把飯盒的內部細細地舔舐一遍。

那個陪伴了我三年的飯盒，兩端是橢圓形的，人們都叫它腰子飯盒，不知後來哪裡去了。

只有在過年時，我才可以帶好飯。飯盒裡有肉片、有豆腐、有白菜，還有白麵饃饃，那時我常常盼望過年。

到了一九六四年，國家緩過勁來了。家裡因為姥姥餓死了，少了一口人，經濟狀況也有所好轉。母親看我身材弱小，個子總不見長，就和父親商量，想讓我的午餐在學校食堂吃。一打聽，學校沒有學生食堂，於是母親去學校找校長，作為例外，把我和老師安排在一起吃。

呼市五中教工食堂的飯真好吃，中午不是米飯就是麵條。米飯當然是是小米飯，炒菜；只有過節才會有大米飯，而且是天津小站米。天津小站米真好吃呀，就是沒菜，白飯也好吃，倒點醬油一拌，味道好極了。

麵條是蕎麵條，算作粗糧，打鹵麵，味道非常好。反正我後來的幾十年再沒吃過那麼好的蕎麵條，那麼和潤滑口，那麼回味無窮。

由於在教工食堂吃飯的人不多，每頓飯需要提前登記，吃什麼，吃多少，都要提前寫好。食堂管理員是個山東人，一個面慈心善的老頭。

每到上午第四節課，我就開始在課桌下偷偷地整理飯票了。一天被語文老師王德科發現了，他竟然沒有罵我，只是輕輕地歎了口氣說：「你畢竟是個孩子呀！」。

我不知道這句話是什麼意思，只是感到很溫暖，不像有的老師，一旦發現你有小動作，粉筆頭就飛過來了。

王老師出身不好，對學生說話非常和善，他那時估計也就五十歲左右，但已顯出老態來。我現在也老了，每逢想起他的音容笑貌，心中還是感動不已。

我的小人書歲月

小人書，又名連環畫，小人書是俗稱，就像我的表哥，官名高才，俗名二鎖子一樣。這種書大致六十四開，厚薄不等，頁面上方大約四分之三的面積是一個方框，方框裡是繪畫，方框底下是幾行字。繪畫是對故事的圖解，文字是對故事的簡述。在我小的時候，這種書流行一時，深受兒童喜愛，我更是迷醉得不行。

這種書的特點是：繪畫生動形象，妙筆傳神；文字簡明扼要易懂，適於兒童閱讀；體積小巧，便於攜帶。小人書的定價一般在幾分錢至一角之間。按當時的物價，也不算貴，照今天圖書的定價來看，就更不貴了。我清楚地記得，有一次母親去買雞蛋，回來後我問母親多少錢一顆，母親說：十個，三毛五。也就是說，一個雞蛋那時值人民幣三分五，一兩個雞蛋就可以換到一本便宜的小人書，現在你拿兩個雞蛋能換啥書呢？啥書也換不到。

一九六二年，我上了中學，在學校大門口的大榆樹下，就有一個小人書攤。書攤的主人是一位白頭髮的老爺爺，他擁有幾大箱的小人書。他每天都會弓腰駝背，將幾箱小人書搬出家門，在路邊鋪上一塊厚實的塑膠布，然後將小人書分門別類地一本本擺在上面，很快，路邊就會出現一塊巨大的拼圖般的小人書出租攤。在大樹的陰涼裡，一溜兒排著十多個小板凳提供給看客，人多時好多孩子蹲在牆角或坐在磚頭上，老爺爺忙不迭地彎腰收錢、拿書、整理。出租小人書的收費從一分錢到二分錢不等，普通的薄本一般都是一分錢，厚些的，新出的、彩版的自然價格會高些。

那時，我因為離家遠，中午回不去，我們幾位不回家的同學常常相邀，急急忙忙吃完飯就朝那裡趕。誰有錢就請大家一起看，更多的時候是一本書幾個人一起圍著看，因為看的速度不一樣，導致大家都得歪著腦袋看自己的那一部分，依舊覺得樂趣無窮。那情那景，至今想來仍讓人懷念。

那位老爺爺心地特別善良，並不因我們幾個同時看一本書而有所責難，他知道我們窮。有時恰巧大家都身無分文，而照例又會跑到書攤那裡眼巴巴地站在別人的身後看，站的久了，那個老爺爺竟會開恩讓我們免費看，只不過叮囑我們不要把書弄髒。我們都是愛書成癡的人，怎會捨得把書弄髒呢？自然慌不迭地答應。

那麼多的經典作品，都濃縮在一本巴掌大的小人書中，深深地吸引著孩子們。就連大人們也禁不住誘惑，於是便常能見到大人鶴立雞群般地坐在一群小孩子中間如癡如醉地埋頭欣賞。

那時的馬路上並不繁華，很少有車輛呼嘯而過。周邊總是很寂靜的，總能聽到沙沙的聲音，那是風吹樹葉的聲音，也是手翻書頁的聲音，時間在那一刻似乎是凝固了，我總是津津有味地沉浸在過去或未來的故事裡，忘記了腹中早已餓腸轆轆。

記得兒時的小人書大多以土地改革、愛國增產、抗美援朝，宣傳憲法、婚姻自由等國家大事為題材。後來的又多以大躍進、三面紅旗、階級鬥爭為主題。也有一些古典名著、歷史故事、民間傳說等題材的小人書也很受我們歡迎，代表作有《西遊記》、《三國演義》、《水滸》、《聊齋》等。記得「大鬧天宮」、「草船借箭」、「楊志賣刀」、「畫皮」等故事最早都是從小人書上看到的。我們常常就那樣長時間地蹲著歪著腦袋看，好像沒有過腿麻手僵的感覺。

假期在家，我天天用透明紙遝在小人書上，用鉛筆來臨摹書上的精彩畫面。有時還用水彩在上面填色，我的美術功底和那時的長時間臨摹不無關係。許多精彩的畫作我都分送了同學，他們都誇我畫得不錯。雖然我直到現在都想不出，當時我的畫作對他們來說有什麼收藏價值，但從他們那裡得到的肯定和鼓勵，無疑大大助長了我的虛榮心，使得我畫起來越發不可收拾。

有時甚至老師在講臺上講，我就在下面自顧自地畫。雖然隨心所欲地畫畫給了我極大的快樂，但也影響了我的學習。由於紙張緊缺，我就在作業本和課本的封皮上畫，畫完封二畫封三，畫完封三畫封底，畫得所有作業本甚至課本上都是英雄好漢。父母親經常檢查我的作業，一看到書本作業本被我畫得這麼邋遢，就非常生氣。然而他們的責罵與禁令好像對我無效，我只不過不敢在書本上畫下去了，就從家裡找一點父親用過的廢稿紙，裁開後在背面畫。那些英雄、仕女，不知道同學們至今是否還有留存，估計早就灰飛煙滅了。

那時，我還經常去中山西路的新華書店，查看是否有新到的小人書。為了買小人書，我常常不吃早飯，把母親給的早點錢省下來買了小人書。有的時候也積攢牙膏袋，廢銅絲賣給收破爛的老漢，換取幾分錢。有一次為了買書，我把半管牙膏給擠了出來，把袋拿去換了錢，母親發現後，好一頓臭罵。

父親出差時，也經常給我買小人書作為獎勵；每逢我的生日時也會給我買小人書。姥姥生於清末，她非常反對我看小人書，她把課本之外的書都稱之為「閒書」。她能根據書開本的大小一下子就分出我是否在看「閒書」。

那時，沒有電視，沒有電腦，也沒有遊戲機，唯一的消遣只有小人書。記憶中最難忘的新年禮物，是一個除夕夜父親帶回來的一本《尼爾斯騎鵝旅行記》。現在的人根本體會不到，在深冬的夜晚，倦縮在熱炕頭，手捧一本小人書，是多麼令人快慰的事情。

「十五貫」、「竇娥冤」的故事，我也都是從小人書上看到的。一九六九年我在火電公司時，被打成「內人黨分子」，一天專案組在提審時，我大呼：我比竇娥還要怨！比「十五貫」的熊氏兄弟還要怨！那幾個專案組的打手都是剛從部隊專業下來的士兵，對中國古典文學一無所知，竟然停止了審訊，讓我給他們講起竇娥和熊氏兄弟的原委來。我講的生動，他們也聽得津津有味，直到故事結束，才大呼上當，說讓我鑽了空子，趁機舒服了一個多小時。

及至一九六六年，我已積攢了許多小人書，記得《三國演義》、《水滸傳》、《西遊記》基本上都配套了。後來文革狂潮一起，因為出身不好，家中慌亂成一團，為了避禍，我的小人書都被父母付之一炬。過年時，我從包頭回來驚聞噩耗，悲慟地大哭不已。

文革中間也出過小人書，但內容味同嚼蠟，不忍卒讀。記得有一本小人書叫《一支駁殼槍》，大意是：少先隊員馬團團和馬全全，利用假日幫助生產隊放牛。地主兒子馬承志，在他爺爺的反動思想教育下，硬說牛是他家的。兩個孩子向飼養員龍官爺爺問明瞭真相，正打算去馬家說理，意外發現老地主家還藏著一支槍。他們及時報告了公安機關，反動地主逃不出人民的法網被逮捕了。那時的兒童就是靠這樣的文學作品來滋養自己的。

從九十年代開始，小人書的收藏逐漸升溫。現在小人書已經隨著時代的演進成為一種收藏品、投資品，我常常為此感慨不已：我的那些小人書如果不燒，說不定值許多錢呢。

唉，難忘的童年，我每次回味起來，依然會清晰地記得南馬路路邊那片寂靜的陰涼，還有那淡淡的書香、翻閱書頁時的幸福感覺……

令人癡迷的「女特務」

六十年代及以前的戰爭題材影片大多臉譜化，好人壞人，一看就知道。好人一般濃眉大眼，正氣凜然，愛恨分明，聰明絕頂；壞蛋一般賊眉鼠眼，陰險狡猾，愚鈍可笑，淨幹些偷雞摸狗的勾當。那時候我還小，和夥伴們看電影，就看打得熱鬧，除了看熱鬧，還喜歡看電影裡的女特務。

那時電影裡的女特務，漂亮是一方面，更重要的是有乳房，能把美式軍裝頂起來老高，再配上高筒馬靴，紮上牛皮帶，整個身體線條凸凹有致，難怪大男人們一看到女特務，眼睛就直冒綠光，興奮地嗷嗷叫。但女地下黨、女解放軍就不一樣了，通常穿得很嚴實，胸前平平板板，即使偶爾有「饃饃」，也就粘豆包那麼大，大男人們不怎麼喜歡。

還有，電影裡的女特務總比身邊的女人有味道，皮膚像剛剝了皮的雞蛋，白嫩嫩，水汪汪，怎麼看怎麼水靈。尤其旗袍加身時，露出白脖子，白胳膊，白大腿，男人們看著會變得更加不安分。常有年輕男人在女特務出場後，使勁地吹口哨。

女特務是這些影片中唯一亮麗的色彩。那時，女性身上的「女性味」，是思想意識有問題的表現，意味著腐朽、墮落甚至邪惡，只能在藝術作品中的女特務身上得以體現。同時，女特務要以色相誘人，也非得有濃郁的「女性味」不可。這樣一來，女特務就成了女性知識的啟蒙老師：燙髮、脂粉、口紅、畫眉、旗袍、胸針、高跟鞋……那個時代的不少人，提起銀幕上的女特務來竟然兩眼放光。

我剛剛發育的時候，同樣被銀幕上無數個「女特務」「腐蝕」過。我印象比較深的是，大概小學四年級時，看過的一部經典老電影《永不消逝的電波》，孫道臨在影片中扮演一位，長期戰鬥在日偽淪陷區的我黨地下情報員，具體情節已經不記得了，但裡面有個女特務我至今記憶猶新，為什麼？沒別的，就因為她太漂亮了。我當時甚至暗暗地立志：長大了一定要娶個女特務做老婆。

女特務柳尼娜，有高級妓女交際花出身的特點，身著性感而露著膀子，及多半個雪白的胸脯的緊身吊帶裙，塗著猩紅的嘴唇與眼皮上暈染成一片的眼影，勾畫出高級妓女交際花的特點。皮膚白皙肥腴性感的陸麗珠，飾演的交際花柳尼娜，猩紅的嘴唇吐著濃濃煙圈，塗著鮮紅長指甲的手指搭在姚達的肩上媚笑及嬌滴滴的引誘，令姚達魂不守舍，並終於跪倒在她的石榴裙下變節投降，情節使人心旌蕩漾。

從妖豔嫵媚性感的女人，到雍容華貴妖冶的中年豔婦，陸麗珠把漢奸女特務、高級妓女交際花柳尼娜演繹得淋漓盡致，這就不難理解年輕美貌、風流性感的女特務，為什麼會成為那個時代的愛情和性啟蒙者的原因了。

還有在影片《英雄虎膽》中，由王曉棠扮演的漂亮迷人的女特務阿蘭小姐，最讓人著迷，至今仍被人們封之為「中國第一女特務」。阿蘭在影片中大跳時髦的「倫巴舞」，她被土匪頭子的騷擾，她對於打入匪巢內部的我軍偵察科長曾泰的愛戀，以及當發現曾泰的身分後悔恨交織舉槍射擊時被我軍擊斃的結局，令人扼腕。阿蘭的憂、阿蘭的媚，當然還有阿蘭的憧憬，在強調政治觀念的時代，竟然引起許多觀眾的同情，不能不說是一個奇蹟。令人忍俊不禁的是，有一次在電影院裡，有小朋友哭著對媽媽說：阿蘭阿姨死了！

《羊城暗哨》是反特片的經典之作，影片中的女特務「八姑」和「梅姨」曾使我萬分迷醉；在《虎穴追蹤》裡扮演了以糧食局長秘書身分為掩護，竊取情報的女特務王曼麗的葉琳琅也使青春期騷動的我，寢食難安。

「紅色電影」的編導們，本意是要讓女特務的各種表現引起觀眾的厭惡、仇恨，沒想到卻事與願違，女特務成了觀眾最喜愛的人物。不得不說，這是「紅色價值」的失敗，是人性的勝利。

扮演女特務柳尼娜的陸麗珠，「文革」中慘遭批鬥，原因就在於她把女特務這一角色演得太好了。女特務們在客觀上構成了對「紅色價值」的挑戰，當「紅色價值」的捍衛者意識到這一點時，當然要惱羞成怒，而把怨恨發洩到扮演女特務的演員身上，也在情理之中。

如果今天我們再看那個時代的電影，對那些女特務根本不會有什麼興趣。但那個時代的人們，尤其是青年人，卻被這些女特務深深吸引，這還可以從別的方面來解釋——茨威格在回憶錄《昨日的世界》中，對十九世紀末二十世紀初，維也納禁欲主義的道德風尚有深刻的剖析，茨威格說：「凡是受到壓抑的東西，總要到處為自己尋找迂迴曲折的出路。

所以，說到底，迂腐地不給予任何關於性的啟蒙，和不准許與異性無拘無束相處的那一代人，實際上要比我們今天享有高度戀愛自由的青年一代好色得多。因為只有不給予的東西，才會使人產生強烈的欲望；只有遭到禁止的東西，才會使人如癡若狂地想得到它；耳聞目睹得愈是少，在夢幻中想得愈是多；一個人的肉體接觸空氣、光線、太陽愈是少，性欲積鬱得愈是多。」

茨威格的剖析，也適用於「紅色電影」在中國盛行的時代。由於性愛在現實生活和文藝作品中都被千方百計地隱藏，那個時代的青年人，內心深處其實遠比今天的青年人更為色情。這也正是那個時代的青年人，對電影上的女特務有異常興趣的原因。可憐的他們，只能讓電影中的女特務陪伴著自己性愛方面的幻想與衝動。

唉！那些性感豔麗的女特務呀！在那些枯燥無味的日子裡，曾經使我們革命青年多麼意亂心迷，癡醉不已！

乳罩軼事

一、記得小時候，家鄉的婦女沒有一個戴乳罩的，孩子餓了，母親當眾掀起衣服，掏出鼓脹脹的大奶子，便往小孩嘴裡塞，小孩吃奶往往要吃兩年，直到下一個小孩出生。記得當時大人們說，只有多吃奶，小孩才長得結實，不會輕易患病。我的一位同學，七八歲了，每天還要吃幾次奶，一點也沒有害羞或者淫穢的意思。不知從何時開始，中國女人開始專門為自己的奶子穿上一個特製的小馬甲——乳罩，於是，乳房越來越少見，看見的只是越來越深的乳溝了！

二、六十年代初，《內蒙古日報》還刊登過一篇，批判穿高跟鞋戴乳罩的資產階級腐化墮落行為的文章。我當年看完電影《羊城暗哨》後對同學說：我將來要娶一個女特務做老婆。被同學告發後，受到班主任老師的嚴厲批評。

三、那時，我們的教導主任也很凶，經常罵我們。有天中午路過她的宿舍，看見她的窗戶上掛著乳罩（平生第一次見），我捏碎手中的番茄給糊了上去。番茄的湯湯紅不拉幾的，像血一樣，當時我們好幾個同學非常興奮，幹完就尖叫著跑了。

四、八十年代初，看過一篇知青寫的小說，裡面寫到上海女知青下鄉，洗了衣服在院裡晾，其中有白細布的乳罩，讓老鄉們很納悶。圍觀猜測一番後得出結論：是牛捂眼！就擅自拿去給牛用上，很好用，感歎城裡人就是聰明有辦法。

五、六十年代中期，因為物資匱乏，還流行男人帶假領子，其實就是一個領頭，可以冒充襯衣。不過我對此很厭惡，每次有人建議我穿，我都嚴詞拒絕——因為它看上去太像女人的乳罩了，一個男人穿這個多彆扭呀。

那時，我剛參加工作，我們一個宿舍有一個小夥子是上海人，他的襯衣領子總是乾淨整潔，一天他打開皮箱整理衣服，我們才發現，裡面有半箱假領子。一時傳為笑談。

一個星期天，這個後生洗衣服，僅僅假領子就晾曬了半條繩子。另外一個班的師傅過來串門，一進來就高喊：「誰的這麼多乳罩呀？」於是我們大家哄堂大笑，只有那個小夥子不以為然。

六、記得剛參加工作的時候，一天，班長派我去買口罩。回來分發給大家後，忽然有個師傅喊了起來，只見他把一個物件一頭掛在自己耳朵上，一頭抓在手上喊到：「班長，這口罩咋這麼長呀？」，班長（和我們差不多大）看了一會兒沒看懂，說肯定拿錯了，讓我去換，我拿著東西回到商店，對售貨員阿姨說明來意後，她們一個個笑的人仰馬翻，而我還懵懂地問「阿姨，這麼長的口罩怎麼帶呀？」幾個售貨員再次笑翻。

七、那時公開出版物不能寫乳罩二字，只能寫胸罩。認為乳罩一詞比較淫穢。但私下裡弟兄們都叫它乳罩。那時候女同志戴乳罩也不是滿大街都是，就是戴了也是深藏在背心裡面，不敢像今天這樣明晃晃的。錢鋼的報告文學《唐山大地震十年祭》裡面說一九七六年唐山大地震之後，有些人因為半夜裡跑出來來不及穿衣服，僅僅戴著乳罩，我就懵了，合著他老人家還沒有走的時候，就有人敢戴乳罩了？而且，錢鋼的報告文學裡面沒有用胸罩，用的是乳罩，我那時覺得這個作家真牛逼啊。

八、直到文革後期，呼和浩特中山西路才有了乳罩的專營店，好像是全市唯一一家乳罩專營店。好多人路過那家商店，總是非常不自然地迅速穿過……記得門口掛著的商標，明明白白寫著「奶袋」兩個大字。想想也貼切：奶袋奶袋，裝「奶」的袋子。

九、八十年代初，我和兩個同事去北京，一天我們三個人一起去逛王府井百貨商店。小張要給妻子買乳罩，拿起一個來，沒等他看好，小關不是說大就是說小了，站在旁邊不停地諫言。氣的小張瞪眼跺腳地罵他：「我老婆的乳房有多大，難道你比我還清楚？」

十、直到去年夏天，我才知道乳貼是什麼東西。同事老馬的愛人從美國回來探親，在紐約，像她那樣乳房堅挺的女人，根本用不著戴乳罩。她回到國內想入鄉隨俗，但因為乳房太豐滿，根本買不到適合她的乳罩，於是打發老馬去給她買乳貼。老馬就到一些內衣店裡去問，售貨小姐根本不知道那是什麼東西。他小聲解釋用途之後，她們更加肯定地搖頭說沒有。歸來我讓他到網上查，網上倒是有，不過被歸為「成人情趣用品」一類，送貨時可以打成禮品包裝，以尊重購買者的隱私。老馬當時就覺得被侵犯了：我又沒怎麼著，憑什麼要偷偷摸摸啊？

我常常想，乳罩煞有介事地鼓脹在女人的薄衫之下，捂著蓋著的，又要讓別人能看出來此女人是有乳房的，何苦啊！但拒絕乳罩、解放乳房在中國又肯定不行。中國人多啊，每天擠擠擦擦的，男人們近距離的各色盯視如暴風驟雨槍林彈雨，太考驗心理承受力了。所以戴乳罩也是必須要堅持的，和我們的「四個堅持」同樣重要！

常聞喜事多亢奮！

今年五十五歲的人，但凡名字叫「衛星」的，不用問，保准是一九五七年十月四日當天或之後幾天出生的人，因為那一天，人類第一顆人造地球衛星從前蘇聯的土地上上了天！

那個重達八十三公斤的新玩藝，離開地面時的速度竟達每秒八公里，難怪美國人當時就被嚇傻了。

記得那年我正上小學二年級，聽到新聞裡廣播蘇聯老大哥的衛星上了天，老師和同學們都激動萬分，校園裡敲鑼打鼓，鞭炮齊鳴，大家都為這顆圓球的升空而歡呼雀躍。我國是社會主義大家庭的一員，拋開姓社還是姓資的兩大陣營的冷戰心理不說，單說這是第一個人造物開始在外太空圍著地球轉，就相當令人振奮！

美國於一九五八年一月三十一日也發射了第一顆「探險者」一號人造衛星。該星才重八點二二公斤，比人家蘇聯人的輕了八倍，個頭比網球大不了多少，受到我們的譏諷。那時，我們天天盼它掉下來，最好砸在白宮的房頂上。

後來，中國第一顆人造地球衛星也在酒泉衛星發射中心發射成功。隨後小學數學課裡增加了一道數學題：美帝的第一顆人造衛星重八公斤……蘇修的重八十四公斤，中國的重一百七十三公斤，請問我國的人造衛星比美帝和蘇修的總和還重多少？

那時上地理課，老師講到日本是個多火山多地震的國家時，總有一些學生在下面叫著：「好啊，滅了小日本，震死了才好……」

記得在讀初中時的某一天（一九六三年），學校招集全校師生在操場集會，校長幸災樂禍地向全校師生宣佈：「告訴大家一個好消息，美國總統甘迺迪被打死了！」然後帶頭鼓掌，全校師生也隨之鼓掌叫好。我為此也興奮了好一陣子，那些日子吃飯睡覺都倍感香甜。

再次感到興奮的事情是雷根遇刺，一九八一年三月三十日下午，科羅拉多州的一名叫約翰・欣克利的二十五歲失業青年混在記者隊伍裡，在華盛頓希爾頓飯店門向雷根開槍。經過手術後，雷根脫離了生命危險。我們一時都把約翰・欣克利看做英雄，我們感到遺憾的是，欣克利的槍法還是不行呀，為什麼不能一槍就斃命呢？

直到美國九一一恐怖事件發生時，我們在網上仍隨處可見這種群情激昂，令人毛骨悚然的叫好聲。央視的主持人雖然貌似鎮靜，但仍有掩飾不住的喜悅，我們老百姓中也有人高興的就像過年。就拿我一個朋友舉例子來說吧，那天他剛剛聽到這個令人震驚和悲傷的消息的時候，就沒有能夠很好地控制住自己的情緒，一下子比平常整整多吃了三大碗米飯，還搭上半隻白切雞，兩大塊叉燒肉，和兩瓶燕京純生！

直到如今，在我們身邊，仇恨美國的人到處都是。只要一提起美國，大多會咬牙切齒。人們都盼望美國能夠經常出事，好讓我們隔三差五地高興一番，給我們枯燥的生活增添一點歡樂的氣氛。

昔日國慶大遊行

在我的記憶中，兒時最快活的節日是春節和國慶日。春節可以穿新衣服放鞭炮，國慶可以白天看遊行晚上看焰火。因為，在那個文化枯燥的年代，國慶日確實是個享受文化盛宴的熱鬧日子。

童年時國慶日看遊行，是久盼的開心事，很小的時候我被爸爸用肩扛著，站在馬路邊，伸長脖子，看著遊行隊伍奔湧向前。說實在的，那時國慶遊行的具體細節有些模糊，但主要過程仍歷歷在目。依稀記得遊行隊伍很壯觀，遊行隊伍簇擁著一輛輛裝扮得燦爛奪目的彩車，一路歡歌舞蹈一路前行。代表工人的彩車一般都是展現煉鋼爐、大機器；代表農民的彩車則表現五穀豐登、六畜興旺的主題；由民兵組成的方陣則是高喊著「全民皆兵，保衛祖國」的口號，威武雄裝。我最喜歡看的是學生和文藝界的遊行隊伍，因為學生和文藝界的隊伍一路載歌載舞，熱鬧非凡。

等到我上了小學，就有機會親自參加遊行，或在呼和浩特新華廣場參加由學校組織的團體方陣了。

國慶日的前兩三天，按學校的佈置，我們就開始做準備了，首先是衣服，要求都穿藍褲子、白襯衫。鞋子沒有特殊要求，但是一定要乾淨整潔。我提前幾天就把白膠鞋洗乾淨了，然後用破牙刷蘸著白泥在上面輕輕地粉刷，以便看起來更白些。我有白襯衫，但常常沒有藍褲子，母親就把她的藍褲子借給我穿，母親的褲子都是側開口，我每次都為此要傷心好幾天，好在同學們沒人取笑，慢慢地也就習慣了。我所在的學校是回族小學，大家都要戴伊斯蘭小帽，我也不能例外，因此，我冒充了好多年的穆斯林。

有一年，因為要參加遊行，我們學校的同學要經過主席臺，接受領導的檢閱。學校別出心裁，要求同學們都戴項鍊，那時誰家能有項鍊呢？聰明的班主任想出了一個好辦法，她不知從那裡搞來了許多玉米粒，教給我們用線穿起來作為項鍊。遊行時，路過主席臺，烏蘭夫欣喜地向我們揮手致意，我想他一定看不出這些金燦燦的珍珠，竟然是玉米粒呢！

上世紀六十年代，群眾遊行服裝開始統一，但布料挺差的。記得一九六〇年國慶群眾遊行活動，統一置裝使用的布料是淺藍色的豆包布，對著陽光幾乎透明，國慶遊行時，雨水打濕了豆包布做成的表演服，布上的染料都染到了大家的身上，我的肚皮都是藍色的。

呼和浩特，「十一」的早上天很冷，有時還趕上下雨，由於集合的時間很早，我們每次都要穿很多衣服，等遊行快開始了，把衣服換好，交給後勤人員帶回學校。有一年，呼和浩特第五中學要組織游泳方陣，游泳方陣的人都要穿泳裝，身體如果不行可真夠嗆，有許多同學凍得瑟瑟發抖，後來都感冒了。記得遊行時有一句口號是：讓美帝國主義在我們面前發抖吧！我不知道那天美帝國主義是否發抖了，反正我一直在發抖。

還記得有一年，國慶日要抽一部分同學參加國慶晚會，我們事先都要學一些舞蹈，準備「十一」的晚上去新華廣場聯歡。夜裡彩排，我們都很興奮，等彩排結束了，爸爸騎車來廣場接我，回家的途中，因為路燈昏暗，我和爸爸一頭栽進了路邊的排水渠中，所幸騎得慢，有驚無險。

即便在最困難的年代，國慶日的口號也是「市場繁榮、物價穩定、庫存雄厚！」我的理解是：雖然市面上東西不多，但是國家的庫存是雄厚的。一下都拿出來，怕把大家的胃口撐壞了。

還有幾句口號歷經了許多年：「現在的形勢一片大好，不是小好，而且是越來越好！」、「我們的朋友遍天下！」、「美帝國主義空前孤立，正在做垂死的掙扎！」

每個年代最大的事、最新的成就都會在國慶遊行中以隊形、標語的形式體現，它展示了時代主題和國家的發展方向，都有鮮明的時代烙印。上世紀五十年代的遊行隊形內容，基本是以抬舉表現各種主題的畫像、模型為主，同時配有一些反映黨的路線和中心工作的政治標語。

例如：一九五四年國慶日，遊行群眾抬著《中華人民共和國憲法》的巨大模型通過新華廣場主席臺，這是新中國第一部規定了中國公民基本權利和義務的憲法。

一九五八年八月，中共中央在河北省北戴河召開會議，全國由此掀起了全民「大煉鋼鐵運動」。兩個月後的國慶遊行中，鋼鐵工人組成的遊行隊伍抬著「為生產一千零七十萬噸鋼而奮鬥」的標語，走過了新華廣場主席臺，那個年代的人們都以為「鋼鐵的產量是衡量一個國家實力的重要依據」。

但到了上世紀六十年代，卻是標語越來越多，政治性也越來越強：一九六三年國慶，「向雷鋒同志學習！」、「學習雷鋒好榜樣，忠於革命忠於黨！」的標語牌相繼出現在遊行隊伍中；一九六四年國慶，標語達到十九條，有的標語多達八十多字。

那些年，節後的作文，必是觀看國慶遊行之類的傳統題材。每年寫的內容都大同小異，一般都是頌揚大好形勢，表示好好學習、天天向上的決心，一篇作文就如此交了差。

好像《人民日報》、《中央人民廣播電臺》關於國慶遊行的報導，每年也都是一種格式，都是套話，只要略加修改，年年都能使用。不信你去圖書館去看看歷年來的報導就知道我說的並非虛言。

記得有幾個關鍵字是：「過來了，過來了，……的花車（隊伍）過來了，它們意氣風發，鬥志昂揚，充分體現了……」。就這句話，可以用在任何方面：工業、農業、科技、文教、衛生……，中國的記者可真好當呀！

再後來，文化大革命開始了，國慶遊行再也不好看了。因為，原先那五彩繽紛的方陣隊列和展示消失了，取而代之的是狂熱的紅海洋。遊行隊伍中都是醜化走資派的圖畫，比如有「打倒內奸工賊劉少奇！」的口號，還有一百個中央高幹的「群丑圖」，呼喊的口號也是聲嘶力竭，使人感到恐怖。

我那時很不理解，中央怎麼會隱藏那麼多的壞人？劉少奇為什麼要貪污「金鞋拔子」？他家是大地主，喜歡錢可以去經商呀，沒必要冒這麼大的風險去幹革命。

那時的遊行，八個樣板戲的彩車是少不了的。李玉和、李鐵梅、沙奶奶、郭建剛、江水英、阿慶嫂都化妝站在車上，每逢此時，主席臺上的廣播員總要帶頭高呼：「向偉大的無產階級文化大革命的旗手、敬愛的江青同志學習！向江青同志致敬！」

喊毛主席萬歲時，前面要加四五個「最」字：「我們最最最最偉大的領袖、心中的最紅最紅最紅的紅太陽毛主席萬歲萬歲萬萬歲！」萬萬歲當然就是億歲了。

因為林彪事件的發生，一九七一年國慶遊行終止了，也許偉大領袖覺得林彪倒得也太快了，沒法向全國人民交代吧。

我常常想，如果偉大領袖活到現在，一定會有二十次路線鬥爭了。一定又出現了「張少奇」、「王少奇」、「王彪」、「馬彪」、「劉彪」、「張德懷」、「趙德懷」、「馬德懷」了吧。

現在的新華廣場都被改成花壇和音樂噴泉了，好像政府決計不再進行遊行和集會了。其實，適時遊行一下，也挺紅火的，但是目前的任務是「維穩」，如果舉行遊行和集會，萬一被下崗職工及欠薪的農民工鑽了空子就很麻煩，不遊也罷。

憶苦飯

吃憶苦飯，即吃模仿舊社會窮人飯食所烹製的食物。這是為了讓學生、青年（工人、戰士、機關職員等）不忘本，記住父輩在一九四九年以前遭受的苦難，滿足於社會主義的幸福生活，增加對黨的感恩思想。因此是學校、部隊、單位有意識組織的一種政治教育活動。製作憶苦飯材料的選擇因地制宜，有的是用麩子和玉米麵混合後蒸窩頭；有的是用爛菜葉、蘿蔔纓或野菜煮米糠、豆腐渣；有的是麩子和白菜幫加些鹽熬的糊糊。有的組織者為了達到逼真的效果，有意不放鹽，甚至摻進樹葉、草根。吃憶苦飯時還要請苦大仇深的老年人現身說法，說舊社會怎麼窮，怎麼受地主老財的剝削壓迫，怎麼牛馬不如，怎麼飢餓難擋，聽得人們難過的直流眼淚。

一九六五年，我在中學讀書時就吃過一頓憶苦飯。記得在學校禮堂的一隅，好幾張八仙桌上擱著的大木桶裡，嫋嫋地升起氤氳的蒸氣，隨之飄來怪異的香味。同學們一個個解開書包扣，取出小飯碗，跟隨老師排起幾列縱隊，等待碗中被這種食物盛滿。

然後，我們以班級為單位，聚攏在一塊兒站著進食。碗裡黃黃的、稠稠的半流質中攙雜著淡灰色的菜葉，這就是憶苦飯。老師教導我們必須大口地吞嚥。但我第一次吃憶苦飯時是皺著眉頭的，覺得味道有點酸，喉嚨有點癢，吞咽有點難，眼淚有點流出來。

「天上佈滿星，月牙兒亮晶晶，生產隊裡開大會，訴苦把冤伸，萬惡的舊社會，窮人的血淚仇，千頭萬緒，千頭萬緒湧上了我的心，止不住的辛酸淚，掛在胸……」的背景音樂在禮堂裡迴盪。

憶苦飯的負責人是我們的政治指導員。為使學生對新社會愛得更深，對舊社會恨得更透，他還把憶苦飯做法向深層次擴展——在飯里加了沙子。他的理論根據是：憶苦飯愈難吃，產生對舊社會的恨愈強烈。這就苦了「會餐」的同學們，不摻沙子還能吞咽幾口，摻了牙齒咯得蹦蹦響，疼得呲牙咧嘴的。他還強調「會餐」者，「吃時」面部要露出好看的笑容。

黨支部書記正在會上控訴舊社會時，人們捂著肚子急急地往廁所跑，一問，拉稀啦！

當校長宣佈憶苦飯結束時，他的褲襠也泄出一股發騷的液體。後來化驗結果出來了，腹泄原因是糠變質導致，因此也沒有怪罪那位出身不好的炊事員。

那天，我們還從北郊麻花板村請來了一位老貧農，飯後給我們做憶苦思甜的報告。記得那天他在報告中說：「那些年天寒地凍，我作為貧農的兒子身無禦寒之物，連雙鞋子都沒有，遠遠看到有一灘剛剛拉的冒著熱氣的牛糞，凍急了的我便趕緊跑過去把小腳丫插進牛糞裡取暖……」

他那時不管說啥，我們都信。要擱現在，八〇後、九〇後們一定會問：「那牛糞涼了以後呢？」、「怎麼洗乾淨腳丫子呢？」可那時是不會有人問的，想問也不敢問。

記得他還說：「……毛主席他老人家的話真是說到我們心裡了，我們貧下中農過去就是這樣同敵人對著幹的。就拿我來說吧，解放前我一直替地主扛活打工，那地主看我賣力能吃苦，就想腐蝕拉攏我，要把他一個姪女兒嫁給我，我心想敵人擁護的我就要反對，我就高低不答應地主，到現在我還是光棍一條。」

那天他講的第二件事是被狗咬：「我去地主的家門口要飯時，地主的大黑狗，不聲不響，突然從側前方像閃電一樣伏著身子貼著地面，直奔我的下三路而來，我一瞬間就被那畜生叼住了腿肚子，稍一鬆口接著又是更深的撕咬，我的腿立時鮮血直流，地主的狗腿子看見非但不管，反而哈哈大笑。還是咱貧下中農心連心呀，是他們連吆喝咋呼才把我從狗嘴裡解脫，從此，我的左腿上留下了三個深深的狗牙印。」他撩起褲管讓我們看小腿肚子上深深的傷疤，許多同學都流下了傷心的熱淚。

但他講的第三件事，竟然把欠了人家賭債被債主逼得無處藏身的故事作為「舊社會」的「苦」憶了出來，令臺下的學生們都哄笑起來。從此，學校的領導們再也不敢叫這位老貧農來「憶苦」了。

我們後來去麻花板參加秋收，卻聽到了另外的說法，也是一個貧下中農悄悄告訴我們的：「你們聽他鬼嚼呢！他那是上嫖跳牆頭，讓人家的狗咬的。他也只能糊弄糊弄你們這些娃娃！」還有人又說：「除了他媽是女的，別的啥話也不能信他！」我們聽得直咂舌。

要說那時的灌輸或者曰洗腦的效果還真是行之有效，能夠如此強烈而長久，以至於許多固定的語彙到現在我還能張口就來：「房無一間，地無一壟」、「上無片瓦，下無立錐之地」、「出的是牛馬力，吃的是豬狗食」、「天下烏鴉一般黑，天下地主一樣狠」……

唉，思來憶去我竟然不知今夕何夕。

憶苦趣事

民間流傳著很多「憶苦思甜」的段子，主題多是「萬惡的舊社會，餓死人的六〇年」。文革期間，由於「憶苦思甜」活動的日益日常化，一些被臨時拉上臺的農村老頭、老太太由於沒有經過憶苦訓練，經常會出現「憶錯了」的情況。儘管主持人事先再三強調，「一定要憶舊社會的苦，不要憶劉少奇的苦」（「劉少奇的苦」指的就是一九五九至一九六一年的大饑荒），但是趣事仍層出不窮：

一、有位年逾半百的老貧農發言說：「共產黨啥也好，就是口糧給的少。舊社會那會兒我們給地主當長工，東家對我們可好了，吃上熟的拿上生的，啊呀，一九六〇年可把我餓灰了！」同學們笑成一團，主持人見狀慌忙說：大爺，今天的苦就憶到這裡，您老早早休息吧。

二、「那年，我去給地主當長工。地主真是可恨，總是整我們這些窮人。到農忙的時節，地主給我們長工打牙祭，狗日的地主，把肥肉切成耳巴子（手掌）那麼大一塊，放到嘴裡，滿嘴流油，整得我們吃幾塊就吃不下了，剩下的下一頓就不端出來了……」這些訴苦，聽得我們這些一年難得見一回肉的半大小子滿口生津，涎水直淌，恨不得時光倒流，不做知青了，立刻跟了地主當長工去。

三、一位白髮蒼蒼的老奶奶，站在臺上訴苦：「舊社會，我們窮人過的是豬狗不如的日子啊！公社把家裡的什麼東西都拿走了，在食堂裡，天天喝清湯寡水，全家人都得了浮腫病，腳肚子一按一個氹氹啊！……」急得那些領導把她直往下拉，可老奶奶興猶未盡，「可憐我的兒啊，就是在六〇年餓死的啊！」其聲淒厲，讓人不禁淚下！可這訴的什麼苦啊，這是訴的「新社會」的苦啊！

四、最令學校領導和大隊領導難堪的一次，有一位老貧農在「憶苦」之時，竟忘記了什麼時候為「新社會」和「舊社會」，他在回憶了一通「舊社會」的苦之後，竟情不自禁地告訴同學們說：「不過，這些苦都還沒有一九六〇年的生活苦，同學們，你們知道六〇年我們吃什麼？吃糠！吃野菜！吃得很多人都發水腫了，死了多少人你們知道麼？」

這時，後面反應快的高年級學生早已笑作一團。學校「革命委員會」主任這時趕緊走上臺，把老貧農的話筒拿開，低聲叫他不要講下去了……。

五、一位當過老紅軍的老大爺，一開腔就驚心動魄。下面是他的開場白：

「伢子啊，我受的苦三天三夜也說不完，那樣的苦你們連想一下都渾身發毛。我也曾過了幾年好日子，那是民國三十年給東家打長工，東家待我可好了，每天夜裡都有酒喝，一年到頭還讓我挑上一大擔年貨回家過年。可是到了『過糧食關』（農民對五九至六一年三年自然災害的俗稱），連『糠粑』也沒得吃的，我差一點就餓死了……」

六、陳奶奶在憶苦時說：「你說在卜家當奶媽那個苦啊，那是真叫苦，你除了看孩子餵孩子不行，還得洗衣服，掃院子，他們家那麼多院子，全我一個人掃，那孩子也就我一個人帶，跟我就像親生的一樣，不跟他媽，我比他親媽還親呢。要說這個甜吧，它也說不完，我們家窮啊，人家過年給我們孩子買新衣服，買肉買好吃的，比如瓜子呀糖塊什麼的，我們家窮，買不起，每年都是卜老爺給，卜老爺可好了，什麼都給，那年還給了不少糖塊，回家孩子們一吃，那個高興呀，都說可甜了。」

主持人覺得不對勁，趕緊把她請了下來。陳奶奶到死也沒明白過來，那天說的好好的怎麼就不讓她說了。

七、還有人在憶苦時，說的更走嘴呢：「我五叔是個文盲，響噹噹的貧農成分，在舊社會，幫地主看牛混口飯吃，解放後，才當家做了主人。那一年，『四清』運動，上級派來了一位蹲點幹部，姓沈，百姓們都叫他沈社長。沈社長一到這個地方，指名道姓要紮在他家裡。那時，我五嬸剛過而立之年，風韻萬種，那臉蛋白皙皙的，身材婀娜婷婷，特別是那兩個奶子鼓鼓的，就像兩個大饅頭，看一眼，饞得你直流口水，恨不得一口吞下去。村裡有多少光棍想揩她的油，都被她罵得沒趣地滾蛋了。

「沈社長一進我五叔家，就被我五嬸的美貌勾去了魂魄。一天，我五叔上公社開會去了，沈社長拖病沒有去參加。

「做飯時，我們家裡沒鹽了，媽媽想去五嬸家借點鹽回來，可推開五嬸的門，媽媽整個人都驚呆了：只見五嬸和沈社長都一絲不掛地在床上摟著，翻滾著。

「沈社長也不是省油的燈，他立馬叫住我媽，利索地穿好衣服，和顏悅色地說：『三嫂，今天這事只要你不捅出去，你要什麼我就給你什麼。』我媽媽訥訥地說：『沈社長，我什麼也沒看見。』沈社長和藹可親地說：『看見了也沒什麼關係，只要你不說，什麼問題也沒有。三嫂，你要什麼，儘管對我說，我保證滿足你的要求。』」沈社長很大方地從身上摸出一大沓鈔票，塞進我媽手裡說：「三嫂，今天的事多多包涵。」

「我媽見了這麼多錢，美滋滋地說：『沈社長，我把這事爛在肚子裡！』後來我媽拿著這筆錢供我家吃了一年的鹽。沈社長在我五嬸家一住就是五年，後來上級來了調令他才戀戀不捨地離開我五嬸。」

雖然以上都是實話，但是，大家還是當笑話聽吧。

政治課

一九六二年，我在呼和浩特第五中學讀書時，政治老師叫鄭輝豪，鄭老師廣東人，越南華僑，不知何種原因，他竟然輾轉來到了內蒙古。

鄭老師講課，就像電臺的播音員，每次上課，教案已經寫好了，照本宣科地給我們大聲誦讀。更讓我這個孩子難以理解的是，他講的所有政治題都有標準答案，他把答案抄在黑板上，讓我們死記硬背，只要答錯一個字都不算對。

在三分天災七分人禍的那幾年，我們政治課上背的內容是：「低標準，瓜菜代，安排好糧食，辦好公共食堂。」在解散食堂，「中央關於人民公社六十條」的那段日子，我們政治課上背的內容是：「三級所有、隊為基礎、多勞多得、六十年不變。」

在「四清」的歲月，我們政治課上背的內容是：「清政治，清經濟，清思想，清組織。」

鄭老師在課堂上大力宣揚「總路線」、「大躍進」、「人民公社」這「三面紅旗」，歌頌「農業生產大躍進」、「農村水利大發展」、「大煉鋼鐵」、「除四害」，還對我們進行革命傳統教育和憶苦思甜教育。依稀記得，每人還發過一本《九評蘇共》的書，還有徐寅生寫的「用毛澤東思想指導打乒乓球」的小冊子。我們拼命地背呀背。那時的政治教科書幾乎成了時事宣傳手冊。

鄭老師的政治課上的非常拘謹。許多同學曾經私下問他：食堂都解散了，大煉鋼鐵都失敗了，農村都三自一包了，還宣揚三面紅旗幹啥？

鄭老師說：「馬克思主義、毛澤東思想是正確的，是執行的人做錯了。」我那時想：如果真是那樣，那這個理論也就實在太難把握了！

鄭老師絕不容許學生在課堂上，對這些問題進行探討和質疑，在上課時，只要同學們說的和課本上稍有差池，就會遭到他嚴厲的斥責。鄭老師說：「革命理論是放之四海而皆準的，是不容許質疑的，毛澤東思想是革命的真理，必將傳之於萬世。」

沒有了對知識的深信，頓時讓同學們失去了探究與解惑的快樂。我們也感到了鄭老師處境的尷尬——人人都說政治很重要，實際上，無論是學校、老師還是學生，誰也沒把政治課當回事，誰也沒把課本裡的理論當回事。中學政治課，對老師來說，只是一個飯碗；對學生來說，也僅僅是為考試而學它。

記得一次全校組織歌詠比賽，我們班選的歌曲是「社會主義好」，練歌時大家唱得有氣無力，鄭老師急了，大叫道：唱歌就是唱歌，唱的時候不要想社會主義為什麼好，好在哪兒，一想，就唱不好了。於是大家停止思想，一心唱歌，果然歌聲嘹亮，氣壯山河。

鄭老師曾經告訴我們，美國工人階級每天晚上餓著肚子上床。美國隔幾年就會發生一次經濟危機，經濟危機來了，勞動人民的生活苦不堪言。為此，他還給我們講過一個小故事，是用來控訴萬惡的資本主義制度的一段母子之間的對話：

在一個寒冷的冬季，北風呼嘯著，一個穿著單衣的小女孩蜷縮在屋子的角落裡，問媽媽：「天這麼冷，我們為什麼不燒煤取暖呢？」媽媽回答說：「我們沒有煤。」小孩又問：「我們為什麼沒有煤？」媽媽回答說：「因為你爸爸失業了，我們沒錢買煤。」小孩又問：「爸爸為什麼失業了？」媽媽回答說：「因為煤太多了！」

鄭老師還告訴我們，與此同時，在密西西比河畔，農場主們正把一桶桶的牛奶倒入河中，把一車車的大肥豬趕進河中，僅一九三三年一年，就有六百四十萬頭豬被活活扔到河裡淹死，有五萬多畝棉花被點火燒光。同樣，在英國、在法國、在丹麥、在荷蘭，整箱的桔子，整船的魚，整袋的咖啡豆被倒進大海，無數的奶牛、小羊被殺死……

由於天天受到這樣的革命教育，久而久之，我便成了董存瑞、楊子榮、黃繼光、楊根思們的忠實粉絲。隨之便渴望成為一位解放軍的突擊隊長，去解放美國、解放全人類。甚至渴望能像蘇聯紅軍戰士康塔里亞和葉戈羅夫把紅旗插上德國國會大廈屋頂一樣，親手將五星紅旗插上白宮的屋頂……然後脫下軍裝參加「土改工作隊」，幫助美國貧下中農打土豪鬥地主分田地。再然後便找一位美麗的美國姑娘結成革命夫妻，生一大串金髮碧眼黃皮膚、象徵中美人民革命友誼的崽女，來個「革命、愛情、孩子三手抓，三手硬！」

那時，「解放全人類」是我們最崇高的理想。我們天天設想：在最後消滅剝削制度的第三次世界大戰中，戰友們飲馬頓河，馳騁歐羅巴，抽古巴的烤煙，喝非洲的清泉，最後隨大部隊一起登陸北美，攻克華盛頓，佔領白宮，在第三次世界大戰勇士的墓前向戰友們告別：「安息吧，親愛的朋友們，戰後重建重任有我們來承擔，共產主義的大廈有我們來創建！」

我一直對政治教材裡「資本主義必然滅亡，社會主義必然勝利」的說法深信不移，三中全會後，才知道我們現在還處在初級階段，對我是個很大的打擊。不過世界上三分之二的受苦人不用我們去解放了，我一時感到了輕鬆。後來我又去了一趟臺灣，知道臺灣人民現在也不在水深火熱之中了，感到更加欣慰。只是下了很大辛苦學的英語不怎麼用得上，當時我努力學習英語的目的是，美國人民被我們解放後，我們要被派去美國搞土改，看來此事今生無望了。

就在不久前，各地農民的菜爛在地裡賣不出去，氣憤地用拖拉機碾碎，還有的農民因而自殺。而我們卻因買不起超市昂貴的蔬菜而發愁，我愈發迷惑了。

現在我想把上面那個故事稍微修改一下：在一個寒冷的冬季，一個小孩問爸爸：「路這麼遠，我們為什麼不駕車上學呢？」爸爸回答說：「我們沒有油。」小孩又問：「我們為什麼沒有油？」爸爸回答說：「因為通貨膨脹，我們沒錢買油。」小孩又問：「為什麼會通貨膨脹？」爸爸回答說：「因為我們國家買了太多的油！」

據說，鄭老師曾經發現政治教材裡有前後矛盾的地方，他帶著教科書和介紹信到了教育部，想找負責教材編寫的有關部門談談。但在傳達室門口就被攔住了。他告訴對方：「教科書很重要，但上面寫錯了。」對方則回應：「你說錯就錯啦?!」

他沒能進去，只能退而求其次，想在教育部門口留張影。但他剛掏出相機，還沒擺好姿勢，便被門衛喝止：「去去去，這裡不准照相！」他只好繞到後門照了張相，然後略帶失望地踏上了歸途。

鄭老師現在在哪裡？我不得而知。一想到他終生致力於無產階級的革命訓導而收效甚微時，我就為他唏噓不已。

幾位初中同學和他們的親爹

一、我初中的同學石玉平，是內蒙古的文化官員，一直做到內蒙古出版局局長。他爹石生榮曾任內蒙古自治區黨委副書記、中國人民政治協商會議內蒙古自治區第五、六屆委員會黨組書記、主席，他爹去世時，曾慶紅、布赫、鄭天翔還送來花圈輓聯進行哀悼。

石生榮當年和烏蘭夫一起出生入死，在內蒙古提起他無人不知無人不曉。

去年，我的《老綏遠韓氏人生感悟》自費印刷了一部分，自知正式出版無望，但是同學楊樹民還是想去找石玉平通融通融，不是人家石玉平官做大了不給面子，人家認真地看了一遍，給楊樹民來電話說：「文筆不錯，你告訴老韓，現在出版太麻煩，事兒太多，過幾年政策寬鬆了再說吧。」

前幾天，我們幾位初中同學在一個小館裡喝燒酒，老苗說：把石玉平也叫過來吧。我說：人家那麼大的官，這個場合太憋屈了吧？老苗說：親親的同學怕球呢！楊樹民馬上給石玉平打電話，石說：我明天早晨就飛比利時，是攝影家協會組織的，今天實在來不及了，等回來一定去看你們。

二、同學梁紀元，他爹就是當年的內蒙古計委主任梁一鳴，九級幹部。不過梁紀元那時還是小孩，沒有一點優越感，每天和我們滾在一起。梁紀元生性老實，甚至有點怯懦，每天上學也是步行，沒見過他爹用公車接送他。那時的幹部都讓毛澤東整怕了，哪像現在的幹部們這麼招搖。

中考一結束，大多數同學都上了中專與技校，好像唯有梁紀元考上了呼市二中，看來，那時他爹對他的未來還是有安排的。

我後來再也沒有見過梁紀元，聽說他官運亨通，一直做到了內蒙古物資局長，在北京還有別墅。去年他的老婆得了癌症，他在北京陪床送終。今年又聽說有人給他介紹了一個內蒙古醫院的漂亮的小護士，新婚在即，不知道會不會通知我們。

三、同學苗森，祖上是呼市姑子板村的大地主，父親及叔父都是上世紀四十年代的大學生。老苗他爹是國民黨員，解放前曾當過國民黨的國大代表。在文革中受盡了折磨，造反派辱罵他爹時說：「除了婦女組織，你啥組織沒有沒參加過?!」

一九六八年，我去老苗家，那時他的奶奶已經有些糊塗，盤腿坐在炕上對他爹說：你也不去姑子板看看咱們家的地！他爹苦笑著對我說：「那裡早就成了新華廣場了，哪裡還有地呢？」

老苗曾是包鋼的職業乒乓球運動員，文革時除了工資外，每天還有九角的生活補助。他後來當過呼市郊區農機廠的廠長，又下海做過體育用品生意。眼下自己開店，用阿拉善盟胡楊木手工製作乒乓球拍，注冊商標「木華黎」，在國內非常火爆。據說每個能賣到一千二百元。地富子弟的靈性與生俱來。

四、同學楊毅，爹媽都是內蒙古醫學院的教授。在校讀書時，我去過他們家，他家住的是一戶四室的樓房，他給我翻看他家的影集，淨是他爹媽在解放前的照片。他爹長得很像梁朝偉，身著西裝革履，氣宇軒昂；他媽長得很像電影明星上官雲珠，身著旗袍，秀髮雲堆霧捲，十分嬌媚俏麗，一看就知道出身不俗。楊毅拿出各種名貴的水果給我吃，好些我都沒見過，包括香蕉和鳳梨。

楊毅非常聰明，就是不喜歡學習，聽說小學讀了七年，初中讀了四年。現在不知落腳在哪裡？

五、同學岳來寶，回族。他爹是個釘鞋匠，他媽是個啞巴。他家住在一間破舊的南房裡，家裡煙燻火燎地很黑也很髒。炕上連炕席也沒有，地上除了鍋碗瓢盆，還堆著半地的破鞋。男鞋、女鞋、童鞋，都是撿來的，經過他爹的細心修補，可以用來賣錢。

我去他家時，他的媽媽正在做飯，因為怕掉在地上，他的小妹妹就放在地上亂爬。他媽的手和臉都很髒，上衣的前大襟上污漬斑斑，頭髮也散亂如鳥窠。一見岳來寶就哇啦哇啦地亂吼一通，不知道想表達什麼。

從初中一年級起，岳來寶就沒穿過一雙合適跟腳的鞋，他的鞋都是從家裡鞋堆裡隨意撿出來，經常看見他穿著一雙女鞋上課，有的僅僅是去掉了高跟，衣服破舊的就不用提了。

岳來寶初中畢業後考上了內蒙古交通學校，是交通部直屬的重點學校。從岳來寶身上我發現，那時黨和政府對窮人家的孩子是分外關照的，為的是要培養無產階級的革命接班人。

六、同學王廣亮，他爹叫王恭，是呼市市立醫院病人食堂的廚師。他家一開始住在呼市郊區東沙梁，是農村的房子。後來市立醫院為了給高幹病人做飯方便，就在醫院的後院給他家安排了兩間平房。

他爹身材高大，接近一米八，為人憨厚老實。我去醫院找母親時，經常能看見他爹蹲在食堂外面剝蔥、撿菜。

王光亮的媽媽非常瘦小，但家裡收拾的非常俐落，窗明几淨，一塵不染。鍋臺上放著一個白泥盆子，每逢做完飯，都要用白泥把鍋臺的四周粉刷一遍，看上去清清爽爽。

不知何故，他爹才活了六十三歲，他的媽媽也五十八歲就因為風濕病臥床了，整整躺了十二年才過世，全靠他的兩個弟弟輪流照顧。

他唯一的妹妹嫁給了一個北京知青，後來隨人家去了北京。聽說，夫家在南口，公婆都在一個林業單位。他的妹妹很少回來看望他的媽媽。

王廣亮當年考上了包頭機械工業學校，是四年制的中專，畢業後分配在了包頭一機廠，一個專門生產坦克的軍工廠裡。因為父親亡故，媽媽病重，市立醫院把他調了回來，安排在鍋爐房搞維修。後來他又輾轉調到了口腔醫院，仍從事設備維修。

王廣亮的妻子是近郊的村姑，相貌實在不敢恭維，不過農村人過日子是一把好手。前幾年王廣亮的退休金能拿到兩千元，他還在一個水暖門市兼職，幫人家用戶維修水暖。後來又給一個牙科批發商送貨，一個月也能拿到好幾百元。

他所住的市里醫院宿舍最近要拆，能賠五十多萬。為此他在煙廠往南買了一套一百平米的房子，在房價暴漲的今天，也算混的可以了。

七、同學郭秋生，他的祖父曾經擁有二百多畝田地，這是他從祖上繼承過來的，可是他沒有繼承祖上的勤勞節儉，而是熱衷吃喝玩樂，每年賣掉幾畝田地，到一九四九年的時候差不多把田地賣光了。

就這樣，他祖父把地主的身分賣掉了，而買下他田地的人成為了地主，在此後漫長的日子裡被不斷批鬥，他們的子孫也是不敢抬頭走路。他爹很幸運，他也很幸運，他和父親都應該感謝他祖父不是一個正經人。

他爹在呼市房產局工作，身材五短、頭大如斗，說話有濃重的鼻音。每天提著一個破舊的帆布包到處去收費。他們家那時住在新城南街，位置在今天勸業場的後面。失學後我幾乎天天去他家，幾乎每次都能看見他爹和她媽在爭執或曰吵架。他的老家是江蘇揚州的，爹媽說話有點像江總書記。

文革中，老郭因為妄議時政，被打成三反分子，因「群專」組織濫用私刑而成殘疾。他的媳婦比他小八歲，是河南安陽鄉下的村姑，原本是來呼市當保姆的，後來經人說合嫁給了他，名字叫王菊花，老郭嫌名字土氣，對我們謊稱她叫王菊。王菊花長得嬌羞嫵媚，楚楚動人，後來因為落實政策，內蒙古水建公司給她安排了正式工作，在食堂當炊事員。每次工人們下工地前，領導開會佈置具體事宜，總有好事者問：王菊花去嗎？王菊花去我們才去！可見覬覦王菊花的人不在少數。

老郭生性也不安分，八十年代就在家裡聚眾跳舞，為了方便甚至把炕都拆了，據說，有時跳的太晚了，男女舞伴就擠在一起睡。

老郭的兒子天生是學習的材料，大人在屋裡跳，他就在涼房裡學。每逢音響聲音大了，他就出來抗議，嫌影響了他的學習。後來他的兒子一直讀到研究生，據說現在已經評定為正教授了。

不知何故，老郭竟然和那麼漂亮的妻子離了婚。後來又找了一個呼盟的小他二十多歲的女孩，兩人還開了一間婚介所，有時人手不夠，那個女孩也做托兒，但沒有多久那個女孩就跑了。

近年，老郭把水建公司的房子賣了，添錢在大臺買了一套新房。與時俱進，他又學會了電腦，現在的日常生活就是上網找對象，但好幾年了一直沒有遇到中意的。據說，他經常試婚，試幾次不合適就謝絕了，這也是一類人的生活方式。不過我常常想，如果有一天突然起不了床，誰來照顧他呢？

同學陳長言

陳長言是我初中的女同學，出身名門，是大家閨秀。陳長言長的端莊秀麗，嬌癡嫻雅，她的外祖父就是聲名顯赫的黃炎培老先生。

黃炎培，我國近現代著名的社會活動家、政治活動家、民主革命家、教育家，中國民主同盟發起人之一，著名愛國民主主義者，中國民主建國會主要創始人、領導人之一。

據史料記載，學閥黃炎培敢公然和蔣總統較量，蔣總統竟無計可施。蔣介石在一九三二年三月二十九日日記中怒罵黃炎培：「下午會客，與黨員顧樹森談話，聞反動黃任之（黃炎培字）等勾結軍隊與本黨敗類，倡議廢黨。余答以對黨內可讓步，對黨外反動，絕不姑惜，決與反動派奮鬥到底也。」

一九四五年七月，將近古稀之年的黃炎培以國民參政員的身分訪問延安，頭一次親眼目睹了共產黨的施政政策和解放區的成就，大為感慨。後來他又與毛澤東促膝長談。黃炎培在肯定了邊區的成就之後說：「我生六十多年，耳聞的不說，所親眼看到的，真所謂『其興也勃焉』『其亡也忽焉』，一人、一家、一團體、一地方，乃至一國，都沒有跳出這週期率的支配。」他希望中共找出一條新路，來跳出這週期率的支配。毛澤東說：「我們已找到了新路，這就是民主。只有讓人民來監督政府，政府才不敢鬆懈。只有人人起來負責，才不會人亡政息。」

紀念中共建黨八十周年獻禮片《開國領袖毛澤東》裡有這樣一個情節：上海解放前夕，蔣介石叮囑特務頭子毛森：「千萬不能放過黃炎培的老二。」一九四九年五月十二日凌晨，在離上海解放只剩下八天的時候，如今高樓林立的浦東，那時還是稻田連片的川沙縣，陳長言的二舅、年輕的民主人士黃競武被國民黨活埋在老家的水田裡。

近讀《三聯生活週刊》始知，時任中央銀行稽核專員的黃競武因抵制國民政府將百噸黃金運臺，才遭國民黨特務暗殺的！

一九五七年反右鬥爭開始，黃家遭受了滅頂之災，黃炎培共有六個子女和一個女婿被打成右派，成了名副其實的右派之家。

陳長言的大舅，黃炎培的長子黃萬里，留美的水利專家，一九五七年也被打成極右分子。即便在打倒四人幫後，國家在進行三峽工程論證時，也拒絕他的出席。

我想，她的二舅黃競武如果不被國民黨暗殺，解放後同樣難逃厄運！

黃家在文革中有四條人命，黃炎培的老伴就是因為不願自污污人，被迫在五十八歲那年自殺。黃老先生如果不是在文革前就去世，也難以善終。

陳長言的六舅黃必信在大連工學院當老師，主講電工學。文革開始後，黃必信再次遭到衝擊，造反派輪番上陣，對他刑訊逼供，內心脆弱的黃必信承受不了這種打擊，最後含冤而去。就在他去世不久，他十五歲的女兒黃可清下落不明，失蹤了。連遭喪夫失女之痛，黃必信的妻子余啟運痛不欲生，但是造反派並沒有因此而放過她，她也被關進牛棚毒打致死。我的數學學的不好，如果連失蹤的孩子算上，不知共有幾條人命？

陳長言的祖父是中華民國四大家族陳氏家族的直系親屬。她的父親陳鏘，畢業於上海醫學院，心血管病專家，曾任內蒙古醫學院的院長。她的母親黃素回，是黃炎培第六個女兒，一九二三年生於上海，內蒙醫學院病案室的教師。

不幸的是，她的父母自建國以來一直身處逆境，受到不公正的待遇。一九六二年我在呼和浩特第五中學就讀時，她的父母仍然帶著沉重的右派帽子。

一九六四年我見過她的父母，那是一個暴雨天，她的父母冒雨雙雙來學校接他們的愛女。不幸的人更珍惜親情，我很感動，那時我無人來接，猶如野孩子一般。

長言是聰慧的，她的學業是優秀的，她沒有傲氣卻有傲骨；但她又是憂鬱的、孤寂的、封閉的，很少和同學往來。

一九六五年夏天，我們初中畢業了，因為家庭的緣故，她的畢業分配表上也赫然寫著「該生不宜錄取！」她和我們一樣輟學回家了。

輟學後不久，她就去呼和浩特動力機廠五七隊做了苦工，五七隊是集體所有制，是廠裡的工人家屬組織起來的集體企業。凡是正式工不屑於幹的苦活、髒活、累活都交給她們幹。比如清運垃圾、搬運鐵件、掏下水道、清理化糞池等等。

她沒有辦法嫁人，也沒人敢娶她。她每天蓬頭垢面和一群中年的大嫂混在一起，收入是那樣地微薄，付出是那樣地沉重，前途迷茫，看不到任何出路。

令人不解的是，她是黃炎培老先生嫡親的外孫女，黃老先生建國有功，為共產黨披肝瀝膽、至死不渝，我黨愧對黃老先生呀！一個有貴族血統的美麗善良的女孩，竟然淪落到如此不堪的地步，不公平呀！

後來廠長覬覦她，讓她到廠裡醫務室當護士，她婉言謝絕，寧可繼續在下面做苦工。

據同學講，在文革以前，雖然長言父母都被打成了右派，但由於父親是院長，長言家仍住的是一戶四室的教授樓。家裡都是名貴家具，還有地毯，非常有氣勢。文革來了她家的家具、地毯都被沒收，人被驅趕到附院太平房附近的一間小平房居住，父母的工資也被降到每人每月三十元。從此，她們家一貧如洗。

囚徒也是有期限的，而她的爸爸媽媽是無期的囚徒，是賤民。

時間到了一九七六年，四人幫被打倒了，陰霾散盡，雲開日出。一九七七年，高考恢復了，長言在寒冷如冰窖的家中緊裹棉被複習功課，終於考上了內蒙古醫學院。

同一年，她的妹妹長晴也考上了河北大學外語系。在面試口語時，她的一口流利的英語，語驚四座，當即就被河大留下來在外語系任教。後來不久長晴即赴美留學。

長言後來也移居美國，離開了生她養她的這片土地。據說她飛抵洛杉磯時，有二百多位陳氏及黃氏家族的後人親臨機場歡迎她，她感動的淚流滿面。

再後來她嫁給了一個美籍瑞士人，生了雙胞胎，厄運從此終結了。

長言的兩個表姐，大姐李元同，後移居香港；二姐李亨同，後赴臺灣，在臺灣航空公司工作，已退休。

長言的父母親退休後，長言在上海為他們購置了房產。起初，父親想在呼和浩特買房定居，她不同意，因為那裡是她的傷心之地。

長言，你現在在美國生活的好嗎？

「該生不宜錄取！」

呼和浩特第五中學一九六五年初中畢業生共二百餘人，除了個別不願升學的以外，都考上了高中、中專及技工學校，而一些尖子生卻落了榜，這真讓人費解：

我們班上學業最好的學生是張鐵民，他的學習成績在初中三年六個學期中都是獨佔鰲頭的，他的爸爸是醫學院的教授，但不幸的是，他的家庭出身是地主。

同學陳長言，她的外公是赫赫有名的黃炎培先生。陳長言的大舅，黃炎培的長子黃萬里，留美的水利專家，右派分子；她的二舅黃競武一九四九年因阻止國民黨黃金運臺被暗殺，如果能活到一九五七年，也難逃噩運。她的爸爸陳鏘，內蒙古醫學院的院長、極右分子；她的媽媽，內蒙古醫學院講師，摘帽右派。

同學張作寒，成績一直非常優秀，但他的祖父也是地主分子，早在湖南農民運動期間，他的祖父就受過毛澤東麾下的流氓無產者的衝擊，被當做土豪劣紳戴高帽子遊過街，她姑姑的牙床也被農會的泥腿子在上面滾過。

同學苗森，祖父是呼和浩特姑子板的大地主，他的父親是國民黨員，國民黨國大代表。

同學景柏岩，祖父早年在天津經商，屬於資本家無疑。

同學軒春生，因為祖上有人入宮當過太監，曾為封建統治階級服務。

我的曾祖父畢業於山西紡織學校，後來勤勞致富後在涼城縣置業，靠出租土地為生。但是日本人攻陷涼城後，家裡被焚毀殆盡。按說劃成分要看解放前三年，再說我家的成分從未有人給劃過，但是初三年級時班主任告訴我：以後不准填城市貧民，要填地主，組織上已經調查過了，你照填就是。從此我的人身定位淪為賤民。在這種情況下，我已經隱約感覺到有些意想不到的事要發生，不過並未料到中考會落榜。

那時，我們都在懵懂之中。實際上，我們這類學生的命運早就由學校按當時的上級文件精神安排好了：在我們檔案中的升學材料裡，學校意見一欄中都赫然寫著：「該生不宜錄取！」幾個字，而且還加蓋上了學校的大印。

事隔多年，同學們相聚時，一位老師道出了真情：「你們考的成績雖然好，但你們檔案中的『該生不宜錄取』字樣，已決定了你們的命運。」

高中生高考受到成分的株連不難理解，但我們這些十六歲的初中生也因同樣的緣故被剝奪了上高中的資格就令人費解了，而且這樣做並非一年。文革初期呼市某中學檔案室被撬，學生們發現正要參加高考的一九六六屆應屆畢業生的政審檔案，證實了直到一九六六年「不宜錄取」的政策仍在執行，只是因為「文革」突起導致高考中斷，才悄然止息。經查檔案，呼市高考「不宜錄取」的比例大約是百分之七。自一九五八年至一九六六年，八年裡全國遭遇「不宜錄取」的高、初中生究竟有多少？只有老天才能知道。

在當時的氛圍下，人們不敢詢問原因，心中的疑問只好壓在心底。改革開放後，左的錯誤一次次得到糾正，當年的謎團才慢慢解開。原來，我們上初中時，校方在極為保密的情況下對學生一一作了政審，除了保送生外，政審結論基本分為四類：

一、可錄取高中；

二、可錄取保密的中等專業學校；

三、可錄取一般的中等專業學校；

四、可錄取一般的技工學校；

五、不宜錄取。

政治審查的依據，並非個人表現或學習成績，而是家庭出身和社會關係。出身地主富農家庭的，或者家長在一九五七年被劃為右派的，或有海外關係尤其是港澳臺關係的學生基本上都是不宜錄取者。當時中考招生時先看政審結論再看考試分數，我的同學中因此失學的不在少數。

但也有例外，有一個同學，老家是安徽農村的，他其實出身很好，就因為「三年自然災害」期間，老家的爺爺奶奶都被餓死了，他多次和同學說起，被要求進步的同學報告了老師，後來也被劃入「不宜錄取」的行列。我猜想，組織上一定會這樣想：念念不忘家裡餓死的人，說明內心裡在仇恨黨！

「不宜錄取」的政策，明顯烙有那個年代左的印記，由於它摧殘人才於未成之際，受害者受的是「內傷」，具有隱蔽性，故而時至今日，右派公開改正了，國門打開了，歷史上種種冤假錯案平反了，而關於當年「不宜錄取」對一大批潛在人才的摧殘，卻塵封於歷史的死角，極少被公開提起。

人類歷史上的出身歧視，多發生在極權國家，是針對「剝削階級」及其子女的歧視。這種歧視以後發展成為階級滅絕。孫中山的孫女孫穗芳在《我的祖父孫中山》的後記中記述，她也是「該生不宜錄取」的對象，因為孫先生的家庭出身也有問題。

「一九五五年，孫穗芳從上海第八女中高中畢業，儘管她成績名列前茅，三年高中的總平均成績在九十分以上，然而，在那個以階級鬥爭為綱的年代裡，夢想著進入高等學府深造的孫穗芳，成為那個時代的犧牲品。當時有關部門明確通知她，她不能進入任何大學讀書。」（〈國父孫女兩拒中共〉、《明報》）

劇作家吳祖光因為右派問題，小女兒吳霜初中畢業後，竟被原來最喜歡她的女班主任老師取消了她升學的權利，只能留在家裡……」

集作家、畫家、藝術家於一身的馮驥才，當初也是一位「不宜錄取」者。遇羅克也有「不宜錄取」的經歷。遇羅克因為資本家出身，一九五七年父母雙雙被打成「右派」，一九六〇年他參加高考時落榜，理由仍是「家庭出身問題」。

獲得首屆徐遲報告文學獎的作品《胡楊淚》，記述的主人公錢宗仁也是一位「不宜錄取」者。一九八四年《胡楊淚》一文發表後，錢宗仁引起各方面的重視，改行到《人民日報》當了記者，正當他準備大幹一場時，卻被診斷出已是肝癌晚期，於一九八五年十月一日凌晨去世，年僅四十一歲。

一九九八年十月三十一日諾貝爾物理學獎頒獎，獲獎的美籍華人崔琦一九三九年生於河南寶豐。因為崔琦有三個姐姐在香港，他後來赴香港讀中學。如果當年崔琦不去香港讀書，而是留在河南，他也很難逃脫「不宜錄取」的命運，一九六五年秋天，我的部分同學背著行李，唱著當時的流行歌曲〈到農村去，到邊疆去〉，離開父母，奔赴農村與牧區，是想在農村這個廣闊天地裡求得新生，指望靠勤勞的汗水來洗刷自己政治上先天的階級烙印，卻不料走上了另一條更辛酸的人生路。

摯友張作寒因此罹患疾病，一九九二年死於肝癌，我敢說，他如果不是這樣年少就去牧區插隊落戶，不至於英年早逝。

後來才知道，當時「不宜錄取」的政策遍及全國。聽說在這之前的高考，中央就有針對家庭出身的歧視性規定。出身歧視曾經傷害過很多青少年，直到七十年代，林彪事件後才出現「可以教育好的子女」的提法，據說是為了便於改造，減少反抗。其實「不宜錄取」最終傷害的是國家利益。

數十年來，有多少優秀的青年因為人為的政治包袱，在無望的求學道路上跌跌撞撞地走到了人生的終點，本來他們也應該有輝煌的人生，就因為出身於賤民而終身顛沛流離，不能善終，我們對此不應該保持沉默。

最為不堪失學時

整個下午，他都在起釘子。
他拿著拔釘錘，從木板木條子上，
一根、一根、往外薅。
老闆對他說，薅下來釘子，
木板木條子，另外的工地繼續用。
釘子們有的陷得深，
有的陷得淺，
多少年過去了，都已鏽在釘眼子裡。
歪了頭的，沒有尖的，彎曲了的。
揪著耳朵往外拽時，
有的竟還吱吱地叫，
好像很留戀，不情願出來。
……

這是今天在網上看到的一首詩，描寫一個起釘子的人。起釘子的詩，沒有美感、沒有意境，但是卻牽扯起了我心中多年的隱痛，打開了我久遠的塵封的記憶。

這首詩使我想起了一九六五年夏天，我們幾個出身不好的同學都輟學回家了。那時景柏岩的父親在華建工作，怕他無所事事會惹事生非，給他找了個起釘子的臨時工作。

工程完工後會有許多用過的木板、木方、木條，上面釘滿了釘子，在華建的後院裡堆積如山。因為公司想再次利用這些木料，就需要人來把上面的釘子起掉。有很長一段時間，景柏岩就在華建的後院裡天天起釘子，起累了就坐下歇歇，身邊放著一個水杯。我在家也待不住，就去那裡陪他閒坐，聊天。

起釘子是枯燥的，不是一個孩子的前途，不是他終身的職業。砸進去的釘子雖然一一拔出，可這些釘子眼兒卻永遠難以彌補了。建國後的歷次運動，被傷害的人不計其數。在人們心上留下的傷痛，和一個個釘子眼兒一樣，難以癒合呀！

十六歲是花一樣的年紀，我們被剝奪了受教育的權利。我們自卑、自輕、自賤，近乎於絕望。在陪景柏岩起釘子的過程中，交流可以給我們帶來些許安慰。

後來我也曾做過兩次臨時工，一次是在呼市第二毛紡廠當裝卸工，幹了半個多月，掙了二十多元錢。二毛每天都有汽車從牧區拉來碩大的裝滿羊毛的麻包，需要雇傭臨時工來卸車入庫。那時我的體重只有九十斤，一個麻包有一百多斤，我看著心裡就打怵。工友把麻袋往我肩上一放，我「撲通」一聲就趴在了地上，鼻子磕出了血。他們趕忙把我扶起來，我一邊用袖子擦淌下來的鼻血一邊哭。

工友告訴我，扛麻包是有技巧的，需要三個「燒火」的人把麻袋往上抬離地面兒，扛麻包的人順勢把腰一哈，蒙著披布的腦袋順勢往麻袋底下一鑽，一邊往前頂，一邊抬頭兒，在「燒火」的配合下，麻袋這就算是扛上了肩。扛上麻袋後，兩手就往後這麼一背，只憑著兩肩和脖子的活動，一邊兒走一邊兒就能把麻袋從左肩挪到右肩或是挪到脖子後面變成大背肩。

在二毛幹久了的裝卸工們能扛著一百六、七十斤重的麻包在平地上扭著屁股擰著腳尖走，行走如風。看著他們靈活敏捷地鑽肩扛起那大麻包，又漂亮的一個轉身調整好麻包的重心和角度，邁開特有的專業步伐輕巧地前行，整個過程顯示出一種男子漢的力量！那種魅力深深地感染著我！

然而，我那天扛完麻包，晚上回家腰疼的不能睡覺，我把枕頭墊在腰下，才勉強入睡，第二天管庫的人不再讓我參與扛麻包，只參與一些比較輕的紗錠之類的搬運，但收入相應也就少了。

還有一次是去呼市煤炭公司給火車卸煤。火車一來，槽幫往下一放，我們幾十號人就分別提著板鍬上了車。然後就是黑霧瀰漫地操作，看不見人。那天我忘了戴口罩，一截車廂卸完，除了牙齒是白的，眼球是明亮的，整個人就像一座煤雕，渾身上下的煤粉能掃下半簸箕來。頭髮裡、袖口裡、脖頸裡都是煤灰，就連七竅裡也都是煤灰。我不停地乾咳，感覺嗓子眼兒裡刺癢，兩天以後咳出的痰來還是黑的。

我回家後，把衣服脫掉，換了好幾盆水擦洗身上，每次洗完都是一盆黑水。因為是深秋，我在洗的過程中著了涼，當晚高燒三十九度。儘管喝了退燒藥，仍然發熱昏迷、神魂譫妄，夢境中總是擺脫不開姥姥給我敘述的世界末日的景象，我慌亂地跑，但無可隱遁。

那天，我掙了五元錢，但是這五元錢不夠母親給我開藥的錢。後來我還給火柴廠糊過火柴盒，給二毛還弄過毛線的標籤，都是攬回來在家裡做，從早幹到晚才掙五毛錢，終因收入太低而作罷。

到了一九六五年的年底，我們終於獲得了就業的機會。那是一個電力施工企業，非常艱苦，出身好的青年是恥於報名的。但作為我們來講，是當時唯一的出路，起碼可以自食其力了。我們無法看清前面的道路，不管是高山還是溝壑，我們還是歡天喜地地去了。

記得剛到包頭，我們幾個同學聯名給班主任張雲寫過一封信，意思是我們找到了光輝燦爛的天地，並沒有如他所料會討吃。信中的遣詞造句竭盡挖苦之能事，比如關心他脖子上的傷疤是否會影響愛情，他用父親的定息上大學是否感到光彩？據後來的小學弟、小學妹們講，張老師收到這封信後氣急敗壞，在班會上大講特講傷疤的光榮來歷，並辯解說傷疤是大煉鋼鐵時被燒傷的，是值的終生自豪的事情。

張老師的父親是資本家，一直拿共產黨的定息，他為此恨透了他的父親。據說，在文革初始，他爹被紅衛兵批鬥時，他也撲上去踹了好幾腳，把他爹踢得蛋疼；搧耳光時手很重，打的他爹滿嘴是血。

具有諷刺意味的是，此後不久，呼市五中的紅衛兵，對資本家出身的張老師也大打出手，女紅衛兵用銅頭皮帶抽他，他竟然數日不能起床。無產階級的革命教義曾使多少人變得瘋狂，甚至有些歇斯底里啊。

曾幾何時，我的心上也充滿了釘眼兒，始終沒有徹底癒合。寫到此時，彷彿又揭開了傷疤，使我隱痛不已。

苗森的婚事

同學苗森屬於六七十年代時的帥哥，如果晚生幾年，再能考上北京電影學院，一定不比陸毅或胡軍差，後來也會是少婦殺手。

苗森祖上是呼和浩特的大戶人家。祖父是姑子板的大地主。他的父親一九四三年畢業於北京師範大學體育系，他的兩個伯父也都受過高等教育，和我的長輩類似。

更類似的是苗森的姨媽五十年代起就和我的伯母是同事，也是正處級幹部。他姨媽是內蒙古婦聯宣傳部的部長；我的伯母是福利部的部長。女人在舊社會能讀得起書的一定是大戶人家的小姐，沒文化如何能接受馬列主義？

苗森的父親曾經在四川工作，因為那裡氣候濕熱，實在受不了，五十年代末調回了呼和浩特，一直在內蒙古體委工作。直到上世紀八十代年初，呼和浩特開運動會，他的父親都是主角。那時我家住在體育場的對面，不時能聽到體育場裡的大喇叭在喊：「苗時茂教授到臺上來！苗時茂教授到臺上來！」

苗大爺文革期間沒少受罪。不但地主出身夠他嗆，聽說他還是國民黨員、國民黨的國大代表，就更加十惡不赦了。

初中一畢業，苗森就輟學在家了，我和其他幾位出身不好的同學也是如此際遇。呼市五中在我們的中考報名表上就赫然寫著：「該生不宜錄取！」他奶奶的！我現在都不知該恨誰？

出身不好就是賤民。到了七十年代初，政府對我們稍微文明些了，開始稱呼我們為：「可以教育好的子女」，說明對我們的教育如果稍不抓緊，我們仍然屬於壞人。

苗森待在家裡，沒有出路，他想下鄉，後來就去呼市郊區的攸攸板插隊落戶了。地富子弟張作寒也去烏拉特中後聯合旗放羊了。我和景柏岩、軒春生三個死硬派，哪裡也不去，每天在街上閒逛，鬱悶萬分，不過倒是啥壞事也沒幹過。

苗森下鄉到了攸攸板，辛苦自不待說。但很快他就熬出來了。苗森是籃球、足球、乒乓球運動的尖子，你想出生、成長在內蒙古體委大院裡的人，運動素質能差嗎？攸攸板公社有什麼比賽項目都要選他去參加，各種賽場上都有他的矯健的身影，他更成了女學生、女社員、女領導矚目的目標。

後來不久，攸攸板大隊書記的女兒便看上了他。書記的女兒年齡二十五六了、模樣平平，因為根紅苗正，眼光還很高，誰也不嫁，家裡為此著急萬分。在家裡的逼迫下，一天終於向母親透露：「我要嫁就嫁苗森，否則一輩子就守著你，待在家中！」

大隊書記的老婆心中也沒底：人家城裡來的帥小夥能看上我的閨女嗎？貧下中農的閨女嫁給地富子弟合適嗎？這可咋辦呀？

女孩的舅舅在公社辦公室當秘書。她媽去找她舅舅商量，舅舅說：「姐，你別管了，我去找他說說看吧。苗森是個好後生，出身不好咱們慢慢教育吧。再說這村裡是咱們家的天下，他娶了咱們貧下中農的子女，思想也會慢慢轉變的。」

後來果然女孩的舅舅親自找苗森談了話：我們貧下中農子女能看上你，是你的福分，你趕快表個態吧！

苗森滿臉愁苦地坐著，一言不發，室內的空氣如凝固了一般。

最後她舅舅甩下幾句硬話：「如果你娶了我的外甥女，什麼都好說，上學、招工先僅你；如果你不識相，除非明天毛主席說知識青年一個不留，全部回城。否則只要留一個，也就是留你！」

苗森終於答應先回城和父母商量一下再說，舅舅說：「那好吧，我等你的消息！」

苗森回來和我們幾個同學商量，我們的意見自然是先答應了她。訂婚可以，結婚證萬萬不可領！我們的意見和他家裡的意見竟然完全一致。

苗森回村後，給女方家裡送了很重的財禮，還喝了訂婚酒。對女孩的娘一口一個媽，對女孩的舅舅也一口一個舅舅，叫的人家心花怒放。

那段時間，苗森往女方家跑的很勤，人家也完全把他當女婿看待。每次他一進院門，女孩的母親就指著二閨女說：「你姐夫來了，你歡歡兒拿塊搌布去擦擦炕頭！」她喜盈盈地把苗森迎進家門，謙讓到炕上，又把炕桌擺上，香煙、茶水伺候，一口一個「他姐夫」。然後又掏錢、吩咐二小子去供銷社割肉。那個女孩畢竟是個村姑，見了苗森還故意躲躲閃閃的，假裝嬌羞，搞得苗森非常尷尬。苗森後來回憶起這段歷史，說：「其實那家人對我挺好的，找了也行。」

後來不久包鋼軌梁廠來村裡招工，女孩的舅舅第一個就把苗森給推薦上去了，公社的鑒定意見寫的非常完美。把他說成是全公社「可以教育好的子女」的典型。

快要啟程時，舅舅說：「我看你們還是把結婚證領了吧！」苗森說：「媽！舅！你們還信不過我嗎？彩禮錢我都給了，那張爛紙就那麼重要嗎？再說人家這次招工明確不要已婚的，叫人家發現退回來就不好了，我年底以前一準回來把婚禮辦了還不成嗎？」

女孩的媽媽說：「也行，媽相信你！」

苗森後來自然沒娶那個女孩。最近我們聚餐時他還說：「唉，他媽的！當時就沒想起來念大學，以為進了大型國企就一步登天了。其實當時念大學全憑推薦，進北大、清華也就是他舅舅一句話，你不知道人家有多大的權勢。我只怕底子薄跟不上，唉，想起來真後悔！」

詩人梁寶德

梁寶德是個專司愛情的詩人，我認識他時，他天天讀愛情詩、寫愛情詩、評論愛情詩、朗誦愛情詩。他渾身洋溢著詩人的氣質，湧動著詩人的激情。梁寶德身材中等，但眉宇間有一股英傑之氣，他戴著一副近視鏡，鏡片後永遠散發著智慧與靈動的光芒。梁說起話來神采飛揚，極具感染力。那是在一九六五年，我十六歲，他二十歲，我住在內蒙地方病研究所宿舍，他住在內蒙古醫院的宿舍，隔著一條爐灰鋪成的馬路（現在叫做健康街）。

我家是兩間平房，他家也是兩間平房。他的父親在中醫院當大夫，母親在內蒙醫院當護士。我沒見過他的爸爸，只見過他的媽媽，一個顴骨高高的蒙古族老太太。

我那時剛剛失學，記不清是如何認識的他，好像是街道組織知識青年開會時認識的，我深深地被他的詩人氣息所吸引。後來我經常去他家閒坐，有時早晨早早就去了。記得他家冬天非常冷，估計爐火半夜就熄滅了。我每次去他家時，他還蜷縮在被子中，見我來了，慌忙起身。他晚上脫衣服時，是外衣、毛衣、秋衣、背心四件同時脫下，不知是如何練就的這身特技，早晨穿時，一次就可以上身，他說這樣可以省去穿衣過程中的寒冷。

他起身的第一件事就是給爐子生火，第二件事就是燒水熬奶茶，喝好奶茶才開始做一天的事情。從我進他家的第二分鐘起，他就給我談詩；談他歷次的戀愛經過；談他因為寫詩、給女孩送詩被打成壞分子的經過。

他曾經瘋狂地寫詩，為了追求一個女孩子，獲得人家的芳心，他經常用成本的稿紙來寫詩，使得對方因此而受到驚嚇。他原先在北京鐵路局工作，因為在公車上看上了一個女孩，私下追蹤人家而被勞教，直至後來被開除公職。

梁兄是我見到的第一個愛情至上主義者，也是因愛情而罹難的第一人。他對愛情如何看？他吟誦過一句不知道是誰的詩：即使地球化為灰燼，我們愛的火也要在硝煙中上升……。

你看了得不？

後來才知道，文學大家李敖也曾在乘坐公車的過程中追逐女孩，後來竟被傳為美談。他媽的，李先生擱在大陸無疑也屬「流氓」！

梁寶德非常喜歡白朗寧夫人的《How do I love thee》，那是英語情詩中的精品，為歷代人傳誦。它的第一句更被稱為「英語中最著名的起首句之一」。梁兄每次都用據說是純正的倫敦口音給我朗誦一遍：

How do I love thee ?
How do I love thee? Let me count the ways.
I love thee to the depth and breadth and height
My soul can reach, when feeling out of sight
For the ends of being and ideal grace.
I love thee to the level of every day's
Most quiet need, by sun and candle-light.
…

昨天，我在網上看到一個臺灣網友用五言古詩翻譯此詩，第一句被譯成了「妾戀君何癡？妾數與君知」。我實在受不了這種譯法，現代男女追求真愛的大膽表白，居然被穿上了封建禮教禁錮感情的外衣。我情不自禁想自己動手，來翻譯這首無比動人的情詩。

梁兄最為推崇的是海涅的《宣告》，由於受他的影響，這首詩也成了我終生不能忘卻的佳句，尤其最後的幾句，簡直讓人驚詫萬分：

……
天色更暗，我的心更狂熱，
我用強大的手，從挪威的森林裡，
拔下一棵巨大的樅樹，
把它插入愛特納的火山口，
用蘸著岩漿與烈焰的筆頭，
在黑暗的天頂上，
寫下一行大字：
「阿格內斯，我愛你！」
從此這火字永不熄滅，
每夜都在那天上薰薰燃燒，
讓所有的後代子孫
都歡呼著讀這天上的字句：
「阿格內斯，我愛你！」

對於詩中「阿格納絲」一詞，我一直不甚理解。有人說是某個地名，有人說是某個人名。而我卻不想把它弄得那麼清楚，那麼具體。我就愛把「阿格納絲」當做我心中那個戀人。這樣，當我默默地朗誦這首詩的時侯，我就會想起心目中的那個戀人；而當我看到那些酷似我心中的偶像時，我就會想起這首詩。所以，每當我朗誦這首詩的時候，我的緒情就會激動起來，我的思緒就會飛揚起來，不停地穿越在詩歌的意境和生活的情景當中，讓我感受到生活的美好和藝術的勝境。

梁還非常喜歡萊蒙托夫的《乞丐》，以此來表達對那些負心女的憤懣：

在修道院的大門外，
站著一個乞討施捨的乞丐。
他因為飢餓、乾渴，
而快要死去了。
他只為了祈求一塊麵包，
目光顯出分明的痛苦。
但有人竟在他伸出的手中，
放了一塊小石頭。
啊！
我正是這樣地含著辛酸的眼淚，
滿腔的哀愁，祈求著你的愛，
而我的美好的感情也是這樣地
為你所欺騙。

梁兄自己寫的詩，我統忘卻了，只有以下幾句，因為感動，才一直銘記在心：

「我的心啊，為什麼你多年來一直被孤寂和冷漠的情感纏繞著，像空中抑鬱浮動的秋雲，蘊藏著霧一般的幽思，雨一般的淚滴……」

張大麗曾經是梁兄的女友，他們曾經愛的如醉如癡，即便在深冬，他們仍然在人民公園的南牆下熱吻。據梁兄講，情到深處一吻就是一個小時。張大麗那時是內蒙古師大藝術系的在校生，面如滿月、臉似桃花，身材高挑，即便用當今的審美觀來衡量依然屬於美女。

張大麗的父親那時是內蒙古建築設計院的總工。內蒙古博物館、內蒙古電影宮都是張先生的傑作。張先生強烈地反對他們的愛情，他當然不會看好這段婚姻，畢竟梁寶德當時是個落難公子、臨時工，即使客氣點稱呼也屬於「社會閒散勞動力」。

我和梁兄曾經一起在呼和浩特煤炭公司做過臨時工，只一天。一天下來，人的骨骼就散了，煤灰充滿了身體的每一個縫隙，後來再也沒去。

張大麗也去過我家，她看完我的詩歌習作後感歎萬分，再三上下打量我，驚異於一個瘦小乾枯的小男孩，如何也能湧動出能使女人心靈顫動的詩句，當然這和梁兄的薰陶有關，也和我天天誦讀歌德、海涅這些人的詩句有關。

張大麗的外號叫「達莉亞」，那時她就是大家閨秀。性格溫婉而嫻淑，氣質浪漫而優雅。現在這樣的女孩到處都是，可那是六十年代呀。幸虧我那時還幼小，並未受到她的蠱惑。

昨天才從同學處得知，梁兄曾經是唐山鐵道學院的高材生。我問他，你是怎麼知道的？他說，他是聽張大麗的姑父講的，他的父親和張大麗的姑父關係甚好。他還聽說梁兄最終的妻子是一位身材矮小，連漢話都說不流暢的來自牧區的女人。

一九六五年底，我就奔赴包頭，去參加社會主義建設了。梁寶德下落不明，不知道他現在是否還在人世，張大麗呢？曾經的美女，即便見了也認不出來了，畢竟是年近七旬的老太太了。

癡人林其昌

林其昌是我早年的鄰居，他父親那時是內蒙古地方病研究所的所長，是個參加過革命的老知識分子。林其昌得其父之真傳，一九六五年考入北京大學物理系，一九五七年被打成右派分子，因而開除學籍。據說他被打成右派的原因主要有兩條，一是，他對同學說，中共召開一大時，在嘉興南湖租賃的遊船實際上是一座流動的青樓；二是，他還對同學說，中共創始人陳獨秀曾經在北京逛過窯子，並因此染疾性病。

林其昌被開除後，因為抑鬱而罹患精神疾病，經多方醫治，生活基本上能夠自理。其後，他一直在社會上做臨時工，給奶站送過牛奶，拉過排子車，在二毛當過裝卸工。他三十歲方才娶妻，妻子是一個鄉下女人，孩子三歲時，人家和他離婚。後來家裡又從河北農村雇了一個女孩幫他照看孩子，經人說合，她又和這個女孩結了婚，這個女人為他生了一個男孩，在孩子五六歲時，又帶著孩子跑了。

林其昌狀如呆傻人，平常沉默寡言，從不與人交流，他僅有的愛好是下棋與看電影。只有下棋時人們才會發現他的睿智；說起電影來，他也頭頭是道。無論是故事情節還是演員的角色他從來不會搞混。但除此以外的所有生活瑣事，他都一竅不通。比如老婆讓他去買鹽，進到副食店，他不說食鹽而說氯化鈉，搞的人家售貨員罵他神經病；去醫院打針，他總是把褲子一脫到底，扔在腳下，氣的護士小姐，大罵他流氓。

一九六五年，我失學在家時，曾經和他一起做過一天臨時工，那次是去鐵道北的煤炭公司給火車卸煤。那天早晨，不到八點，我就去他家找他，他剛洗漱完畢，正在照著鏡子給頭髮上打髮蠟。身上穿的整整齊齊，我不禁啞然失笑，問他：林，你知道咱們今天去幹啥嗎？他微笑，並不作答。那天我倆下班時，完全成了一個黑人，除了牙齒還是白的以外，全身幾乎每一個毛孔都充滿了煤灰。那是我此生中最黑暗的一天。

文革期間，內蒙古衛生防疫站從德國進口了一臺設備，聽說那臺設備真叫高級，只要檢測一根頭髮，便可知悉這個人的全身疾病。那臺設備曾有德國專家專程來華調試，但他們離開不久，就被工宣隊的人給搞壞了。有好事者想捉弄老林，請他去看，只見老林過來，打開設備的端蓋，俯身看了兩眼，說：「等著，我回家拿眼鏡去」。他回家拿來眼鏡，對著發動機上標注的德文嘰哩咕嚕嗚哩哇啦地一通猛念，念完一段若有所思，又念完一段說道「哦，明白了。」於是，手腳麻利地拔下一個零件來，重新連好線，對一個大夫說「好了，啟動吧！」那個大夫一試，果然完好如初，眾人遂驚歎不已。

一九六九年，林的老父親被打成內人黨骨幹分子，因而迫害致死，他也妻離子散，家破人亡，三天兩頭去內蒙古政府上訪，每逢門衛惡語相向，他就會突然站定，氣運丹田，口裡頓發狂言：「打倒滕海清！」、「滕海清是個禍國殃民的王八蛋！」於是站在路邊對滕海清展開批判，圍觀的人甚多。滕海清那時是內蒙古革委會的主任，內蒙古的挖肅運動就是他發起的。林說到氣憤之處，脫下外套，窩巴窩巴，「啪」地一下子扔在地上，邊扔邊嘴裡念叨著「不要了！」

老林脫完外套脫上衣，脫完上衣脫褲子，直到最後一絲不掛，赤條條站在新華大街人潮洶湧的街衢中，彷彿在嘲笑政府門口進出的那些衣冠楚楚的人。這時警察趕過來了，七手八腳地把他推上停在路邊的麵包車，逼他穿好衣服，然後就把他扔進收容所了。

許多年不見林其昌了，不知道他是否還在人世。我很同情他，也很惦念他，他畢竟也是那個時代的可憐人，我在心底為他默默地祈禱。祝福他平安。

二福女與賀福

上世紀五六十年代，呼和浩特的城區還很小，人也不多，有幾個呆傻人家喻戶曉：愣蛋兒計、愣四糕、二福女，其中尤以二福女最為出名。

我們家那時住在錫林南路，內蒙古醫學院中醫系的後院，北面是健康街。那時的健康街還沒有名字，只是一條用爐灰渣鋪就的小路，車輛及行人很少，也沒有路燈，到了晚上黑暗空寂，無人敢走。健康街的路北，也就是現在中蒙醫院的位置，那時是內蒙古醫院的家屬大院。那個院子很大，都是一排排的平房，我的同學馬慶雲就住在那個院子裡。他的父親是內蒙古醫院的大夫，早晨，我經常去找他，和他一起結伴去上學。

那個院子的中央，有一間孤零零的小房子，面積最多八平米，不知道以前是幹什麼的？廁所？抑或是泵房？那間房，只有門，沒有窗戶。那扇門，門框大，門小，有很寬的空隙，走風漏氣。那個家也沒有電燈，除了正午，日光能從門縫裡射入，其餘時間如果不開燈，裡面就漆黑一團。

一天，我路過那裡，探頭一看，才知道裡面還住著兩個人。一個三四十歲的男人對我說：進來吧！我邁步進了這個小屋。屋裡一股黴變的味道，幾乎使我窒息。我眼睛適應了一下，才看清裡面的情況：屋裡有一張單人床，單人床靠外側加了一塊木板，木板的兩端分別用一摞磚支著。床上坐著一個人，腿上堆一床被，所謂被子，其實就是一個爛棉花套子，沒有被裡，也沒有被面。棉花套子疙疙瘩瘩地，除了疙瘩的地方全是窟窿。靠牆好像還有一個枕頭，所謂的枕頭其實就是一個面口袋，也不知道裡面塞了些什麼？

靠床還有一張木頭桌子，桌子上擺著幾個骯髒的碗和幾雙筷子，還有半袋面及一把菜刀。那時正值冬季，地上還有一個火爐子，爐火正旺，爐子的旁邊堆滿了煤和撿來的柴禾，柴禾旁邊還有一個水桶。

那個坐在床上的人，見我進來，嘟囔說：上來坐吧！這時，我才看清那是個女人：她有三十多歲，頭髮一團亂麻，蒼白的臉上滿是皺紋。臉很長，有點變形，酷似《巴黎聖母院》裡的敲鐘人。

這時，有一群小孩子湧了進來，一個孩子手舉一個白麵饃饃，對那個女人高叫：「二福女，吃饅頭不？」

二福女說：「吃呢。」同時把手伸得很長。

那個小孩子說：「不給你吃，爺還不夠呢！」

那個孩子又問那個男人：「賀福，你吃嗎？」

賀福說：「你要是給我，我就吃！」

那個孩子猶豫了一下，掰了半個饅頭遞給了賀福。

我這才知道，這個大名鼎鼎的女人，就是聞名呼市的「二福女」，這個男人自然就是二福女的老公了。

我那時已經讀初中了，比那些小孩子們懂事，於是詳細詢問了賀福的生活狀況，他說，他給這裡的家屬區打掃院子，倒垃圾，每個月給他二十元錢。賀福和我說話時，我仔細地上下打量了他，他相貌還不算醜，中等身材，衣服還算齊整，但很髒，可能是剛打完炭沒顧上洗吧，手上、臉上都是煤黑。

他說，這些煤都是晚上從鍋爐房跟前的煤堆上偷來的。水也是從鍋爐房裡提來的，很遠，他捨不得用。我問他每天吃啥，他指著地上的半鍋面疙瘩說：她也不會做飯，沒啥好吃的，就是把水燒開，把拌好的面疙瘩倒在鍋裡煮，然後撒把鹽，有時候還切點菜葉扔在鍋裡。院裡的鄰居們有時也給點剩飯，有的病人出院，本院裡住的護士們就把病房裡剩下的食物也給他收攝來了，他穿的衣服也是護士們給的。

賀福邊說話，邊把爐火捅的很旺，二福女感到熱，就挪下床來。冬天，她還穿一條單褲子，上身是一件破棉衣，黑棉衣上全是芝麻一樣的東西，我問賀福是啥？賀福說，家熱，蝨子在衣服裡面熱的待不住，就都爬出來了。

聽妹妹說，二福女曾經有過好幾個孩子，但是一個也沒存活下來。在她的記憶裡就有兩個孩子，一個男孩叫國慶，一個女孩叫桂花，都沒活過一周歲。國慶是感冒合併肺炎死去的，桂花死於火災。她說，那個院裡的孩子非常淘氣，出事那天二福女不知出門幹啥去了，桂花被用一根繩子拴在床頭上，孩子們點完炮仗，把煙頭從門縫裡扔進了家，引發火災。孩子在大火起來前，已被濃濃的煙霧燻死了。

聽妹妹說，賀福曾經參加過抗美援朝，因為腦子裡進去了彈片，而導致腦殘，一時聰明一時糊塗。我實在無法推想，一個轉業軍人為何淪落到如此不堪的境地。

據妹妹講，二福女稍微清醒時，經常和她們要錢或吃的東西，妹妹那時也就十歲出頭，二福女管她們幾個女孩子都叫大姐。

又據妹妹回憶，賀福很喜歡二福女，他還用一段順口溜來讚美她，妹妹學回來給我聽：我家的女（兒）會擀麵，擀得薄薄（兒）的，切得細細（兒）的，下到鍋裡滴溜溜轉，盛到碗嗨（兒）繞花轉，吃進嘴裡咬不斷，嘸進肚嗨（兒）一疙蛋，屙出屎來踩不爛。這段順口溜必須用呼市當地方言說出來，才有濃烈的鄉土氣息。

後來我向馬慶雲打聽賀福，馬說：「賀福不算太傻。如果有人指導，能幹一般的體力勞動，但二福女很傻，啥也幹不成。」他還說：「賀福其實只差一鏟鏟。」

我問：「啥叫只差一鏟鏟？」

他說：「這你也不懂呀？蒸莜麵，雖然大氣上來了，但只差一鏟鏟煤，就夾生了。」

他還說：「如果大氣還沒上來就揭籠，那就黏了，粘牙，就不止是夾生了。二福女就屬於大氣還沒上來就揭了籠的人。」

我聽明白了，捂住嘴直笑。

二福女和賀福都是回族，那些年呼市的回族人口不多，按傳統，他們都不願意和漢人結親，二福女的呆傻，我估計是近親婚配的原因。

我初中一畢業，就去包頭參加工作了，再也沒見過二福女和賀福，估計她們早已不在人世。我想，如果她們活在眼下，肯定能吃低保，但經濟適用房不知道能否輪的上她們。

內蒙古雖然作家雲集，但沒人會給二福女立傳。給呆傻人立傳，我是呼和浩特第一人。

那年，我一不小心成了工人階級

時間到了一九六五年十二月，一天，景柏岩突然跑來對我說，內蒙古電力建設公司在呼市招收徒工，你去不去？我當即表示要去，能就業，而且是大型國企為何不去？問他在哪裡報名？找誰？他說，招工的人叫王鐵勳，是個天津人，原先也是華建的，是他父親五十年代的同事。「招工辦」設在中山西路的民族旅社，如果同意，咱們叫上老軒一起去。

老軒即軒春生，住在新城北街二號的兩間臨街鋪面房內，就是現在草原明珠的位置。我們找到了老軒，他聽後也很振奮，於是，我們三人騎車興沖沖地往民族旅社而去。

見到王鐵勳，景柏岩先是稱呼他王叔叔，然後就指著我們介紹說，這倆都是我的同學，也想來電建公司，不知道行不行？王鐵勳說，當然可以了！不過這次招收的徒工都是土建工地的工人，有瓦工、木工、抹灰工、架子工、油工、混凝土工，電建公司是施工單位，流動性很強，也很艱苦，你們可要考慮好了。

我們都表示有心理準備，不怕苦。還說，再苦還有上山下鄉苦嗎？還能比牧區放羊苦嗎？王鐵勳說，那倒是。你們如果願意來，願意服從分派，就趕緊回家和大人商量，然後我給你們開個介紹信，你們就去派出所遷戶口。我們都表示能做家長的主，不用回家商量，請王叔叔馬上開介紹信吧。於是王鐵勳立即就給我們幾個開了招工證明，我們拿到那一紙證明後，立即分頭去辦理戶口與糧食關係遷移手續。

我回到家中，翻箱倒櫃也找不見戶口，於是匆匆趕往內蒙防疫站去找父親，父親正在會議室開會，一位領導正在講話，人們都正襟危坐地傾聽。父親見我到來，起身來到門外，沒問原因，就告訴了我戶口及糧本的放置地點。我又趕回家，拿上戶口，直奔派出所而去。

晚上回家，父母聽說了此事，都說我應該在家補習功課，準備明年再考高中。我說，成績我早已打聽清楚了，又不是我的分數不夠，如果政策不變，明年仍然無望。堂兄麗生是回中的高材生，不是一樣落榜嗎？父母無言，只好同意我去。那時上山下鄉雖然催的不緊，但公開招工的單位畢竟不多。

母親第二天就去中山西路的皮貨商店，給我買了一張山羊皮的被子，那張被子有十幾斤重，我想，這下即便睡在零下三十度的野外，也凍不死了。另外還給我準備了一條已鋪了二十多年的狗皮褥子，母親愛子的拳拳之心，略見一斑。

前後也就一周，王鐵勳就通知了出發的日子，告訴我們在火車站檢票口集合，一起上車去包頭。具體出發的日子記不清了，但參加工作的日期是從我們去民族旅社那天算起，那天是一九六五年十二月十四日。我已銘記心間。

記得那天我們從召潭車站一下車，公司的大轎車就已經在站前廣場迎候，大轎車一直把我們拉到青山區富得木林大街的公司大樓門口才停住。我們那批徒工大約有近百人，有四十人被安排住在一個很大的房間，房間裡的大通鋪已經搭建好，雙層鋪分成相對的兩排，猶如東北的大炕，中間是個通道。我和老景、老軒三人睡在一進門的上鋪，三個人的鋪蓋卷緊挨著。

這一百人中，多數只有小學文化程度，初中生不足十人。我和老景十六歲，老軒十七歲。有三位師弟才十五歲，其餘的都比我們年長。還有幾位師兄年過二十五歲，他們在呼市久做臨時工，社會經驗非常豐富。

俗話說：「遠帶衣裳、近帶乾糧」，記得抵包的那天，師兄師弟們半數都從提包裡掏出了肉炸醬和炒麵。肉炸醬都放在大口的玻璃瓶內，炒麵則用什麼裝的也有。我啥吃的也沒帶，因為母親工作忙，顧不上給我張羅吃的東西。臨走時母親流著眼淚塞給我五元錢。我放在內衣的口袋裡，用別針別好，隔一會兒就用手摸摸在不在。

說實話，電建公司的福利待遇很好，沒有人們想像的那麼悽楚與悲壯。我們一報到就發了半個月的薪水，勞保用品也非常完善，除了內衣、內褲不發，其他的衣服一應俱全：背帶褲、大頭鞋、皮襖、套袖、單帽、皮帽、線手套、棉手套……。發下薪水的第二天，我就去青山區百貨大樓買了一雙三接頭皮鞋，十七元。按現在的工資比例，這雙鞋眼下值一千七百元。

學徒工的工資是十八元，但電建公司是施工單位，還有現場施工津貼、保健費、工具費等，每月加起來有二三十元。我一個人花費足夠了，從此再沒要過家裡的錢。

住在一起的人多，就熱鬧。晚上睡覺，打呼嚕的、說夢話的、夢遊的、咬牙放屁的都有。每天定時熄燈，熄燈後許多人也不安分，講色情笑話的、說下流話的此起彼伏。有個外號叫「老二」的社會油子，家住呼市舊城三觀廟街。老二瘦小枯乾，面色萎黃，有點縱欲過度的的樣子，每天睡下後髒話不離口。那晚，一個師弟嘴裡哼唱兒歌：「阿姨，阿姨，阿姨像媽媽。」老二接過來唱：「阿姨，阿姨，阿姨愛我小雞雞，我愛阿姨大板雞。」還有一些我更難以啟口……

那時，晚上一拉燈，有的師弟就亂喊：「睡好了嗎？睡好了開船了！」我百思不得其解，後來很久才知道，開船即「砍椽」的意思，隱喻手淫。這是我進入社會，在工人階級隊伍裡上的第一課。

宿舍裡有暖氣，暖氣燒得非常熱，不要說皮被，就是棉被也蓋不住，有人開玩笑說，找塊手絹把肚臍眼兒蓋住就行了，母親買的皮被純屬多餘。

我們在公司大樓裡住了一個月，每天進行安全教育，公司安全科的人給我們講課，講完課還要進行考試。不及格的補考，直至合格為止。

吃飯就在公司大樓後面的餐廳裡，餐廳佈置的井然有序。餐桌、餐椅齊備，洗手池、洗碗池都很規範。不愧是從北京遷來的大企業，幹什麼都很大氣、大手筆。

那時，還有一批從農村來的「亦工亦農」的弟兄們也在公司大樓裡接受培訓。「亦工亦農」與「半工半讀」一樣都出自劉主席的治國韜略。「半工半讀」就不說了，「亦工亦農」是為了給農村培養技術工人，合同三年，三年期滿後回公社效力。

一天午飯時，我們去餐廳吃飯，我們排一行隊，「亦工亦農」的弟兄們排一行隊。一個「亦工亦農」的後生對另一個說：「今天咱們買個甲菜吧！」甲菜就是紅燒肉，乙菜是肉片炒時令蔬菜，丙菜是素菜，比如辣子白。我們的一個師弟挖苦人家說：「就你們那一嘴黃牙還能吃得起甲菜？」

那批「亦工亦農」都是從托縣、和林、清水河來的，因為那裡的水含氟量高，所以他們多半是齲齒，牙很黃。我們的人如此說話，傷了人家的自尊，於是那人就揮拳迎面打了過來。不知道那一拳打上了沒有，呼市的這一幫弟兄們一看自己人吃了虧，立即群起而攻之，大喊：「這幫二娃子，竟敢欺負爺們城裡人，打圪泡們！」

我們群情激憤，數十號人一起喊打，買好飯的人，連菜帶飯扣在了他們的頭上，餐廳裡一時飯菜飛揚。有的人手持掃帚、墩布在人頭上揮舞，「亦工亦農」的弟兄們雖然再三招架，但終於寡不敵眾，落荒而逃。

老二振臂一呼：「歸化城的弟兄們，衝啊！」眾弟兄們緊跟他窮追不捨，「亦工亦農」的弟兄們鑽進宿舍，插上門，不敢出來。老二手下的眾弟兄乘勝追擊，把「亦工亦農」的宿舍門踢得稀巴爛，玻璃也都給搗毀；幾個「亦工亦農」被打的鼻青臉腫，跪地求饒，老二這才率眾弟兄們凱旋而歸。

因為那次鬧事，老二被處以記過處分，後來不到一年就自動離職了；跟他鬧事的幾個也被扣發了工資。從此，呼市這一幫桀驁不馴的弟兄們才算安定下來。

一個月的安全教育結束後，我們被分配到了土建工地的各個班組。我被分配在木工四班、老景分配在小型機械班、老軒分配在混凝土班。老軒幹的是熟練工，三個月實習期滿就轉正了，當年工資就達四十幾元，第二年就五十多元，我因為是正經學徒，十八元拿了三年。

記得第一次登上主廠房的屋頂，我們非常興奮，站在主廠房的頂端，極目遠眺，可以看見包頭棉紡廠的廠房及煙囪。那天，老二詩性大發：「啊，包棉，你是包頭市最大的逼庫，是令我們電建公司男兒神往的地方！」

老軒本來聽得清清楚楚，還要嬉皮笑臉地向老二發問：「二哥，什麼庫？再說一遍好嗎？」老二大聲地說：「啵——衣——逼！他媽的，明知故問！」

老二這個人在社會上幹臨時工多年了，說話辦事總是流裡流氣的，我有些看不慣他。記得一天午飯時，他買了一個紅燒肉，吃的快見底了，從窗臺的角落裡撿了一隻死蒼蠅放進了菜裡，然後就端著去售飯口找賣飯的小姐理論。那個小妹妹很年輕，沒見過這陣勢，嚇得臉都白了，慌忙叫來了食堂管理員，管理員來了，立馬表態說：「你是想退錢，還是再重打一份？都行！」老二重打了一份，喜笑顏開地端著走了。

工地的宿舍有暖氣的，也有燒火爐子的。離現場近的就用碗口粗的鋼管焊成排管取暖，截門開大了能把人烤熟；我們土建工地在一個三合院裡，因為離現場遠，宿舍裡燒的是地爐、火牆，晚上仍然熱的睡不著。外面非常冷，不能出去方便，就在屋裡放個尿桶，有時尿桶滿了，我就站在門裡從門縫往外尿，能呲的很遠。擱在眼下有一多半得尿在鞋上。

唉，往事不堪回首，想起來就像昨天一樣。

四〇六工地

我剛參加工作的時候，是在包頭二電廠二期工程的擴建工地上。包頭二電廠在包頭市青山區的最北端，是國家「一五」計畫由原蘇聯援建的一百五十六個重點項目之一，也是內蒙古自治區第一座高溫高壓熱電廠。

包頭二電廠的興建目的主要是給包頭一機廠和包頭二機廠（同為一百五十六個重點項目之一）提供電源和熱源。包頭一機廠在二電廠的右側，包頭二機廠在二電廠的左側，均為兵工廠，一個生產坦克，一個生產火炮。那時經常能看到拉運坦克或火炮的列車從我們工地的北面駛過。

包頭二電廠一期工程是由前蘇聯火電設計院莫斯科分院設計的，全套設備由前蘇聯提供，工程編號為「四〇六」。因此包頭二電廠的工地就被稱呼為四〇六工地，並一直延續了下來。

我們單位的全稱叫水電部華北電力建設公司內蒙古工程公司，該公司原先隸屬於北京電力建設總局，一九五六年支援內蒙古的電力建設時，烏蘭夫主席向周總理提出：內蒙古沒有一支電力建設的隊伍，把這支隊伍留給我們吧！於是這支隊伍就留在了內蒙古，我們是該公司從內蒙古招收的第一批徒工。

一九六五年底，我們來到四〇六工地，正是二期工程已近尾聲，三期工程剛剛開工的時候，工地上一片熱火朝天的景象。

電建公司共有一千七百多人，分為八個工地：土建、鍋爐、汽機、電氣、調試室、焊接隊、機械站、加工廠，在一片荒漠上擺開了宏大的陣勢。我在土建工地，土建工地主要從事主廠房、煙囪、水塔、設備基礎、地下輸煤通廊、上煤、除灰等基礎設施的建設。我在木工車間，每天鐵路專用線從大興安嶺把原木拉進來，裝卸工一根根地卸下，再用軲轆馬（小型鐵軌車）運進帶鋸車間，帶鋸工根據運途及規格破成板材或方材。我們再用電刨或壓刨把木板刨的光滑整齊，然後根據圖紙釘成模板，配合鋼筋工綁紮的龍骨，以供混凝土工澆築梁、板、柱使用。

我們那時的機械化程度也比現在的北朝鮮要高得多，主廠房開挖用的都是挖掘機，不像現在的北朝鮮仍然是人拉肩扛。混凝土因為用量過大，有專門的攪拌站和沙石料廠，施工高峰時有許多車輛來回穿梭奔忙。帶鋸車間級別最高的師傅姓高，包頭東河區人，人矮小憨厚，外號叫「高經理」。「高經理」很能吃，一次一個師傅和他打賭，他十分鐘吃進五包餅乾，嚼的滿嘴都是血泡。

「高經理」每天下班還要回東河區，路途有二十多公里。深刻記得他在數九天騎著破舊的自行車滿頭白霜地行進在路上；也深刻記得他在為帶鋸磨齒時尖銳刺耳的聲音。

安裝工地的組合場也很浩大，各種管道及高壓蒸汽設備都在現場組合。各種剛到貨的設備都堆放在施工現場，運送設備的蒸汽機車不時鳴笛而過。主廠房上下焊花飛濺，到處都插著鮮豔的紅旗，高音喇叭裡終日播放著革命歌曲，很使人精神振奮。

我們土建工地的人住在現場西南面的一個三合院裡。那個三合院坐落在一片野灘上，估計是一期工程時的臨時性建築。我們宿舍，冬季用地灶和火牆取暖；安裝工人的宿舍因為離主廠房近，用的是排管式暖氣，暖氣開大了，室內猶如蒸籠，能把人烤乾蒸熟。工地上的高壓蒸箱可以蒸飯，有家在市里住的人，常常帶飯來蒸。一次，不知誰把開關擰大了，鋁飯盒都被高壓蒸汽吹成了碎片片。

雖然每年有好幾套工作服，但是由於在工地上摸爬滾打，好衣服也經常被掛得稀爛。要是按現在的眼光看，不如叫花子穿的整齊，因此我們那時自嘲：「遠看像要飯的，近看像撿炭的，仔細一看是火電的。」

那時，我每天早晨踏著鐵路專用線的枕木去上工，春天有時細雨濛濛，心情舒暢時也能驟然生出一點工人階級的自豪感。

工地食堂很大，一千多人可以同時開飯。菜分三個檔次：甲、乙、丙。甲菜是紅燒肉；乙菜是肉片炒各種蔬菜；丙菜是素菜。主食粗細糧對半。那時的玉米麵很粗澀，難以下嚥，不過在那時的中國，平心而論，我們的飲食還是不錯的。

夏天的晚餐，經常是炸醬麵，我能吃八兩；晚上加夜班，到了零點，夜餐多數是肉末麵；施工高潮時，食堂會把飯菜直接送到工地上，有時候還能吃到肉包子。

夏天晚上的常常加班，不忙時可以偷偷地找個地方去睡覺。拉塊草袋子，隨便鋪在那個大型設備的旮旯裡，就能做個好夢；冬天我曾經鑽進通往二機廠的蒸汽管溝裡睡覺，管溝裡很寬敞，有鐵製的檢修平臺，鋪上白茬子皮襖也可以做個好夢。

有時睡醒了回來，師傅會責問：你剛才哪裡去了？我有時幾句謊話就遮掩過去了。那麼大的工地，那麼多的人，因為工序不銜接，窩工時時發生，不愁編造點理由。

工地上有醫務室，看病不用花錢；如果需要去醫院，醫務室就會給你開一張三聯單，自始至終你不用花一分錢。如果有漂亮的女大夫調來，大家會口口相傳，我們往往會停工結伴去看病。

如果胃口不好，醫務室還會給你開病號飯的證明，送到食堂，食堂會給你做病號飯，病號飯一般是麵條，比常規的飯適口多了。

畢竟是大型國企，畢竟是國家重點建設工程，一切都要重點保障。整個福利待遇一般單位無法相比，就是附加工資、保健費、加班費加起來也很可觀。

那時的附加工資本來是十一元，文革伊始，一幫江西來的轉業兵，為了表示革命，貼大字報強烈要求取消「腐蝕工人階級」的附加工資。因為有人反對，附加工資只被取消一半。因此，師傅們對那些轉業兵恨得咬牙。

那時，基本建設程序和現在完全不同，建設電廠完全是由國家撥款；電廠的利潤完全上繳國家；工資福利待遇完全由國家包乾。是純粹的社會主義，個人私欲無法開展。設備是調撥、材料是調撥、資金是調撥，你只需埋倒頭幹就行了。不像現在的領導，從貸款到購置設備、材料，從招標到審查結算、預算，處處都是空子；處處可以得到好處。

現在農民工的生存狀況比我們那時要強嗎？不見得，這就是有許多人仍然會懷念那個年代的原因。

我喜歡讀書，身上有讀書人的稟性，但不時也會流露出流氓無產者的氣息，這和那些年在工地上接受工人階級的再教育不無關係。

一九六六年，文革也在四〇六工地不期而至，工地食堂裡大字報鋪天蓋地，一行行的鐵絲上懸滿了大字報，筆鋒直指走資派、反動技術權威、地富反壞右。一時間人們都好像瘋了一樣。那種熱忱從巨著《第三帝國的興亡》裡也可以看到。

我因為寫日記很快被裹挾其中，十七歲的我精神幾近崩潰，吃不下飯，睡不著覺。

工程進行不下去了，領導都成了走資派、反動技術權威，都被趕到工地做苦役。在一次調試過程中，一位出身不好的技術人員曾三民因為疏忽燒毀了一臺繼電器，迅即被公安局帶走，因此被判了十年有期徒刑，知識分子更無比地寒心了。

電力建設是技術密集型的勞動，新上來的造反派頭頭無所適從。兩臺五萬的機組幹了四年，期間許多人都跑回老家了，但工資國家還照撥不誤。一切都亂套了。

……

四〇六、四〇六，一直是我的夢懷縈牽之地，是我們拋灑了青春與熱血的地方。是我無數的愛與恨、情與仇糾結的地方。

我在「電建」當木匠

我剛參加工作，就有幸參與了包頭二電廠二期工程的建設，「包二」曾是前蘇聯援建中國的一百五十六個項目之一，代號四〇六；因此，那時凡有人問我在哪工作？我就說四〇六。人家再細問，我就謊稱那是一個保密單位，單位發保密費，不便告訴你。其實包頭只有二〇二、二〇三才算保密單位，一個是中國核工業二〇二廠，一個是中國航太集團二〇三所；包頭青山區還有一機廠、二機廠，一個生產火炮，一個生產坦克。四〇六算個蛋呀！

我那時在內蒙電建公司土建工地木工班當學徒，但同學、朋友問起來，我總不好意思說自己當木匠，只說是在做木模工。其實說木模工也不差，因為我們從來也沒打過家具，只是從早到晚地釘模板，我們自己都戲謔為「釘子匠」。我這輩子釘過的釘子足夠拉一馬車，至今釘釘子的技術也不荒疏，因為地凍三尺非一日之寒。

聽說司機裡出過許多偉人，俄國有位詩人瑪雅可夫就當過司機；俄國哲學家、文學評論家別林也當過司機；還有一位叫柴可的音樂家也當過一夫司機。我們木匠裡也出過許多名人，德國前總理施羅德，年輕時候就是個木匠；美國總統雷根也算半個木匠，他業餘時間非常喜歡做木匠營生。

明熹宗朱由校對治國之道沒有興趣，卻不知怎麼竟對木匠活兒發生了強烈的興趣，而且頗有天分，他當了皇帝後，不去想辦法如何治理國家，卻整天在宮裡做木匠活兒。因此使得宦官專政，奸佞弄權。

聽說無產階級革命家李先念、李瑞環也都是木匠出身，而且我們木匠當官的都沒有劣跡。

那時，工地上還沒有採用鋼模板，主廠房基礎及樑板柱的混凝土澆築全用木模板。工地上的原木都是從大興安嶺運來的，加工完全機械化，帶鋸鋸成板材及方料以後，直邊及刨光全靠機械。電鋸、平刨、壓刨及直邊機開啟後，聲音非常大，木料從一邊推進去，一邊出來就光溜溜的了。木屑從上部噴出，猶如天女散花。

電鋸、平刨、壓刨及直邊機操作時很危險，我有兩個師傅曾被它們傷害：蔡潤根師傅是傅作義的兵，早年參加過抗美援朝，一次，因為疏忽，一根手指被電鋸鋸掉了半截，後來，另一個師傅鄭思友的手掌也被電鉋子削下了一大塊肉。記得他們出院回呼市休養時，師傅們都叮囑他們嚴禁房事，我至今不知道這裡面有何奧義。

每天下班，在西工地家屬院居住的師傅們，都要用自行車馱滿滿一麻袋刨花、木屑回家，家裡不用買煤也足夠了。我經常發現，有的師傅在刨花、木屑裡夾帶木料。不過，那時工人階級領導一切，出工地大門時誰也不敢檢查。木匠看見好木料就想偷，好像是職業病。

一次，有個外號叫老四的師傅，用排子車拉了一車木料，趁人不備，穿越鐵道，出了工地。據說他想把這一車木料運往呼市打家具，車子推到青山區第一文化宮附近被革命群眾攆上，押回工地。老四因此被打成了壞分子，天天被批鬥。

我的師傅裡不乏細木工，細木工裡就數河北正定籍的白師傅技藝高超，聽他說，解放前他和師傅給一個地主的女兒做陪嫁用的梳粧檯，倆人整整幹了半年。

白師傅還說，他的師傅年輕時，光腳，用大拇指壓住一顆瓜子，能用錛子把瓜子劈開，許多人聽了嘖嘖稱奇。

一次，我在白師傅的工具箱裡見過他的錛子，我不知道那是幹啥用的。白師傅說，世上有四硬，它算其一。我問白師傅有哪四硬？他說：木匠的錛子，鐵匠的砧，小夥子的雞巴，金剛鑽。白師傅一說完，大夥兒都哄堂大笑。

當過細木工的師傅，工具都十分精緻齊全，但細木工的工具絕不外借，俗話說：「木匠的工具大姑娘的奶，許看不許摸。」

木匠的工具有很多說道：粗刨和細刨區別不在於長短，而在於刨刃角度，角度越大越細，刨出面光滑，但是費力，角度越小越粗，但是省力，通常四十五度即可。

木匠用鋸的核心是鋸齒，不同用途的鋸子，其齒形和鋸路的設計也各不相同。齒刃形狀與鋸齒的角度有關，鋸齒角度和鋸條齒根線所形成的角度越大，鋸割力越弱，反之，角度越小，鋸割力越強。木料材質的軟硬及乾濕程度決定著鋸齒角度。

在四〇六工地，有些工具單位給發，有些工具需要自己買。比如斧頭、鋸條、刨刃就需要自己去買，單位每天給一毛二分錢的工具費，作為補償。

我剛到工地的時候，沒有劈斧，有個姓曹的師傅住在東河，每天下班回家，我因此拜託他給我買一把劈斧。第二天一早，他把斧頭帶來了，一看就是一把歷經滄桑的舊貨，在鐵匠爐回火後又鍛打了幾下來冒充新貨。他和我要了四塊二，那時，在商店裡買一把新斧頭才三塊五。師傅們為我忿忿不平，我作為徒弟只好忍了。

那時，電廠有許多設備是進口的，龐大的包裝箱的外框及墊木經常能發現來自熱帶的硬木。師傅們經常去大型設備堆放場查看，一旦發現有適合做工具的木料往往欣喜若狂。

為了省錢，有些刃具我們也自己製作，比如用汽車的弓子板製作刨刃，硬度非常高，韌性也非常好。帶鋸車間經常有斷掉的帶鋸條，師傅們也拿來製作刀鋸。

那年，供應科的老董下放在了我們木工班監督勞動，他手很巧，經常給我們做刃具。老董的母親八十多了，因為癱瘓在床，大小便失禁，褥子總是尿的濕榻榻的，大便也糊的到處都是。後來，老董的老婆把婆婆安置在了涼房裡，飲食也予以控制。家屬院的革命群眾一致認為他們在虐待老人，實屬不孝，是可忍孰不可忍，於是，老董被打成了壞分子，下放工地勞動。他的老婆沒有工作，三天兩頭被院子裡的家屬們揪出來批鬥，也被整的死去活來。老董是天津人，看上去很和善。現在回想起來，他也許是出於無奈，並非有意虐待。

有許多木匠技藝巧奪天工，令人稱奇。一次，老董從供應科拿來一張桌子讓我們修理，那張桌子的桌面，製作時拼的縫竟然是破浪形的，從斷面看，又是鋸齒形的。如果沒有專用的金屬加工機床，完全靠手工的技藝是無法做出來的。那可是五六十年代的東西呀，我至今仍百思不得其解。

在四〇六工地，我還有過一次銘心刻骨的經歷：一次，在高空作業時，我操縱小型起重機往主廠房八米平臺上吊模板，因為模板旋轉，起吊過程中撞在柱子上，模板在半空散落，一塊上百公斤的模板與一位上海籍的臨時工女孩擦肩而過。那個女孩很胖、很白淨、也很溫順，她的姑姑也在我們公司工作。唉，如果那天她被砸死的話，我也肯定沒命了，因為我那時是「三反分子」、「牛鬼蛇神」，給我安個故意殺人犯的罪名，被拉出去就地正法也就是一句話。那天，不但她嚇的半死，我也嚇的面色如土。

我現在是高級工程師了，進入了中國華能集團的專家庫名單，退休前，開一天的評審會就能拿到一千元的諮詢費。我如果不說，有誰能知道，我還曾經當過木匠呢？

木工班長劉麻子

劉麻子叫劉景雲，是內蒙電建公司土建工地木工班的班長。劉麻子是東北吉林人，雖然瘦小枯乾，卻非常精幹。那年我到電力建設公司時，他也就四十來歲。

劉麻子七級工，在木工的行當裡算最高級別，每月能收入一百多元。人們雖然當面尊稱他劉師傅，但背後都叫他劉麻子。

劉麻子的最大的長處是機敏而好學。那時，多數師傅們都沒文化，看不懂圖紙，唯有劉麻子能看懂圖紙，他因此就脫穎而出，當了班長。那時我們木工班的主要任務是製作模板，製作模板必須要識圖，劉麻子每天的工作就是看圖，看完圖把每塊模板的尺寸分別告訴各位師傅，讓他們分頭按他所說的尺寸去下料。這也是「勞心者治人，勞力者治於人」呀！

那時，最複雜的模板要數汽輪機基礎了，最下面是底板，然後是四根非常粗的柱子，再上面就是一個安放汽輪機的框架了。要命的是，框架有一面是個斜坡，模板要是做不對就交合不上。

製作汽機基礎的模板，是個非常隆重而莊嚴的任務，劉麻子提前一周就開始琢磨圖紙了，為了萬無一失，他總要先口傳心授地指導師傅們製作一個模型，模型就是由按比例縮小的微型模板組成。劉麻子非常看重這件事情，動手前就差沐浴焚香了。那幾天，劉麻子總是全神貫注，走路、說話都神色凝重。在大夥的眼中，他猶如現在神七上天時的總指揮。

我後來讀了大學，學的是機械製造。每每想起此事來都不由得啞然失笑：一個汽機基礎算個蛋呀?!如果拿汽機基礎的圖紙和一個C620車床的床頭箱的圖紙相比，就好比小學數學和微積分的關係。不過，那幫可憐的沒有念過書的師傅們，實在無能為力。

劉麻子的骨牌凳子做的非常好，那時，能做骨牌凳子的人至少是五級工。骨牌凳子現在很少見了，就是那種四條腿向外叉的凳子。記得當年劉麻子做骨牌凳子時需要放樣，放完大樣，然後用活動的角尺來臨摹各個角度。擱在眼下，這項技術任何一個年輕人五分鐘就能看懂，但在那個年代，這樣一項技術，人們不知道要潛心鑽研多長時間，而且一旦掌握就密不示人。但劉麻子並不保守，誰要問他，他也總會細心地教授，對於那些笨人他常常說的舌乾唇燥。

那時，做屋架也要放大樣，放大樣前，先要平整一塊場地，用水泥抹平，然後在平面上用墨斗子彈出屋架的詳細形狀，再下來就是測量每一根斜樑、橫樑、支撐的具體尺寸和角度，再根據尺寸來下料，這樣最後組合起來才會精準。有一次，我對劉麻子說：「劉師傅，怎麼不用三角函授來計算呢？這樣多麻煩呀！」劉麻子鄙夷不屑地看著我說：「那你現在就給我算算這根斜樑的尺寸吧！」我很快就算出來了，和劉麻子放樣的尺寸絲毫不差，劉麻子又說：「尺寸好辦，那結合面的角度呢？」我說：「角度也可以根據尺寸來推算呀！」我挑戰了劉麻子的權威，他一時無話可說，臉色有些難看。

後來，我聽大學的老師講，放大樣是那時許多行業的必須步驟。比如汽車製造廠、造船廠，都要一比一地放樣。計算？談何容易！完全擺脫放樣，還是有了電腦軟體以後的事情。

聽說劉麻子的手藝很好，但是我從來也沒見過他實際操作。雖然他的木工工具很齊全，但都鎖在工具箱裡不見天日。有時候，我們工具不湊手時，他也會把他的工具拿出來讓我們使用，但因為他的工具長久不用，往往都變了形，一下子用不成。

劉麻子是在偽滿洲國時學的手藝，他用的鉋子都是拉刨，不是我們現在木工用的推刨。我曾經試過一次，根本不聽使喚，沒有功夫的人掌握不了。

電建公司屬於施工單位，比較艱苦，我剛參加工作的時候，給家裡寫信總要說一些消極的話，流露出內心的抑鬱與苦悶，父親來信總要安慰我。有一次他在信中說，如果實在感到不適應那就回來吧。後來不久，劉麻子就專程去呼市找我的父親進行家訪，由於父親出差不在，他又去市立醫院找到了我的母親，叮囑她，給我來信時要多加鼓勵，不要迎合孩子的消極心理。後來父親回來，母親對他說起此事，父親才警覺到，我與家裡的來信，都被組織上截獲後查看了。此後，父親所有給我的來信，都充滿了革命的說教，甚至在每封信的抬頭，都附上一條毛主席語錄。

劉麻子是共產黨員，他的行為當然是組織上安排的。但除此之外，我發現，他對政治並不熱心，心思都在生產上。文革中，所有的過激行為他都沒有參加過。

「好漢無好妻，賴漢娶花枝。」劉麻子的老婆雖然是個家庭婦女，但身材頎長，面容娟秀。其實劉麻子也算不得賴漢，一身好技術，猶如罩在身上的光環，把他的卑微處遮蓋的嚴嚴實實，師傅們都對他十分敬重。

劉麻子的女兒是個美女，長得端莊秀麗，隨了她的母親。女婿小付身材偉岸、器宇軒昂，曾經是我的同事。小付高中文化，那時在電管局供應公司設備科當科長，後來熬到了副總工程師的位置。小付聰明伶俐，也很會來事。我雖然讀了大學，業務能力也很強，但在領導那裡，說話的影響力總也比不過他。不過小付只是生性隨和，並不幹落井下石的事情。

劉麻子去世好幾年了，自從我離開電建公司再也沒有見過他，不知他晚年可好。世事滄桑，生活中總有許多值得懷念的人和事！

競技

上世紀六十年代中期夏日的一個下午，我們正在青山區四〇六工地上幹活，突然下起了大雨。人們抵擋不住，只好連跑帶顛兒地鑽回了工棚裡。所謂的工棚，其實只是一個用杉杆搭架、葦席罩頂的涼棚，根本就擋不住雨。小雨還湊乎，外面小下，裡面滴答。遇到大雨就像那塌了的鍋底，不住氣地往裡面灌水。無奈何，我們只好抱頭鼠竄，又躲進了一個早已廢棄的扳道房裡。

雨真急，平地起水。遠處的廠房、煙囪、冷卻塔一時間都被籠罩在水氣的迷蒙中。

雨過了好久還沒有停，木工班班長白師傅煩躁地望著濃雲沉重的天空，口中直叫：「晦氣」。師兄小張盤腿坐在土地上像和尚敲木魚一樣，無聊地用斧頭搗著一塊舊枕木，發出「嘭嘭」的聲響。周麻子手裡攥著一把大釘子，一根根地往牆上扔著練飛鏢玩。

又過了一會兒，周麻子大約玩膩了飛鏢，眼瞅著小張砸木頭，招呼白師傅說：「白頭兒，人人都說你技術高，這四吋長的大釘子，你能不能數五下就釘進這塊木頭裡去？」

「對，對，麻子，如果人家白師傅能釘進去，你該出點啥血？」師傅們頓時來了興致，忙不迭地問。

「釘進去，我請他一頓『大福林』！」周麻子狡黠地說。

大福林是包頭青山區最大的一家飯館，備有各種酒菜，雖然同時開飯擺不下十桌，但在包頭人眼裡猶如北京人看鴻賓樓，廣州人看唐荔園那樣重要。

「大福林？」白師傅取笑地說：「吃啥？吃素麵才八分錢一碗，喝白開水連錢也不用掏哩！」

「哪裡！哪裡！」周麻子彷彿被人揭了底那樣難堪：「我請你吃火鍋還不行嗎？」，他心裡也有個譜，諒你白師傅再有本事，也不可能五下釘進這釘子去。他早就看清那枕木是塊硬雜木，縱有力氣也使不上，越砸的猛，釘子歪的越快。

「那你如果釘不進去呢？」周麻子突然又轉過一個心眼兒。

「照辦，咱們也是大福林！」白師傅幹崩利脆地說。

「好！好！君子一言，駟馬難追！你們二人一人掏出五元，我給做個中人，以免反悔。」小張立馬來了精神，蹭地從地上站了起來，兩隻大手一人一隻伸在了他們二人的面前。

白師傅掏出了五元錢扔給了小張，周麻子也在兜裡摸了摸，湊足了五元錢，也遞給了小張。白師傅操起了斧子，拿起了釘子，師傅們也都聚攏了過來，都想看看這齣不花錢的好戲。

誰知白師傅拿起斧子並未動手，他琢磨了一下說：「麻子，如果用斧錠釘這釘子，五下之內進去，賺你這五元錢怕有些容易，傳出去讓人見笑。這樣吧，今兒個我用斧刃打，也是五下進去，你看行不？」

周麻子巴不得他快輸，樂不可支地說：「行！行！這可是你自己找倒楣，別說我糊弄你！」

白師傅二話不說，先輕輕地將釘子直直地栽在木頭上，然後朝手心唾了口唾沫，緊緊地將斧把攥住，穩穩地舉起斧頭，斧刃朝下，「砰」地一聲砸在釘帽上，再看那釘子，大約已進去四分之一。師傅們不敢吭聲，一時都噤若寒蟬，只怕分散了白師傅的精力。周麻子則嘻皮笑臉地在旁邊蹲著，等著看笑話。

白師傅扭頭看了看釘子依然很直，不歪不扭。又將斧刃擺在釘帽的中央，然後輕輕地拉起，拉的很高，隨之猛地掄將下來，又「砰！」地一聲，再定睛看時，那釘子在外面只剩了三分之一。

「好！好！」師傅們都歡呼了起來，我和小張眉飛色舞，高興的快要跳起來了。周麻子的臉有些紅了，但嘴仍很硬：「還沒最後進去，別高興的太早了！」

白師傅旁若無人，又定了定神，重新攥緊了斧把，兩眼緊盯一點，憋住一口氣，「砰！砰！」連住兩下，將那個釘子砸了個嚴嚴實實，木頭上只留下一個釘帽。釘帽上被斧頭砍出一道溝，知道的人那是一根釘子，不知道的人只道是一隻木螺絲。眾人再看那把斧子，斧刃不崩不豁，嘴裡不住地「嘖嘖」稱奇。

「麻子，大福林啦！」師傅們你一言我一語地嘲諷起來。這時白師傅微笑著說了話：「麻子，現在該你釘了，如果你也能用五下把釘子釘進去，咱哥倆這五元錢的冤孽債就算清了，不過你倒不用斧刃，用斧錠就行了。」

「麻子！怎麼樣？白師傅已經讓了你一個碗大湯寬，是騾子是馬拉出來溜溜吧！」師傅們你一言我一語地說。

誰知周麻子有些年輕氣盛，不知好歹。硬撐著說：「要釘我也用斧刃，輸了我也認了！」他心中只想：「你能，我也能！」殊不知這冰凍三尺非一日之寒，哪能一口吃出個胖子來？

周麻子也是先將釘子栽在木頭上，然後瞅中釘帽就把斧頭掄了下來，「騰！」地一聲，斧子在離釘帽一公分遠的地方落了下來，深深地劈在了木頭裡，師傅們不由地笑了起來。

「這下不算，重來！」白師傅說。周麻子在劈第二下時，他又劈在了外面，心中已有些掃興。

「兩下了！兩下了！」小張高聲喊著。接著，周麻子紅著臉又憋足了氣，再次從空中掄下斧子，這下釘子進去不少，但是明顯地彎了腰。

周麻子好勝心強，猛地又舉起斧子重重地砸了一下，釘子無力地癱倒在了木頭上。他苦笑了一下，灰心地把斧頭扔在了一邊，大夥再看他的斧子，已崩了好幾個豁口，煞像鋸齒一般。

小張掏出五元錢還給了白師傅，又拿著另五元問他：「這五元咋辦？」白師傅說：「君子一言，駟馬難追。等天晴，你去買一瓶好酒，幾盒好煙來給大夥們嚐嚐，就算麻子對咱們的一片孝心吧。」

「他媽的，得了便宜還賣乖！」周麻子滿臉晦氣地說。

這時再看天空，已經有些放晴。雨雖然還下，但已經很小，我們嘻嘻哈哈，一路淌水向宿舍走去。

那些身懷絕技的師傅們

一

內蒙電建公司的架子工，那才叫技術高超。他們在綁紮架子時，站在架子上，一隻胳膊腕住立好的架桿，另一隻胳膊，能把六米長的架桿，一下一下地拔起來，其驚險不亞於雜技表演。特別是主廠房的框架起來時，他們敢在五十米高二十公分寬的混凝土橫樑上，輕盈地走來走去，讓你一直為他們捏把冷汗！

架子工還有一項絕技就是截鉛絲，截鉛絲是他們日常必須的活計，他們個個用手鉗使勁一夾，鉛絲應聲而斷，非常瀟灑。我也曾如法炮製，試過截斷綁架桿的鉛絲，用雙手鉗住，咬牙放屁，臉色憋得通紅也整不斷，最好只好用錘子使勁砸幾下，才算斷了。

有位河南林縣的抹灰工姓王，平日就乾淨利索，一到抹白灰屋頂，他必定換上黑衣服，嶄新的黑鞋。下班時，別人蓬頭垢面搞得很狼狽，渾身是白灰點子，王師傅則自信地踱著步，一塵不染，身上一個點子都沒有。哎呀，用時髦的話說，真他媽的牛逼！

他曾經跟我說，他的師傅告訴他，過去在皇宮裡幹活的匠人，除了活兒漂亮，人必須乾淨，太監常來抽查，用雪白的綢手絹讓你揉手，如有污垢，就趕出去，或者受罰！

還有個東北籍的瓦工高師傅，是個八級工，工資最高。平時吊兒郎當，怪話連篇，像那些難做的水刷石啦，幹粘石啦，別人鬧不了的，非得他上，領導就有話啦：「看看，知道為啥人家拿錢多了吧？不服氣，你也來試試！」高師傅的眼睛就像掉鉛線墜，他徒手刷刷地砌好一個大角，別人過去一量，一米十六層，拿靠尺一靠，兩面筆直，絲毫不差，令人叫絕！

老家河北正定的木工白師傅，受過名師訓導，不僅木工活漂亮，所有的工具也都是自己加工製作的！他能用廢棄的帶鋸條自製刀鋸，他先把帶鋸條用合金鋼鋸條鋸開口，然後把鋸開的齒左右掰開，鋸齒的角度一個向左，一個向右，再用柳葉兒一樣的扁銼來開齒成型。他製成的刀鋸堪稱一絕，雙手緊握鋸柄，把十公分見方的木頭鋸斷也就一兩分鐘。

還是這位白師傅，有一次給工地上做一輛排子車，安裝時，有數十人圍觀。只見他在榫頭上抹上機油，徒弟用手扶著橫樑對準卯孔，然後他用十幾磅的大錘往裡砸，砸一下，人們喝一聲彩。據說這樣做出來的車子到徹底廢棄時，榫卯也不會脫開。此工藝的難度在於，榫卯鬆了不行，緊了也不行。榫卯鬆了，由於車輛的負重與顛簸，榫卯幾天就會分離；榫卯緊了，安裝時一砸，卯就開裂了，前功盡棄。做車的榫卯絕對不能使楔子，車輛在外面日曬雨淋，楔子根本在不住。這種手藝估計現在已經失傳。

還有個山西籍的木工姓楊，據說當過閻錫山的兵，他也有絕活，據說他跟供應科的材料員開玩笑說：你進貨的錘子不結實，材料員說：你胡說！楊師傅拿起一把錘子，憑空一閃，錘把唠嚓就斷了，材料員又挑了一把結實的給他，他又使勁一閃，唠嚓又斷了。材料員這才知他有絕招，趕忙賠笑臉，叫爺爺！

二

一九七八年，我在包頭電力修造廠當技術員的時候，也親眼目睹了鍛工班趙師傅的絕技，有一次他把手錶放在砧臺上，用手來控制氣錘的行程，在氣錘接近手錶蒙子時能突然叫停。這時，手錶正好卡在砧臺與氣錘之間，錶蒙子完好無損，但手錶又拉不出來，你說這算不算絕技？有一次，他要拿我的手錶做實驗，我嚇死也不敢給他。因為我的上海全鋼手錶是新買的，萬一有一點閃失，該如何是好呢？

在金工車間開天車的李師傅的技術也讓我歎為觀止，她能在天車手柄的控制下，把一根筷子照直插入立在地上的啤酒瓶子中，啤酒瓶子立在那裡巋然不動，彷彿生了根一般。

三

然而，就這麼造就出來的產業工人隊伍，改革以來，大部分像劉歡唱的那樣，人生過半，又得重新走進風雨，想辦法去「再鑄輝煌」了。如今，他們都老了，日子都過的捉襟見肘，甚至有一些已駕鶴西遊了，想起來真令人唏嘘不已！

麻哥麻姐軼事

上世紀六十年代，我在內蒙電建公司工作的時候，土建工地有四個同事都是麻子。什麼是麻子？麻子即因幼時出天花，在臉上留下的痘疤。現在天花已經絕跡了，年輕人恐怕不太瞭解了，那時，再帥氣的人如果臉上有了麻子，也很難被別人喜歡，顏面畢竟是非常重要的事情，要不人們老說「面子、面子」呢！

尹麻子

小型機械班的尹師傅是個麻子，大家都叫他叫尹麻子。尹麻子是個轉業軍人，他身材高大，氣宇軒昂，相貌有點和央視的李詠相似。尹麻子是北京人，聰明機警、能說會道，如果不是麻子，他肯定非常帥氣。但由於滿臉的白麻子使他的整體形象大打折扣。

吉人自有天相，尹麻子的妻子非常漂亮，相貌端莊秀麗。他的妻子是內蒙古醫院的護士，尹麻子在那裡住院時和她相識。「好漢無好妻、賴漢娶花枝」，尹麻子的豔福真是不淺，使許多人豔羨不已，不知道他是靠什麼辦法把人家白衣天使騙到手的。俗話說：「十個麻子九個俏」，人有一點缺陷的話，往往別的方面就會非常突出，肯定尹麻子有吸引她的地方。那時工人階級的地位非常高，尹麻子又當過中國人民解放軍，家庭成分又很好，再加上他有能把死人說話的口才，僅僅面部有一點麻子也被其他光環沖淡了。

柴麻子

木工班還有個柴麻子，全名叫柴樹增，河北人。柴麻子一九五八年參加工作，直至上世紀七十年代末還是個二級工，人們把那批工人統稱為「五八二」。柴麻子非常俏，酷愛乾淨，每天下班總要把全身上下甩打得乾乾淨淨，然後洗臉、洗頭、洗腳，前後總要花費一個小時，幾近潔癖。

柴麻子的技術非常好，幹活精益求精；他的性情也好，為人事理通達、心氣和平。但是最使我接受不了的是柴麻子的遺傳基因偏向女性，說話柔聲細語，舉手投足婉轉作態，如果不看面部，僅聽聲音，幾乎和女性無異。違反了陽剛陰柔的規律。

柴麻子身體孱弱，瘦小乾枯，他在城市裡估計很難娶到老婆。但為了一個城市戶口，一個如花似玉的農村女孩嫁給了他。

我見過那個漂亮的村姑，從河北老家來看他，那個女孩給他大盆地洗衣服，然後在院子裡晾曬，女孩的胳膊和胸脯非常白，牙齒如一行碎玉，一笑兩個酒窩。師傅們都看得直流口水，因為他們一年只有十二天探親假，常年只能苦熬幹靠。柴麻子比她大十幾歲，他倆非常地不般配，我很難想像他倆的魚水之歡，只能理解為殘忍地佔領。

閻麻子

小型機械班的閻大姐也是個麻子，麻姐那時估計足有二十六七了，仍待字閨中，無法嫁人。火電公司有一千八百多人，男性壓倒多數，人們常說：當兵三年，老母豬賽如天仙。然而麻姐卻不能引起男人們的絲毫興趣。

麻姐說話嬌柔，也喜歡婉轉作態，人醜，但是說話非常動聽，充滿女性的氣息。如果遮住臉面，讓你聽聲音來想像，你一定會認為她是一位嬌豔欲滴的小妹妹，但是如果一但摘去面紗，會讓你大吃一驚。胃部頓時會翻江倒海。

麻姐非常會來事，在班長面前竭盡嬌羞之能事，她的班長姓陳，她成天跟在陳師傅的後面，風情萬種地，「陳師傅！陳師傅！」叫個不停。師弟們經常在背後學習她的做派，然後大家笑得前仰後合。

那時公司有一支毛澤東思想宣傳隊，每次選拔人才，麻姐都躍躍欲試，但每次她都失望而歸。有一次她和陳班長哭訴，陳班長也只能好心勸慰，有句俗話叫「人貴有自知之明」，我想就是對她這種人說的。

麻姐後來聽說終於嫁人了，嫁給了一機廠的一位右派分子，比她大十幾歲，也算一個美好的結局。

劉麻子

木工班長劉麻子，說來話長，一時理不出個頭緒，還是專文敘述吧。

四十年過去了，不知麻哥麻姐們過得如何？麻姐該抱孫子了吧？尹麻子和愛妻白頭到老了嗎？柴麻子現在還健在嗎？我很惦念，又無處打聽，只能在心底為他們默默地祝福了。

細心人也許會問，不是還有個周麻子嗎？怎麼不說他？其實周麻子並不麻，現在還活得很好，我是怕他來找我的麻煩，只好給他的臉上添了些麻子，如果他非要對號入座，我也沒辦法。

粗人焦老大

內蒙電建公司土建工地主任姓焦，外號焦老大，是個要多粗有多粗的大老粗。

那時正趕上越粗越光榮，越沒文化越稱心，知識就像大腦炎一樣，誰都怕挨，誰都怕碰，唯恐跟上它倒楣。因此焦主任無論大小場合總把大老粗的靈光帽子往自己的頭上摁，不能說得意忘形吧，總有些沾沾自喜。

那時節真正有文化的人倒彷彿沒了顏面。問起來，大學本科畢業的報個專科，專科畢業的說個中專，好像只要往下縮一格，就能減輕點過失似的。說起話來，也囁囁嚅嚅，總顯示出謙卑之態。哪像現在的文憑，就像一道護身符，只見漲價不見落價。一些印象中從未受過高等教育的人，一夜之間都有了大學文憑。領導幹部更是碩士、博士雲集，好多人，天天在一起，沒離開過工作崗位一天，研究生文憑就到手了。不信你上網去查，學校裡的各科成績都已備案，不由得讓你感到天地造化之神奇。

不過焦老大的粗倒是實實在在，並不打半點折扣，若細究起來還能歸納為如下三點：

一曰文化粗：說起他的文化來，實在不敢恭維。舊社會家窮供不起他讀書，直到解放了才進電力安裝公司當了鍋爐瓦工。雖然進過冬學，上過夜校，但讀起文件來仍是磕磕絆絆，把醞釀讀成「溫讓」、把蕩滌讀成「湯條」是常事。

據說他剛談戀愛時給對象寫信，就常常把親愛的寫成「親受的」；把咱娘寫成「咱狼」，是否可靠，雖然查無實據，我估計八九不離十。

二曰說話粗：他兩句話不對就喊爺操娘，也不管千人萬眾，總是出言不遜。就拿他念報讀文件來打比方，他念錯了還不許別人發笑，大夥一笑，他就心裡發毛，豹眼圜睜地罵道：「咋啦？笑你媽的蛋！沒有大老粗給你們蓋房子、種地，一樣凍得你們臭老九兩腿篩糠，餓的你們兩眼發藍！」

一次駐場工宣隊的隊長見他生性粗魯，把他叫到辦公室想開導一下，誰知兩句話不對就談崩了，他急高蹦低地喊：「你們他媽的是公（工）人，爺也不是母人！」，你說粗不粗？

三曰腰桿粗：這腰還有兩層意思，一是父生母養的腰，他一米八的大個子，褲腰三尺六還嫌窄；二是政治上的腰，他說他家連續八代都是貧農，信不信由你，你說腰粗不？

我常常想：如果一家人八代都是貧農，八代都是靠扛長工、乞討過日子，這家人的基因也太差勁了，窮到如斯，怎麼能延續到他這一代？

橫豎他是軍宣隊也敢罵，工宣隊也敢操！到了，誰也沒能把他怎麼樣？你說他粗不？

就是有一回，他犯了眾怒，搞得大家都很不高興；一次全工地批判全國最大的走資派，他即興發言。他說：「劉少奇一類政治騙子們，你們都給爺豎起狗耳朵聽著！……」

下面的工人們都不滿意了：什麼狗屁話！你罵劉少奇，劉少奇能聽見嗎？豎起狗耳朵？你讓誰豎起狗耳朵？現在只有我們才能聽見你的話呀！

他媽的！工人們都憤憤不平地說。

不著調的哥們

文革中我受過很深的迫害，後來平反時黨委書記安撫我說：「黨是母親，不要記恨母親，權當母親拍了幾巴掌好嗎？」

其實當時母親已經不僅僅是拍幾巴掌了，而是毒打和虐殺，但是我沒敢這樣說，我的回答是：「母親我不記恨，但那些不著調的哥們太可恨了！」

一九六六年八月，文化大革命開展的如火如荼，內蒙電建公司也不是世外桃源。出身不好的人戰戰兢兢，革命左派揚眉吐氣。那時土建工地有一位三十多歲的技術員表現得非常激進，凡是開批鬥會，他總要衝上去廝打，一次，他把一位天津大學畢業的，出身不好的技術員打得滿臉是血，下面的人看的心驚肉跳。

那時工作隊還沒有撤走，這位激進者為了表現自己的革命，使出了渾身的解數。每天早上八點半上班，不到八點，他的臉上就滿是灰土，我猜疑是故意抹上去的，果然有一天，我發現他趁人不備，把煙黑往臉上抹。

他是個技術人員，本來完全不用幹活，但是只要工作隊的成員在場，他總要和工人一起幹活，無論推車、拌灰、搬運，各種苦力活他都要參與。他和工人一起幹活時，穿著一件，不知道從哪裡撿來的，就像蛀蟲蛀滿了小孔的兩股筋背心，猶如道具一般。

後來我才聽說，他的家庭出身也是地主。他的父親在呼和浩特的一所中學裡當教員，文革初期，他的父親曾被學校的紅衛兵小將打得半死。

我不記恨那些「苦大仇深」的貧下中農子弟，因為他們有「樸素的階級感情」。建國以來的宣傳，已經深入血液及骨髓。他們受黨教誨多年，深知地主和資本家有多麼的可恨，都和南霸天、劉文彩、黃世仁們一樣，是十惡不赦的壞人。

無產階級的後代對資產階級的後代也充滿了刻骨的仇恨。儘管他們的財產早已被剝奪，但他們「人還在、心不死」，因此屠戮他們成了天經地義的事情。

但這位激進的技術員，我就難以理解了。呼和浩特與包頭僅僅一百五十公里，他難道不知道父親的悲慘遭遇嗎？這位為了個人的利益用盡心思的激進者，後來果然升任為工地主任。但前十幾年就聽說他因為姦污多個女鄰居被處分，他還痛苦流涕地來管局裡尋求關係，希望組織上能夠寬大處理。

事情經過是：夏季，工人同志們都去外地施工去了，家屬在呼和浩特留守，家屬院成了寡婦村。這位主任同志，把關懷一直送到了部下妻子的床上。使我百思不解的是：兔子都不吃窩邊草，作為一個領導如何能下的去手呢？第一，你有老婆；第二，如果你性機能亢進，盡可以去找小姐呀！

此公後來好像只活了五十多歲，「心機算盡太聰明，反誤了卿卿性命」。我常常想：這個不著調的哥們呀，心機算盡竟然影響了陽壽！誰說世界上沒有報應呢！

幾位一言難盡的同事

一

我剛參加工作的時候，一下班就去食堂排隊打飯。好幾次一個山西籍的師傅托我給他捎飯，每次還要點最好的菜，但就是不給拿錢，我也不好意思張口要。一來二去，到最後我自己的飯錢也不夠了，只好和班長借。班長再三追問，我不得已說出了原委。班長後來把那個師傅臭罵了一頓，我這才結束了墊錢的歷史。

此後不久，他還向我借過十元錢。那時的十元和現在的一千元差不多。後來他不但沒有還的意思，見了我還躲著走，我只好暗自叫苦了。

二

一九八四年的夏季，我和局基建處的幾位同事一起去南京參觀進口機電設備的博覽會。期間無人接待，我們自行在街上飯館吃飯。有提議說：「小韓，錢你就替大家先墊了吧，回去咱們再分攤。」

回到呼和浩特，我把帳算完，大多同事立即掏錢。只有一位很老的工程師對我說：「我人老了，吃不了那麼多，平均分攤是不對的！」

我回答說：「我當時也只顧低頭吃飯，沒有監督大家的飯量。再說，即便監督，除了那頓包子可以監督數量外，米飯炒菜如何監督呢？」

「那你看的給吧！」最後我對這位老高工說。

三

我有個劉姓的老鄉，為人能說會道，熱心無比。剛一接觸，你會感到他可親可敬，甚至感動不已。

一九七〇年的一天，他要去東河區辦事，他說他能拿糧票從東河的糧站買出白麵來，有一位同事立即給他拿了二十五斤糧票五元錢。說好下午就帶回來。但是望眼欲穿，過了一周他才露面。同事問他：「你買的白麵呢？」他說：「糧站的那位朋友調走了，沒買上。」

「錢和糧票呢？」

「錢我花了。糧票送給我的親戚了！」

「麵袋子呢？」

「麵袋子拉在我的朋友家了！」

那位同事氣的都快要休克了。

還是這位小劉，一天要回呼市，一位同事託他往家裡捎一件上衣、一條褲子，衣服放在一個很時興的背包內。過了一個月，這位同事回到呼市了，問母親是否有人來送過衣服。母親回答沒有，他轉身就去了小劉家。小劉正在家休息，同事問他：「我託你捎的衣服呢？」

「什麼衣服？」

「就是那兩件衣服呀！」

小劉趕忙揭開大櫃的櫃蓋，找出了那條褲子，又從裡屋的炕上找到了那件上衣，只見那件上衣滾蘸的滿是灰土，褶皺的如一團亂麻。

同事又問他：「背包呢？」

「背包我哥去北京出差帶走了」

同事此時悲憤的幾近要自殺。

小河南王廷甫

王廷甫，因為他的老家是河南的，又名小河南。小河南參加工作前住在呼市哈拉沁，他爹是哈拉沁水泥廠的工人，我估計他爹是在一九五八年大躍進高潮時，從老家上來參加社會主義建設的，但是為什麼大饑荒時沒有被下放就很值得推敲了，也許是因為誠實、肯幹？

一九六五年年底，我們四位初中同學和一大幫社會青年一起來到包頭，就業於內蒙古電力建設公司，小河南也混跡其中，他被分派到了架子班。內蒙電建公司的前身屬於北京電力建設總局。我們是內蒙電建公司從內蒙古招收的第一批徒工。

小河南小學文化，但是和我們四位「文化人」走得很近，也許是因為他從骨子裡喜歡「文化人」。一九六八年，他從河南老家找了個對象，他不會寫信，天天央求我來給他寫，我也不知道那個村姑的情況，於是完全按照上世紀三十年代標準情書的樣式來寫，前後我大約寫了一年，期間小河南也給我些潤筆，就是我在宿舍裡吭哧吭哧地寫時，他從食堂給我端好菜吃。

後來小河南結婚了，妻子從老家來包頭居住，看到他的妻子，我感到很失望，因為在替他寫信時，我常常把他的妻子想像成《少年維特之煩惱》裡的綠蒂；《羅密歐與茱麗葉》裡的茱麗葉；郁達夫之情人王映霞，誰知，唉……

小河南為人非常厚道，一九六九年我們四個被打成「內人黨」，軒春生半夜撬開窗戶逃跑，不慎墜樓摔成重傷，他不顧個人的政治影響，主動陪護。後來老軒被轉院至北京治療，小河南又多次自費前往北京探望。在那個躲閃都唯恐不及的年代，實屬可貴。

小河南有一兒一女。女兒大些，估計也有四十多了，據說嫁給了木工班張守業的兒子。後來聽說張守業的兒子因為毒品的事被刑拘，和他的女兒離婚了，女兒沒有正式工作，不知靠什麼生活。

小河南的兒子在內蒙電建二公司工作，因結婚無房，小河南把自己的一戶二室的舊房騰給兒子做婚房，他們兩口子在外面租房住。緊接著他的妻子得了癌症，前後花了好幾十萬，也沒保住性命。不僅花完了自己的積蓄，還有一半是電建二公司墊付的。小河南還不上，二公司的領導便包給他的兒子一段工程，工程是掙錢了，但是他的兒子不知是因為賭博還是炒股又都輸進去了。

前幾年電建二公司不景氣，小河南的兒子在外面從事過多種職業，包括賣燒烤及擺地攤賣衣服，始終效益不佳，掙來的錢將夠吃喝。

二〇〇九年我退休回家，曾去看過小河南。輾轉找到他家，目睹他的寒酸窘迫，為他寒心。他所租住的房子陳舊而殘破，原主人已購新房，舊居的家具陳設、乃至鍋碗瓢盆一概留下未動。可憐小河南自己的東西無處堆放，所有的家具、雜物都賣了舊貨。

他因為退休早，退休金每月僅有一千六百多元，交完房租將夠吃飯。一次去他家，他正在病中，無人關照。我勸他再娶個老伴，他說：我掙的這壺醋錢，誰肯嫁我呢？

今年夏天再次去看他，才知他又續弦。這個女人比他小十四歲，是旗下營郵電局的職工。提前內退了，退休金有二千五百元，人家在旗下營還有房子和院落。

這個女人白淨淨的，相貌不醜，個子也不矮。是小河南陪朋友去旗下營遊玩時，別人給介紹的。

那天，我去小河南家，那個女人正好在家，家裡收拾的一塵不染。我和她說起小河南的為人，那個女人說：我正是衝著王廷甫溫順、善良這一點才嫁給他的。

我對小河南說：好人有好報，你就好好地珍惜人家吧，把人家當親妹妹般地看待，小河南點頭稱是。

上個月，小河南突然攜新妻來家找我，說是求我幫她寫一份狀子，狀告旗下營林業局。原來他現任妻子的前夫曾在旗下營林場工作，已經有二十多年工齡。前七八年，林場賣給了私人，他們每個人只給了五千元被強行下崗。與他一起下崗的共有二十餘人，這些人不服，結伴來呼市上訪告狀。上訪期間，因為沒吃沒喝，沒住處，前後有五六位染疾死去。她的前夫也因病無錢醫治而去世。

她說：「他們那時真可憐，每天只能靠撿點破爛換幾個饅頭來維持生活，晚上住在白塔附近農戶的涼房裡，冬天沒火，揀點紙片子燒。一天他老公和另外幾個去市政府上訪，人家不讓進，他們就坐在市政府大樓的臺階上歇息。武警攆他們走，他腰疼起身慢了些，武警小戰士撲過來用皮鞋一陣狠踢，估計他是死於內傷。」

她說，去年，那些沒死的人都給落實了政策，還補了錢。她也想趁機找找，把她的小兒子給安排了，也算對死者的慰藉。我聽清情況後，前後用了一個小時，把狀子寫的十分圓滿，他們兩口子才歡天喜地地離去。

我久居電力單位的上層，直至退休，才知道屈居基層的師兄弟們的艱苦困頓的生活。國家的貧富分化很嚴重，英國的青年都提出均貧富的口號。如果國家再不警醒，馬克思的「全世界無產者聯合起來」的口號，又該叫響了。

悲慘的趙道義

趙道義好像是瓦工，一九六八年我在包頭二電廠二期工程工地上時，他也在工地上幹活。一天，我們聽到一個驚人的消息，趙道義被人打死了。

聽知情人說，趙道義是因為闖入二電廠的女澡堂，引起洗浴的女人驚叫後，被二電廠的一幫男職工群毆，當場斃命。據說死於腦充血，面部大的像水斗子，已經看不清人樣了。

還有知悉全過程的人說，那天他是和醫務室的趙玉潔大夫相跟去洗澡的，他洗完了在外面等候趙，左等右等等不到，於是打開女浴室的門向裡面呼喊，被洗完澡的裸身女人看到，頓時引起騷亂。

此人又說，趙道義在被圍毆時，曾向眾人央告，並解釋說自己是在等候趙大夫，可是在場的趙大夫不知出於什麼心態，竟沒有給他圓場，也不應承，更加劇了人們的憤怒。

在以階級鬥爭為綱的年代裡，人們都好像瘋了一樣，以整人、打人為樂，一個壯漢須臾間就被活活打死了。

所謂的趙大夫其實是內蒙古電建公司包頭四〇六工地的一名護士，每天的工作就是給病人打針，那時，我們對於醫務所穿白大褂的人統稱為大夫。趙大夫，天津人，四十歲左右，長得豐腴白皙，喜歡說話，和人見面熟。

趙道義和趙大夫的家同在呼和浩特錫林南路的電力東院平房裡，屬於鄰居。他倆平素走得很近，相約去洗澡在道理上成立；但趙道義貿然進入女澡堂窺探好像從道理上不太成立。

人們在議論時有些怪怨趙大夫無情，因為在圍毆的現場她的一句話就可以救命。

趙道義正值盛年，呼市的家中有妻兒老小，幼小的孩子還在嗷嗷待哺。

時隔不久，趙道義的妻子來包頭的工地領取撫慰金，她的妻子雖然只有三十多歲，但是面相蒼老，一派農村婦女的打扮。後經人說合，嫁給了混凝土班的一個四十多歲一文不明的姓常的老光棍。

施工現場哪裡有婚房？常師傅自己找點廢木頭、廢磚頭、廢油氈，搭建了一個小窩棚。他們就在這樣不足十平米，站起來不能直腰的狗窩裡成家了。

第二年，她給常師傅生下一對龍鳳胎，兩個孩子非常可愛。我曾看見過她在窩棚外面的陽婆下敞著懷給孩子餵奶。待孩子滿月，老常就和她離婚了。老常把自己的老母親接來給他看男孩，女孩則被他送回老家去了。

離婚的原因不明，我非常可憐那個女人，也為她感到寒心。她和老常結婚時我就想，她呼市的孩子該怎麼辦呢？由姐姐來照顧弟弟嗎？錢又從哪裡來？老常哪裡有錢來幫她養活兒女？

她離開這對龍鳳胎會有撕心裂肺的痛苦嗎？我也不得而知。

電建公司有個保健站

內蒙電建公司有個醫療保健站，站長叫萬國信，籍貫不詳。萬大夫曾是國民黨軍醫，醫療技術非常精湛，據說他屬於起義人員，後來被我軍留用。萬大夫長得慈眉善目，不管誰找他看病，他都一絲不苟，說話輕聲細語，你如果不認真聽，有的話也許就隔過了。

文革來了，整個電建公司被攪得昏天黑地，大字報鋪天蓋地，但是出身舊軍人的萬大夫竟然毫髮無損，也許是因為人人都用的著他？也許是因為他誰也不得罪？反正萬大夫照常受人尊敬，誰也不恨他。

那些年，我常去找他看病，有時工作太累，不想上班，就去找他泡病假條。有時他開給我了，有時，再三央告也不肯開，他總是聲音細微地重複說：不需要休息，不需要休息！多喝點水就行了！

聽師兄們說，還是青山區四醫院的大夫們好日哄，你進門診室前，先喝上一大杯開水，進去就讓大夫量體溫，大夫保證說你發燒，保證給你開假條。我也多次這樣幹過，屢試不爽。

那時，去青山區四醫院看病，需要先到保健站開一張三聯單，有了這張三聯單，你只需要花五分錢掛號費，其餘的看病、開藥、住院、開刀，全部不用自己花了，這是毛左們懷念毛澤東時代的主要原因，每說到此，我也常常無話可說。

電建公司保健站，占地面積不大，有八九間平房，四五個大夫，兩三個護士。一九六九年從包頭醫專分來個女大夫，長得挺喜人，皮膚白白的，身材也很好。師兄師弟們為了眊她，經常結伴去保健站看病，有個家住東河區的油皮常常去騷擾人家，找她開「維生素B」時，故意不說「素」字，只說：「給我開點『維生B』！」搞的那個漂亮的女大夫臉紅如布；還是那個傢伙，有一回打針，故意把褲子脫到鞋跟，屁股頓時一覽無餘，氣的那個護士大罵：「討厭！」

有個高大夫，是從部隊下來的，身材魁偉、熱情健談。後來聽說不到五十歲就死了，是氣死的。他在部隊時是衛生員，沒有學歷，因此評不上主治醫師，每天鬱鬱寡歡，終因抑鬱症自殺而死。

還有個女大夫長得嬌小玲瓏、嬌癡嫻雅，老公是西南交大畢業的工程師。為了老公的提拔，她沒少費心，甚至有人說她因此被領導潛規則。後來老公雖然高升，卻因此有了外遇，常常在外面鬼混不回家，她在家暗自落淚。但是，這個大夫很要面子，常常在外人面前強顏歡笑，只有在家關住門時才和老公鬧騰。在外面，一旦聽到別人議論她的老公，她還會責罵人家：「不要造謠好嗎？我們老×可不是那樣的人！」所以儘管外面議論的沸沸揚揚，她老公後來的升遷並沒有受到影響。

法大夫法土賣，新疆維族人，也是個白領麗人。維族來自中東，中東人的遺傳基因在她的臉上突顯。關於法大夫，我在懷念她老公的文中已經提及。未曾說到的是，法大夫的兒子娶得是李光祖的女兒，她的兒子是個帥哥，李光祖的女兒也屬靚妹。只因她兒子因車禍身亡，李光祖的女兒至今仍然守寡。

去年，法大夫曾與我們兩口子結伴去臺灣，革命熱忱優甚的法大夫，堅信馬列一輩子，但環島遊了八天，回來逢人就說臺灣好、馬英九好。我曾提醒她：「和老人們可以說，不要和孩子們說，雖然我們快要交代了，但還要激發孩子們的革命信念！」

保健站還有個老大夫叫趙玉潔，天津人，屬於自來熟，非常健談。她的老公李夢庚是內蒙電管局的工程師。她面相有點老，人們叫她趙老太太，其實那時還不到四十。趙大夫非常喜歡我，我一去找她看病，她總是拉住我的手細細地摩挲著，注視著我說：「多好的孩子，今年十幾了？」我回答：「十七」。她長歎一聲後說：「這是咋啦，怎麼這麼小的孩子也被打成了反革命！」後來我才知道，其時，她的老公也正在呼市被批鬥。

那時，我的皮膚非常白，是個可愛的小男孩。記得一位師姐三十年後見到我，大吃一驚，說：「啊呀，那時你的皮膚多好呀！怎麼會變成這樣了呢？」她也許不知，她當年也是一位漂亮的小姑娘，現在也盡顯老態。

那時，如果身體不適，胃納不佳，還可以去保健站開病號飯的條子。條子送到食堂，食堂專門有廚師開小灶做病號飯。不過一般人沒病時，不會為了一口吃喝去找大夫，因為出了四〇六工地的大門，自己花錢，不愁買不到順口的食物。

那時的師傅們，家屬的藥費可以報銷一半，萬站長一簽字，馬上就能拿到現錢，這對於老婆在農村的人來說，無疑是個福音。我常常想，如果不搞文化大革命，政府一心一意搞生產，多蓋些住房，細糧再多些，社會主義其實也挺好的。

突然想起，一九六九年三月，內蒙古在「挖烏蘭夫死黨，肅烏蘭夫流毒」的運動中，我因為被打成「內人黨骨幹分子」而拘押。那天，保健站來了幾個大夫進入我的囚室，要給我注射防疫針。我偵探諜情小說看的多了，包括福爾摩斯探案以及日本「七三一部隊」的人體試驗秘聞。死活不讓他們打，幾個大夫執意要給我打，我愈發生疑，唯恐他們麻醉我後，摘走我的器官，於是哭鬧不已，他們只好悻悻然地走了，現在想來實屬多慮。

包頭二電廠的卸煤工

上世紀六十年代，包頭二電廠的發電用煤全靠人工卸車。那時包頭二電廠養活著五六十號卸煤的臨時工，他們沒事時疲憊慵懶地蹲臥在一排平房前休息，等待著運煤列車的到來。

一天大約有七八列煤車，一列煤車有三十多節車皮，每節車皮裝七十噸煤。卸煤工們無論嚴寒酷暑和晝夜，只要接到電話，心裡有再大的不樂意，為了生活還是要爬出溫暖的被窩，扛著板鍬去卸煤。卸煤就像打仗一樣，卸的遲了鐵路部門就會處罰。

只要機車一進站，他們便迅即提著板鍬爬上了車廂，奮力將車廂兩邊的擋板打開，然後就開始了黑霧飛揚的工作。即使是在零下二十多度的冬天，卸煤工們也僅穿一件單衣，身上冒著白色的熱氣，一把把鐵鍬上下飛舞，額頭上流下的汗珠，在被煤漬染得烏黑的臉上畫出一道道白線。

等到把一列車煤卸完，他們都沒有人形了，全身被煤灰裹挾，只有轉動的眼球，雪白的牙齒，還能看出他是個活物。

冬季，他們的工作更苦，由於天寒地凍，那些在車輛死角中的煤被凍成冰坨，他們要用更多的勞力來對付這些「冰塊」，鐵釺、榔頭、鏟子等工具全都用上了。來煤多時，他們要日夜守候在卸車場地，渴了喝一碗薑湯水，累了找個避風的角落抽上一根煙，一邊咳嗽一邊咒罵煤車

我有一次去觀察過他們的生活，他們喝水時滿足的愜意、休息時憨憨的笑容卻讓我莫名地激動。疲憊的眼神、黝黑的手掌、滿是黑煤漿的大套鞋告訴我，他們是經過了一場十分艱辛的勞動。

他們即便如此，仍然非常樂觀，一個師傅戲謔地說，卸煤工老婆的肚皮都是黑的；另一個說，他老婆尿尿都是黑的。哈哈。

對於卸煤工來說，黑色是生存的顏色。幹這種活兒，穿什麼衣服都被染黑了，因此他們常年就穿一件衣服，從來不換。他們自嘲自己幹的是「黑道」上的活兒。

卸煤工們都說，他們是為了讓家人過上更好的生活，而咬牙堅持著。忍受著寒冬酷暑，忍受著體力透支，忍受著漫天的煤灰。

有一個師傅說：「我覺得值得，就是苦點累點，也都是為了老婆孩子，他們能過上好日子，健健康康的，比啥都強。」

他們都是臨時工，電廠那時沒有條件給他們配備那種防毒面具（像豬嘴頭子一樣的籠頭），口罩顯然是用不起的。據說，這些人只要幹兩三年就都是矽肺病，出不上氣，無力再去從事任何職業，只能靜靜地等死。

記得有一個卸煤工對我說，太埋汰了，我的肺裡面老多煤末子，估計用火柴一點就能著。我準備買個板車去拉貨呀，卸煤不能再幹了，再幹就要得矽肺病，兒子還小，要好好活著。

他們的宿舍就在煤場旁，我曾經進去過。一間二十平米的屋子，擠著八九個工人。工人們圍坐在大桌子旁，呼啦啦地喝著疙瘩湯。這是一天裡最舒服的時候，爐火劈哩啪啦地燒著，說笑聲充斥在狹小的房間，一天的勞累也被驅散。

他們每天臨睡前都要先洗刷一番，但煤灰侵蝕進皮膚，極難清洗，和普通香皂比起來，洗衣粉、洗衣皂才是「利器」，即便僅洗一雙手，盆裡的水瞬間就變成了黑色。

唯一值得慰藉的是，他們的工資非常高，每月能有一百五十多元，那時一般工人才是四五十元，他們的工資接近中共十三級高幹的工資了，但這份錢是用命換來的。

不才在人生的道路上顛沛流離，形成了一種悲天憫人的柔弱心理。二電廠的卸煤工成了我終生揮之不去的陰影。只要一靜下心來，就會想到他們那轉動的眼球及雪白的牙齒。志得意滿的人哪裡會記得起這些生活在社會最下層的賤民呢？

直到現在這種卸煤工在中國仍然無處不在，前幾天我在報紙上就看到了某報記者採訪某地的卸煤工，上百號卸煤工都是從偏遠的農村來的，小的只有十幾歲，老的有六十多歲，每天二十四小時連軸轉，每月才開二千多元，就這點錢，包工頭也常常不能按時給付。看到這則報導，我不由得又想起了包頭二電廠的那些卸煤工。

紅房子的燴餅

孔老夫子說過：食，色，性也。對這個話，我是很佩服的。吃這個欲望，或許離人的本性最近。一個有力的證據就是，在我六十年的生涯中，有關吃的記憶最多。

我是個吃貨，也是個餓死鬼，大家從我的文章裡就可以發見。改革開放以來好吃的我沒少吃，但是並不留戀，我非常懷念的依然是那個非常年代時的食物，比如身上別著「牛鬼蛇神」徽識，站在包頭青山區紅房子的飯攤前狼吞虎嚥地吃燴餅的情景，就永遠也忘不了。直到如今，有時晚上仍然能夢到那個飯攤，那口大鍋，那個掌勺的大師傅。

上世紀六十年代，包頭青山區的紅房子有一家專賣燴餅的小飯館，那裡每天人頭攢動，天氣好時，他們把大鍋搬到門外來，人們交錢盛好後，都圍著鍋站著吃。

一九六六年夏天，我被打成「三反分子」、「牛鬼蛇神」，被關押在四〇六工地的牛棚裡。一天，我難過、發燒，不思飲食，悄悄地和監管人員商量，哀求他放我出去吃碗燴餅，值得欣慰的是，那天，那個傢伙竟然同意了我的請求，讓我快去快回。

那家燴餅館的燴餅味道非常好，裡面有白菜絲還有肥肉，那口大鍋熱氣騰騰，交上兩毛錢，師傅就把一大碗燴餅遞到了我的手中。那碗燴餅不光暖了我的手、我的身，而且還溫暖了我的心。那時，雖然是夏天，但是我的心卻被寒徹了，以至離開多年以後，仍對那位師傅的和藹善良與燴餅的滋味念念不忘。九十年代初，藉著出差的機會，曾去舊地找過那家飯館，可惜時過境遷，街面已改造的金碧輝煌，那個小飯館早已不知所蹤。現在又過去了這麼多年，說不定那位大師傅也撒手人寰，心中不免生出絲絲傷感。

後來我發現，在全國許多城市都能吃到燴餅。燴餅就是先燴一大鍋七七八八的菜，然後把切好的餅絲煮在湯裡面，簡便易行。燴餅主要針對市井貧民、走卒販夫，我懷疑陝西的羊肉泡饃就是最高級別的燴餅。

因為懷舊，九十年代，我自己在家也做過一次燴餅，那天我在街上買了顆牛心菜，又買了張蔥花餅。先把牛心菜和烙餅切絲，然後在熱鍋裡放油，加入白菜絲煸炒至變軟，再加入水，放少量醬油煮開，倒入餅絲，小火燉至餅變軟入味後即出鍋。那頓飯，又簡單，又快捷，色香味俱佳。然而，好像沒有包頭青山區紅房子燴餅館的那種奇妙的味道，也許是我的心理在作怪？

聽同事說，其實燴餅並不需要專門的餅，家裡的餅，放的較久了，很乾很硬了，就可以拿來做燴餅，剛買的餅很容易煮透，不好吃。我因此理解為，早期的燴餅主要是怕餅浪費了的一種做法，至於飯館的做法，其實是對燴餅的一種發揚光大。現在的家庭，剩飯菜都立刻扔掉，也就沒有燴餅這道菜了。

妻子好幾次說起，兒時父親在家用燴菜給她們燜饅頭、燜焙子。饅頭和焙子都用刀切成細條，她記得非常好吃。我卻不以為然，因為，在那個饑腸轆轆的年代，吃慣粗糠的人，再吃麩子都屬於美味，何況饅頭、焙子都屬於細糧呢！

現在，不知道哪裡還能吃到正宗的燴餅，即便能吃到，也不會再有一九六六年的那種氛圍：震耳欲聾的紅歌，紅海洋鋪天蓋地，我衣衫襤褸地圍在那口大鍋旁，人們用奇異的目光審視著我胸前的牛鬼蛇神標識。如果能時光倒流，或能穿越時光隧道，我想攜帶一架數碼相機，去抓拍那個年代的荒誕的場景。

文革真的還會來嗎？

鋼絲麵

鋼絲麵（Steel wire noodles），玉米麵製品，類似於掛麵。製作時先將玉米麵稍加水分拌濕，經專門機器強力擠軋而成。其色澤金黃，細若毛線，長若繩索，剛而不脆，軟而不綿，食之柔韌有力，和潤滑口，一反玉米麵之常態，其物理變化和鋼材冷作硬化過程相似。

此物無不可多食，若多食腹脹時，用溫開水送下幾片酵母，即可緩解。

——此注釋擬推薦收入《中國大百科全書——食品卷冊》

鋼絲麵始於何年不得祥考，記得我第一次見到它是在一九六九年，其時雖然文化大革命的狂潮略有緩解，但仍熱浪炙人。一天，我到醫院瞧病去，途中見一年輕男子在自行車後衣架上馱了一大團類似於黃毛線的東西，車輪飛轉起來它雖顫悠悠的，仍硬而挺直，並不散亂，說電線不像電線，所繩索不像繩索，說金屬製品又不像金屬製品，使我百思不得其解。歸來和同事談及此時，一事理通達、多經廣見的同志才告訴我它就叫鋼絲麵。不由得使我驚異於造物者的神奇和它名字的貼切。

那時玉米麵正走紅運，種不種玉米被提高到忠不忠於無產階級司令部，是否反修防修的高度上來。因此，那些年大米在北方已屬罕見，麵粉的供應比例也日漸稀少，我們這些在單身食堂用餐的人幾乎上頓下頓啃窩窩頭，苦不堪言。至此平添了一種奢望，就是渴望能儘快普及這種鋼絲麵，以便調整一下日漸減退的食慾。

天可憐見，此後不久，單位食堂就開始供應鋼絲麵了。我那時正年輕，才二十出頭，每日下工回來已是饑腸轆轆，因此每頓飯總要買滿滿一小盆鋼絲麵，再花五分錢澆上一勺湯，花二分錢添上一小匙辣椒，然後找個地方蹲下，須臾間就吞食個精光。至今回味起來那味道仍口生津液，彷彿就是西餐大菜和它比起來也相差甚遠。

後來不久，我就成家了，民以食為天，每天早晨起來用塑膠袋裝滿一袋玉米麵，午間下班第一件事就是去換鋼絲麵，那時節，加工鋼絲麵的點還不太多，稍去晚些就換不上了，每遇到這種情況心中是很悵惘的。有一天午間下班，我為了爭取時間，過馬路一不小心竟和別人的自行車撞在一起，眼鏡破了，玉米麵撒的滿街都是，想起來十分可笑，從那以後我好長時間沒再去換鋼絲麵。

迄今為止，我好長時間沒吃過鋼絲麵了，自改革開放以來，國家已發生了天翻地覆的變化，衣食住行和過去不能同日而語，雖然現在在菜市場裡仍然能看到它的身影，但那只不過是許多人對西餐大菜厭倦後的一種返璞歸真。我每逢在超市貨架上看到它，心裡總有一種說不出來的酸楚。

麵條

上世紀六十年代，我在包頭市青山區四〇六工地上班的時候，飯量很大，每天總是餓腸轆轆的。那時我住在公司大樓，離上班的地方很遠，每天晚上下班路過青山百貨大樓，總要到後院裡的麵食館裡吃上四碗素麵。素麵七分錢一碗，四碗兩毛八分錢，裡面還有豆腐和菠菜。肉麵很貴，每碗一毛二分錢，四碗就要四毛八分錢，我還在學徒期間，每月十八元薪水，實在承受不起。

一頓飯能吃四碗素麵，大家一定會見笑吧？其實那時，哪個人的飯量不大？記得我念初中時，火車站有個蹬三輪的，一頓飯能吃十二碗素麵呢。那個人我見過，身高有一米九幾、體重估計有二百多斤，看上去好像一座山，四碗素麵在他眼裡就是毛毛雨了。

我的師兄弟們個個都比我能吃。有一次兩個人打賭，一個師哥吃進去二斤麵條，不知道第二天誰報告了工地主任，在早晨的站班會上，工地主任焦老大把大家罵了個狗血碰頭，他說：「你們這幫小兔崽子們，萬一你他媽的撐死了，我怎麼向你的爹媽交代！」

焦老大是個好人，發起脾氣來敢踢人，但心眼兒是好的，工人們如果真有為難事，他總會鼎力相助。

一出四〇六工地的大門，過了一座小橋還有一家麵食館，每天生意非常興隆。我開始去那裡吃麵時，已經出徒了，每頓飯，一碗素麵、一碗肉麵。肉麵裡有幾塊肥肉，吃起來油汪汪的，很過癮。但因為顧客多，麵條沒等煮熟就撈出來了，多少有點夾生，要是擱現在我是如何也嚥不下去的，但那時看見食物眼睛就冒藍光，哪顧得了許多？

昆區百貨大樓的西邊還有一家麵食館，專賣擔擔麵。麵條紅紅的，好像也不太辣，但是吃起來很香，很有味道。一九六八年的夏天，我幾乎每個星期天都要去那裡吃擔擔麵。吃完在昆百大樓裡轉轉，看看，時間不長就要往回趕，因為一過下午四點，公車就等不上了。好不容易來一輛車，足有二百人在等著，我身小力單，根本就擠不上去。

記得工地食堂的麵條也很好吃，只是因為人多，平常無法供應。有時候上夜班，零點時分去食堂，就有肉沫麵，很香很有味道，我吃起來如風捲殘雲一般。

如果有病，工地衛生室給你開了病假條，你就可以拿著這張條子交給食堂的管理員，他們會給你安排病號飯。病號飯就是麵條，病號飯的麵條裡沒有肉，只是油鹽、蔥花和味精，好像味道也不錯。

年輕時，我曾經有個宏大的志願：如果將來有了錢，每天中午吃一大碗刀削麵，上面放一塊肥豬肉片子。我後來所有的努力都與這個美好的追求有關，因為母親說，只要能當上工程師，就能天天吃上麵條。沒想到我的努力有點過頭，竟然混入了高級工程師的行列。

及至到了大型國企，外出的機會多了，吃麵條的機會也就更多。我喜歡重慶丘三的雞湯麵，更喜歡戴家巷的牛肉麵、擔擔麵。杭州的榨菜肉絲麵和排骨麵，也令我思念不止，我認為比蘇州的香菇麵還要好。蘇州的麵條特點是清爽，湯是湯，麵是麵，清清爽爽一碗，加上不同澆頭，即成不同麵品。我也喜歡上海的陽春麵，如果把光面當陽春，那就大錯特錯了。但北京炸醬麵、大同刀削麵、蘭州拉麵、西安油潑麵口感似乎更適合北方人。

我還吃過義大利麵。由於有湯水的潤滑，筷子的方便快捷，很多人的中式麵條是在稀裡胡嚕的酣暢淋漓中完成進食，而義大利麵由於受到叉子的限制，是一個緩慢的過程。吃義大利麵有諸多的講究，在用叉子纏繞麵條時，如果不能得心應手，是不可叫勺子來協助的。也不能用刀子切斷，更不能發出咀嚼的聲響，這是大忌。吃麵途中，不小心讓麵條掃至嘴角，還得放下叉子，學淑女狀用紙巾，沾沾唇邊……總之，吃西餐的人不管高矮胖瘦，不知不覺中形成的優雅，除文化習俗外，有部分的因素，是受制於刀叉。

據說，吃義大利麵條也需要一種幽雅的氛圍，餐廳的裝潢別有情調，牆上的風景油畫在柔和的燈光下朦朧著一種異國風情。因為一種不同的飲食習慣，能內斂一個人的舉止，修煉一個人的風度。但我卻不習慣於在鋼琴伴奏下，用叉子來吃麵，感覺有些小題大做。不就是一碗麵嗎？他母親的！

後來我才慢慢知道，麵條雖然好吃，但是世界上比麵條好吃的東西有的是。只是身處社會底層的我們無緣消受罷了。

二〇〇四年秋季，我在北京參加了一個發電工程的可研審查會，會議在世紀元大酒店舉行。閉幕的那天，公司董事長宴請國家發改委的領導，不才有幸忝陪末座。那天上的每一道菜上都撒有金箔，席間的靡靡之音令人陶醉，服務員小姐的玉腿酥胸令人心猿意馬。這一席酒，直吃到耳酣眼熱。據說，僅那碗比酒盅大不了多少的燕窩湯就四百多元，吃麵條能吃八十多碗，唉，都是人間造孽錢呀！

糧票的回憶

上世紀六十年代中期，我在內蒙電建公司當工人時，屬於重體力勞動，糧食定量是四十斤。好像裝卸工、起重工更多，可以達到五十斤。我由於長期的飢餓與營養不良，非常消瘦與矮小，四十斤的定量是無論如何也吃不進去的。

那時的供應糧，只有百分之四十的細糧，其餘全是玉米麵，玉米麵只能蒸窩頭，窩頭苦澀難嚥，在嘴裡越嚼越多，就是嚥不下去。

那時的玉米是東北馬牙玉米，又粗又長，脂肪、蛋白含量極低，餵牲口都不好好吃，哪像現在的黏玉米那樣香甜可口。天天吃玉米麵，看見窩頭就胃酸，吃到後來，有的師弟實在嚥不下去，把窩窩頭搓成丸藥大小的圪蛋，大概嚼一下就用水送進胃裡去了。

那時的細糧是白麵饅頭，食堂一發下糧票，年輕人們往往先吃細糧，實在無奈時再吃粗糧，剩下的粗糧票就作廢了。我在一九六〇年挨過餓，捨不得把粗糧票作廢，每天按比例吃，每頓飯買一個窩頭再買一個饅頭，趁著飢餓，先把窩頭慌亂地吃下，然後再慢慢地品嚐白麵饅頭的麥香。

說心裡話，那時工地食堂的炒菜還是不錯的，我經常吃一角五分錢的炒菜。炒菜的品種很多，都是肉炒各種時令菜蔬。但拉家帶口的師傅們非常節儉，天天吃素菜，素菜一般是五分錢的辣子白，油汪汪的茴子白裡還有紅紅的辣椒，味道也很不錯。我們都叫辣子白為「怕老婆菜」。

我由於嚴格地按粗細糧的比例吃，剩下的粗細糧票也都成比例，每月我都會持成比例的粗細糧票到食堂管理員那裡換取通用糧票。通用糧票分地方糧票和全國糧票兩種。家在內地的師傅們可以換到全國糧票，內蒙籍的人一般只換給內蒙糧票。食堂的管理員叫趙華輝，是個面慈心善的老頭，文革期間也曾被關押在牛棚裡，我們曾是難友，我每每去找他換糧票時，他總會拿全國糧票給我，我對他千恩萬謝。

那時候有糧票真好啊，有了糧票就可以上飯館吃碗肉絲麵，就可以買到炸得噴香的油餅和剛出籠的包子。我至今記得，五分錢加二兩糧票可以買一個焙子；五分錢加一兩糧票可以買一個肉包子。誰家要是有人出遠門，必須持介紹信上糧站，把糧食換成糧票，出了省還必須用全國通用的，否則你根本沒法遠行，豈不是要隨身背一口袋面再背隻鍋？二指寬的小條條就把你栓的死死的，沒法子。

記得有一年，我用積攢的粗細糧票一共換了一百二十斤全國糧票，齊齊整整簇新的糧票拿在手裡，內心充滿了喜悅。過年時我把糧票拿回呼市家中，親手交給母親，細心地叮囑母親說：好好保存，輕易不要出手。如果再逢災年，可以抵擋一陣子，母親為此非常感動。直到二〇一〇年五月母親去世，我在整理遺物時，發現那一百二十斤糧票依然靜靜地待在一個精緻的西湖龍井茶葉桶內，我親吻那一疊糧票，一時淚如雨下。

那時土建工地有個四川籍的技術員叫劉定業，是個文弱書生，因為出身不好，非常受氣。一天，劉定業去食堂打飯，土建工地的幾個小混混圍住他要和他借細糧票，他剛把錢包掏出來，一疊細糧票就被他們一搶而光。劉定業一時怔怔地站在那裡悵然若失。後來我多次見到劉定業找他們索要細糧票，但沒有一個人承認拿過他的細糧票。

那時大多數師傅的家都在農村，師傅們常常自嘲說：「娶個老婆向陽花，生下娃娃亞非拉。」、「向陽花」一詞來源於一首歌曲：「公社好比常青藤，社員都是向陽花」；亞非拉的人民大多是黑人，以此隱喻他們孩子們沒有城市戶口，和黑人無異。

這些家在農村的師傅們，自己瘦小乾枯，面目黝黑，但妻子卻大多如花似玉。潘金蓮僅僅為了全國糧票就嫁給了武大郎，這真是現代版的《金瓶梅》呀。

在那個時代，糧票曾經是我們的命根子，僅僅有錢也是不行的，想要活命就離不開糧票。記得剛參加工作時，師傅們都真誠地勸告我：你將來找對象一定要找一個帶全國糧票的呀！我因此立志不娶「向陽花」。

記得我看《沙家浜》時就常常想，沙奶奶養活十七個傷病員，不知道哪來的那麼多糧票？

我曾經見到過一個非常漂亮但沒有糧票的上海女孩，皮膚白皙，身材高眺，面目嬌羞嫵媚。她下鄉在黑龍江，姐姐姐夫都在我們公司工作，我和她的姐姐姐夫很熟。一次她的姐夫向我說起她，並試探地問我：下鄉的知青你肯娶嗎？我慨然拒絕。後來她嫁給了土建工地水暖班一個叫海三維的哥們，我才第一次近距離見到她，驚異於她的美麗，但說什麼也為時已晚了。

語錄牌

不知是誰定的規矩，文革初始，去工地上班都要排隊，而且打頭的還要舉一塊毛主席語錄牌，頗像今天的奧運會入場式。所謂的語錄牌，其實就是一塊釘了一個長柄的小黑板，便於語錄天天更新。周麻子是文革積極分子、中共預備黨員，平素此事都由他來操持。

這天，他吃早飯晚來一步，班長白師傅對我說：「小韓，今兒個你在黑板上給咱們露一手吧，你好歹也算個識文斷字的，丟了的也比他麻子拾到的多。」既然師傅器重，我就得當回事來做，我翻開了《毛主席詩詞》，將「蝶戀花・答李淑一」工工整整地抄在了黑板上——「我失驕楊君失柳，楊柳輕揚直上重霄九……」。抄完了自己左右端詳，覺得還算滿意。

不一會兒，周麻子回來了，我們也正準備出發。「麻子，快舉你的語錄牌！」白師傅叮囑他道。

「這……寫的是啥？」周麻子看了看立在門口的語錄牌，他伸長了脖子，瞪大了眼睛，吃驚地問。

「咋啦？」白師傅不耐煩地對他說：「是我讓小韓寫的，莫非你還能從雞蛋裡挑出骨頭來嗎？」

「這哪裡是語錄？什麼亂七八糟的！毛主席能寫這麼下流的玩意兒？我就不信！」

「嗯？」白師傅警覺地問我：「怎麼回事？小韓！」

「這是毛主席詩詞！」我趕緊把小紅本拿了出來，翻到了其中的一頁，直遞到周麻子的眼前。周的臉倏地紅了，煞像一塊紅布，「這……」他頓覺自己說走嘴了。

白師傅也明白過來，佯作正經地對周麻子說：「麻子，毛主席的詩詞亂七八糟，還很下流是你說的吧？還有啥屁？儘管放！鬧你個現反一點也不過分吧！大夥都聽到了吧？咱們一會兒就給他湊湊材料，把他送到個吃飯不用花錢的地方！」

「白師傅，大人不見小人怪，咱們那說那了，你就把我當個屁放了還不行嗎？」周麻子嚇得臉色都變了，又用近乎於央求的聲音對我說：「韓老弟，多多包涵，算我有眼不識金鑲玉，眼眶裡安得是玻璃球不好嗎？」

看他這副樣子，大夥都不禁樂了，白師傅也噗哧一聲笑出聲來，周麻子這才心裡一塊石頭落了地。師兄小張逗他說：「這樣吧，以後每天咱們班裡的開水都由周麻子來打，這就叫強迫勞動以觀後效，帽子拿在群眾手裡。」

「行！行！」周麻子小雞啄米般連連點頭。

大夥笑了個夠，這才趕忙整隊出發，周麻子照舊舉牌走在頭裡。

走著走著，迎面又過來一隊人，打頭的也舉著一張語錄牌。上面寫著「加強紀律性，革命無不勝。」他們是安裝隊下夜班的工人。

他們其中一人看了看我們的語錄牌，不由地笑出聲來：「快看！他們的語錄牌寫的是啥呀！」

周麻子得意地回敬他說：「你懂個屁，這是毛主席詩詞！」

那人也自知失口，再不敢言語，他們別的師傅也和我們微笑相視而過。

紅寶書的驚怵

《毛主席語錄》係革命箴言，封皮是紅色的，文革時人們都稱之為「紅寶書」。

文革初起時，電建公司要求每個職工至少要背會一百段毛主席語錄。下班後，我抓緊時間，分分秒秒地背語錄，就連上廁所也帶上了紅寶書。

我的經驗是，背毛主席語錄如果結合現實情況，就容易記憶。比如我尿尿時就常背誦「四海翻騰雲水怒」，拉屎時就背誦「五洲震盪風雷激」，這時往往伴隨著飛濺的水花和落屎的聲音。

那年頭，工地上哪裡有沖水式廁所？都是旱廁。所謂的旱廁，就是挖一個糞坑，坑上擺幾條木製的橫樑，橫樑上再釘些木板，便於人們踩踏，四圍用荊笆抹泥作為圍牆。

我入廁的過程是這樣的：蹲在坑沿上，一邊背誦最高指示，一邊為社會主義農業發展做貢獻。大約在背會十條語錄之後，貢獻也做完了。我把紅寶書放在兩膝間的褲子上，掏出一張水泥包裝紙，開始慢慢地往軟了揉，也不知怎麼搞的，就在揉紙的過程中，紅寶書竟然掉進了糞池裡。

我的大腦「嗡」地一下，一時空白，渾身顫慄，驚恐萬分：怎麼辦？如果有人進來，發現紅寶書飄在糞坑裡，馬上就會跑出去報告。作為階級鬥爭的新動向，我就會立即被戴上高帽子，胸前掛著大牌子在全工地遊鬥；我還會坐噴氣式，革命群眾會圍著我喊口號，許多人會蜂擁而上地打我，用腳踢我，往我的臉上吐唾沫；就是逮捕也不是沒可能，就在前幾天，我的一個師弟，用泥巴打麻雀，手頭失準，把泥巴扔在了毛主席像上，把毛主席的眼睛打了個烏青，革命群眾立即把他用繩子捆了起來，扭送到了公安局。後來他被放回來時，身上幾乎蛻了一層皮，瘦的沒人形了。

紅寶書在屎尿中浮浮沉沉，我來不及擦屁股，提起褲子就跑到了廁所外面，慌亂地四下尋找可以消滅蹤跡的東西。我終於看到了一塊毛石，抱起來轉身又進了廁所，將毛石對準糞坑中的紅寶書，奮力地砸了下去。濺起的屎尿落在了我的衣服上、臉上、頭髮上，我也全然不顧。慶幸的是，紅寶書終於不見了。我驚魂甫定，但是不敢離去，害怕紅寶書還會從屎尿裡鑽出來，目光呆滯地注視著糞坑。

這時，土建工地小型機械班的石師傅進來了，他看我神色慌張，問我：「小韓，你在看啥？我說：錢包掉下去了！」

「錢多嗎？」

「不多，也就幾塊錢。」

「幾塊錢就算了，撈起來也沒法花了。」

「嗯。」

我神色慌張地逃離了廁所。回到工地，我無心幹活，坐在一棵原木上發呆，滿腦子都是那本沉淪於屎尿之中的紅寶書：每隔一個月，郊區的社員們就來掏一次廁所，紅寶書就會被發現，貧下中農就會把紅寶書交給我們公司的文革小組，文革小組根據扉頁上的名字找到我，我依然逃不脫被批鬥、拘捕的噩運。怎麼辦呢？我快要哭出來了。

我在努力地回想：扉頁上的字到底是用什麼筆寫的？如果是鋼筆，經過十幾天的浸泡，字跡一定會模糊不清；如果是用油筆寫的，油不溶於水，即便浸泡的時間再長，恐怕筆跡也會依然存在。我的腦細胞在極速地死亡，我怎麼也想不起來，到底是用啥筆寫的了。我又僥倖地想：油筆字經過長時間浸泡，由於紙質的變化，也許也會模糊，但我又不敢斷言。我的紅寶書沒有白讀，我突然想起了偉大領袖的一句話：「要想知道梨子的味道，就要親口嚐一嚐。」我為什麼不做一下試驗呢？

我謊稱肚子疼，和班長請假回到了宿舍。我撕開一張煙盒，在上面分別用鋼筆和油筆寫上了我的名字，然後分別浸泡在兩個罐頭盒中。那一宿，我沒有睡好，輾轉反側。快天亮的時候丟了個盹，夢見警車來工地抓我，我聲嘶力竭地辯解。我在夢境中吼叫時，班長謝師傅把我叫醒，我回答說，是夢魘了。

字跡泡了整整一天，果然不出所料：鋼筆字幾乎沒有了，油筆字依然清晰可辨。這時我得了思維強迫症，每天大腦裡離不開鋼筆和油筆，後來我竟然強迫自己認定是用油筆書寫的，然後就陷入驚恐中。油筆是第二次世界大戰時，美國人發明的，剛發明出來時叫「原子筆」。他媽的美國鬼子，不辦好事！我一時非常仇恨那些金髮碧眼的美國人，甚至想振臂高呼「打倒美帝國主義！」

那些日子，我也不知是如何渡過的，整天渾渾噩噩，茶不思，飯不想，走路都懵懵懂懂地直撞牆。我甚至想到了死，但是那年我才十七歲，死對於我來說，又有些不甘心。後來我把一切後事都準備好了，甚至把進到公安局後如何交代的過程也都想好了，同時我也頻繁去關注那個廁所被掏了沒有。

時隔不久，廁所終於被掏的一乾二淨，卻沒有任何人來找我的麻煩。壓在我心上的巨石終於砰然落地，我的心態也恢復了自然。至於我後來被戴上牛鬼蛇神的帽子，和此事並沒有一點關係。

無妄之災

一

聽表哥說，文革初起時，全國流行紅海洋，堡子灣公社革委會的辦公大院，也都要油漆成大紅色，他以前學過幾天油漆匠，被革委會辦公室的張秘書點名叫了過去。這天下午，油漆會議室的天花板，表哥爬上爬下，又得仰著頭幹活，半天下來已是腰酸背脹了。正準備抽支煙休息一下，發現這裡只有一張粘滿油漆的舊椅子，上面有一疊舊報紙，表哥不管三七二十一就坐了上去。

正是這個時候，張秘書突然闖進來，眼珠一鼓，吃驚地叫道：「哎呀，你怎麼能坐在這上面呢？」表哥聽到他一叫，猛地跳起來，這才知道自己剛好坐在一張毛主席像上。那年頭，哪張報紙上沒有偉人像呢？坐在上面，就是對偉大領袖最大的不忠！

這是一起嚴重的現行反革命案件，張秘書馬上打電話向縣裡報告。上面非常重視，縣政法部門的造反派坐著吉普車呼嘯而來。

正所謂雷厲風行，批鬥大會當晚舉行。高音喇叭一叫，公社所在地的貧下中農都去了，舅舅和妗妗坐在臺下，嚇得臉色灰白，表姐和表妹也都在悄悄地流淚。那時的「現行反革命分子」隨時隨地都會出現，批鬥臺上做了一批高帽子和木牌備用，木牌上半部分寫著「打倒現行反革命分子」九個大字，下半部分空著，需要時只要臨時用粉筆填上某某的名字就行了，方便得很。表哥被押上了臺，戴上了高帽子，掛了塊木牌，站在批鬥臺的一角。

張秘書唾沫橫飛地揭發了表哥的「罪行」後，舉起了攥緊拳頭的右手高呼口號：「打倒高明！」

出來。

當晚，表哥就被縣裡政法委的車拉到大同了，整整被關了半年，後來被放出來回家時，都沒人形了，家裡人都認不出來。

二

一九六六年，我在電建公司時，工地上都是旱廁所。一天，有人發現女廁所的茅坑裡有張報紙，報紙上的領袖頭像上有血污。發現人立即報告了工地書記，書記又立即報告了公司的紅衛兵總部。不一會兒紅衛兵總部的人就開著一輛美式吉普車來了，當時就宣佈工地停工，嚴厲追查究竟是什麼人幹的如此惡毒的事情。

那天驕陽似火，除了領導，其他人都在大太陽底下坐著，臉上曬得冒油，那張被污染的報紙被工地書記用樹枝挑著，偉大領袖滿臉血地汙展現在眾人的面前。這是重大惡極的反革命事件，人們都驚呆了，誰也不敢說話。

「紅總」的人說：你們都不說是吧？其實這樣的事情非常好查。第一，檢查各工地班組今天的報紙，看看究竟哪家的數量不夠；第二，檢查各工地班組的女工，今天誰來例假了！不過最好還是自己交代為好，這樣可以從寬處理！

人們還是不說話，工地上女工不多，她們也埋頭不說話。「紅總」的頭頭說：如果不說，那麼凡是在場的女工都要脫了褲子檢查，你們自己脫還是我們派人去脫？

場面寂靜得很，過了幾分鐘，油工班的一位女工舉手說：是我用過的紙！她立即就被揪到前面去了，兩個「紅總」的人分別用手按住她的頭，擰住她的胳膊，做噴氣式狀，脖子上立馬就被人掛上了幾十斤重的法蘭盤。她汗如雨下，戰戰兢兢、哆哆嗦嗦地交代了事發的經過：

那天她正在現場幹活，突然發現來了例假，因為沒有準備，隨手從工棚裡拿了幾張當天的《人民日報》，她說她翻看了，沒發現上面有圖片，誰知道報紙的反面還有偉大領袖的像呢。後來，折疊的報紙被風吹翻，露出了偉大領袖的尊容。

由於找出了元兇，大會很快就散了，那位女工也被「紅總」戴上銬子用車送到市公安局去了，人們該幹啥又幹啥去了。但大家都臉色凝重，心情沉鬱，尤其油工班的幾位女工，臉上都有淚痕，默默無語。

三

我讀大學的時候，有一個同學是北京知青，他當年在北京第二十七中讀書，他回憶說，他們學校，一九六六年紅八月被打死的那個學生是一個挺老實的女生，不是出風頭的人。那時只因「家庭出身不好」，隨時可能被當了紅衛兵的同學侮辱和毆打。

他說，那個女學生被打死，是因為在開會的時候，她把那時人人隨身攜帶的紅色塑膠封皮的《毛主席語錄》，坐在屁股底下。紅衛兵指此為大罪，就把她打死了。

他還說，那天上午，他聽到在初二的一間教室裡正在打人。教室裡傳出紅衛兵大聲的叱罵和被打者的慘叫。那是一間平房教室，他站在窗外，看到這個女學生的衣服已經被打得破破爛爛的了。

打了一陣，這個女學生被拉到院子裡。紅衛兵罰她在院子裡掃地。她在院子裡掃地的時候，繼續被打。這時大約是吃午飯的時候。

後來，這個女學生被打昏過去，倒在地上，失去知覺。紅衛兵說她是「裝死」，說要試試她是否真死。他們把一塊玻璃砸碎，拿起碎玻璃往她的眼睛裡揉，眼睛流出血來，她醒了過來，滿臉渾身都是血，紅衛兵用盆端來水澆她。他們先澆了腳，又澆頭，血水流了一地。

我聽的心裡一陣發緊，好像我被施暴了的感覺一樣。我為此事難過了好長時間，也使我對文革的正確性充滿了懷疑。

《語錄》軼事

一

文革剛開始時，呼和浩特的主要街口都有紅衛兵設路卡，如果不會說幾條毛主席語錄，就不讓過去。鄰居的李大媽在家裡待不住，她學會了幾條毛主席語錄後，就抱著孫上街了。

街口站著紅衛兵，紅衛兵見了李大媽，先說：「要鬥私批修。」

李大媽懷裡抱著孫子，一緊張就什麼也想不起來了，忙問紅衛兵：「我該說啥呀？」

紅衛兵說：「你也得說一條語錄。」

想了一會，李大媽說：「千萬要鬥爭。」

紅衛兵和路口的人聽了都笑起來，趕忙幫她矯正：「千萬不要忘記階級鬥爭。」

又有個紅衛兵說：「大媽，你再說一條別的語錄吧。」

李大媽想了想說：「工業學大『親』」，她把「慶」說成了「親」，大家又是一陣笑。

李大媽不好意思了，轉過身抱著孩子對紅衛兵說：「我背錯了，就不過去了。孫子，我們回家吧。」

後來，紅衛兵問：「你是啥出身？」

李大媽說：「貧農！」於是放她過去了。

二

聽五舅說，有一天，他也被一夥流竄到鄉間的紅衛兵堵在村口，說是抽查毛主席語錄學習情況，一定要他背一段語錄才准離開。那天五舅剛吃完早飯，正奔村口的茅房而去，紅衛兵擋住不准走，本村的革委會主任說情：這個老漢不識字，念一句就行了。

五舅內急，說不出來，只在原地推磨子，在旁邊人的不斷引導下，終於憋出一句：「白求恩移山！」撒腿就往茅房跑去，身後留下一片笑聲。

五舅平日奉行「少提意見多通過，開會就把角落坐，抽旱煙，吐唾沫，逮空就把蝨子捉」的生活原則，人家念文件他打瞌睡，把「愚公移山」和「紀念白求恩」弄混了，輕易就給愚公和白求恩調換了工作，幸虧兩位老人家已經作古，不然還要鬧出國際糾紛呢。

三

有一次，土建工地召開學習《毛主席語錄》宣講大會，造反派頭頭周麻子帶頭呼喊口號：「毛主席的話一句頂一萬句！」

幾百人的會場內，呼應聲震耳欲聾。但坐在第一排頭髮花白的測量工張師傅卻頻頻搖頭，嘴裡嘟嘟囔囔，似乎並不認可。

周麻子大怒，吩咐臺前摩拳擦掌的幾個造反小將：「把那個搖頭晃腦的反動分子抓起來！」早有準備的幾個造反派小將手腳麻利地過去，按肩頭，收二臂，將張師傅押至一空屋，拳打腳踢，口中直呼：「今天可逮住個老反革命！」

周麻子正襟危坐，怒目圓睜：「你膽敢不承認毛主席的話一句頂一萬句？你簡直反動頭頂！」

張師傅挺直脖子，連喊委屈：「冤枉啊，我並無此意！」

「那我喊口號時，你搖頭是啥意思？」

「我只是想說，主席的話一句頂一萬句，何止啊！」

周麻子大驚，連忙下座，親解其縛，雙手扶起，連連道歉：「誤會了，誤會了，沒想到對毛主席的話我領會的還沒有您深！」

四

一九六七年夏天，我從呼市外文書店買了一本英文版的《毛主席語錄》，後來帶到了工地，放在床頭對照中文版的《毛主席語錄》仔細揣摩學習。一天，工地劉書記把我叫到辦公室說：「小韓！你個小兔崽子，為什麼看帝修反的書？」在他看來，有外國字的書就是帝修反的書。我說：「報告劉書記！你這麼說可是犯大錯誤的！這是對外發行的毛主席語錄，你怎麼敢說是帝修反的書呢？」他一聽也嚇了一跳。不過又馬上鎮定下來對我說：「怎麼！你還想威脅我嗎？別忘了組織上剛剛給你平反！」也許他意識到了他說的那句話的嚴重性，沒敢馬上收拾我。簡單咋呼了幾句就放我走了。

事也湊巧，第二天文革工作組的張主任來工地檢查工作，我上去對張主任講：「報告張主任！劉書記不讓我學習毛主席語錄！」張主任一聽就變了臉。他很嚴肅地問我：「怎麼回事？你詳細講講！」我說：「我買了一本英文版的《毛主席語錄》看，被劉書記沒收了。」張主任說：「原來是這樣。你沒有中文版的《毛主席語錄》嗎？」我說：「我有，我只是買來對照著看。」張主任說：「你回去吧，我讓他還你就是了。」晚上，劉書記把我叫到辦公室還了我的書，並再三向我賠不是，還感謝我沒對張主任說那本語錄是帝修反的書那句話，從此他對我客氣多了。

文革軼事

一、文革時，我的一個同事老李對另一個同事老張說：「黨其實不是個好字眼，你看『結黨營私』、『君子群而不黨』、『黨羽』，就連那個黨的繁體字都是上面冠冕堂皇，下面漆黑一團……」

後來那個老張去工宣隊告發了老李，工宣隊準備要扭送老李去公安局，在扭送之前總要落實一下吧，於是把他叫過去詢問了一番：「你對×××說過黨是漆黑一團嗎？」

老李對此事已有耳聞，因此心中始終在琢磨如何下臺。到了工宣隊，他面不改色，心不跳地對隊長說：「我是說過呀！但是我說的是過去的那個『黨』呀，上面冠冕堂皇，下面漆黑一團；但是現在的『党』不是那樣了呀，現在的黨是上面富麗堂皇，下面親如兄弟呀。」

於是老李把繁體字的「黨」和簡化字的「党」細心地給工宣隊長在紙上寫了一遍，工宣隊長感歎地說：「有些人就是居心不良，如果我今天不落實，不是把好同志給冤枉了嘛！」

睿智有時也可以避禍。

二、土建工地還有一位解放前當過員警的常師傅，他多次被捆綁吊打，過堂跪磚、上老虎凳，逼其供出反動組織。在實在熬不過的情況下說：「實話說吧，我還有一件大事沒交代呢。」打手一聽來了精神，停止拷打，豎起耳朵聽他斷斷續續地說：「那年……那年……八國聯軍進中國是我帶的路，還放火燒了北京圓明園……」、「打手」一聽這麼大的事，又讓他再說一遍，寫供畫押之後，這個「打手」以百米賽的速度跑到公司革委會主任的辦公室邀功：「可抓住大傢伙了！」當他氣喘噓吁地將常師傅的供詞學說一遍後，當然地挨了還有點歷史知識的主任一頓臭罵。後來常師傅被折磨得曾吞一把直別針想自殺，類似這種無中生有、捕風捉影的冤案那時層出不窮。

三、一九六七年元旦，電建公司有幾位同事去河北秦皇島外調，路過唐山時正趕上賣毛澤東石膏像，他們便排了三四個小時的隊，各買了一尊。買完之後，他們才知道惹了麻煩：石膏像易碎，他們還要去北京，萬一途中不慎碰碎或擠壞，那禍就惹大了。於是他們找到外調單位的領導，要求給他們各釘一個小木匣，把石膏像放入了小木匣內。那位同事對我說，當時萬萬沒有想到，此舉竟使一位同事罹難。

起因是他們當年往小木匣內放石膏像時，有一位同事開玩笑說：這個小木匣是否像骨灰盒？他說的這句玩笑話，後來被對方單位的人揭發，那位同事因此被打成了現行反革命，被判了十年徒刑，坐了六年大牢後被作為壞分子回老家農村管制，直到打倒四人幫後才平反，又回電建公司工作。

四、文革時，人們都以擁有毛主席像章為榮。我有一個師傅因為親戚是軍屬，得到一個碗口大的像章，異常興奮，視若珍寶。在鄰里間炫耀過後，用一件最柔軟、嶄新的衣物包了，放在箱底。數月後，與其有過口角的人帶人來抄家，箱底抖出被珍藏的像章，師傅因此而被打成了反革命——用內褲包住主席，是何居心？

五、有首歌唱親人解放的歌：「是誰給我們砸碎鐵鎖鏈，努力翻身當家做主人，是誰給我們帶來了毛主席的書……」有一青年徒工幹活時哼唱這首歌，唱成了「是誰給我們帶來了鐵鎖鏈那……」恰好被旁邊的人聽到了，扭頭去向文革小組彙報，「現行反革命」的帽子立即被戴上。

六、樣板戲《沙家浜》中有一段沙奶奶唱詞，「一日三餐九碗飯，一覺睡到日西斜……」一老實巴交的工人說：「沙奶奶養活十七個傷病員，哪來的那麼多糧票？」被打成壞分子，罪名是破壞革命樣板戲。

七、文革中，電建公司土建工地開大會批判美帝國主義，一師傅看不懂徒弟給他寫的發言稿，把U－2無人高空偵察機，念成「彎彎減二」無人高空偵察機，被打成現行反革命分子，立即組織批鬥。

八、一個文化程度不高的工地主任在給青年人講話時說：「偉大領袖毛主席教導我們說，世界是你們的，也是俺們的，但弄來弄去還是你們的。」被認定為篡改毛主席語錄，打成了壞分子。

九、文革時，我們幾個同學去苗森家玩，看見苗森家的院子裡晾曬著一件漂亮的西服，一問，才知道是他父親解放前穿的，文革一來不敢再穿，只好鎖在家中箱子裡，快發黴了，趁天氣好拿出來曬曬。我們幾個同學以西服為話題，詛咒現在的衣著是「軍便服」統治時期。突然老景提出打賭：誰敢穿上這件西服到街上逛一圈，獎給十根冰淇淋。於是王廣亮便自告奮勇地穿上了西服，要出門時，他順手抓了一頂禮帽，帽簷壓低遮住面孔，匆匆上街兜了一圈。十根冰淇淋到手，我們嬉笑一陣了事。

誰也沒想到，王廣亮逛的這一圈兒引起了軒然大波。他剛出門時幾步時，階級鬥爭覺悟很高的街道大娘就注意上了。聽說還上了回民區的《敵情通報》，《通報》稱，有美蔣特務竄入我市，穿藏藍色西服，戴黑色禮帽，個頭不高，大約一米六五左右云云，嚇得我們好幾天沒敢出門。

文革軼事二

一、文革時期，電建公司食堂管理員張師傅上街買了一隻大肥鵝，北方廚師從來沒收拾過鵝，皺眉說：「這怎麼弄呀？」另一個說：「這還不容易，先殺鵝，後拔毛嘛。」就這樣一句普通的話，被人檢舉出來，曲解為「先殺鵝（俄），後拔毛（毛澤東）」。被扣上「含沙射影、惡毒攻擊」的「反革命」帽子而鋃鐺入獄。

二、電建公司土建工地一位愛開玩笑的師傅在唱頌歌時，戲謔地唱「天大地大不如黨的恩情大，爹親娘親不如俺老婆親。」他把原歌詞中領袖名字換成「俺老婆」，被舉報後認為惡毒攻擊偉大領袖，被定為現行反革命罪，蹲了三年大牢。這種對領袖的崇敬、對領袖的頌揚達到無以復加的狂熱地步。

三、文革中，複製的假芒果傳到包頭，電建公司有個老工人看見玻璃罩裡的金芒果後，順口說了句：「芒果像一顆紅薯，沒啥看頭，有啥稀罕的！」大實話。結果專政機關以惡毒攻擊的罪名逮捕之，因為出身好，關了一年多才被放了出來。

四、文革期間，電建公司一個工人在廢紙上隨便寫了「修正主義不」幾個字，被風刮走後，讓一個造反派撿到。因廢紙上的「不」字右邊一點兒點的太小，似乎像「萬」字，那個造反派說：他這是想寫「修正主義萬歲」，陰謀未得逞，就被我們發現！

他終致逮捕入獄。平反後，有人問他：你這「修正主義不」是什麼意思？他說：我想寫「修正主義不是東西。」因為有事沒有寫完。那人繼續問他：那你為什麼不做申訴？他說：我再三辯解，沒人聽我的！

五、在全民背頌毛主席語錄時，電建公司的土建工地有一個出身老八路的領導高聲背誦：「偉大領袖毛主席教導我們說，我們的八路軍和八路軍所領導的共產黨是人民的隊伍……」有人指正說：「背錯了，不是八路軍所領導的共產黨，而是共產黨所領導的八路軍。」老八路不服，還爭辯說：「槍桿子裡面出政權嘛！」結果被打成「假八路」，混進革命隊伍中的「階級異己分子」等等。

六、一次，電建公司土建工地油工班學習「梁效」的文章。讀報的當然是指定的學習組長。他一邊讀，其他的人一邊各行其事：有的喝茶，有的剪指甲，有的上廁所。讀報的感到這些人不給自己面子，就發難了，馬上向才溜了回來的某女同志提問：「學習的啥內容？你說說。」這位女同志沒有理睬他，只是規規矩矩地坐下。這讀報人不死心，仍繼續追問：「我在問你呢？學習的啥內容？到啥地方去了才回來？怎麼不回答？」那位女同志左右一看後答到：「問我嗎？剛才上廁所去了。學習的內容我清楚呀，鄧小平與別的首長不一樣，太特殊，當然該批判。其他首長打仗都騎馬，他騎人咧！」會場稍微靜了一會兒，突然間，哄堂大笑起來。笑什麼？因為當天學的文章是〈鄧小平其人〉。

七、一九六七年元月，電建公司造反派奪權勝利，原黨委被徹底打倒，在召開職工大會宣佈成立革委會時，頭頭×××發表就職演講。其時時髦的開場白必須是：首先誦讀毛主席語錄，其次敬祝毛主席萬壽無疆、祝林副主席永遠健康，然後才能進入正文。笑話出在正文裡，當他在臺上念到毛主席神采奕奕時，此君卻不認識那個奕字，隨口念成了「毛主席神采『luanluan』（欒欒）」，稀裡糊塗接著讀下去也就罷了，旁邊偏有好事者提醒了一下。這可好，該君立刻提高聲調大聲宣佈：「我更正更正，毛主席不是神采luanluan（欒欒）而是神采yiyi」（奕奕）。

八、電建公司有一個姓董的師傅，一九七六年因為參加了幾個小時的毛澤東逝世追悼會，在回家的路上，肚子餓了，說了句：回家要煮肉吃。就被毛左舉報，然後批鬥公審，法院判了一年徒刑。毛左們說：毛主席死了，比親爹親娘死了還要緊，你本來應該悲痛萬分，結果還想著煮肉吃。你也吃的下？一看就是個現行反革命，不殺不足以平民憤。關一年實在是便宜他了。

名字的禍患

一

文革中電建公司有一摘帽右派老李，他家有三個小孩，老大取名李麥，老二李稻，老三小名豆豆。文革開始後領袖寫了「要橫掃一切牛鬼蛇神」，老李被揪出來接受批鬥，會場上一位老工人對著他義正詞嚴地批判道：「李××，你滿腦袋都是資產階級臭思想，給孩子取名都是大米、白麵，全是……細糧。」老李在批鬥臺上接受批鬥時，掙扎著抬起被強按著的頭顱，忍不住反駁了一句：「我們家老三叫豆豆，大豆可是粗糧。」

二

包四中的一個教師，按時間的先後次序，為三個孩子分別取名為：建國、建民、建黨。文革中，有人檢舉說他想建立國民黨。因為其三個孩子名字最後一個字連起來就是「國民黨」，所以，這位教師被冠以「反對共產黨，妄想變天」的罪名，被打成歷史反革命判刑兩年。

三

我有個同事叫蘇美德，文革中他因為這個名字吃盡了苦頭，一次在批鬥會上被質問的汗流如注。一個造反派說：「蘇就是蘇修社會帝國主義，美就是美帝國主義，德就是德國納粹！你的野心何其大也！」革命群眾激憤地高喊「打倒蘇美德」的口號，此起彼伏。

四

老鄰居劉大夫有兩個孩子，原先一個叫光宗，一個叫耀祖。文革來了，要破四舊。他給孩子改名，一個叫衛東，一個叫衛彪。一九七一年，林彪事發，亡命溫都爾汗，劉大夫慌忙去派出所給衛彪改名為衛江，以為這下萬無一失。一九七六年，四人幫被粉碎，劉大夫感覺衛江這個名字也不妥，又去派出所想把衛江改為衛華。三番五次，派出所嫌麻煩，沒給辦，二小子今年五十了還叫衛江。

五

父親有個同事叫張立江，其獨子叫張成山。文革期間，張立江突然被打成反革命，成了群眾專政的重點對象。他質問造反派頭子：「我犯了什麼罪？」

「你還問我，這是誰都清楚的。把你們父子名字加在一起，這不是『成立江山』、妄想東山再起嗎？」造反派頭頭如是說。

六

妻子一九七七年去哈爾濱鍋爐廠出差，在招待所遇到了一個南方來的女同志，當妻子問到她的姓名時，那個女人羞赧萬分，悄悄地告訴妻子說：我叫王光美。幾天後熟悉了，那個女人對妻子說，她為父母給她起的這個名字懊惱萬分，文革中孩子入託、讀書報名、參加少先隊都沒少遇到麻煩，直至打到了四人幫，劉少奇平反後，情況才漸漸好轉。

七

不才全名叫韓麗明。在文革中罹難時，每次批鬥，總有人拿我的名字取笑，說我的名字男不男女不女，懷疑我是不是個二尾子。

其實，在「解放前」的民間，一直盛行男起女名的風俗。男尊女卑，將男孩名字起做女名，自甘下賤才比較好養。還有，中國自古以來就對男取女名不甚講究。今天我們只要一看到武雄、根旺之類的大名，就知道一定是昂藏七尺的鬚眉男子；而聽到淑貞、麗美之類的芳名，也一定會想像是娉婷可愛的窈窕淑女。但這種聯想在古代則不一定應驗了。例如《孟子・盡心篇》裡提到，那位空手搏虎的勇士，大名竟然是叫馮婦；而《左傳》裡第一位君王魯隱公，大名竟然是叫息姑。如果只依這兩位仁兄的「芳名」去想像，必然只會以為是女扮男裝，安能辨他是雌雄呢？

後來，我發現了以上依據，對自己的大名也就很釋然了。

追殺

在德國，
起初他們追殺共產主義者，
我沒有說話，
因為我不是共產主義者；
接著他們追殺猶太人，
我沒有說話，
因為我不是猶太人；
後來他們追殺工會成員，
我沒有說話，
因為我不是工會成員；
此後，他們追殺天主教徒，
我沒有說話，
因為我是新教教徒；
最後，他們奔我而來，
卻再也沒有人站起來為我說話了。

——馬丁・尼莫拉牧師。波士頓猶太人大屠殺紀念碑銘文。一九四五年。

我什麼也不是，只有個最大的惡習，就是喜歡寫日記。

文革來了，中央文革要追殺寫日記的人，我儘管只有其十七歲，但也在追殺之列。

一九六六年五月一日，包頭市刮起沙塵暴。黃沙四起，遮天蔽日。那時我正蜷縮在青山區四〇六工地的窩棚裡休息。心情不好，又無處可去，寫日記聊以自慰，天氣自然也在描述之中。

到了一九六六年的六月，我被揪了出來，其中最大的罪行就是「把社會主義明朗的天空描寫的無比黑暗，反革命的陰暗心理略見一斑！」

我的日記摘抄貼滿了職工食堂。摘抄一段日記、緊接著附一段評論。我認為沒有一條有說服力，比如：「落日將雲染成淒絕的豔紅，瑰麗的彩霞簇擁著太陽，在主廠房的上空放射出萬道光芒。」這句話竟被上綱上線為：「惡毒影射偉大領袖毛主席已日薄西山」。

有同事因祖上在明朝嘉靖年間做過一任縣令，就被定性為「隱瞞重大家庭歷史問題！」

當時內蒙古博物館頂端的奔馬，因為頭是向南的，造反派就說作者的意思是要奔向臺灣；我想，如果向北呢？又會說想奔向蘇修；如果馬頭向上呢？一定會說你要奔向太空，想逃離社會主義祖國！欲加之罪，何患無辭呀！

我百口莫辯，只好閉口無言。懊悔怎麼會想起寫日記呢？惹出潑天的大禍！我的日記平常鎖在提包裡，是誰拿去看了？是如何打開鎖的呢？不得而知。但後來我終於知道，就連我和家裡的通信，組織上也都全部拆開看過。因為我在被審訊時發現，他們對信中的每句話都瞭若指掌。

一九六六年的八月二十日，是個刻骨銘心的日子。公司文革小組召開全公司職工大會，會場周圍紅旗林立，主席臺下黑壓壓地坐著一兩千人，高音喇叭震耳欲聾地輪放著《造反有理》等紅歌：

「馬克思主義的道理千條萬緒，歸根結底就是一句話，造反有理。根據這個道理。於是就反抗，就鬥爭，就幹社會主義。」

「毛澤東同志是當代最偉大的馬克思列寧主義者。毛澤東同志天才地、創造性地、全面地繼承、捍衛和發展了馬克思列寧主義，把馬克思列寧主義提高到一個嶄新的階段。」……

歌曲聲勢浩大、氣勢磅礡，足有九十分貝，也許革命者聽到這些歌曲會感到無比亢奮，有促使人施虐的傾向；但在被虐者聽來，歌曲充滿血腥和恐怖，令人渾身顫慄、大汗淋漓，幾近虛脫。

我坐在臺下，被前後左右的文革積極分子包圍、監視著。音樂聲一停，臺上的文革組長便聲嘶力竭地宣佈：「把走資派、三反分子、牛鬼蛇神押上主席臺來！」一聲令下，一個個已被內定的「反革命」、「牛鬼蛇神」都被魚貫揪上了主席臺。一上臺，每個人的頭上就被戴上了一頂裡面骨架是鋼筋焊接的，外面用紙糊的高帽子，脖子上都掛著一塊木製的大牌子，牌子上分別書寫著：「走資派」、「三反分子」、「反動技術權威」、「牛鬼蛇神」×××，名字上還用紅筆打了叉。

每個被批鬥者被兩個壯漢強制性地按住頭、頸、背部，使其上體和下肢呈九十度，又把被批鬥者的兩條胳膊向後上方伸直，如同噴氣式飛機翹起的兩個翅膀似的，頭部向地，臀部高撅。

這是一種羞辱人、剝奪人的基本尊嚴的體罰方式。是體罰和精神摧殘的雙重折磨。精神摧殘的摧毀力更甚於體罰，使人身心俱疲。

被揪上臺的一共有十七位，我也是被老鷹抓小雞般地拎上臺的。居中的是「走資派」邱萊，邱來是公司原黨委書記，是一位三八年參加革命的老幹部，後來才知道他和趙紫陽還是戰友。其餘的不是「三反分子」、「反動技術權威」就是「牛鬼蛇神」。

公司的文革小組長宣佈批鬥大會開始，各工地代表依次發言聲討，他們用世界上最惡毒的語言來形容和辱罵我們的罪惡，一致認為我們這些人死有餘辜。打倒、炮轟、油炸的口號聲此起彼伏，高音喇叭震耳欲聾的聲音在整個工地迴響。在發言聲討的中間，突然有幾個從江西來的轉業軍人，跳上了主席臺，對幾個為首的「牛鬼蛇神」大打出手，不知他們從哪裡找來的重達幾十斤的法蘭盤，用細鐵絲拴著掛在了幾位「走資派」的脖子上，邱書記是他們重點的打擊對象。他們有的人使勁地擰住邱萊的胳膊使他的身體前傾；有的人揪住邱萊的頭髮使他的面部上揚；有的人則用腳在邱萊的臀部猛踢。邱書記聲撕心裂肺地哭叫著。

後來又有幾個從北京來的女紅衛兵衝上了主席臺，這幾個女紅衛兵頭戴綠軍帽，身著綠軍裝，腰間束武裝帶，左臂佩紅袖標。上臺後，解下腰間的武裝帶對著我們這群「牛鬼蛇神」的頭臉一頓亂抽，武裝帶是銅頭的，打起人來十分生猛，銅頭落下之處皮開肉綻、血肉橫飛，主席臺上頓時一片鬼哭狼嚎之聲。突然，一個女紅衛兵的帽子掉了，她竟然是個光頭，不知這幾個光頭的女紅衛兵為何千里迢迢跑到包頭來了，是為了文化革命傳經送寶嗎？我身處逆境，不得而知。

我不知道被誰搧了幾個耳光，頓時一股液體流到了嘴裡，鹹鹹的，濕濕的，那是從鼻孔裡流出來的鮮血。我想用手擦一下也不能，因為我的兩條胳膊被兩個壯漢死死地擰住，向後上方揚起，脖子也被他們死命地摁著，身體絲毫動彈不得。

坐「噴氣式」可真難受呀，汗流如注，求生不能，求死不得。胸前掛著沉重的黑牌。時間長了，頸脖勒出血痕，腰酸背痛、血脈不暢、四肢僵直。

我不怪怨這幾位轉業軍人和紅衛兵，我知道殘忍是教出來的。當革命群眾都知道農奴主挖窮人的眼睛，剝人皮作燈罩，拿活人點天燈；知道國民黨抓著好人就上老虎凳、灌辣椒水、釘竹簽子；知道地主劉文采把農民關水牢，拿氣筒子往人肚子裡打氣，一直到肚皮爆炸；知道走資派企圖復辟資本主義，讓他們吃二遍苦、受二茬罪……，剛一聽是毛骨悚然，然後就是恨，恨地主、恨國民黨、恨資本家、恨走資派。然後，他們就天經地義地肩負了責任，也就有了向他們報復的權力，而且同樣殘忍。這種仇恨教育能造成多麼可怕的後果，直到文化大革命才知道。

批鬥會一結束，聲勢浩大的遊街就開始了，我們十七個「牛鬼蛇神」被押解著從工地大門出發，繞著青山區的主要街道示眾，每個「牛鬼蛇神」的頭髮都被剪得猶如狗啃，臉上都被塗抹的五顏六色。「走資派」邱萊的頭髮被理髮推子推成三道門，正是熱天，給他穿的是死人的壽衣，他被五花大綁捆個結實，面色鐵灰低著頭往前走。

我們手裡都提著或臉盆、或簸箕、或鐵片、或破鑼。一邊敲擊，一邊口中高喊：「我是反革命、牛鬼蛇神×××！」圍觀者甚眾，許多大人朝我們的臉上吐唾沫、扔石塊、扔爛泥，小孩子們則歡呼雀躍地跟著一路小跑。

十七個人中，我的年齡最小，因此排在最後，我聽到有圍觀者在喊：「快來看，這裡面還有個小牛鬼呢！」

走到青百大樓時，只見前面已經堵塞，公車都停在路邊。馬路兩邊人山人海，紅旗招展口號聲此起彼伏，還有鼓聲和鑼聲，節拍是兩聲鼓一聲鑼（後來我看《水滸》才明白：古代押送行刑犯人都是用兩聲鼓，一聲鑼開道）。

後來，在我的這十七個伴侶中，只有十幾歲的劉光明自殺了；三十多歲的四川籍工程師陳炳利被逼瘋了；黨委書記邱萊被打殘了，其他人也都抱病終身。

我為什麼沒有選擇死，一直能夠活到現在。不是我的意志有多麼堅強，而是我求生的慾望太強烈了。

我讀過范文瀾的《中國通史》，我知道，歷史往往是驚人地相似，一切都會過去，只要你能夠堅持。

釀時代07　PC0417

牆縫裡的祕密（上）
──文革謬事拾遺

作　　者　韓麗明
主　　編　蔡登山
責任編輯　蔡曉雯
圖文排版　莊皓云
封面設計　王嵩賀

出版策劃　釀出版
製作發行　秀威資訊科技股份有限公司
114 台北市內湖區瑞光路76巷65號1樓
電話：+886-2-2796-3638　傳真：+886-2-2796-1377
服務信箱：service@showwe.com.tw
http://www.showwe.com.tw
郵政劃撥　19563868　戶名：秀威資訊科技股份有限公司
展售門市　國家書店【松江門市】
104 台北市中山區松江路209號1樓
電話：+886-2-2518-0207　傳真：+886-2-2518-0778
網路訂購　秀威網路書店：http://www.bodbooks.com.tw
國家網路書店：http://www.govbooks.com.tw
法律顧問　毛國樑　律師
總 經 銷　聯合發行股份有限公司
231新北市新店區寶橋路235巷6弄6號4F
電話：+886-2-2917-8022　傳真：+886-2-2915-6275

出版日期　2014年10月　BOD一版
定　　價　660元

Printed in Taiwan

國家圖書館出版品預行編目

牆縫裡的祕密：文革謬事拾遺 / 韓麗明著. -- 一版. -- 臺北市：釀出版, 2014.10
冊； 公分. -- (釀時代；PC0417, PC0419)
BOD版
ISBN 978-986-5696-43-6 (上冊：平裝). --
ISBN 978-986-5696-44-3 (下冊：平裝)

1. 韓麗明 2. 回憶錄 3. 文化大革命 4. 文集

782.887 103019118

讀者回函卡

感謝您購買本書，為提升服務品質，請填妥以下資料，將讀者回函卡直接寄回或傳真本公司，收到您的寶貴意見後，我們會收藏記錄及檢討，謝謝！
如您需要了解本公司最新出版書目、購書優惠或企劃活動，歡迎您上網查詢或下載相關資料：http:// www.showwe.com.tw

您購買的書名：________________________________

出生日期：________年________月________日

學歷：□高中（含）以下　□大專　□研究所（含）以上

職業：□製造業　□金融業　□資訊業　□軍警　□傳播業　□自由業
　　　□服務業　□公務員　□教職　□學生　□家管　□其它_____

購書地點：□網路書店　□實體書店　□書展　□郵購　□贈閱　□其他

您從何得知本書的消息？
　□網路書店　□實體書店　□網路搜尋　□電子報　□書訊　□雜誌
　□傳播媒體　□親友推薦　□網站推薦　□部落格　□其他__________

您對本書的評價：（請填代號　1.非常滿意　2.滿意　3.尚可　4.再改進）
　封面設計____　版面編排____　內容____　文／譯筆____　價格____

讀完書後您覺得：
　□很有收穫　□有收穫　□收穫不多　□沒收穫

對我們的建議：________________________________

____

____

____

請貼
郵票

11466
台北市內湖區瑞光路 76 巷 65 號 1 樓
秀威資訊科技股份有限公司 收
BOD 數位出版事業部

....

（請沿線對折寄回，謝謝！）

姓　名：＿＿＿＿＿＿＿＿　年齡：＿＿＿＿　性別：□女　□男

郵遞區號：□□□□□

地　址：＿＿＿＿＿＿＿＿＿＿＿＿＿＿＿＿＿＿＿＿

聯絡電話：(日) ＿＿＿＿＿＿＿＿＿＿ (夜) ＿＿＿＿＿＿＿＿＿＿

E-mail：＿＿＿＿＿＿＿＿＿＿＿＿＿＿＿＿＿＿＿＿